Geschrieben steht: „Im Anfang war *das Wort!*“
Hier stock ich schon! Wer hilft mir weiter fort?
Ich kann das Wort so hoch unmöglich schätzen,
ich muß es anders übersetzen.

Wenn ich vom Geiste recht erleuchtet bin,
geschrieben steht: Im Anfang war *der Sinn.*
Bedenke wohl die erste Zeile,
daß deine Feder sich nicht übereile!
Ist es der Sinn, der alles wirkt und schafft?
Es sollte stehn: Im Anfang war *die Kraft!*

Doch, auch indem ich dieses niederschreibe,
schon warnt mich was, daß ich dabey nicht bleibe.
Mir hilft der Geist! Auf einmal seh´ ich Rath
und schreibe getrost: Im Anfang war *die That!*

(J. W. von Goethe, *Faust*, 1808)

Impressum

Haftung

Dieses Buch ist ohne jeden Zweifel *nicht* fehlerfrei. Daher übernehmen weder Verlag noch Autor irgendeine Haftung hierfür.

Hartmut Braunschneider
Rechtsanwalt bei dem Oberlandesgericht Köln

ISBN

3-933243-15-7

Druck

Fortuna Druck
Aschmattstr. 8, 76532 Baden-Baden

Bezug

Ach*So!* Verlag GmbH,
Herbigstr. 4a, 50825 Köln,
Tel.: 0221 – 550 9370 / Fax: 0221 – 550 9231
Web: www.achso.de / email: info@achso.de

Unveränderter Nachdruck 2001

Geleitwort zur Reihe Das Skript

Die **Probleme**, die Ihnen im Jurastudium begegnen, kann man auf einen ziemlich simplen Nenner bringen: **Datenfülle und Komplexität**.

Die **Gründe** hierfür sind ebenfalls leicht zu benennen: Wer sich als Jurist einen Namen machen will, kann dies im aktuellen Wissenschaftssystem nur durch eine möglichst große Anzahl von Veröffentlichungen. **Wer schreibt, der bleibt.** Das bedingt die Datenfülle. Soweit es die Komplexität betrifft, gibt es drei Gründe. Zuerst ist es so, daß nicht alles im Leben einfach *ist*. Zum zweiten *kann* nicht jeder die komplizierten Dinge aus den einfachen erklären. Zum dritten *will* das auch gar nicht jeder, denn was einfach klingt, wird oft als anspruchslos abgestempelt. **Was nichts [an Anstrengung] kostet, ist nichts wert.** Mit dem Einfachen läßt sich deshalb keine wissenschaftliche Reputation erreichen.

Die **Lösung** dieses Dilemmas ist Anliegen der Reihe **Das Skript**.

> Diese Reihe verzichtet darauf, die Anerkennung des Wissenschaftlers zu finden. Sie kann es sich deshalb leisten, Ihnen **die einfachen Dinge einfach** zu erklären und Ihnen **die komplizierten Dinge auf die einfachen zurück** zu führen. Daß Sie dabei den ganzen, klausurrelevanten Stoff verstehen, ist das durchaus beabsichtigte Hauptanliegen.
>
> **Das Skript** kann den **Fundstellenapparat** in überschaubarem Rahmen halten, denn das Einfache braucht keinen Beleg. Es leuchtet Ihnen auch so ein.
>
> **Das Skript** muß **keine wissenschaftliche Auseinandersetzung** führen. Es kann Ihnen deshalb auch klipp und klar sagen, wie Sie sich in einer Klausur am besten verhalten, um maximalen Erfolg zu erzielen. Dazu gibt es Ihnen **Aufbauschemata** und **Formulierungsvorschläge, Musterklausuren** und **Musterhausarbeiten**.

Ihr **Erfolg** bei dieser Vorgehensweise: Sie werden **Jura verstehen**. Und zwar einfach. Unser Erfolg, wenn Sie es verstanden haben: Den über 350.000 bislang verkauften Exemplaren werden weitere hinzugefügt.

Der **Autor** ist Rechtsanwalt beim OLG Köln. Er arbeitet seit rund 15 Jahren als AG-Leiter in der Universität zu Köln. Seine Bücher entstehen und verändern sich im Dialog mit den Kurs-Teilnehmern. Sie berücksichtigen die Erfahrung aus unzähligen Klausurenkorrekturen.

Ihre **Mithilfe** ist sehr gerne gesehen. Am einfachsten geht es, wenn Sie **Vorschläge per email (Braunschneider@achso.de)** machen. Sie können uns aber natürlich auch mit normaler Post etwas zukommen lassen. Das mögen z.B. Fragen zu Dingen sein, die Sie hier im Skript **nicht verstanden** haben, es kann sich um Fragen drehen, die im Skript gar **nicht angesprochen** werden. Sollten Sie Fehler finden, sind wir auch für Hinweise darauf dankbar.

Lassen Sie im übrigen Ihrer Phantasie freien Lauf. Nur mit BGB AT sollte es was zu tun haben.

Köln, im März 2000
AchSo! Verlag

Wenn Sie glauben, *Sie* hätten´s nicht drauf, und wenn Sie glauben, *Sie* wären die größte Niete von allen, sollten Sie sich das mal antun:

Inhaltsübersicht

Inhaltsverzeichnis

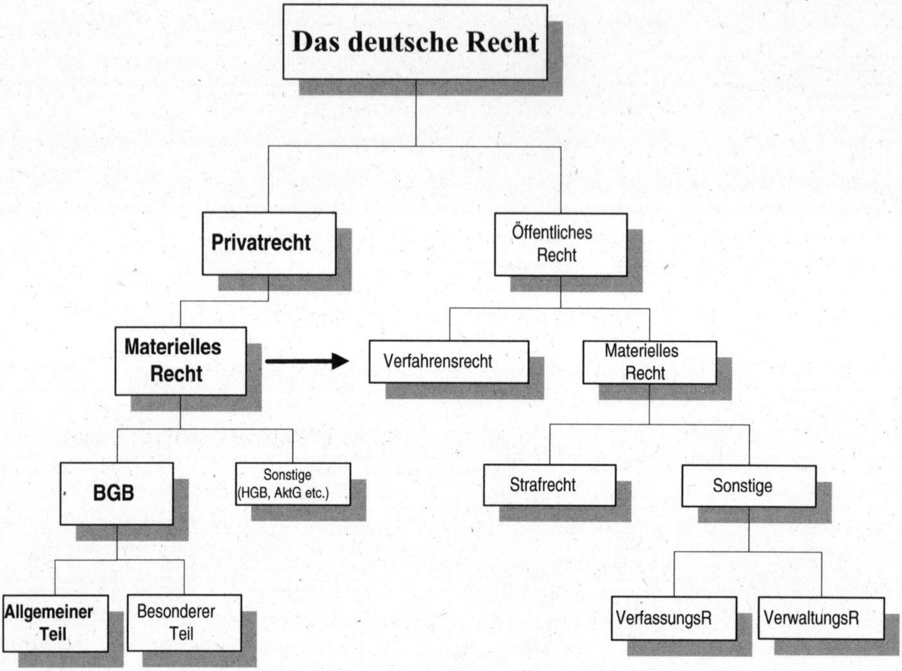
Das deutsche Recht
Privatrecht
Öffentliches Recht
Materielles Recht
Verfahrensrecht
Materielles Recht
BGB
Sonstige (HGB, AktG etc.)
Strafrecht
Sonstige
Allgemeiner Teil
Besonderer Teil
VerfassungsR
VerwaltungsR

1. Teil - Das System: Überblick

Es gibt unendlich viele Probleme. Man kann aber nur endlich viele lernen. Das bedeutet, daß irgendwann ein Problem kommt, das man nicht gelernt hat. Die eigentlich zwingende Konsequenz aus dieser Überlegung: Man muß nicht die Probleme selbst lernen, sondern den Weg zu ihnen und die Methode, sie zu lösen.

Es gibt mehr ***Probleme***, als man lernen kann.

Ein Problem ist immer die Abweichung von etwas Normalem. Um ein Problem finden und lösen zu können, muß man also das Normale kennen. Was normal ist, kann man aber erst dann beurteilen, wenn man die Zusammenhänge kennt. Die Summe aller Zusammenhänge ist das dahinter stehende System.

Wer ein Problem lösen will, muß das ***Normale*** kennen.

Aus diesen wenigen Überlegungen ergibt sich schon, daß ***nur*** ein ***systematisches Vorgehen***, nur ein systematisches Lernen ***auch*** ein ***sinnvolles***, ein arbeitsökonomisches ***Vorgehen*** und Lernen sein kann.

Ohne ***Systematik*** haben Sie keine Chance.

Um überhaupt verstehen zu können, was man lernt, muß man also wissen, wo es einzuordnen ist. Grundsätzliche Regel in diesem Zusammenhang: Von oben nach unten, vom Groben zum Feinen, vom Ganzen zum Einzelnen vorgehen.

Ideales ***Lernen***: Einordnen in Zusammenhänge.

Das Recht des BGB und seines Allgemeinen Teils verstehen zu wollen, bedeutet daher zunächst zu wissen, wo die Stellung des dieses Rechtes innerhalb des gesamten deutschen Rechtssystems ist. Um uns diese Stellung zu verdeutlichen, werfen wir einen Blick auf die Übersicht links.

Also: Wo gehört der BGB AT hin?

Unterschied Privatrecht - öffentliches Recht

Der Unterschied zwischen dem Privatrecht und dem öffentlichen Recht besteht – sehr vereinfacht – darin, daß es einmal um die Rechtsbeziehungen zwischen gleichberechtigten Rechtssubjekten (im Privatrecht) und zum anderen um solche zwischen Hoheitsträgern (*als* Hoheitsträger) und Rechtsunterworfenen geht (öffentliches Recht).

Es gibt Gleichberechtigte und Unterworfene.

Schlagwortartig kann man sagen:

Privat-Recht =	Verhältnis Bürger zu Bürger
Öffentliches Recht =	Verhältnis Staat (*als* Staat) zu Bürger

A. Der systematische Aufbau des BGB

Es ist in 5 Bücher aufgeteilt. Die Aufteilung orientiert sich dabei am mathematischen Prinzip des Vor-die-Klammer-Ziehens:

Eine Handvoll Bücher.

$$a2+a3+a4+a5 = a(2+3+4+5)$$

In dieser Gleichung ist „a“ der Allgemeine Teil des BGB, „2“, „3“, „4“, „5“ stellen die übrigen vier Bücher des BGB dar. (Man beachte die didaktisch kluge Variablenverwendung innerhalb der Formel!)

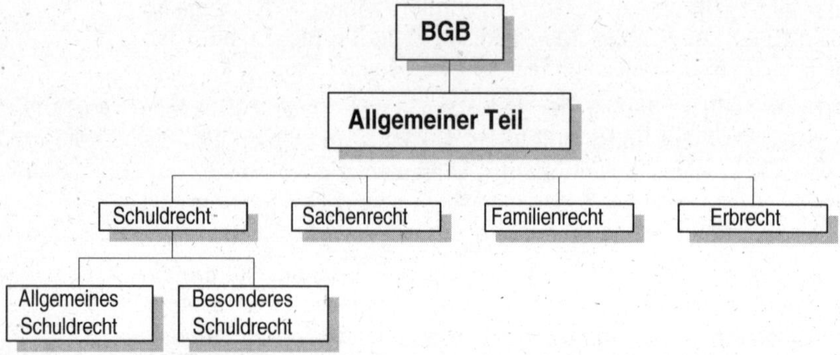

Am Anfang.

Gegenstand des ***1. Semesters*** ist ***der Allgemeine Teil*** des BGB. Dieser Allgemeine Teil ist der wichtigste des BGB überhaupt. Er enthält Vorschriften, die für alle anderen Teile Bedeutung haben. Man kann ohne Übertreibung sagen, daß die Beherrschung des Allgemeinen Teils das Verständnis der übrigen erst ermöglicht. Wenn man im Rahmen des Studiums schon irgendwo schlabbern will, dann auf keinen Fall beim AT! (Dies gilt im übrigen auch für die ATs der anderen Fächer.)

Später.

Dieses Skript soll aber (u.a.) auch auf die ***Anfängerübung, bzw. die Semesterabschlußklausuren*** vorbereiten helfen. Ein Hinweis sei daher gestattet: Im ***2. Semester*** - und damit unmittelbar prüfungsrelevant - wird das ***Schuldrecht*** behandelt. Sollten einmal Normen aus dem 3. - 5. Buch vorkommen, dann sind diese stets nur Aufhänger, aber nie selbst problematisch.

Einteilung des Schuldrechts.

Das Schuldrecht wiederum läßt sich weiter aufteilen. Ebenfalls in einen Allgemeinen Teil, der die ersten 6 Abschnitte umfaßt, und in einen Besonderen Teil, der durch den 7. Abschnitt bestimmt wird.

Was steht im Schuldrecht AT und was im Schuldrecht BT?

Im Allgemeinen Teil stehen die für das gesamte Schuldrecht geltenden Bestimmungen. Im Besonderen Teil hat der Gesetzgeber bestimmte, immer wiederkehrende Schuldverhältnisse vertypt: Kauf, Miete, Tausch etc.

Dies mag zum systematischen Aufbau des BGB genügen. Jetzt zu einer inzwischen hoffentlich drängenden Frage:

B. Worum geht´s hier eigentlich?

In Privatrechtsfällen (und das BGB gehört zum Privatrecht, vgl. oben) geht es immer um Leute, die etwas voneinander wollen (Fachausdruck für den, der etwas haben will: Querulant). Der Verkäufer will den Kaufpreis, der Vermieter den Mietzins, der Betrogene Schadensersatz, der Verletzte Schmerzensgeld.

Querulanten nach vorn.

Das, was sie wollen, bekommen sie auf juristischem Weg aber nur dann, wenn es eine Norm (norma (lat.) = Regel, Vorschrift), ein Gesetz gibt, das ihnen das Verlangte zuspricht. Wenn jemand sagt, er wolle etwas von einem anderen, heißt das juristisch: „einen ***Anspruch*** geltend machen“. Die gesetzliche Bestimmung, die das Verlangte zuspricht, heißt daher sinnvollerweise „Anspruchsnorm“ (vgl. für den Kaufpreis § 433 II, für den Mietzins § 535 S. 2).

Es geht um Ansprüche.

Es geht hier um Ansprüche. Als ***Grundregel für alle Privatrechtsfälle*** müssen Sie sich also einprägen:

Deshalb die Grundregel.

Immer von einem Anspruch ausgehen!

Das bedeutet im Klartext: *Bevor* irgendetwas geschrieben wird, muß im BGB eine Norm gesucht und gefunden werden, die das Verlangte (Beanspruchte) zuspricht.

Damit *muß* man anfangen.

Nun ist es aber nicht so, daß der Gesetzgeber vor lauter Langeweile nicht ein noch aus wußte, und daher alle Anspruchsnormen des BGB als solche gekennzeichnet hat. Ganz im Gegenteil. Das ***BGB*** hat runde 2.500 Paragraphen. Bei der Verteilung der Ansprüche ist man so vorgegangen, daß mit Hilfe von 4 Würfeln jeder Anspruch seinen Platz gefunden hat.

Aber wo?

Soll heißen: Von außen gesehen ist das ***das reinste Chaos***. Aber: Mit System ist alles machbar. Der Gesetzgeber hat im Gesetz selber einen Schlüssel hinterlassen.

Wie dieser Schlüssel aussieht, wird klar, wenn man sich überlegt, daß man, um einen Anspruch zu finden, erst mal wissen muß, was ein Anspruch überhaupt ist. Was man also braucht, ist eine ***Definition des Begriffes „Anspruch“.*** Und die nun hat der Gesetzgeber im Gesetz untergebracht. Und weil sie im Gesetz steht, heißt sie „***Legaldefinition***“ (lex (lat.) = das Gesetz).

Der Schlüssel: § 194.

§ 194 BGB: Ein Anspruch ist
das Recht, von einem anderen ein Tun oder
ein Unterlassen verlangen zu können.

Ob ein Paragraph eine Anspruchsnorm ist oder nicht, läßt sich leicht feststellen.

Damit ist § 433 II eine Anspruchsnorm, weil man als Verkäufer nach ihr den Kaufpreis verlangen kann; gleiches gilt etwa für § 535 S. 2, weil danach der Vermieter den Mietzins verlangen kann. § 266 dagegen ist keine Anspruchsnorm, weil er nicht das Recht gewährt, irgend etwas verlangen zu können. § 194 kann folglich überall als Maßstab benutzt werden.

Lesen! Komplett. Den ganzen BGB AT.

Ein Wort zu den bislang genannten ***Paragraphen***. Wenn bis jetzt oder im folgenden Vorschriften des BGB genannt werden, sollten Sie diese auch nachschlagen und ***lesen***. Das hat 2 Gründe: Zum einen wissen Sie dann, worüber hier überhaupt geredet wird. Zum zweiten ist die Kenntnis des Gesetzes für die Rechtsfindung durchaus unschädlich. Meine Erfahrung ist, daß sich die wenigsten Rechtsstudenten mal die Mühe gemacht haben, ***das Gesetz***, mit dem sie arbeiten (hier also den BGB AT) ***komplett*** zu ***lesen***.

Im Inhaltsverzeichnis.

So, jetzt hat das BGB seine 2.500 Vorschriften, jetzt muß man als Rechtskundiger damit fertig werden. Panik ist verfehlt - was hilft ist (wieder mal) Systematik. Als erstes ist festzustellen, daß das BGB ein ***Inhaltsverzeichnis*** (vorne) enthält. Diesem Inhaltsverzeichnis kann eine Unterteilung entnommen werden, die die Benutzung des BGB sehr erleichtert. Für den Anfang genügt es ohnehin, den Allgemeinen Teil und das Schuldrecht kennenzulernen.

Im Sachverzeichnis.

Als weiteres hat jede Textausgabe auch ein ***Sachverzeichnis*** (hinten – sog. Idiotenwiese). Dort kann man unter *Kaufpreis*, *Mietzins*, *Schadensersatz* nachschlagen und erhält in jedem Fall schon mal erste Anhaltspunkte. Man sollte sich übrigens auch nicht scheuen, dies zu tun. Was eingangs zu den unendlichen Problemen gesagt wurde, gilt in verkleinerter Form auch für's BGB. Die zahlreichen Vorschriften mögen durchaus unendlich vorkommen; warum dann also unnötige Geistesakrobatik? Gewußt wo - *das* ist entscheidend.

Überflüssig: Auswendiglernen.

Zuletzt sei tröstend darauf hingewiesen, daß die ständige Beschäftigung mit den einzelnen Vorschriften jegliches ***Auswendiglernen*** von Paragraphen ***überflüssig*** macht. Man muß den Kram so oft lesen, daß man ihn im Schlaf vor sich her betet. Auf diese Weise lernen sogar nicht Jura-Studierende Partner.

Lerntechnisch sinnvoll ist es, das Inhaltsverzeichnis des BGB zu kopieren und ständig neben dem Gesetzestext liegen zu haben. Dann kann man jederzeit problemlos einordnen, wo man gerade ist. „Von oben nach unten" hieß es oben. Zweckmäßig ist es weiterhin, sich die Normen, die man bereits einmal als Anspruchsnorm identifiziert hat, im Text zu kennzeichnen - durch eine Unterstreichung der Vorschrift in einer bestimmten, dafür reservierten Farbe (vielleicht ein blasses Blau?) oder ein daneben geschriebenes „A" etwa.

C. Allgemeiner Prüfungsaufbau für Ansprüche

Welchen Sinn hat ein Schema?

Kommen wir jetzt zu etwas, das für das Klausuren- und Hausarbeitschreiben von Bedeutung ist: zum Aufbau. Manches Wehklagen von Anfangssemestern rührt daher, daß zwar einiges gewußt wird, daß aber nicht bekannt ist, wie man dieses „einiges" in eine Arbeit hineinbastelt. Oftmals wird behauptet, es gäbe für BGB-Arbeiten kein Schema, mit dem man arbeiten könne. Das ist falsch. Es gibt sogar mehrere. Und gar nicht mal schlechte. Für diese Schemata gilt aber dasselbe wie für alle Schemata: Sie sind nur Hilfsmittel und kein Selbstzweck.

Es beschreibt den Normalfall einer Klausur.

Ein Schema beschreibt bei Licht besehen eigentlich einen Normalfall. Ein Klausurenschema also den ***Normalfall einer Klausur***. Da es aber keine „normalen" Klausuren gibt, kann in jeder Klausur nur mit einer Abwandlung des allgemeinen Klausurschemas gearbeitet werden. Wir werden uns diesem Aufbauschema jetzt nähern.

Die Anspruchsgrundlagen besorgen uns den Einstieg.

Oben wurde festgestellt, daß immer von einem Anspruch auszugehen ist. An diese Regel muß man sich insbesondere dann erinnern, wenn der ausgeteilte Sachverhalt am Ende nur die allgemeine Frage „Wie ist die Rechtslage?" oder nur ein schlichtes „?" aufweist. Es wurde weiter gesagt, daß man den Anspruch nur dann durchsetzen kann, wenn man eine Anspruchsgrundlage dafür findet. Als solche Anspruchsgrundlagen wurden die Anspruchsnormen bezeichnet. Damit sind wir beim Einstieg:

I. Die Architektur einer Anspruchsnorm

Wenn bestimmte Voraussetzungen vorliegen, treten bestimmte Rechtsfolgen ein.

Sämtliche Anspruchsnormen enthalten die gleiche Architektur. Zunächst werden die einzelnen Tatbestandsmerkmale, die in ihrer Gesamtheit den Tatbestand bilden, die sog. Anspruchs***voraussetzungen*** aufgeführt, dann die Anspruchs***folge***. Diese beiden Elemente enthält jede Anspruchsnorm. Die Reihenfolge (erst Voraussetzung, dann Folge) ist allerdings weder zwingend noch vom Gesetzgeber konsequent durchgehalten. Häufig finden sich zudem sprachliche Vermengungen. Ein schönes Beispiel für eine saubere Trennung von Voraussetzungen und Folge bietet § 823 I (Wer etwas macht (...), ist zum Ersatz (...) verpflichtet).

Zu merken ist:

Das Vorliegen der **Anspruchsvoraussetzungen**	→	führt zur **Anspruchsfolge**

II. Der Aufbau des Anspruchskopfes

Das bedingt eine bestimmte Reihenfolge in der Vorgehensweise.

Sinnigerweise folgt daraus, daß die Fallbearbeitung immer mit der Anspruchs*folge* beginnt. Erst wenn ich weiß, was der andere will, kann ich nach einer Norm suchen, die es ihm - das Vorliegen der Voraussetzungen unterstellt - geben würde. Es wäre etwas albern, alle Paragraphen daraufhin zu untersuchen, ob ihre Voraussetzungen vorliegen, um dann festzustellen, daß die Rechtsfolge nicht stimmt.

Also: Zunächst klären,	***wer*** etwas will.
Dann untersuchen,	***von wem*** etwas gefordert wird.
Als nächstes prüfen,	***was*** verlangt wird.
Zuletzt fragen,	***woraus***, aus welcher Norm also, dieser Anspruch begründet sein könnte.
„Die vier großen W":	**W**er von **W**em **W**as **W**oraus?

Das ist bitter für Internetsurfer: im BGB gibt es nicht nur www, sondern WWWW.

Hat man das - vorab - geklärt, kann die Fallbearbeitung beginnen. Man formuliert dann anhand dieser „4 W" einen Obersatz oder Anspruchskopf.

> ***Bsp.:*** Nehmen wir an, wir haben eine Person V (=Verkäufer), die einer Person K (=Käufer) eine Sache zum Preis von 1.000,- verkauft hat und jetzt den Kaufpreis will.
> Erster Schritt ist jetzt, anhand der Rechtsfolge „Kaufpreis" eine Norm zu finden, die solches gewährt. Das am Ende jeden Gesetzestextes befindliche Sachregister weist unter der Überschrift „Kauf" auf § 433. Schlägt man dies nach, stellt man fest, daß Absatz 2 (II) die Rechte des Verkäufers regelt:
> „Der Käufer ist verpflichtet, dem Verkäufer den vereinbarten Kaufpreis zu zahlen (...)." Die Rechtsfolge des § 433 II ist also die Verpflichtung des Käufers zur Zahlung des Kaufpreises an den Verkäufer.

Nicht vergessen: der Schlüssel liegt in § 194.

Erinnern wir uns an § 194: Ein Anspruch ist das Recht, von einem anderen ein Tun oder ein Unterlassen verlangen zu können.

> § 433 II spricht aber nicht von einem Recht. Dazu kommen wir erst, wenn wir uns klarmachen, daß jede Pflicht auf der einen Seite regelmäßig für die andere Seite ein Recht darstellt. Die Pflicht des Käufers zur Zahlung entspricht also dem Recht des Verkäufers auf Zahlung. Damit haben wir aber erst die Rechts-, die Anspruchsfolge. Noch nicht geklärt ist, was hier Anspruchsvoraussetzung ist.
> Die Begriffe „Käufer" und „Verkäufer" bedingen, daß zwischen den so Benannten ein Kaufvertrag besteht. Nur dann ist es sinnvoll, sie so zu nennen. Voraussetzung für die Anspruchsfolge des § 433 II ist also das Vorliegen eines Kaufvertrages, an dem der Anpruchsteller auf der einen Seite als Verkäufer, der Anspruchsgegner auf der anderen Seite als Käufer beteiligt ist.
> Liest man § 433 II unter diesem Blickwinkel lautet er: „Wenn ein Kaufvertrag besteht, dann kann der als Verkäufer Beteiligte von dem als

Käufer Beteiligten die Zahlung des vereinbarten Kaufpreises verlangen."
Daß dieses Ergebnis richtig ist, zeigt uns auch der Blick in § 433 I. Dort heißt es am Anfang: Durch den Kaufvertrag wird der Verkäufer verpflichtet (...).
Und jetzt endlich der Anspruchskopf, ***der Obersatz:***

V kann gegen K einen Anspruch auf Zahlung des Kaufpreises in Höhe von 1.000,- aus § 433 II haben.

Die etwas merkwürdig anmutende Formulierung „kann haben" resultiert aus einer stilistischen Eigenart, auf die wir noch zu sprechen kommen. Nur kurz sei hier angedeutet, daß es sich dabei um den sog. ***Gutachtenstil*** handelt, bei dem ein Ergebnis solange als möglich angenommen wird, bis es sich nach einer Prüfung entweder bestätigt oder als falsch erwiesen hat. Solange man dies nicht genau weiß, wird eben alles nur als möglich beschrieben (deshalb: „kann haben" und nicht: „hat"). Später mehr (im 2. Teil unter D. Gutachtenstil, ab S. 38).

Der Gutachtenstil bringt seltsame Formulierungen mit sich.

III. Der Aufbau der Anspruchsprüfung - 3 Phasen

So. Nachdem man einen Obersatz hat, ist der Rest eigentlich ganz einfach. Jede Anspruchsprüfung gliedert sich nämlich in ***drei große Prüfungsphasen.***

Nach dem Obersatz kommen nur noch drei Prüfungsphasen.

Phase I.: *Anspruch entstanden?*

Phase II.: *Anspruch untergegangen?*

Phase III.: *Anspruch durchsetzbar?*

Die ***Reihenfolge*** dieser Phasen ***ist zwingend:*** Was nicht entstanden ist, kann auch nicht untergegangen sein. Wenn etwas untergegangen ist, dann kann es nicht mehr durchsetzbar sein. (Offen lasse ich hier, *bei wem* ein Anspruch entstanden ist. Es sind nämlich Fälle denkbar, in denen entsteht ein Anspruch bei einem, der ihn dann an einen anderen per Abtretung, § 398, übergibt. Für diesen Fall müßte man in der Phase I einen Unterpunkt einfügen: *Anspruch übergegangen?*)

Diese müssen in einer bestimmten Reihenfolge geprüft werden.

Natürlich ist der Rest nicht ganz einfach. Was mit der Darstellung dieser drei Phasen nämlich noch nicht getan wurde, ist die ***Zuordnung einzelner Vorschriften zu den einzelnen Phasen.*** Hat man etwa (ich greife vor) die mögliche Anfechtung eines Vertrages, der von einem Minderjährigen geschlossen wurde und bei dem alle Ansprüche vielleicht bereits verjährt sind, dann ist es für die Klausur oder Hausarbeit wichtig zu wissen, was zuerst zu prüfen ist (hier: Minderjährigkeit-Anfechtung-Verjährung). Auch dazu wird später noch einiges zu sagen sein.

Aber:
Welche Normen gehören zu welcher Phase?

IV. Die Entstehung von Ansprüchen

Woher kommen Ansprüche?

Im Rahmen dieses ersten, einführenden Abschnittes bleibt zu zeigen, ***woher*** Ansprüche kommen können. Der AT des BGB beschäftigt sich im hier interessierenden Zusammenhang nur mit Problemen der *Entstehung* von Ansprüchen. Die Frage, ob ein Anspruch *untergegangen* ist, gehört ebenso wie die der *Durchsetzbarkeit* ins Schuldrecht AT. Diese Fragen werden daher in diesem Skript nur kurz angerissen, ich habe sie ausführlich in meinem Skript zum Schuldrecht AT erörtert. Die wenigen Ausnahmen (vgl. nur § 222, der die Durchsetzbarkeit eines Anspruchs hindern kann) werden angesprochen (ab S. 217).

Aus Schuldverhältnissen.

Ansprüche stammen aus Schuldverhältnissen. Ansprüche können folgendermaßen entstehen:

Ansprüche aus Rechtsgeschäft	**Ansprüche aus Gesetz**				
1. Rechtsgeschäftlich	2. Rechtsgeschäftsähnlich	3. Dinglich	4. Deliktisch	5. Bereicherungsrechtlich	6. Sonstige
z.B. § 433 II HS. 1	z.B. c.i.c. / G.o.A.	z.B. § 985	z.B. § 823 I	z.B. § 812 I 1	z.B. § 965

Und Schuldverhältnisse kommen aus Rechtsgeschäft oder Gesetz.

Der entscheidende Unterschied zwischen den Formen „Rechtsgeschäft" und „Gesetz" liegt in folgendem: Rechtsgeschäfte (oder spezieller: Verträge) kommen ***freiwillig*** durch die Abgabe von Willenserklärungen zustande.

> ***Bsp.:*** V entschließt sich, sein Auto zu verkaufen. Er macht K ein entsprechendes Angebot. Dieser nimmt an.
> Hier haben sich beide, V und K, aus freiem Willen dazu entschlossen, Rechtsfolgen herbeizuführen (Pflichten, bzw. Ansprüche aus dem Kaufvertrag).

Einmal eher freiwillig, ein andermal zwangsweise.

Demgegenüber kommen gesetzliche Ansprüche nicht durch die Abgabe von Willenserklärungen, sondern - ***zwangsweise*** - allein durch die Erfüllung gesetzlicher Tatbestände zustande.

> ***Bsp.:*** V beschädigt bei einem Auffahrunfall das Auto des K. Es entsteht ein Sachschaden in Höhe von 1.000,-.
> Hier haben beide, V und K, unabhängig von ihrem jeweiligen Willen Rechtsfolgen herbeigeführt (Pflichten, bzw. Ansprüche aus § 823 I, auf Schadensersatz gerichtet).

Wir sollten uns hier übrigens nicht dadurch irritieren lassen, daß es für beide - für freiwillige und zwangsweise entstehende Ansprüche - gesetzliche Vorschriften gibt. Für die Unterteilung ausschlaggebend ist nur die *Entstehung* dieser Ansprüche.

Die wichtigsten gesetzlichen Bereiche sind oben aufgeführt (Dinglich hat mit dem Sachenrecht zu tun, z.B. § 985, Deliktisch hat dem Deliktsrecht zu tun, z.B. § 823 I, Bereicherungsrechtlich hat mit den §§ 812 ff zu tun, Sonstiges sind z.B. Ansprüche aus dem Familienrecht - ff. heißt folgende, das doppelte „f" soll kennzeichnen, daß mehr als einer folgt. Geht es nur um einen folgenden Paragraphen schreibt man § 812 f.)

Zwischen den Verträgen und den gesetzlichen Schuldverhältnissen stehen die rechtsgeschäftsähnlichen oder auch ***quasivertraglichen Schuldverhältnisse***. Sie sind nicht ganz das eine und nicht ganz das andere, sondern irgendwie von beiden etwas. Die wichtigsten Anwendungsfälle finden wir bei der culpa in contrahendo (c.i.c.), gesetzlich nicht geregelt, und der Geschäftsführung ohne Auftrag (G.o.A.), § 677. (Details zu dieser Unterscheidung in meinem Skript zum Schuldrecht AT.)

Zwitter: die rechtsgeschäfts-*ähnlichen.*

Bsp. c.i.c.: Malermeister M soll die Wohnung des W anstreichen. Während der Gespräche, bei denen die Details (Farben, Kosten etc.) geregelt werden sollen, aber noch bevor es zum Vertragsschluß kommt, stößt er versehentlich eine kostbare Porzellanvase um, die zerbricht.

Bsp. G.o.A.: Aus der Nachbarwohnung dringt weißer Rauch. F vermutet, daß es dort brennt. Weil auf sein Klingeln niemand öffnet, kauft er schnell ein Beil und schlägt die Türe ein. Drinnen angekommen muß er feststellen, daß sich eine Gruppe hochrangiger kirchlicher Würdenträger versammelt hatte, um für die nächste Papstwahl zu üben.

Nun wissen wir, woher ***Schuldverhältnisse*** kommen. Damit ist aber noch nicht klar, was es genau mit der Entstehung von ***Ansprüchen*** auf sich hat.

Jetzt die Kurve kriegen: Wie kommt man von den Schuldverhältnissen zu den Ansprüchen?

Allgemein: Schuldverhältnisse begründen ***Pflichten***. Einer „schuldet" einem anderen etwas aufgrund eines zwischen ihnen bestehenden Verhältnisses. Pflichten wiederum sind Spiegelbilder von ***Rechten***. Hat jemand das Recht, etwas zu verlangen, hat er einen Anspruch, § 194.

Aha. Schuldverhältnisse begründen also auch Rechte. Die Bezeichnung „Pflicht" ist aber für die folgende Übersicht vorteilhafter. Man pflegt nämlich einzuteilen.

Über Pflichten zu Rechten.

Nochmal: Ein Schuldverhältnis begründet Pflichten. Es gibt folgende Gruppen:

Verschiedene Gruppen von Pflichten.

1. Leistungspflichten

a. Primärleistungspflichten (darum gibt´s das SchV)
aa. Hauptleistungspflichten (typisches Gepräge)
bb. Nebenleistungspflichten (zur Unterstützung)
b. Sekundärleistungspflichten (wenn´s schief geht)

2. Nebenpflichten (Sorgfalt/Obhut) – werden manchmal auch „weitere Verhaltenspflichten" genannt, damit man sie nicht mit den Neben*leistungs*pflichten verwechselt.

3. Obliegenheiten *(ich gegen mich)*

Diese Pflichten können grundsätzlich bei allen Schuldverhältnissen relevant werden, wir werden sie aber, weil wir uns beschränken müssen, nur im Zusammenhang mit den vertraglichen Schuldverhältnissen behandeln.

Zunächst zu den ***Leistungspflichten***.

Das ist der eigentliche Sinn des Schuldverhältnisses.

- ***Primärleistungspflichten*** sind die Pflichten, die nach dem Schuldverhältnis normalerweise geschuldet werden. Ihre Erfüllung ist das (eigentliche) Ziel des Schuldverhältnisses Je nach dem, wie wichtig sie sind, sind es entweder:

  Haupt(leistungs)pflichten. Das sind all die Pflichten, die dem Schuldverhältnis sein typisches Gepräge geben. Also: beim Kauf, § 433, Kaufpreiszahlung einerseits und Übereignung / Besitzverschaffung andererseits; bei der Miete, § 535, Mietzinszahlung einerseits und Wohnungsüberlassung andererseits etc.; oder aber:

  Nebenleistungspflichten. Sie sollen die Durchführung der Hauptpflichten unterstützen. Sie ergeben sich manchmal aus dem Gesetz (aber als Folge eines Vertrages! Bsp.: §§ 444, 666), manchmal aber auch nur aus dem Vertrag (dann über § 242).

Das kommt immer dann, wenn es nicht richtig klappt.

- ***Sekundärleistungspflichten*** greifen immer dann ein, wenn mit der Hauptleistungspflicht was nicht geklappt hat. Dies kann der Fall sein, wenn gar nicht (Unmöglichkeit), zu spät (Verzug) oder schlecht (Gewährleistung / p.V.V.) geleistet wird oder sonst eine Störung vorliegt.

Das spielt nur am Rand mit.

Die ***Nebenpflichten*** dagegen zielen nicht darauf, den Leistungserfolg herbeizuführen oder die Leistung zu sichern. Ihr Ziel ist es, während der Abwicklung die sonstigen Rechtsgüter der Gegenpartei zu schützen. sie heißen daher auch Sorgfalts- und Obhutspflichten. Wenn sie verletzt werden, liegt eine ***p.V.V.*** vor (Abkürzungserläuterung im Anschluß).

> ***Bsp. p.V.V.:*** Malermeister M streicht die Wohnung des W an. Nachdem er die Arbeit vollständig und zur Zufriedenheit des W erledigt hat (alle Leistungspflichten erfüllt), stößt er beim Verlassen der Wohnung mit seiner Leiter noch eine kostbare Porzellanvase um, die zerbricht.

Als ***Obliegenheiten*** bezeichnet man Vorbeuge- und Schutzmaßnahmen, die zur eigenen Sicherheit geboten sind. Obliegenheiten begründen keine eigene Verpflichtung, die jemand anders etwa einklagen könnte. Sie führen aber ***bei Verletzung*** zu ***Rechtseinbußen***. Man bekommt z.B. weniger Geld als Schadenersatz, wenn man es schuldhaft unterlassen hat, den Umfang des Schadens zu verringern.

Klausurmäßig eher selten.

> ***Bsp.:*** Mieter M bemerkt nach einer Urlaubsabwesenheit, daß sein Dach durch einen Sturm ein Loch bekommen hat. Er benachrichtigt seinen Vermieter V unter Fristsetzung. Nichts geschieht. Dann geschieht doch etwas: es regnet. Statt seine wertvollen Bücher in Sicherheit zu bringen, geht M erst einmal gemütlich essen. An den Büchern entsteht größerer Schaden.

Die wichtigsten Normen für Obliegenheiten sind die §§ 377, 378 HGB und § 254 BGB. Bedeutung haben die Obliegenheiten aber vor allem im Versicherungsrecht. Mit anderen Worten: Wir können sie vorläufig wieder vergessen.

Ein Wort zur ***Abkürzung p.V.V.:*** Es handelt sich dabei um eine Rechtsfigur, die man ausgeschrieben als positive Vertragsverletzung - oder positive *Forderungs*verletzung (pFV) findet. Sie hat mit der oben schon angesprochenen c.i.c. gemeinsam ist, daß einem (potentiellen) Vertragspartner ein Unbill widerfahren ist.

Was ist eine p.V.V.?

Die ***c.i.c.*** regelt die Fälle *bis* zum Vertragsschluß (culpa (lat.) = Schuld, Verschulden; in (lat.) = in, während; contrahendo (lat.) = zustande bringen; gesamt also: Verschulden beim Zustandebringen). Die p.V.V. die Fälle *ab* Vertragsschluß. Wir werden noch Beispiele hierfür kennenlernen (etwa ab Seite 64). Ich habe aber im Anhang einige Schemata aufgenommen und die von p.V.V. und c.i.c. gehören dazu (auf Seite 305).

Was ist eine c.i.c.?

Bis hierhin haben wir geklärt, woher die Pflichten kommen. Wir haben weiterhin gesehen, daß sich diese Pflichten einteilen lassen, abhängig von ihrer jeweiligen Stoßrichtung.

Wir wissen, daß Pflichten Spiegelbilder von Ansprüchen sind. Wir können daraus schließen, daß sich Ansprüche ähnlich einteilen lassen. Wir wissen damit, woher Ansprüche kommen:

Entweder sie kommen aus einer Leistungspflicht (Anspruch auf Zahlung des Kaufpreises; Anspruch auf Zahlung von Schadensersatz wegen Verspätung; Anspruch auf Auskunftserteilung) oder sie kommen aus der Verletzung einer Nebenpflicht (Schadensersatz wegen p.V.V.) des jeweiligen Partners.

V. Was in diesem Abschnitt gebracht wurde

Damit ist schon eine ganze Masse geschafft. Für eine Einleitung muß das genügen. Was jetzt kommt, geht tiefer in die Materie hinein. Davor aber noch eine kurze Zusammenfassung. Wir haben in diesem Abschnitt gesehen,

- wie die Architektur einer Anspruchsnorm beschaffen ist (Anspruchsvoraussetzungen führen zur Anspruchsfolge),
- wie der Anspruchskopf in einer Prüfung aufgebaut wird (Wer von wem was woraus?),
- in welchen Phasen Ansprüche durchgeprüft werden (dazu sofort weiteres),
- und woraus Ansprüche entstehen können (Schuldverhältnisse, vertragliche, gesetzliche, vorvertragliche).

Und damit es Sinn hat, weiter zu lesen, wäre es völlig unschädlich, sich all dies einzuprägen.

So entstehen vertragliche Ansprüche

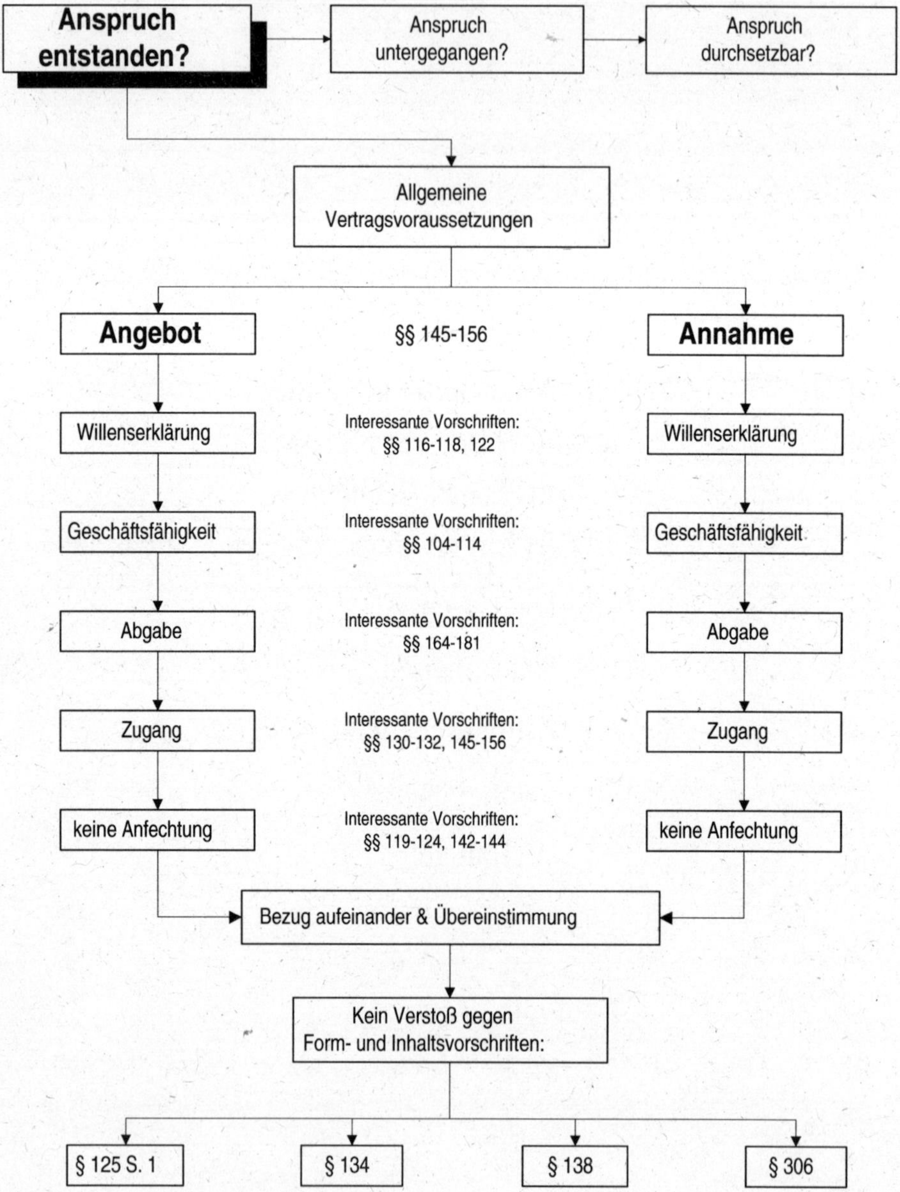

2. Teil - Anspruch entstanden?

A. Überblick: Was liegt an?

Grad eben haben wir von 3 großen Prüfungsphasen gesprochen:

Es geht um 3 Prüfungsphasen.

Phase I.: Anspruch entstanden?

Phase II.: Anspruch untergegangen?

Phase III.: Anspruch durchsetzbar?

Nach dem, was dort weiterhin gesagt wurde - daß nämlich die ***Prüfungsfolge zwingend*** ist - kommt zunächst die Phase I. an die Reihe. Dem Inhalt des BGB-AT folgend beschäftigen wir uns überwiegend mit Verträgen, was hier gleichbedeutend ist mit der Entstehung vertraglicher Ansprüche.

Die Prüfungsfolge ist zwingend.

Deshalb werden wir vorwiegend die Entstehung von vertraglichen Ansprüchen behandeln.

Das 3-Phasen-Prüfschema gilt zwar auch für alle anderen Ansprüche, der BGB-AT behandelt aber überwiegend vertragliche Voraussetzungen für das Zustandekommen von Verträgen.

Blicken wir nach links, so sehen wir einen ***Ablaufplan***, der uns einen Überblick über das Zustandekommen eines Vertrages geben soll. Dieser Überblick wird auch in Zukunft jedes neue Thema zwecks Einordnung einleiten. Er wird immer auf der linken Seite sein, wenn wir ein neues Stadium erreichen. Den jeweils aktuellen Standort finden wir mit einem fetten Schatten hinterlegt.

Ein Ablaufplan wird uns begleiten.

Wenn wir diesen Plan einfach mal so von oben nach unten betrachten, werden wir feststellen, daß es zwei verschiedene Sorten von Vertragsvoraussetzungen gibt.

Er zeigt zwei Sorten von Voraussetzungen.

Da sind einmal die, deren ***Vorliegen*** wir positiv feststellen müssen. Sie sind im Plan links durch die Elemente „Willenserklärung", „Geschäftsfähigkeit", „Abgabe", „Zugang" gekennzeichnet.

Positive.

Und dann sind da welche, deren ***Nichtvorliegen*** wir feststellen müssen (also eine negative Feststellung). Es darf „*keine* Anfechtung" gegeben haben, der Vertrag darf „*keinen* Verstoß" gegen §§ 125 S. 1, 134, 138 und 306 beinhalten, usw.

Und negative.

Wir werden diesen Ablaufplan gleich Punkt für Punkt durchgehen und die einzelnen Schwierigkeiten abklären. Aber vorher noch was anderes. Bevor man sich in einer Fremdsprache unterhalten kann, muß man ein paar Vokabeln gelernt haben.

Vokabeln.

B. Begriffe und Definitionen

Sowohl in dieser Abbildung, als auch im vorangegangenem Text tauchten nämlich eine Reihe von Begriffen auf, die einfach benutzt, aber nicht erklärt wurden. Es handelte sich dabei um die Begriffe „Vertrag“, „Rechtsgeschäft“ und „Willenserklärung“.

I. Willenserklärung

Wenn wir die Front von hinten aufrollen, steht dort zuerst die Definition der „Willenserklärung“ (WE).

Definition: Eine Willenserklärung ist eine auf einen rechtlichen Erfolg (eine Rechtsfolge) gerichtete Willensäußerung (Palandt-Heinrichs, Einf v § 116 Rn. 1).

Abweichung vom Alltagssprachgebrauch: es muß um *rechtliche* Folgen gehen.

Man beachte dabei folgendes: Der allgemeine Sprachgebrauch hilft hier beim Verständnis nur teilweise. Einfach ist zunächst, daß ein ***Wille*** da sein muß. Einfach ist weiterhin, daß dieser Wille in einer ***Erklärung*** zum Ausdruck kommen muß. Das kann man schon aus dem Wort als solchem ziehen. Was aber nicht daraus hervorgeht, ist, daß der Wille und seine Äußerung auf einen ***rechtlichen Erfolg*** gerichtet sein muß. Das mag auf Anhieb nicht als schwierig einleuchten. Es kann aber problematisch werden.

Beispiel aus dem Leben gegriffen: Nehmen wir an, jemand (V) möchte ein Motorrad für 2.000,- verkaufen. Er sagt nun zum potentiellen Käufer (K): „Ich verkaufe Dir mein Motorrad für 2.000, wenn Du willst.“

z.B. um den Abschluß eines Kaufvertrages.

Damit haben wir eine Willenserklärung: V hat den Willen, sein Motorrad zu verkaufen. Er äußert diesen Willen, er erklärt ihn dem K. Dieser Wille ist auf einen rechtlichen Erfolg gerichtet, auf den Abschluß eines Kaufvertrages nämlich. Die Willenserklärung ist komplett.

Weiteres Beispiel: Ein Vermieter (V) will seinem Mieter (M) kündigen. Er schickt ihm ein Schreiben mit folgendem Inhalt: „Lieber M, am nächsten Ersten ist für Sie der Letzte; ich kündige Ihr Mietverhältnis zum 1. März.“

z.B. um die Kündigung eines Mietvertrages.

Auch das ist eine Willenserklärung: V hat den Willen, seinem Mieter zu kündigen. Er äußert diesen Willen, erklärt ihn dem M. Dieser Wille ist auf einen rechtlichen Erfolg gerichtet, die Beendigung eines Mietvertrages nämlich. Eine satte Willenserklärung.

Gegenbeispiel aus dem täglichen Leben: F geht spazieren. Da kommt ihm der Halbweltganove G mit einem Kampfpudel entgegen.

Weil F frech grinst, hetzt G seinen Pudel auf F. F ruft die vorbeigehenden Passanten um Hilfe.

Das ist *keine* Willenserklärung: F hat den Willen, Hilfe zu erlangen. Er äußert diesen Willen, erklärt ihn den Passanten. Aber: Dieser Wille ist nicht auf einen rechtlichen Erfolg gerichtet. Er zielt auf einen *tatsächlichen* Erfolg. Für die juristische Behandlung ist das etwas ganz anderes. Es gelten deshalb auch nicht die Regeln für Willenserklärungen.

Eine rein *tatsächliche* Folge genügt nicht.

Es bleibt zusammenfassend festzuhalten, daß eine Willenserklärung die Elemente

- *Erklärung* und
- *Wille* auf einen
- *rechtlichen* Erfolg (*Rechts*folge) gerichtet

enthalten muß.

II. Rechtsgeschäft

Als nächstes kommt das Rechtsgeschäft (RG) dran. Zunächst die Definition.

Definition: Ein Rechtsgeschäft ist ein aus einer oder mehreren Willenserklärungen allein oder in Verbindung mit anderen Tatsachen bestehender Tatbestand, an den die Rechtsordnung den Eintritt des in der Willenserklärung bezeichneten Erfolges deshalb knüpft, weil er gewollt ist (Palandt-Heinrichs, Überbl v § 104 Rn. 2).

Definition.

Das ist ja schon etwas länger. Aber es enthält bereits Bekanntes. Die Willenserklärung taucht darin auf. Und das gleich mehrfach. Aber der Reihe nach. Nimmt man die Definition auseinander, ergibt sich folgendes:

Komplexität macht man durch Zergliedern übersichtlich.

1. Ein Rechtsgeschäft ist ein Tatbestand. - Das ist schön.
2. Dieser Tatbestand besteht in seiner Minimalform aus einer Willenserklärung, wobei
3. die Rechtsordnung an diesen Tatbestand den Eintritt eines Erfolges knüpft, weil er gewollt ist.
4. Der geknüpfte Erfolg ist damit der, auf den sich die Willenserklärung richtet.

Bei Licht besehen ist der Unterschied zur reinen Willenserklärung also der, daß die Willenserklärung nur auf einen Erfolg (ei-

Nur ein kleiner Unterschied trennt die Willenserklärung vom Rechtsgeschäft.

nen rechtlichen!) ***gerichtet*** ist, während beim Rechtsgeschäft dieser Erfolg auch noch ***eintritt***.

Es geht um Bausteine.

Die Definition zeigt aber ein weiteres: Sie zeigt, daß ein Rechtsgeschäft immer mindestens eine Willenserklärung enthalten muß. Anders gewendet: Die Willenserklärung ist der ***kleinste Baustein*** jeden Rechtsgeschäftes.

1. Einseitige Rechtsgeschäfte - pur

Wenn nur einer eine WE macht.

Nehmen wir als Beispiel die Kündigung von vorhin; wir hatten sie als Willenserklärung qualifiziert. Jetzt kommt etwas dazu. Die Rechtsordnung - in diesem Fall die Teilmenge BGB - knüpft an die Erklärung des Willens zur Kündigung eine Folge: Das Mietverhältnis endet mit Ablauf der Kündigungsfrist, vgl. §§ 564 II, 565 I. Das war genau das, was der Vermieter gewollt und auch erklärt hatte. Der beabsichtigte Erfolg ist demnach eingetreten, weil die Rechtsordnung ihn an die Willenserklärung geknüpft hat. Das bedeutet, daß diese Kündigung ein Rechtsgeschäft ist. (Immer unterstellt natürlich, daß der vom Vermieter genannte Kündigungstermin zulässig war.)

Man bezeichnet diese Art von Rechtsgeschäft als *einseitiges* Rechtsgeschäft. Der Grund ist schlicht der, daß nur eine Seite mit einer Willenserklärung daran beteiligt ist.

2. Mehrseitige Rechtsgeschäfte - pur

Jetzt blenden wir noch mal ein paar Zeilen zurück und erinnern uns an die vier Feststellungen, die wir zur Definition des Rechtsgeschäftes gemacht hatten. Es waren die folgenden:

1. Ein Rechtsgeschäft ist ein Tatbestand. - Das war schön.
2. Dieser Tatbestand besteht in seiner Minimalform aus einer Willenserklärung, wobei
3. die Rechtsordnung an diesen Tatbestand den Eintritt eines Erfolges knüpft, weil er gewollt ist.
4. Der geknüpfte Erfolg ist damit der, auf den sich die Willenserklärung richtet.

Wenn nicht nur einer, sondern mindestens noch ein zweiter eine Willenserklärung macht.

Interessant ist an dieser Stelle nur Punkt 2. In seiner Minimalform enthält das Rechtsgeschäft *eine* Willenserklärung. Es ist aber durchaus denkbar, daß es auch noch mehr enthält.

Wir hatten oben bei der Einführung des Begriffes Willenserklärung ein Beispiel, in dem ein Verkäufer einem Käufer ein Motorrad verkaufen will. Nehmen wir jetzt mal an, der Käufer sagt: „Jawohl, ich will dieses Motorrad für 2.000,- kaufen."

Dann hat der Käufer eine Willenserklärung abgegeben. Er hat den Willen, das Motorrad zu kaufen. Er hat diesen Willen dem Verkäufer gegenüber geäußert, ihm erklärt. Der Wille war auf einen rechtlichen Erfolg gerichtet, auf den Abschluß eines Kaufvertrages nämlich. Wir haben also ***eine Willenserklärung*** des Käufers.

Wir haben aber oben festgestellt, daß auch der Verkäufer eine Willenserklärung gemacht hat. Mit anderen Worten: Wir haben ***zwei Willenserklärungen***.

Jetzt kommt wieder die ***Rechtsordnung*** (Punkt 3.). Die Rechtsordnung sagt nun, daß, wenn einer etwas verkaufen und ein anderer etwas kaufen will, ein Kaufvertrag geschlossen wird. (Die näheren Einzelheiten dazu kommen noch.)

Wenn die Rechtsordnung an diese Kombination auch eine Folge knüpft ...

Das wiederum ist genau der ***Erfolg***, den beide mit ihren Willenserklärungen bezweckt haben (Punkt 4.). Und der tritt jetzt ein. Im Ganzen haben wir damit ein Rechtsgeschäft.

... dann haben wir ein mehrseitiges Rechtsgeschäft.

Nun mag noch nicht ganz einsichtig sein, warum man dieses Rechtsgeschäft ein ***„mehrseitiges“*** und nicht schlicht ein „zweiseitiges“ nennt. Das ist einfach zu erklären. Natürlich ist der gerade geschilderte Kaufvertrag ein zweiseitiges Rechtsgeschäft. Es ist aber ohne weiteres denkbar, daß mehr als zwei Personen an einem Rechtsgeschäft beteiligt sind. Zur Gründung eines eingetragenen Vereines etwa müssen mindestens *sieben* Personen zusammenkommen, § 56 BGB. Diese schließen dann einen Vereinsgründungsvertrag.

Der Grund, warum man „mehrseitig“ sagt, liegt also ganz simpel darin, daß man sonst anfangen müßte zu zählen. Die Vereinsgründung wäre je nach Anzahl der Gründer ein „siebenseitiges“ oder ein „fünfhundertzwölfseitiges“. Da ist es schon angenehmer, nur von „mehrseitig“ zu sprechen. Den Kaufvertrag ein „zweiseitiges“ Rechtsgeschäft zu nennen, ist aber jedenfalls auch nicht falsch.

3. Rechtsgeschäfte & sonstige Tatsachen

Jetzt ein letztes Mal zur Definition des Rechtsgeschäftes. Es steht dort „aus Willenserklärungen allein oder in Verbindungen mit anderen Tatsachen bestehender Tatbestand“. Die Variationsmöglichkeiten im Hinblick auf Willenserklärungen hatten wir gerade - jetzt die anderen Tatsachen.

Eine Voraussetzung muß noch besprochen werden.

Es gibt Rechtsgeschäfte, die bedürfen zu ihrer Wirksamkeit mehr als nur einer oder mehrerer Willenserklärungen. Gemeint ist zum Beispiel der Eigentumswechsel nach § 929 S. 1. Dieser erfordert neben zwei Willenserklärungen noch die ***Übergabe*** der zu übereignenden Sache. Diese Übergabe selbst ist natürlich keine Wil-

Die „anderen Tatsachen“

- der Realakt.

lenserklärung. Sie ist vielmehr nur eine rein tatsächliche Handlung. Man nennt sie daher auch ***Realakt***.

Der Realakt der Übergabe im § 929 S. 1 hat im übrigen eine durchaus nachvollziehbare Bedeutung. Ob jemand Eigentümer einer Sache ist oder nicht, muß man ja irgendwie feststellen. Und da ist der Umstand, ob jemand eine Sache in der Hand hat oder nicht von erheblicher Bedeutung. Der Gesetzgeber sieht das genauso, vgl. § 1006.

Das war nur eine sehr grobe Beschreibung.

Aber für hier reicht´s.

Damit hätten wir den Begriff des Rechtsgeschäftes vorgestellt und beschrieben. Natürlich gibt es noch eine Masse Feinheiten. Man kann Rechtsgeschäfte noch unter sehr vielen Aspekten einteilen. Die Möglichkeiten, die wir bis hierhin hatten, sollen aber für´s Erste genügen.

III. Vertrag

Es verbleibt damit ein letzter Begriff erklärungsbedürftig: der Vertrag. Nach all dem, was wir oben im Zusammenhang mit dem Rechtsgeschäft bereits gehört haben, kann die Erklärung kurz ausfallen.

Definition: Der Vertrag ist die Hauptform des Rechtsgeschäftes (Palandt-Heinrichs, Einf v § 145 Rn. 1). Er ist ein Spezialfall.

Damit ist eigentlich alles zum Vertrag gesagt. Ein Rechtsgeschäft muß nicht immer ein Vertrag sein (vgl. oben: die Kündigung ist ein Rechtsgeschäft, aber kein Vertrag). Ein Vertrag ist aber immer ein Rechtsgeschäft. So einfach ist das.

Belassen wir es zunächst einmal dabei und wenden uns anderen Dingen zu. Zum Abschluß nur noch ein kurzer Blick auf die folgende Abbildung, die das bis hierhin Gesagte veranschaulichen soll. Dabei ist dann festzuhalten, daß ***das Mindeste, was ein Rechtsgeschäft enthalten muß,*** eine Willenserklärung ist, an welche die Rechtsordnung einen Erfolg, eine Rechtsfolge knüpft (***fettgedruckt***). Alles andere ist zusätzlicher Schnickschnack.

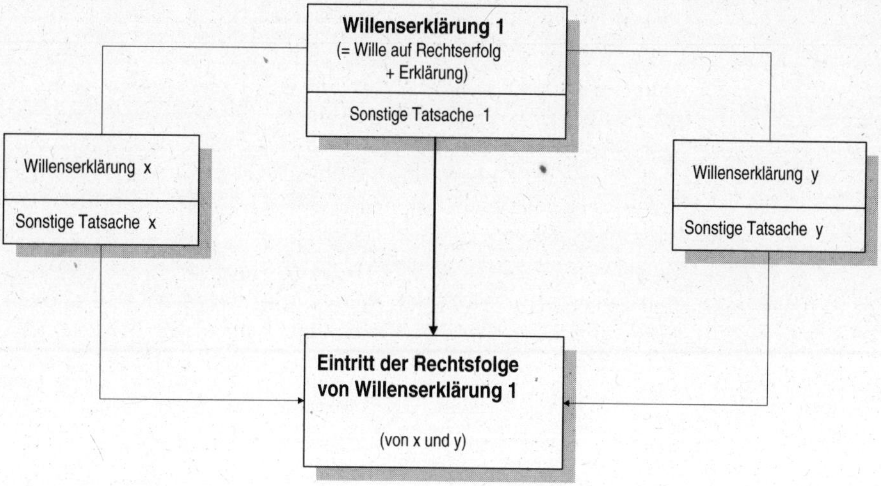

IV. Was in diesem Abschnitt gebracht wurde

Wir haben in diesem Abschnitt die Begriffe „Willenserklärung", „Rechtsgeschäft" und „Vertrag" kennengelernt. Die Definitionen lauteten:

Willens-erklärung: Eine Willenserklärung ist eine auf einen rechtlichen Erfolg (= Rechtsfolge) gerichtete Willensäußerung.

Rechts-geschäft: Ein Rechtsgeschäft ist ein aus einer oder mehreren Willenserklärungen allein oder in Verbindung mit anderen Tatsachen bestehender Tatbestand, an den die Rechtsordnung den Eintritt des in der Willenserklärung bezeichneten Erfolges knüpft, weil er gewollt ist.

Vertrag: Ein Vertrag ist die hauptsächlich verwendete Spezialform des Rechtsgeschäftes.

1. Teil - Das System - Überblick ✓

2. Teil - Anspruch entstanden?

A. Überblick: Was liegt an? ✓

B. Begriffe und Definitionen ✓

☞ **C. Die Willenserklärung - Bestandteile**

3. Teil - Anspruch untergegangen / durchsetzbar?

4. Teil - Klausuren

5. Teil - Hausarbeiten

6. Teil - Aufbauschemata

7. Teil - Sachregister

8. Teil – Werbung

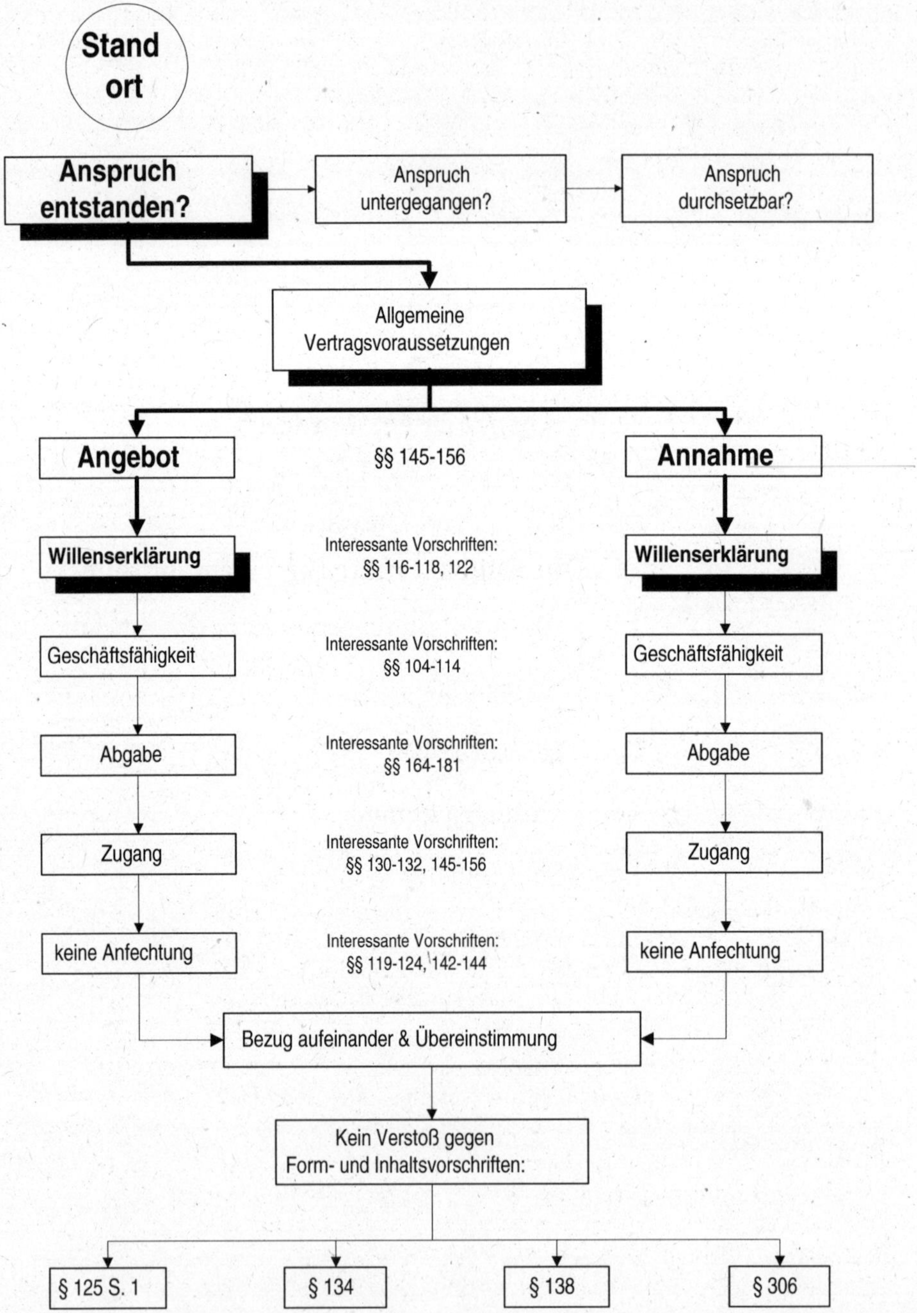
Stand ort
Anspruch entstanden?
Anspruch untergegangen?
Anspruch durchsetzbar?
Allgemeine Vertragsvoraussetzungen
Angebot
§§ 145-156
Annahme
Willenserklärung
Interessante Vorschriften: §§ 116-118, 122
Willenserklärung
Geschäftsfähigkeit
Interessante Vorschriften: §§ 104-114
Geschäftsfähigkeit
Abgabe
Interessante Vorschriften: §§ 164-181
Abgabe
Zugang
Interessante Vorschriften: §§ 130-132, 145-156
Zugang
keine Anfechtung
Interessante Vorschriften: §§ 119-124, 142-144
keine Anfechtung
Bezug aufeinander & Übereinstimmung
Kein Verstoß gegen Form- und Inhaltsvorschriften:
§ 125 S. 1
§ 134
§ 138
§ 306

C. Die Willenserklärung - Bestandteile

Zunächst wieder ein Überblick - wir blicken nach links. Wir befinden uns in der Prüfung, ob ein Anspruch, genauer: ein vertraglicher Anspruch, entstanden ist. Dazu brauchen wir einen Vertrag. Ein Vertrag kommt zustande durch das ***Angebot*** einer und die ***Annahme*** einer anderen Seite. Angebot und Annahme sind jeweils Willenserklärungen. Wie eine Willenserklärung *definiert* ist, haben wir uns gerade angesehen.

Immer erst mal den nötigen Überblick verschaffen!

I. Übersicht

Damit ist aber für eine klausurnotwendige Detailbearbeitung noch nicht allzuviel gewonnen. Was weiter vonnöten ist, ist die Kenntnis der einzelnen *Bestandteile* einer Willenserklärung. Vergleichbar ist der Unterschied zwischen der Kenntnis der Definition und der Kenntnis der Bestandteile von Willenserklärung und Rechtsgeschäft mit folgendem:

Mit einer Definition hat man noch keine Kenntnis von den Bestandteilen.

> Eine Wohnung (Willenserklärung) kann man definieren als ein Ort, an dem sich für gewöhnlich Menschen zu Lebenszwecken aufhalten.
> Ein Wohnhaus (Rechtsgeschäft) kann man definieren als ein Gebäude, das eine oder mehrere Wohnungen allein oder in Verbindung mit anderen Gebäudeteilen (Keller) enthält.

Mit der Kenntnis dieser Definitionen kann man eine Wohnung ***abgrenzen*** von einem Flugzeug (nicht gewöhnlich Aufenthalt zu Lebenszwecken, sondern nur ausnahmsweise), kann man ein Wohnhaus abgrenzen von einer Garage (Enthält keine Wohnung). Dies - nebenbei bemerkt - ***ist*** auch ***die Aufgabe einer Definition*** (finis (lat.): die Grenze), einer Abgrenzung also.

Die Aufgabe einer Definition ist es zu sagen, was das Definierte alles *nicht* ist.

Was man allein mit diesen Definitionen aber nicht sagen kann, ist, ob das, was man da per Definition als Wohnung, als Wohnhaus identifiziert hat, auch in Ordnung ist: Man kann damit nicht sagen, ob ein Ort auch dann noch eine Wohnung ist, wenn bestimmte Elemente (Bad, Küche) fehlen. Man kann damit nicht sagen, ob ein Gebäude auch dann noch ein Wohnhaus ist, wenn es zu 90% aus Geschäften besteht.

Sie kann uns aber nicht sagen, ob das, was vorliegt, auch in Ordnung ist.

Man kann all dies deshalb nicht sagen, weil man mit der Definition nur sagen kann, was es *nicht* ist, weil man aber noch nicht genau weiß, was es ist, woraus das Definierte besteht.

Eine Definition arbeitet negativ.

Es ist aber die Aufgabe der Juristerei dann einzugreifen, wenn etwas nicht in Ordnung ist, wenn es Probleme gibt. Ein Problem ist die Abweichung von etwas Normalem. Um ein Problem zu finden und alsdann lösen zu können, muß man das Normale kennen. Und deshalb - um eine Möglichkeit der Fehlerdiagnose und

Der Job des Juristen:

positiv arbeiten - Problemlösung.

-behandlung zu schaffen - müssen wir uns jetzt die einzelnen Bestandteile einer normalen Willenserklärung genauer ansehen.

II. Der Tatbestand einer Willenserklärung

Was alles Bestandteil einer Willenserklärung ist, hängt von Zweckmäßigkeitserwägungen ab.

Die „Willenserklärung" ist ein abstrakter Begriff. Die diesen Begriff ausmachenden Elemente sind nicht absolut zu nehmen; man darf nicht glauben, daß es nur so und nicht anders geht. Was hier praktiziert wird, folgt (fast) ausschließlich Zweckmäßigkeitserwägungen. Es handelt sich also um eine Art Bastelstunde.

Zuerst noch mal die Definition.

Bedenkt man, wie wir die Willenserklärung definiert haben, kann man schon eine grobe Unterteilung vornehmen. Die ***Definition*** lautete wie folgt:

> Eine Willenserklärung ist eine auf einen rechtlichen Erfolg (Rechtsfolge) gerichtete Willensäußerung.

Es gibt eine Äußerung und einen Willen.

Die sich daran orientierende Unterteilung richtet sich einmal auf das Wort „(Willens-) ***Äußerung***", dann auf das Wort „***Willen***". Es handelt sich hierbei um Begriffe, die einander gegenüberstehen. Im Idealfall - dem gedachten Normalfall - entsprechen Äußerung und Wille einander. Aber der Reihe nach.

Der Wille ist am Anfang. Er ist innen.

Zunächst gibt es den *Willen*. Einen Willen sieht man ohne weiteres nicht. Man sieht ihn deshalb nicht, weil er sich „*innerhalb*" einer Person bildet. Die Elemente, die in ihrer Gesamtheit den Willen einer Willenserklärung ausmachen, nennt man daher sinnigerweise den ***inneren Tatbestand*** einer Willenserklärung.

Dann kommt die Äußerung. Sie ist außen.

Danach haben wir eine *Äußerung*. Schon das Wort sagt, daß es dabei nicht beim bloßen Wollen bleiben darf. Die Elemente, die in ihrer Gesamtheit die Äußerung einer Willenserklärung ausmachen, nennt man den ***äußeren Tatbestand*** einer Willenserklärung.

Willenserklärung	
Innerer Tatbestand	**Äußerer Tatbestand**
Handlungswille	Handlungswille
Erklärungsbewußtsein	Erklärungsbewußtsein
Geschäftswille	Geschäftswille

Im Idealfall ist beides deckungsgleich.

Sagte ich gerade, daß diese beiden Tatbestände einander im Idealfall entsprächen, muß man sich vorstellen, daß all das, was gewollt, genauso, wie es gewollt, auch nach außen hin sichtbar wird. Als Überblick hierzu soll die Tabelle dienen, die die nun im folgenden behandelten Elemente in Gegenüberstellung zeigt.

Vom Verständnis her ist es am günstigsten, dem natürlichen Verlauf einer Willenserklärung zu folgen. Bei dieser ist am Anfang (anders als in der Bibel) nicht das Wort, sondern ein Wille. Danach wird dieser Wille dann geäußert, erklärt.

Wenn man dem natürlichen Verlauf folgt, ...

Dieses Vorgehen bringt allerdings einige Schwierigkeiten mit sich. ***Klausurtechnisch*** muß man nämlich anders vorgehen. Was Sie in einer Klausur (und im „wirklichen“ Leben übrigens auch) von einer Willenserklärung als erstes mitbekommen, ist nicht der (innere) Wille, sondern die Erklärung dieses Willens.

... gibt es in der Klausur Probleme.

Dort sieht man nämlich die Erklärung zuerst.

Damit ist der Weg für einen ***Kompromiß*** vorgezeichnet: Die Erläuterungen der Grundlagen werden sich am oben aufgezeigten „natürlichen Verlauf“ orientieren. Die Einordnung der Probleme wird nach der in einer Klausur zu wählenden Reihenfolge geschehen.

Wir werden die Erläuterungen zur Willenerklärung daher zweiteilen.

Damit steht erst einmal der innere Tatbestand zur Erörterung an.

1. Der innere Tatbestand

In der Tabelle sind drei Elemente des inneren Tatbestandes aufgeführt: Handlungswille, Erklärungsbewußtsein, Geschäftswille.

Es gibt 3 Elemente.

a. Der Handlungswille (... irgendetwas)

Der Handlungswille ist am einfachsten zu erklären, man kann sich einfach am natürlichen Sprachgebrauch aufhängen. Der Handlungswille liegt danach immer dann vor, wenn die betrachtete Person den Willen hat zu handeln. Welcher Art das gewollte Handeln ist, ist dabei gleichgültig.

Handlungswille: ich will ...
... *irgendwas* tun.

> ***Bsp.:*** Wer den Arm hebt, um ein Bier zu bestellen, hat den Willen zu handeln, ebenso wie der, der den Arm hebt, um das in der Hand gehaltene Bierglas leerzutrinken.

An dieser Stelle wird keine Unterscheidung getroffen, zwischen einem Handeln, das auf Rechtsfolgen gerichtet ist (Abschluß eines Kaufvertrages über Bier) und einem solchen das auf tatsächliche Folgen (Vollrausch) geht. Handeln wollen genügt.

Egal, in welche Richtung das Tun geht.

Wille
gerichtet auf irgendein Handeln
___
= Handlungswille

b. Das Erklärungsbewußtsein (... irgendetwas Rechtliches)

Erklärungsbewußtsein: ich will ... *irgendetwas Rechtserhebliches bewirken.*

Tief im Innern der betrachteten Person muß der Entschluß gereift sein, mit einer Handlung etwas rechtlich Erhebliches zu bewirken. Aus dieser unter sprachästhetischen Gesichtspunkten enorm imposanten Formulierung kann man einiges schließen. Als erstes, daß derjenige, der sie ernsthaft verwendet, seine Psychologiekenntnisse aus der roten Lexikonreihe von Bertelsmann hat. Danach aber auch etwas für die Sache.

(Abweichende Terminologie)

Neben dem Begriff *Erklärungsbewußtsein* wird ab und an auch der Begriff *Erklärungswille* verwandt. Das ist einerlei. Gemeint ist jedenfalls das folgende: Wer mit seiner Handlung etwas rechtlich Erhebliches bewirken will, hat damit zwangsläufig auch den Willen, überhaupt etwas zu bewirken.

> ***Bsp.:*** U unterzeichnet mehrere Verträge ohne Kenntnisnahme ihres Inhaltes. Er weiß lediglich, *daß* es sich um Verträge handelt.

Wer *irgendetwas* Rechtserhebliches *tun* will, ...

Dies ergibt sich ohne weiteres daraus, daß der Wille zu einer speziellen Handlung den Willen zu überhaupt einer Handlung umfaßt.

> ***Bsp.:*** Wenn U den Willen hat, durch Unterschrift Verträge zu schließen, hat er allgemein den Willen zu handeln, hier: zu unterschreiben.

... hat *immer auch* den Handlungswillen.

Bausteinprinzip!

Diese an sich banale Feststellung hat Bedeutung. Man kann nämlich daraus folgern, daß der ***Handlungswille*** ein ***notwendiger Baustein des Erklärungsbewußtseins*** ist. Anders gewendet: Immer dann, wenn die betrachtete Person ein Erklärungsbewußtsein hat, hat sie notwendig auch einen Handlungswillen.

	Handlungswille
	gerichtet auf einen Rechtserfolg
=	Erklärungsbewußtsein

Alles ziemlich vage.

Nun heißt es dort: „gerichtet auf einen Rechtserfolg“, und weiter oben ist die Rede vom Willen „etwas rechtlich Erhebliches“ bewirken zu wollen. Verengen wir die Betrachtung auf die Worte *„einen“* Rechtserfolg und *„etwas“* rechtlich Erhebliches, können wir feststellen, daß dies ziemlich vage klingt.

Es geht *noch* nicht um etwas Bestimmtes.

Und in der Tat: So ist es auch. Das Ganze *ist* vage und *soll* es auch sein. Per Definition soll es an dieser Stelle nämlich noch nicht um etwas Bestimmtes, nicht um einen ganz bestimmten Rechtserfolg gehen, sondern um irgendeinen. Genauer formuliert handelt es sich bei dem Erklärungsbewußtsein also um den Willen, *irgendetwas* rechtlich Erhebliches zu bewirken.

Wenn es etwas genauer sein soll, dann müssen wir schon eine Stufe weiter gehen, auf die letzte nämlich, auf die Stufe des Geschäftswillens.

c. Der Geschäftswille (... konkret Rechtliches)

Geschäftswille: ich will ... ... etwas *bestimmtes* Rechtserhebliches tun.

Ein Geschäft ist etwas sehr konkretes. Es geht um ganz bestimmte Dinge. Und von daher leitet sich auch der Inhalt des Geschäftswillens ab: Es ist der Wille, einen bestimmten Rechtserfolg herbeizuführen. Hier unterscheidet sich der Geschäftswille vom Erklärungsbewußtsein, das nur auf irgendeinen, noch nicht bestimmten Rechtserfolg gerichtet ist.

Wie wirkt sich das auf die beiden anderen Willen aus?

Man kann - und muß - aber daneben noch das Verhältnis von Geschäftswille und Erklärungsbewußtsein beleuchten. Es verhält sich hier ähnlich wie oben bei dem Verhältnis von Erklärungsbewußtsein und Handlungswille. Dort wurde gesagt, daß der Handlungswille immer im Erklärungsbewußtsein drin steckt. Als Grund wurde angegeben, daß man, wenn man etwas Spezielles wolle, gleichzeitig auch allgemein überhaupt etwas wolle.

Sie sind darin enthalten.

Entsprechend verhält es sich hier. Wer einen ganz bestimmten rechtlichen Erfolg herbeiführen will, will natürlich gleichzeitig auch überhaupt (irgend-) einen rechtlichen Erfolg herbeiführen. Auch hier folgt daraus eine wichtige Konsequenz: ***Immer dann, wenn der Geschäftswille vorliegt, liegt auch das Erklärungsbewußtsein vor.***

Und in Erweiterung des oben aufgestellten Satzes: Immer dann, wenn der Geschäftswille vorliegt, liegen auch Erklärungsbewußtsein und Handlungswille vor (vgl. auch Bild links).

Erklärungsbewußtsein
gerichtet *auf einen bestimmten* Rechtserfolg

= Geschäftswille

Wenn ich oben sagte, daß dies eine wichtige Konsequenz ist, dann meine ich dies natürlich im Zusammenhang mit dem Aufbau einer Klausur (und Hausarbeit). Für die Einzelheiten muß ich allerdings noch um einen Augenblick Geduld bitten, wir müssen vorher kurz noch auf die zweite Seite der Willenserklärung eingehen. Gemeint ist

2. Der äußere Tatbestand

Außen sollte es aussehen wie innen.

Ein Blick zurück nach oben auf die Tabelle zeigt ein beruhigendes Bild. Der äußere Tatbestand einer Willenserklärung sieht genauso aus wie der innere. So wie die Willenserklärung sich dort darstellt, bietet sie ein Idealbild. Stellt man nun auf der Seite des inneren Tatbestandes darauf ab, was die betrachtete Person *denkt*, muß man im äußeren Tatbestand danach gehen, was sie *erklärt* hat, das Ganze heißt schließlich Willens***erklärung***.

Fragen müßten wir uns jetzt nur, wie der ***Inhalt*** dieses äußeren Tatbestandes aussehen muß.

Alle drei Elemente müssen für einen objektiven Dritten in der Rolle des Erklärungsempfängers sichtbar sein.

Die drei Elemente, die wir im inneren Tatbestand kennengelernt haben, waren Handlungswille, Erklärungsbewußtsein und Geschäftswille. Wenn diese ***drei Elemente für einen objektiven Dritten in der Rolle des Erklärungsempfängers sichtbar*** werden, dann liegt der äußere Tatbestand einer Willenserklärung vollständig vor.

- Das bedeutet, daß ein objektiver Dritter dem Verhalten des Erklärenden entnehmen kann, daß dieser *handeln* will.
- Das bedeutet weiter, daß ein objektiver Dritter dem Verhalten des Erklärenden entnehmen kann, daß dieser mit seinem Handeln *irgendeinen rechtlichen Erfolg herbeiführen* will.
- Das bedeutet zuletzt, daß ein objektiver Dritter dem Verhalten des Erklärenden entnehmen kann, daß dieser mit seinem Handeln *ein bestimmtes Rechtsgeschäft vornehmen* will.

3. Zwischenergebnis

Um zu verstehen, wie eine WE aussieht, sind wir dem Ablauf einer idealen WE gefolgt.

Rekapitulieren wir: Die betrachtete Person hat den Willen zu handeln, diese Handlung soll dahingehen, einen rechtlichen Erfolg zu bewirken, der bestimmt ist. Die betrachtete Person erklärt all dies auch nach außen, sie äußert es. Das ist eine ***ideale Willenserklärung***. Damit sind wir dem „natürlichen Verlauf" einer Willenserklärung gefolgt. Dies war notwendig, um die Elemente verstehen zu können.

In der Klausur machen wir's anders.

Klausurtechnisch gesehen ist diese Reihenfolge aber ungünstig. Und deshalb werden wir die Probleme, die typischerweise im Bereich der Willenserklärung auftauchen, im übernächsten Kapitel in einer etwas anderen Reihenfolge behandeln (ab Seite 47).

D. Der Gutachtenstil

I. Imagepflege

Die Behandlung in der neuen Reihenfolge soll zugleich ein weiteres bewirken: Sie soll mit der juristischen Sprachregelung etwas vertrauter machen. Die Rede ist vom allseits beliebten Gutachtenstil.

Die Juristensprache ...

Gleich vorwegnehmen will ich, daß man auf diesem Gebiet einiges tun kann, um das in der Bevölkerung doch arg ramponierte Ansehen der Juristensprache ein wenig zu verbessern. Man kann nämlich die Art der Ausdrucksweise, die wir uns jetzt näher ansehen werden, auf den Bereich der Universität, genauer: der Klausuren und Hausarbeiten, beschränken. Und man kann noch mehr tun: Man kann nämlich auch dort bereits im Kleinen daran arbeiten, daß es nicht schlimmer, sondern besser wird.

... ist im Volk zu Recht verpönt.

II. Das Ziel des Weges

Der ***Gutachtenstil*** ist das Gegenstück zum ***Urteilsstil***. Aus dieser im Grunde ziemlich unjuristischen Feststellung läßt sich für das Verständnis des Gutachtenstiles einiges gewinnen. Der allgemeine Sprachgebrauch versteht unter einem Urteil etwas Feststehendes. Ein Urteil ist das Ergebnis eines Beurteilungsprozesses. Während dieses Beurteilungsprozesses überlegt man verschiedene Möglichkeiten, wie eine Sache zu beurteilen ist. ***Am Ende steht*** dann ***das Urteil***.

Durch einen *Beurteilungsprozeß* gelangt man über verschiedene *Möglichkeiten* zu einem *Ergebnis*.

Nun können die Erwägungen, die zum Urteil geführt haben, recht ausführlich sein. Was ausführlich ist, kann man auch entsprechend langatmig darstellen. Daran hat im täglichen Leben keiner Interesse. Wenn nach einer Meinung gefragt wird, dann möchte man etwas Knackiges hören. Der Volksmund meint genau das, wenn er von sich gibt: „In der Kürze liegt die Würze". Deshalb kommt man in einem Urteil immer sofort zur Sache. Das Ergebnis wird sofort gebracht. Wenn´s dann noch wen interessiert, kann man den einen oder anderen Grund anbringen.

Der Beurteilungsprozeß interessiert im täglichen Leben niemanden.

Nur das Urteil selbst.

Wenn Sie eine Klausur zurückbekommen, dann wollen Sie zuerst die Benotung wissen. Sie wollen am liebsten die maximale Punktzahl sehen. Wenn die drauf steht, interessiert es sie wahrscheinlich nicht mehr allzu sehr, warum Ihre Arbeit so gut bewertet wurde. Und auch, wenn´s ganz schlecht gelaufen ist, werden Sie dennoch *zuerst* die Note *und dann* die Begründung lesen wollen.

Man kann deshalb die Beschreibung des Prozesses auch häufig weglassen.

Urteilsstil heißt deshalb: das Ergebnis zuerst.

Wenn man das etwas verallgemeinert, kann man sagen, daß beim Urteilsstil immer zuerst das Ergebnis kommt und dann die Begründung.

Der Gutachtenstil geht genau andersrum.

Konnte man bis hierhin folgen, ist man schon fast am Ziel. Weil es keinen Sinn machen würde, dasselbe Vorgehen einmal Urteilsstil und einmal Gutachtenstil zu nennen, ist davon auszugehen, daß der Gutachtenstil anders vorgeht. Und weil es bei zwei Elementen (Ergebnis, Begründung) nur zwei sinnvolle Kombinationsmöglichkeiten gibt, ist jetzt eben die andere dran. Das bedeutet, daß beim Gutachtenstil das Ergebnis als letztes kommt und die Begründung dafür zuerst. Und das kommt so:

III. Der Weg zum Ziel

Das hängt mit dem Sinn eines Gutachtens zusammen.

Zweck eines Gutachtens ist es, die Lösung eines Rechtsfalles vorzubereiten. Wirft man einen Blick auf die gerichtliche Praxis, sieht man, daß sehr viele Gerichte als sog. ***Kollegialgerichte*** tätig werden. Das bedeutet, daß es mehr als einen Richter gibt. Nun könnte man natürlich sagen, daß jeder Richter jeden Fall bis ins Detail selber gelesen und durchdacht haben sollte, bevor er ihn entscheidet, beurteilt. Ein solches Vorgehen wäre zugegebenermaßen ideal, ist aber schon aus praktischen Gründen gar nicht durchführbar. Der Arbeitsanfall an den Gerichten ist viel zu hoch.

Andere sollen sich auf der Basis eines Gutachtens ein eigenes Urteil bilden können.

Das führt dann dazu, daß sich ein solches Richterkollegium die Arbeit aufteilt. Vereinfacht dargestellt kann man sagen, daß bei einem Dreierkollegium (etwa einer Kammer am Landgericht) jeder ein Drittel aller bei dem entsprechenden Kollegium eingehenden Fälle erhält. Für diese Fälle ist er dann der sog. ***Berichterstatter***. Die Fälle nun muß er dann lesen (und möglichst verstehen). Wenn er das hinter sich gebracht hat, muß er den jeweils zwei anderen erzählen, worum es geht. Er soll die Zuhörer aber nicht vor vollendete Tatsachen stellen, sondern es durch seinen Vortrag ermöglichen, daß die anderen sich eine eigene Meinung bilden können.

Da wäre es schädlich, nur eine einzige Möglichkeit darzustellen.

Um dieser Aufgabe gerecht zu werden, muß der Verfasser eines Gutachtens ***alle möglichen Lösungswege*** eines Rechtsfalles behandeln und folglich auch darstellen. Erst nach der Begutachtung *aller* juristischen Möglichkeiten kann die Entscheidung in einer Rechtsfrage fallen. Bis zu Lösung aber ist es die Aufgabe eines jeden Gutachters, Zweifel in wissenschaftlicher Weise auszuräumen.

Für unseren Berichterstatter bedeutet dies also, daß er ruhig eine eigene Meinung dazu haben darf, wie der Fall gelöst werden sollte. Er muß aber davon ausgehen, daß die beiden anderen die Lage etwas anders beurteilen. Also muß er sich auch überlegen, wie man es noch sehen kann, welche Möglichkeiten es über die, die er sich später selbst zu eigen machen will, noch gibt. Die muß er dann genauso durchdenken und mit Gegenargumenten abblocken. Findet er dabei gute Argumente, stehen die Chancen gut, daß er seine Richterkollegen überzeugt. Der Berichterstatter hat also einiges vor-, bzw. zurückzutragen. Und weil das lateinische Wort für „tragen" *ferre* heißt, und eine dazugehörige Beugungsform dieses Verbes sich *latum* nennt, weil zuletzt „zurück" auf lateinisch *re* heißt, sprechen wir entweder von einem *Referat* oder einer ***Relation***. Der (bei Gericht) lernende Vortragende heißt dann logischerweise ***Referendar***.

Was nicht heißt, daß der Bearbeiter zum Schluß nicht doch zu einem einzigen Ergebnis gelangt.

Wenn eben gesagt wurde, daß man Zweifel „in wissenschaftlicher Weise" ausräumen muß, dann bedeutet das im wesentlichen, daß man nach einer bestimmten Methode vorgeht. Ich setze das „wissenschaftliche" in Anführungszeichen, weil ich nicht glaube, daß allein die *Technik* des Vorgehens in einer bestimmten Reihenfolge sich schon *Wissenschaft* nennen sollte.

Aber erst, *nachdem* er deutlich gemacht hat, warum gerade dieses Ergebnis und warum die anderen Ergebnisse nicht.

Im juristischen Bereich benutzen wir eine Methode, die als „***Dreierschrittmethode***" bezeichnet werden kann. (Es gibt auch andere Benennungen, die aber alle dasselbe meinen.) Diese Methode werden wir uns jetzt gleich etwas näher ansehen. Sie ist natürlich nicht die einzig denkbare Methode. Aber sie ist anerkannt. Ihre Benutzung bietet den Vorteil, daß man sich nicht auch noch über die Sprachregelung streiten muß, sondern Streitigkeiten auf die Sache konzentrieren kann.

Der Dreierschritt ist hilfreich.

Wer ihn kennt, kann die Vorgehensweise von Gutachtern überprüfend nachvollziehen.

Sie birgt allerdings auch Gefahren in sich. Man kann logische Fehlschlüsse durch ***scheinbar logische Operationen*** herbeiführen (Alle Hunde müssen sterben, Sokrates ist gestorben, also ist Sokrates ein Hund), man kann die Sprache für Manipulationen (Minus*wachstum*) nutzen. Man kann schließlich das Sprachniveau auch noch so stark anheben, daß sicher ist, daß einen nur ein kleiner elitärer Kreis versteht. Ob diese Anhebung als höherwertiger angesehen werden kann, darf mit Fug bezweifelt werden. Meist geht es um eine Verkomplizierung des Satzbaus und die Unterbringung verschiedener lateinischer Fachwörter.

Daß man damit auch Schindluder treiben kann, ist normal.

Das kann man mit allen Dingen.

Für unsere Klausurbearbeitung nutzen uns diese kritischen Gedanken aber nichts. Die *Rechtsfolge* in einer Aufgabe (Anspruch auf Zahlung eines Kaufpreises z.B.) kann immer erst dann verbindlich festgelegt werden, ***nachdem*** die *Voraussetzungen* ge-

Verbindliche Feststellungen.

prüft sind. Daraus ergibt sich für den Gutachter die Notwendigkeit, seine juristischen Untersuchungen auf dem Wege zur endgültigen Lösung als *mögliche* Voraussetzungen für eine bestimmte Entscheidung darzustellen.

IV. Der unberechtigte Konjunktiv

Müßte, könnte, würde ...

Sprachlich findet diese Art der Entscheidungsvorbereitung ihren Ausdruck meistens (zu Unrecht[1]) in der Verwendung der Möglichkeitsform, des *Konjunktivs*. Erst wenn sich aus der juristischen Prüfung ein bestimmtes Ergebnis herauskristallisiert hat, wird *die Lösung* schließlich *im Indikativ* ausgedrückt.

... sind meistens deplaziert, denn Voraussetzungen müssen, können, werden.

Unberechtigt ist die Verwendung des Konjunktivs meistens deshalb, weil die Bedingungen, die damit umschrieben werden, gar nicht nur *mögliche* sind, sondern *wirklich* vorliegen müssen, damit eine Rechtsfolge eintreten kann. Wenn etwa ein Verkäufer von einem Käufer die Zahlung eines Kaufpreises begehrt, dann *muß* hierfür ein wirksamer Kaufvertrag vorliegen.

Richtig ist also:

> „V kann gegen K einen Anspruch auf Zahlung von 100,- aus § 433 II haben. Dann ***muß*** zwischen beiden ein Kaufvertrag geschlossen worden sein..." (Man kann *gedanklich* ergänzen: „Das erscheint hier möglich, und ob das so ist, werde ich jetzt im Anschluß prüfen.")

Wenn man nun demgegenüber formuliert:

> „V könnte gegen K einen Anspruch auf Zahlung von 100,- aus § 433 II haben. Dann ***müßte*** zwischen beiden ein Kaufvertrag geschlossen worden sein..."

Kaum zu glauben: mit dem Konjunktiv macht man genau das, was man vermeiden wollte.

nimmt man - entgegen der Intention des Gutachtenstils - das Ergebnis schon vorweg. Der Konjunktiv an dieser Stelle drückt nämlich etwas Irreales, etwas Unwirkliches, also etwas *nicht* Gegebenes aus. Diese Art von Konjunktiv benutzen wir auch im normalen Leben nur dann, wenn wir zugleich sagen wollen, daß das mit ihm Formulierte in Wirklichkeit *nicht* gegeben ist.

> „Da ***müßte*** ich ja ziemlich blöd sein." (Man kann *gedanklich* ergänzen: „Bin ich aber nicht.")

---

1 Zu Gutachtenstil & Konjunktiv lesen Sie bitte unbedingt: Wolf, *Bemerkungen zum Gutachtenstil*, JuS 1996, 30-36.

Blättert man ein wenig im DUDEN, findet sich schnell, daß dort nur wenige Formen des Konjunktivs voneinander unterschieden werden.

Ein relativ unbekanntes Buch.

Es gibt einen Konjunktiv, der für ***Wünsche*** benutzt wird:

Bsp.: Er lebe hoch!

Es gibt einen weiteren Konjunktiv, der für die ***indirekte Rede*** gebraucht wird:

Bsp.: Der BGH meint, das sei ein Fall der invitatio ad offerendum.

und es gibt einen Konjunktiv, der als Ausdruck von ***Irrealität*** dient:

Bsp.: Wenn ich jetzt Schluß machen könnte, wäre ich froh.

Dazu kommen noch diverse Mischformen und ein bißchen Konjunktiv, der sich mit der ***Zukunft,*** dem Noch-nicht-Begonnenen beschäftigt:

Bsp.: Wenn ich morgen fertig werden würde, dann wäre das noch früh genug.

All diese Fälle passen nun aber ersichtlich nicht auf unsere gutachterliche Prüfung. Wir dürfen vermuten, daß die inflationäre Verwendung des Konjunktivs auf einem ***Mißverständnis*** beruht. Aus der - richtigen - Annahme, daß im Gutachten jede angesprochene Rechtsfolge so lange eine *nur mögliche* Rechtsfolge ist, bis man das Vorliegen ihrer Voraussetzungen entweder bejaht (dann tritt die Rechtsfolge tatsächlich ein) oder verneint (dann tritt die Rechtsfolge tatsächlich nicht ein), wird der - falsche - Schluß gezogen, daß man darüber nicht im Indikativ schreiben darf.

Im Gutachten ist vieles nur möglich, ...

Tatsächlich *ist* es aber so, daß bestimmte Voraussetzungen für bestimmte Rechtsfolgen vorliegen *müssen* (und nicht: *müßten*). Der Fehler liegt damit in einer Vermischung:

... aber manches absolut zwingend.

Es mag (nur) *möglich* sein, daß V gegen K einen Kaufpreisanspruch hat (Sachverhalt-Rechtslage-Verbindung), aber es ist *zwingend,* daß dies nur bei Vorliegen eines Kaufvertrages so ist (ausschließlich eine Frage der Rechtslage).

Für Zwingendes ist der Konjunktiv verfehlt.

Das hat nichts mit der Reihenfolge zu tun.

All dies ändert jedoch nichts daran, daß das Ergebnis der Prüfung nicht vorweggenommen und anschließend begründet werden darf. Umgekehrt ist es richtig. Man wirft die Frage auf, ob etwas so ist, man stellt es als möglich dar, und zeigt anschließend auf, welche Voraussetzungen hierfür erfüllt sein *müssen* (und nicht: müßten).

Nicht *so*.

Zu Beginn einer Prüfung darf es deshalb nicht heißen:

> „V hat gegen K einen Anspruch auf Zahlung von 100,- aus § 433 II, *weil* zwischen beiden ein wirksamer Kaufvertrag geschlossen wurde."

Sondern *so*.

Richtig ist vielmehr:

> „V kann gegen K einen Anspruch auf Zahlung von 100,- aus § 433 II haben. Dann muß zwischen beiden ein Kaufvertrag geschlossen worden sein..."

Und zum Schluß noch das.

Erst am Ende steht dann - wenn alle Voraussetzungen vorliegen - der Satz:

> „Damit hat V gegen K einen Anspruch auf Zahlung von 100,- aus § 433 II."

Aber auf keinen Fall das.

Aber aufpassen: Das ist dann auch das Ergebnis. Danach kommt dann nichts mehr. Und erst recht nicht ein Satz, wie ich ihn in einer Klausur lesen durfte:

> „... Damit hat V gegen K einen Anspruch auf Zahlung von 100,- aus § 433 II. Man könnte (kann) natürlich auch anders entscheiden."

Kann man nicht. Sonst ist man eben noch nicht beim Ergebnis.

V. Der Dreierschritt

Alles ist möglich.

Das war der Grundgedanke des Gutachtens: Alles ist nur *möglich*, bis es sich dann als Ergebnis erweist. Jetzt die Details, die Dreierschrittmethode.

Etwas ist nicht ganz klar und eindeutig.

Im Rahmen jeder Arbeit taucht immer wieder derselbe Ablauf auf. Ein Merkmal, sei es nun - ganz grob - auf der Ebene des Kaufvertrages, oder - etwas feiner - auf der Ebene der Willenserklärung, oder - noch tiefer - im Rahmen des Erklärungsbewußtseins kann (beim Versuch, den Sachverhalt in Übereinstimmung mit dem Recht zu bringen) nicht eindeutig als vorliegend erkannt werden.

Dann muß (gutachtenmäßig) überprüft werden, ob es vorliegt. Und das geht in folgenden 3 Schritten:

Dann kommt der Gutachtenstil.

1. Schritt: Frage aufwerfen
2. Schritt: Voraussetzungen für die Beantwortung aufzeigen (Definition bringen)
3. Schritt: Vergleich der Voraussetzungen (Definition) mit dem Sachverhalt und Ergebnis

(Wer mag, kann den 3. Schritt auch in 2 Einzelschritte unterteilen, dann hätte man eben unterm Strich 4 Schritte.)

VI. ... mit Beispielen

Diese drei Schritte werden jetzt noch genauer erläutert. Und damit es anschaulich wird, muß ein Beispiel herhalten.

K kauft von V dessen gebrauchtes BGB-Skript für 20,-. Nachdem V dem K das Skript gegeben hat, verlangt er die 20,-. Zu Recht?

Erste Maßnahme ist jetzt die Erstellung des Obersatzes. Dies geschieht mit Hilfe der „4 W" (Wer von wem was woraus?). Der Obersatz lautet:

Der Obersatz ...

V kann gegen K einen Anspruch auf Zahlung von 20,- aus § 433 II haben.

Dieser Obersatz entspricht im übrigen bereits dem *1. Schritt der Dreierschrittmethode*. Es wird eine Frage aufgeworfen, die Frage nämlich, ob V gegen K einen Anspruch auf Zahlung von 20,- hat. Man beachte aber folgendes: Die aufgeworfenen ***Fragen werden*** sprachlich ***nicht als Fragen formuliert*** (also mit Fragezeichen am Ende). Es heißt nicht:

... ist schon der 1. Schritt.

Hat V gegen K einen Anspruch auf Zahlung von 20,- aus § 433 II?

Es ist zwar zuzugeben, daß dies wesentlich dramatischer wirkt und die Spannung des Lesers, wie das wohl ausgehen möge, enorm erhöht. Gleichwohl, man tut es nicht: *Direkte Fragen sind* in allen schriftlichen Arbeiten *tabu*. Zwingende Gründe kann ich hier auch nicht angeben. Vielleicht liegt es daran, daß das Gutachten im Grunde der Bericht des oben näher beschriebenen Berichterstatters ist; die Kollegen, denen eine solche Frage gestellt würde, könnten sich etwas auf den Arm genommen fühlen. Es

Nichts für schwache Nerven.

wäre also korrekter, nicht von einer Frage, sondern von einer „Frage" zu sprechen.

> V kann gegen K einen Anspruch auf Zahlung von 20,- aus § 433 II haben.

2. Schritt.

Dies war der erste Schritt. Der *2. Schritt* besteht nun darin, die Voraussetzungen (in der Regel eine Definition) für die Beantwortung der Frage aufzuzeigen. Wie die hier aussehen, hatten wir weiter oben schon einmal erörtert (s. S. 8). Wir hatten gesagt, daß der Verkäufer nur dann einen Kaufpreisanspruch gegen den Käufer hat, wenn ein Kaufvertrag geschlossen wurde. Dies müssen wir jetzt hier anbringen:

> Dann muß ein wirksamer Kaufvertrag zwischen ihnen geschlossen worden sein.

3. Schritt.

Jetzt kommt nur noch der *3. Schritt*. Man besieht den Sachverhalt, die Aufgabenstellung, und vergleicht sie mit den Voraussetzungen (der Definition). Anschließend bringt man das Ergebnis.

> K hat das Skript von V für 20,- gekauft. „Gekauft" kann nur bedeuten, daß ein Kaufvertrag zwischen beiden geschlossen wurde. Also hat V gegen K einen Anspruch auf Zahlung von 20,- aus § 433 II.

So einfach ist das. Und im Zusammenhang sieht es so aus:

> V kann gegen K einen Anspruch auf Zahlung von 20,- aus § 433 II haben. (= 1. Schritt)
> Dann muß ein wirksamer Kaufvertrag zwischen ihnen geschlossen worden sein. (=2. Schritt)
> K hat das Skript von V für 20,- gekauft. „Gekauft" kann nur bedeuten, daß ein Kaufvertrag zwischen beiden geschlossen wurde. Also hat V gegen K einen Anspruch auf Zahlung von 20,- aus § 433 II. (= 3. Schritt)

Dasselbe nochmal, aber etwas geschachtelter.

Man kann es natürlich noch komplizieren, indem man mehrere Dreierschritte ineinanderschachtelt. Das wird in aller Regel der Fall sein. Das Prinzip ist aber immer dasselbe. Als abschließendes Beispiel an dieser Stelle daher ein geschachtelter Fall:

> V fragt K, ob er sein BGB-Skript für 20,- kaufen wolle. K antwortet „Ja". V gibt K sein Skript. Hat er einen Anspruch auf Zahlung?

1. Schritt: „Frage" aufwerfen:

> V kann gegen K einen Anspruch auf Zahlung von 20,- aus § 433 II haben.

2. Schritt: Voraussetzungen aufzeigen:

Voraussetzung dafür ist, daß ein wirksamer Kaufvertrag zwischen ihnen geschlossen wurde.

1. Schritt: „Frage“ aufwerfen: (Jetzt beginnt die Schachtel.)

Fraglich ist, ob ein solcher Kaufvertrag vorliegt.

2. Schritt: Voraussetzungen aufzeigen/Definition bringen:

Ein Kaufvertrag besteht aus zwei übereinstimmenden Willenserklärungen, Angebot und Annahme.

3. Schritt: Vergleich der Voraussetzungen mit dem Sachverhalt und Ergebnis

V hat K den Abschluß eines Kaufvertrages über ein BGB-Skript zum Preis von 20,- vorgeschlagen. Dies ist ein Angebot. K hat mit „Ja“ geantwortet. Dies ist eine Annahme. Damit liegt ein Kaufvertrag vor.

3. Schritt: Vergleich der Voraussetzungen mit dem Sachverhalt und Ergebnis

Zwischen K und V wurde also ein Kaufvertrag geschlossen. Damit hat V gegen K den Anspruch auf Zahlung von 20,- aus § 433 II.

Dies ist ein einfach geschachtelter Fall. Ich habe die Schachtelung durch die Einrückung der Schrittbezeichnungen gekennzeichnet. Ohne die Zwischenbemerkungen („1. Schritt: ...“) sieht das Ganze dann so aus:

V kann gegen K einen Anspruch auf Zahlung von 20,- aus § 433 II haben.
    Voraussetzung dafür ist, daß ein wirksamer Kaufvertrag zwischen ihnen geschlossen wurde.
        Fraglich ist, ob ein solcher Kaufvertrag vorliegt.
        Ein Kaufvertrag besteht aus zwei übereinstimmenden Willenserklärungen, Angebot und Annahme.
        V hat K den Abschluß eines Kaufvertrages über ein BGB-Skript zum Preis von 20,- vorgeschlagen. Dies ist ein Angebot. K hat mit „Ja“ geantwortet. Dies ist eine Annahme. Damit liegt ein Kaufvertrag vor.
    Zwischen K und V wurde also ein Kaufvertrag geschlossen.
Damit hat V gegen K den Anspruch auf Zahlung von 20,- aus § 433 II.

An den Formulierungen muß man noch was basteln.

Beachten Sie, daß es sprachlich nicht besonders hinreißend ist, so zu formulieren: „Damit liegt ein Kaufvertrag vor. Zwischen K und V wurde also ein Kaufvertrag geschlossen.“ Das ist doppelt. Daß ich es trotzdem getan habe, diente nur didaktischen Zwekken. In einer Klausur können Sie entweder das eine oder das andere weglassen.

„Ich" denke nicht, ...

Letztlich sollten wir noch kurz innehalten und überlegen, wie merkwürdig es ist, daß wir in den Klausuren und Hausarbeiten an den Universitäten *das Wort „Ich"* nicht verwenden dürfen. Wir schreiben nie: „Ich bin der Auffassung ..." Statt dessen quälen wir uns über ein „Richtigerweise ist hier festzuhalten ..." bis zu einem „Man muß also festhalten, daß ..."

... und wenn doch, ...

... denkt der Korrektor nicht.

Sind wir aber in einer Arbeit tatsächlich mal mutig genug gewesen, von unserer eigenen Auffassung als solcher auch zu reden, dann schreibt uns ziemlich sicher ein Korrektor dran: *Die Sache muß für sich selber sprechen.*

Wer glaubt, die Sachen würden's für sich machen, sollte sich auch nur um Sachen kümmern.

Das ist in doppelter Hinsicht *völliger Quatsch*. Einmal können Sachen nicht sprechen; sie brauchen einen Sprecher. Und zum anderen haben Sachen (Rechtsangelegenheiten) auch keine richtigen Ergebnisse gleichsam in sich eingeschlossen, die „man" nur noch benennen muß. Im Gegenteil: *Wir* müssen ganz schön arbeiten, um an (richtige) Ergebnisse zu kommen.

Ich glaube, daß die Vermeidung des Wortes „ich" damit zu tun hat, daß die Vermeider sich vor der Verantwortung drücken. Darin haben die Deutschen viel Erfahrung.

VII. Was in diesem Abschnitt gebracht wurde

- Wir haben den Gutachtenstil kennengelernt. Wir haben gesehen, daß man so, wie man schreibt, nicht auch noch reden sollte. Wir haben den *unberechtigten Konjunktiv* als die sprachliche Hürde auf dem Weg zum Ergebnis registriert.
- Der *Dreierschritt* wurde vorgestellt; er sah so aus:

  1. Schritt: Frage aufwerfen
  2. Schritt: Voraussetzungen für die Beantwortung aufzeigen (Def. bringen)
  3. Schritt: Vergleich der Voraussetzungen (Definition) mit dem Sachverhalt und Ergebnis.
- Eine Frage wurde als *eine „Frage"* entlarvt. Das Ganze wurde an Beispielen deutlich gemacht. An einem einfachen und an einem verschachtelten.

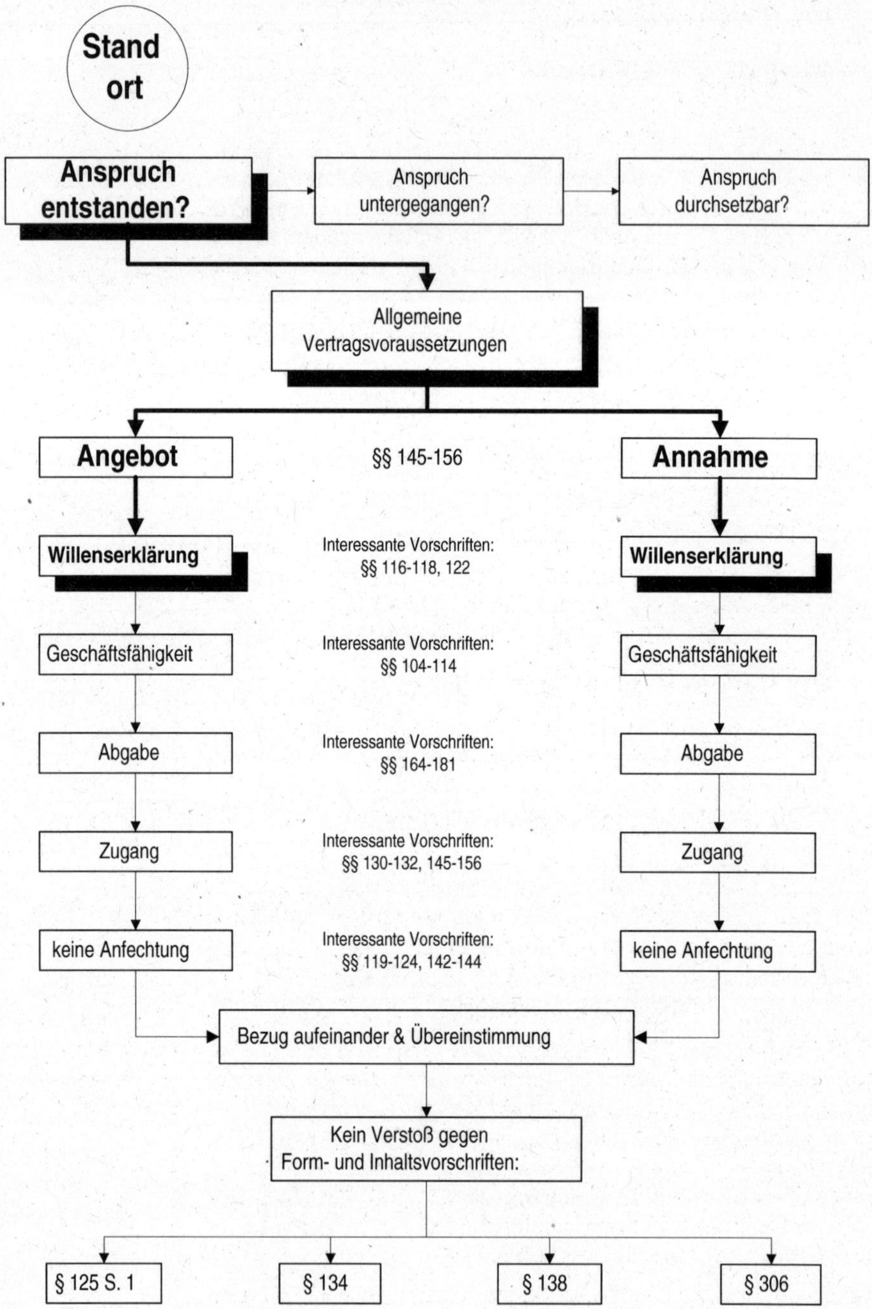
Stand ort
Anspruch entstanden?
Anspruch untergegangen?
Anspruch durchsetzbar?
Allgemeine Vertragsvoraussetzungen
Angebot
§§ 145-156
Annahme
Willenserklärung
Interessante Vorschriften: §§ 116-118, 122
Willenserklärung
Geschäftsfähigkeit
Interessante Vorschriften: §§ 104-114
Geschäftsfähigkeit
Abgabe
Interessante Vorschriften: §§ 164-181
Abgabe
Zugang
Interessante Vorschriften: §§ 130-132, 145-156
Zugang
keine Anfechtung
Interessante Vorschriften: §§ 119-124, 142-144
keine Anfechtung
Bezug aufeinander & Übereinstimmung
Kein Verstoß gegen Form- und Inhaltsvorschriften:
§ 125 S. 1
§ 134
§ 138
§ 306

E. Die Willenserklärung - Probleme

I. Der äußere Tatbestand

1. Übersicht

Nochmal: Das erste, was man von einer Willenserklärung zu sehen bekommt, ist deren äußerer Tatbestand, die Erklärung. Aus dieser Erklärung kann man auf den dahinterstehenden Willen schließen. Bei diesem Schluß können so einige Probleme auftauchen.

Wenn man überlegt, was der Erklärende mit der Erklärung gemeint hat, kann einiges schiefgehen.

- Er kann zunächst mißlingen, weil der Erklärung ***etwas fehlt***.
- Dann, weil zwar die Erklärung vollständig ist, der ***Erklärende*** aber ***Fehler*** macht.
- Er kann mißlingen, weil der ***Erklärungsempfänger Fehler*** macht.
- Zuletzt kann die Erklärung zwar vollständig, aber nicht ohne weiteres verständlich, weil ***nicht ganz eindeutig*** sein.

Diese Probleme (Unvollständigkeit, Erklärungsfehler, Empfangsfehler, Mehrdeutigkeiten) werden nunmehr abgehandelt.

2. Der Umfang einer Willenserklärung

Allgemein kann man sagen, daß jedenfalls ***der äußere Tatbestand*** einer Willenserklärung ***immer komplett*** sein muß, damit man eine Willenserklärung zustande bekommt. Das bedeutet in der Sprache der obigen Definitionen, daß immer folgender Satz gelten muß:

Wichtig ist: *außen* muß *alles* da sein.

Der äußere Tatbestand einer Willenserklärung liegt dann vor, wenn man aus dem Verhalten des Erklärenden den Schluß auf einen Geschäftswillen des Erklärenden ziehen kann.

Der komplette Geschäftswille.

Die Forderung nach Vollständigkeit des äußeren Tatbestandes, ergibt sich hieraus: Man muß äußerlich sehen können, was der andere überhaupt will. Und dann genügt es nicht, wenn der andere *„nur"* handeln will (= Handlungswille). Es genügt auch nicht, wenn der andere *„irgendetwas"* rechtlich Erhebliches mit seinem Handeln bewirken will (= Erklärungsbewußtsein). In beiden Fällen wäre man als Erklärungsempfänger ratlos, was denn da für ein Rechtsgeschäft geschlossen werden soll.

Sonst weiß der Empfänger überhaupt nicht, wo es lang geht.

Zur Erinnerung: Die Willenserklärung ist der kleinste Baustein eines Rechtsgeschäftes. Sie dient dazu, Rechtswirkungen herbeizuführen. Vornehmlich wird dies erreicht, indem irgend jemand von einer solchen Willenserklärung Kenntnis erlangt. Dieser Irgendjemand will dann natürlich wissen, worum es überhaupt geht.

Nur über den Geschäftswillen kann er es erkennen.

Es genügt daher nur der äußerlich erkennbare Wille des Erklärenden mit seiner Handlung *etwas bestimmtes rechtlich Erhebliches* bewirken zu wollen. Und das hatten wir *„Geschäftswille"* getauft.[2]

Wenn der äußere Tatbestand also nicht den Schluß auf einen Geschäftswillen ermöglicht, sondern nur auf ein Erklärungsbewußtsein oder nur auf einen Handlungswillen, ist er nicht komplett und es kann sich bei dem betrachteten Verhalten nicht mehr um eine Willenserklärung handeln. Wenn der Äußerung dagegen entnommen werden kann, *daß* ein bestimmtes Rechtsgeschäft gewollt ist, liegt zumindest äußerlich eine Willenserklärung vor.

Was geäußert wurde, weiß man erst, wenn es jemand mitbekommt.

Auch das ist allerdings gar nicht so einfach, wie es auf den ersten Blick aussieht. Was jemand äußert, kann man nämlich nur dann feststellen, wenn es jemanden gibt, der das auch mitbekommt. Und jetzt:

Variante 1: Was passiert, wenn der Erklärende sich verspricht, wenn er sich verschreibt. Was, wenn der Erklärende versehentlich statt der gewollten „Fünfzig" „Fünfzehn" sagt, wenn der Schreiber statt der gewollten „1.000,-" „10.000,-" schreibt? Was ist dann erklärt worden? (Fehler des Erklärenden)

Variante 1: Der Erklärende macht einen Fehler.

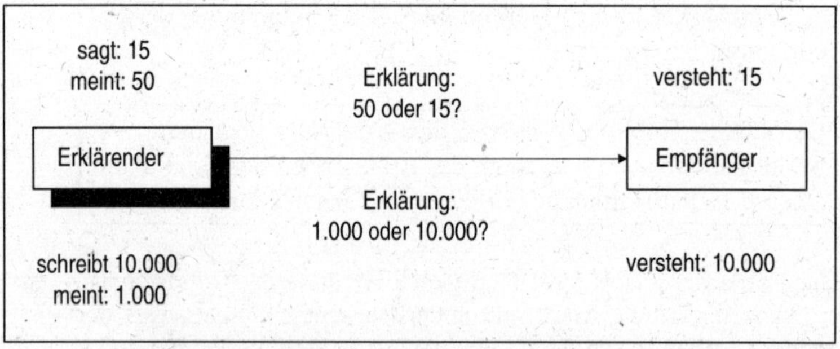

Variante 2: Und was passiert, wenn der Hörer einer gesprochenen Erklärung, der Leser einer geschriebenen Erklärung etwas Falsches mitbekommt? Was, wenn der Hörer schwerhörig statt „Fünfzig" „Fünfzehn", der Leser fehlsichtig statt „1.000,-" „10.000,-" mitbekommt? Was ist dann erklärt worden? (Fehler des Erklärungsempfängers)

---

2 Palandt-Heinrichs, Einf v § 116 Rn. 3: Handlung als Ausdruck eines *bestimmten Rechtsfolgewillens*. Vgl. auch BGHZ 91, 324, 328.

Variante 2: Der Erklärungsempfänger macht einen Fehler.

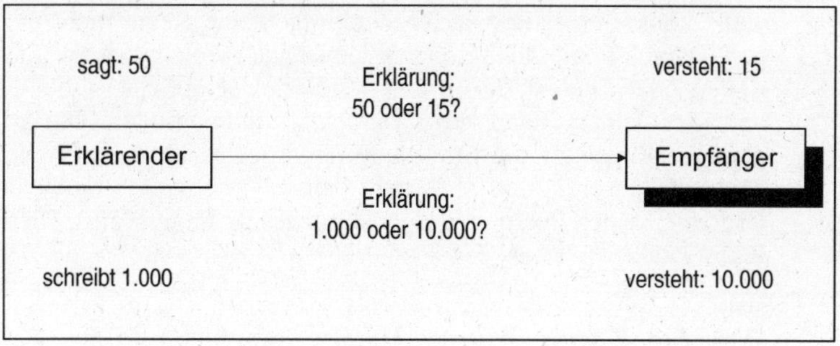

3. Die richtige Sicht

Zwei Sichtweisen sind möglich.

Die Frage, um die es hier geht, ist, aus welcher Sicht zu beurteilen ist, was erklärt, was geäußert worden ist. Es gibt zwei denkbare Möglichkeiten. Die eine: Man geht von der ***Sicht des Erklärenden*** aus. Die andere: Man stellt auf die ***Sicht des Erklärungsempfängers*** ab.

a. Die Sicht des Erklärenden

Nachteil hier:

Der Erklärende weiß immer, was er sagen wollte. Der Ärger läge immer beim Empfänger.

Die erste Möglichkeit (Sicht des Erklärenden) hat ein schwerwiegendes Manko: Der Erklärende weiß ja immer, was er erklären will. Verspricht er sich nun unbemerkt, sagt er etwa aus Versehen „Fünfzehn" statt „Fünfzig", dann ist das aus seiner Sicht egal. Aus seinem Wissen heraus, daß es um „Fünfzig" geht, wird seine Sicht manipuliert. Das bedeutet, daß - auch wenn er in Wirklichkeit „Fünfzehn" gesagt hat - seine Sicht von „Fünfzig" ausgeht. Stellt man daher auf die Sicht des Erklärenden ab, dann sind erhebliche Komplikationen bereits vorprogrammiert:

> Nimmt der Erklärungsempfänger ein Angebot an, eine Ware für „Fünfzehn" zu kaufen, und hat der Erklärende dabei an „Fünfzig" gedacht, dann wäre ein Vertrag nicht über die „Fünfzehn", sondern über die „Fünfzig" zustande gekommen. (Wir hatten ja gerade vorausgesetzt, daß die Sicht des Erklärenden entscheidend sein soll.) Nachdem aber der Erklärungsempfänger ein Angebot über „Fünfzig" niemals gehört hat, ist der Ärger da. Der Erklärungsempfänger hat jetzt einen Vertrag am Hals, den er niemals haben wollte.

b. Die Sicht des Erklärungsempfängers

Nachteil hier: Wahrnehmungsschwächen des Empfängers.

Die zweite Möglichkeit war, auf die Sicht des Erklärungsempfängers abzustellen. Dabei muß man aber beachten, daß man eine allgemeine Regel aufstellen will. Eine allgemeine Regel muß für eine beliebige Vielzahl von Fällen gelten. Sie muß daher auch allgemein formuliert werden. Spezielle Eigenarten des dann jeweils konkreten Falles dürfen eine allgemeine Regel nicht prägen. Daraus folgt, daß besondere Umstände, wie etwa Schwerhörigkeit oder Fehlsichtigkeit eines Erklärungsempfängers, bei einer allgemeinen Regel keine Berücksichtigung finden. Die allgemeine Regel für die Ermittlung des Inhaltes einer Äußerung, einer Willenserklärung also, geht daher von einem „objektiven Dritten" in der Position des Erklärungsempfängers aus. Diese Regel lautet wie folgt:

Sinnvolle Auflösung.

Der ***Inhalt einer Willenserklärung*** bestimmt sich aus der Sicht eines objektiven Dritten in der Position des Erklärungsempfängers.

Ergebnis bei Erklärungsfehlern:

Was objektiv geäußert wurde, gilt.

Setzt man das jetzt mal auf das obige Beispiel um, bei dem „Fünfzehn" gesagt worden, aber „Fünfzig" gewollt waren, bei dem also ***ein Fehler des Erklärenden*** vorlag, ergibt sich ein brauchbares Ergebnis.

Es wurde „Fünfzehn" gesagt. Ein objektiver Dritter in der Rolle des Erklärungsempfängers kann daraus nur auf ein Angebot über „Fünfzehn" schließen. Nimmt der Erklärungsempfänger dieses Angebot an, ist zunächst einmal ein Vertrag über „Fünfzehn" zustande gekommen. Denn jetzt ist ja die Sicht des Erklärungsempfängers entscheidend. Gewollt waren aber „Fünfzig". Das bedeutet, daß auch hier Ärger entsteht. Denn jetzt hat der Erklärende einen Vertrag, den er eigentlich gar nicht wollte. Aber jetzt ist der Ärger auf der Seite, auf der er hingehört: Schließlich war es nicht der Erklärungsempfänger, der den Fehler gemacht hat, sondern der Erklärende. Dann soll der auch den Ärger haben.

Ergebnis bei Empfangsfehlern.

Was objektiv geäußert wurde, gilt.

Ein brauchbares Ergebnis ergibt sich auch dann, wenn man von einem Verhören, einen Verlesen, kurz: einem ***Fehler des Erklärungsempfängers*** ausgeht.

Hat der Erklärende „Fünfzig" gesagt, der Erklärungsempfänger aber „Fünfzehn" verstanden, dann kommt bei einer Annahme ein Vertrag über „Fünfzig" zustande. Auch hier gibt´s Ärger. Auch hier allerdings wieder auf der richtigen Seite. Es ist ja ein Vertrag zustandegekommen, der dem nicht paßt, der den Fehler gemacht hat.

Wir können also als Ergebnis festhalten, daß es sachgerecht ist, auf die Sicht eines objektiven Dritten in der Rolle des Erklärungsempfängers abzustellen. Damit müssen wir den ganz am Anfang aufgestellten Satz über den äußeren Tatbestand einer Willenserklärung aber etwas modifizieren. Wir kombinieren ihn mit dem von der richtigen Sicht und müssen ihn deshalb um die folgend *kursiv gedruckten* Worte erweitern. Er lautet jetzt so:

> Der äußere Tatbestand einer Willenserklärung liegt dann vor, wenn *ein objektiver Dritter in der Position des Erklärungsempfängers* aus dem Verhalten des Erklärenden den Schluß auf einen Geschäftswillen des Erklärenden ziehen kann.

Sagenhafte Definition.

Bißchen aufgeblasen.

4. Die Auslegung von Willenserklärungen

a. Wann wird ausgelegt?

Vorab noch mal zur Erinnerung: ***Der äußere Tatbestand*** der Willenserklärung ist ***im Idealfall ein völliges Abbild des inneren***. Das heißt, daß der nach außen erklärte Geschäftswille dem wirklichen inneren entspricht. Das hatten wir bereits oben und müssen es deshalb an dieser Stelle nicht mehr vertiefen.

Manchmal ist eine WE für sich zu wenig.

Nun kann aber selbst ein objektiver Dritter nicht immer ohne weiteres der Erklärung entnehmen, welchen Geschäftswillen der Erklärende dabei gehabt hat. Eine bloße Erklärung kann nämlich zum Beispiel ***mehrdeutig*** sein.

z.B. bei Mehrdeutigkeit.

> Wenn etwa ein Ausländer einem Deutschen in München ein Fahrrad zum Kauf anbietet und als Kaufpreis 1.000 Dollar festlegt, dann kann man nicht ohne weiteres erkennen, was genau der Anbieter erklärt.
> Es können nämlich u.a. amerikanische oder australische Dollar gemeint sein.

Andererseits kann selbst eine scheinbar eindeutige Erklärung durchaus von einem anderen ***verdeckten Geschäftswillen*** getragen sein, als die Erklärung alleine erkennen läßt.

z.B. bei verdecktem Geschäftswillen.

> Wenn etwa ein Zuhälter einem anderen den Ankauf von vier Schäfchen anbietet, dann ist damit - entgegen der eindeutigen Erklärung - keineswegs ein Angebot zum Aufbau einer landwirtschaftlichen Nebentätigkeit gemeint. (Besondere Spezialitäten der Branche werden hierbei außer acht gelassen.)
> Im Gegenteil ergibt sich, daß hier Prostituierte Gegenstand einer Vereinbarung werden sollen. (Ein Vertrag ist selbstverständlich nichtig.)

Dann wiederum kann ein und dieselbe Erklärung einmal eine Willenserklärung sein und ein andermal nicht, sie kann ***Alternativität*** aufweisen.

z.B. bei Alternativität.

> Wenn die A dem B auf dessen Frage „Ja" antwortet, dann hängt es von der Frage ab, ob dieses „Ja" eine Willenserklärung ist oder nicht. Hat B die klassische „Zu Dir oder zu mir?"-Frage gestellt, wird es in der Regel an ernsten (rechtsgeschäftlichen) Absichten fehlen. Hat B

dagegen gefragt, ob A sein Auto für 5.000,- kaufen wolle, ist die Antwort eine Willenserklärung.
Falls es nicht aufgefallen ist: Die erste Frage kann man gar nicht mit ja oder nein beantworten.

Zuletzt kann zweifelhaft sein, ***ob*** ein bestimmtes Verhalten ***überhaupt eine Willenserklärung*** ist (also einen Geschäftswillen erkennbar werden läßt) oder nicht.

Spediteur S erklärt sich kurzfristig bereit, an Stelle eines plötzlich verstorbenen Kollegen für dessen Witwe einen Transport durchzuführen. Verursacht er dabei einen Unfall, stellt sich die Frage nach vertraglichem Schadensersatz (ausführlich dazu ab Seite 64).

b. Wie wird ausgelegt?

aa. Die gesetzlichen Regelungen - §§ 133, 157

Hilfe gibt einmal § 133 ...

All diese Fälle und einige mehr (kommen gleich) erfordern, daß die Willenserklärung ausgelegt, bzw. ein Verhalten überhaupt als Willenserklärung festgestellt wird. Wie man dabei vorgeht, legt zunächst § 133 fest.

§ 133 lautet: Bei der Auslegung einer *Willenserklärung* ist ***der wirkliche Wille*** zu erforschen und nicht an dem buchstäblichen Sinne des Ausdrucks zu haften.

... und ein andermal § 157.

Daneben gibt es dann noch § 157, der seinem Inhalt nach eigentlich gar nicht für einzelne Willenserklärungen, sondern nur für Verträge gilt.

§ 157 lautet: *Verträge* sind so auszulegen, wie ***Treu und Glauben*** mit Rücksicht auf die ***Verkehrssitte*** es erfordern.

§ 133 ist eher subjektiv;

§ 157 ist eher objektiv.

Sehen wir uns jetzt vorab mal den Unterschied zwischen diesen beiden Normen an, können wir feststellen, daß - abgesehen von den Begriffen „Willenserklärung" und „Verträge" - ***die Maßstäbe*** zur Auslegung unterschiedlich sind. Während sich ***§ 133*** nämlich am Willen des Erklärenden aufhängt, also sehr ***subjektiv*** vorgeht, bezieht sich ***§ 157*** auf Treu & Glauben und Verkehrssitten, also ***objektive*** Kriterien, die vom Willen des Erklärenden unabhängig sind.

In der Klausur: das gute Kombipack.

Nun gibt es im Schrifttum einen putzigen Streit darum, welche Norm vorrangig anzuwenden ist. Dieser Streit interessiert uns aber nicht. Für die Praxis ist er nämlich unergiebig. Und damit meine ich auch die Klausurpraxis. In einer Klausur würde man einfach nur schreiben:

Die Willenserklärung des A ist gemäß §§ 133, 157 daraufhin zu untersuchen, welche Bedeutung ihr zukommt.

Gehen wir davon aus, daß der wirkliche Wille zu erforschen ist, bedeutet das, daß man im Normalfall nichts auslegen muß. Der Normalfall liegt ja immer dann vor, wenn Gewolltes und Erklärtes übereinstimmen. ***Auslegen muß man dann, wenn Probleme auftauchen,*** wie sie oben bereits angerissen wurden. § 133 ist insoweit eigentlich ziemlich eindeutig: Das Erklärte nur für sich ist nicht ausschlaggebend. Man muß nach einem „wirklichen" Willen suchen.

Im Normalfall gibt es nichts auszulegen. Aber was ist schon normal?

Die Frage ist jetzt nur, wie man an den drankommt.

Die Antwort ist eigentlich ziemlich simpel: Man muß ***außer der Willenserklärung selbst*** zunächst noch ***weiteres Fakten-Material*** haben, aus dem man den wirklichen Willen heraussaugen kann. Dabei kann dann der Blick auf § 157 schon mal hilfreich sein, um eine Verkehrssitte als zusätzliches Material heranzuziehen. (Soweit es Treu & Glauben betrifft, stehe ich auf dem Standpunkt, daß man damit ohnehin fast alles begründen kann. Dieser Punkt dient also dazu, Ergebnisse, die nicht gefallen, gefällig zu machen. Daß dieser Standpunkt ziemlich unwissenschaftlich ist, weiß ich auch. Aber damit kann ich leben.)

Es muß noch was anderes geben.

Wird das Fahrrad aus dem ersten Beispiel von einem Amerikaner angeboten, kommt es möglicherweise auch noch aus den USA und ist dies dem Erklärungsempfänger erkennbar, dann ergibt die Auslegung der Erklärung, daß es sich bei der Summe von 1.000 Dollar um amerikanische handelt.

Klausurtechnisch bedeutet das, daß eine Auslegung immer dann ausscheidet, wenn eine Klausur (genauer: der Sachverhalt) nichts weiter aussagt.

Ohne *anderes* sind die Karten schlecht gemischt.

Ergibt sich aus der Klausur nicht, welcher Abstammung der Ausländer ist oder woher das Fahrrad kommt, dann kann man auch nicht auslegen. Dann enthält die Erklärung eben keine brauchbaren Angaben über den Preis. (Es liegt dann möglicherweise ein Dissens vor. Zu den dabei eintretenden Folgen vgl. unten auf Seite 212)

Hat man nun eine problematische Fallkonstellation, hat man weiter zusätzliches ***Faktenmaterial*** und hat man zuletzt auch §§ 133, 157 gefunden, muß man sich ein paar Gedanken darüber machen, welche ***Kriterien*** man ansetzt, um die Erklärung und das zusätzliche Faktenmaterial gemeinsam zu verwerten.

Hat man aber anderes, kann man anfangen, auszulegen.

bb. Die Auslegungskriterien

Muß man dabei auf die Interessen des Erklärenden abstellen?

Man kann nämlich grundsätzlich zwei verschiedene Standpunkte vertreten. Den einen, der besagt, daß es immer auf ***die Interessen des Erklärenden*** ankommt. Dann müßte man auf Teufel komm raus das zusätzliche Faktenmaterial quälen, um an den Willen des Erklärenden dranzukommen. Denn nur für diesen Fall wären die Interessen des Erklärenden voll gewahrt.

Oder auf die des Empfängers?

Der andere Standpunkt wäre, daß man nur auf ***die Interessen des Empfängers*** abstellt. Unter diesem Aspekt könnte man das zusätzliche Faktenmaterial eher locker angehen, denn der Empfänger hat ersichtlich kein Interesse, sich immer um das Erklärungsseelenleben des Erklärenden zu kümmern. Hier würde dann die objektiv zu Tage tretende Bedeutung die entscheidende sein.

Und jetzt müssen wir differenzieren:

Gute Frage.

Es kommt darauf an.

Bei Erklärungen, die ihre Wirksamkeit daraus ziehen, daß jemand anders mit dem Kopf nickt, kommt es auf den Empfänger an.

Gehen wir davon aus, daß es sich zunächst um eine ***empfangsbedürftige Willenserklärung*** handelt, so muß es dem Erklärenden ja klar sein, daß jemand anders aus dem, was er äußert, schlau werden muß. Das bedeutet, daß er es in der Hand hat, seine Willenserklärung entsprechend zu gestalten. Für die Auslegung entscheidend ist dann allein der Horizont des Empfängers. Dieser muß natürlich nach ***Treu & Glauben*** prüfen, was der Erklärende gemeint hat. Er muß aber nur erkennbare Umstände mit einbeziehen und keine Expeditionen betreiben.

Als ***Nebenbegründung*** für dieses Ergebnis kann noch die folgende Überlegung dienen: Nach §§ 119 ff können Willenserklärungen angefochten werden, wenn der wirkliche Wille nicht mit dem erklärten Willen übereinstimmt (das werden wir später noch detailliert behandeln, ab S. 171). Wenn ich jetzt aber verpflichtet wäre, um jeden Preis den wirklichen Willen per Auslegung zu ermitteln, auf diese Weise dann den Erklärungsinhalt feststelle, dann gibt es fast keine Fälle mehr, bei denen Erklärtes und Gewolltes auseinanderfallen.

Die gleichen Kriterien wie für die empfangsbedürftige Willenserklärung gelten aber auch für Willenserklärungen, die an sich ***nicht empfangsbedürftig*** sind, wenn sie sich an die Allgemeinheit richten.

Als Beispiel sei hier die Auslobung (§§ 657 ff - lesen!) genannt. Da eine unbestimmte Vielzahl von Personen mit ihr zurecht kommen muß, jeder aber die gleiche Willenserklärung mit dem gleichen Inhalt vor sich hat, kann man diesen Inhalt auch nur allgemein bestimmen, nämlich nach solchen Gesichtspunkten, die jedermann zugänglich sind. Das wiederum ist charakteristisch für ein objektives Vorgehen.

Ein Spezialfall der nicht empfangsbedürftigen Willenserklärungen bildet die Gruppe der ***letztwilligen Verfügungen***. Bei einem Testament etwa kommt es ***ausschließlich auf den Willen*** des Verfügenden an. Und den muß ich dann in jedem Fall, zur Not mutmaßlich, herausbekommen.

Bei den anderen auf die Interessen des Erklärenden.

Die uns normalerweise nur interessierenden Willenserklärungen sind solche, die sich mit dem Zustandekommen (Antrag / Annahme) oder der Vernichtung (Anfechtung) oder Blockade von Verträgen beschäftigen. Und die wiederum sind allesamt empfangsbedürftig. Wir können daher ohne Not formulieren, daß im ***Normalfall eine Willenserklärung so auszulegen ist, daß der Inhalt vom Horizont des Empfängers nach Treu & Glauben bestimmt wird***.

cc. Die Auslegungsmethoden

Man kann auch alles übertreiben. Das bringt´s nicht. Ich werde mich daher, soweit es die verschiedenen Methoden angeht, kurz fassen. Nur dies dazwischen: Auslegen kann man nur etwas, was drin ist. Und was drin ist, hängt entscheidend davon ab, was ich drin haben will. Es wäre naiv anzunehmen, daß die Auslegung immer die ***Wahrheit*** ermittelt. Es wäre deshalb naiv, weil es ***die*** Wahrheit gar nicht gibt. Jeder Mensch geht mit seinen eigenen Vorurteilen an eine Sache und damit auch an eine Auslegung heran. Letztlich stellt sich die „Wahrheit“ damit als eine Frage der Perspektive, des Blickwinkels dar. Dazu zwei Beispiele:

Auslegen hat nichts mit Wahrheit zu tun.

Eher mit ***Reinlegen***.

> ***Bsp.1:*** Eine Laborratte erklärt einer neu ankommenden Ratte das Verhalten des Versuchsleiters mit den Worten: „Ich habe diesen Mann so trainiert, daß er mir jedesmal Futter gibt, wenn ich diesen Hebel drücke.“
> ***Bsp.2:*** Ein Mann kommt in den Himmel und trifft dort einen alten Freund, der ein wunderschöne, junge Frau im Arm hält. „Wie himmlisch“, sagt der Neuangekommene, „ist sie Deine Belohnung?“ „Nein“, sagt der alte Mann traurig, „ich bin ihre Strafe.“

Wie gesagt: Alles eine Frage des Blickwinkels. Ich kann es auch deutlicher sagen. All das, was ich per Auslegung aus einer Willenserklärung heraushole, habe vorher ich per Vorurteil, per Vorannahme, per Vorkenntnis dort hineingetan. Da wir aber alle fest an die Objektivität der Juristerei glauben, da wir weiter fest alle persönlichen Einflüsse leugnen und da wir zuletzt auch Klausuren und Hausarbeiten bestehen wollen, werden wir uns trotzdem der althergebrachten Methoden bedienen.

Jedes *Urteil* basiert nämlich auf *Vor-Urteilen.*

Der Wortlaut ist wichtig.

Also dann. Es gibt zunächst die Auslegung nach dem ***Wortlaut*** der Erklärung. Wenn in einer Willenserklärung von einem „Schäfchen" die Rede ist, dann spricht zunächst einmal eine Vermutung dafür, daß hier auch ein Schäfchen gemeint ist. Führt dieser Wortlaut zu unstimmigen oder mehrdeutigen Ergebnissen, ziehen wir als nächstes die ***Begleitumstände*** heran. Als Unterpunkte hierzu kann man z.B. die Entstehungsgeschichte der Willenserklärung, spätere Äußerungen der Parteien über ihre Rechtsgeschäfte (Willenserklärungen), durch eine laufende Geschäftsbeziehung herausgebildete Gewohnheiten, den Zweck und die Interessenlage beim Rechtsgeschäft verwerten.

Und die Begleitumstände.

Bekommt man dabei nichts Brauchbares heraus, liegt eben keine WE vor.

Das soll für hier genügen. Bekommt man nämlich bei aller Mühe, sprich Anwendung der vorstehend erläuterten Methoden nicht heraus, was der Erklärende will, dann läßt das Verhalten des Erklärenden eben nicht den Schluß auf einen bestimmten Geschäftswillen zu. Und da dies eine zwingende Voraussetzung für das Vorliegen des äußeren Tatbestandes ist, fehlt dieser äußere Tatbestand dann. Damit liegt dann natürlich auch keine Willenserklärung vor.

Ist aber nicht schlimm. Muß ja nicht sein.

5. Sonderproblem: Invitatio ad offerendum

a. Überblick

Jetzt begeben wir uns zu einem der beliebten Sonderprobleme. Eigentlich halte ich nichts davon, Sonderprobleme zu behandeln; es gibt einfach viel zu viel davon. Aber es gibt eben auch ein paar besonders wichtige. Eines davon hört auf den klangvollen Namen invitatio ad offerendum. Die deutsche Bezeichnung lautet: ***Einladung zum Angebot***. (Invitatio (lat.) = die Einladung; ad (lat.) = zu; offere (lat.) = anbieten. Die Bezeichnung invitatio kann man sich mit dem entsprechenden englischen Wort invitation merken, für's offerendum kann man sich die *Offerte* merken, die auch in Teilen des deutschen Sprachraums gebräuchlich ist.)

Inhaltlich geht es dabei um folgenden Fall:

> ***Bsp.:*** V hat in seinem Schaufenster eine ausgesprochen hübsche Wohnzimmergarnitur (später Kaufhof) zum Sperrholzpreis von 10.000,- ausgestellt. Der konservative K, ein Spießer, der sich nicht mit inneren Werten um- und ab-, sondern mit äußeren angeben will, möchte diese kaufen. Er betritt den Laden und sagt zu V: „Ich kaufe diese Garnitur." V, der wegen des schnöden Geldes nicht die Auslage zerstören möchte, ist nicht bereit, dem K die Garnitur herauszugeben. Muß er?

b. Das Problem

Zunächst die Vorüberlegungen. Herausgeben muß V an K dann, wenn dieser einen Anspruch darauf hat. Ein solcher Anspruch kann hier nur aus § 433 I 1 kommen. Danach ist der Verkäufer verpflichtet, dem Käufer das Eigentum an der gekauften Sache zu verschaffen und ihm diese zu übergeben. Voraussetzung ist also eigentlich ganz selbstverständlich, daß ein Kaufvertrag zwischen den Parteien geschlossen wurde. Und jetzt kommen wir zur Sache. Ein solcher Kaufvertrag besteht aus zwei übereinstimmenden Willenserklärungen usw. usw. Um an diese zwei Willenserklärungen zu kommen, gibt es hier verschiedene Möglichkeiten.

Anspruchsgrundlage kann hier nur ein wirksamer Kaufvertrag sein.

Von den dafür nötigen 2 WE ist aber die des V fraglich.

Die erste wäre die, in der Ausstellung der Möbel durch V ein Angebot zu sehen, daß K dann mit seinem „Ich kaufe diese Garnitur." angenommen hat. Diese Variante führt also zu einem Kaufvertrag.

Ausstellung der Möbel als Angebot?

Sieht man in der Ausstellung für sich kein Angebot, also keine Willenserklärung, dann stellt die Bemerkung des K die erste Willenserklärung dar. Für diesen Fall fehlt es aber an einer zweiten Willenserklärung, an der des V. Hier wäre also kein Kaufvertrag gegeben.

Strategische Überlegungen führen ...

Nachdem die zuerst dargestellte Möglichkeit sowohl zeitlich die erste, als auch die einzige ist, die dem K hier weiterhelfen kann, beginnen wir die Prüfung mit ihr.

... zum Einstieg in die Klausurprüfung.

> Die Ausstellung der Möbel durch V kann ein Angebot sein. Ein Angebot ist eine Willenserklärung. Diese besteht aus einem äußeren und einem inneren Tatbestand.
> Fraglich ist hier, ob der äußere Tatbestand vorliegt. Voraussetzung dafür ist, daß ein objektiver Dritter in der Position des Erklärungsempfängers aus dem Verhalten des Erklärenden den Schluß auf einen Geschäftswillen des Erklärenden ziehen kann. Der Geschäftswille liegt immer dann vor, wenn der Erklärende sich zu einem *bestimmten* Geschäft rechtlich binden will.[3]

Das ist der Einstieg. Und jetzt müssen wir überlegen, ob sich V mit der Ausstellung der Möbel rechtlich binden wollte. Dabei bedenken wir die Folgen einer solchen Annahme. Wenn er sich rechtlich binden will, haben wir ein wirksames Angebot. An ein solches Angebot ist man zunächst einmal gebunden, vgl. §§ 145, 146.

Kriterien überlegen: An ein Angebot ist man gebunden.

---

3 Gegenstand und Inhalt des angebotenen Vertrages müssen im Antrag *so bestimmt oder bestimmbar* (§§ 133, 157, 315 ff) angegeben werden, daß die Annahme durch ein einfaches „Ja" erfolgen kann (Palandt-Heinrichs, § 145 Rn. 1).

Ja und?

Wenn jetzt jemand kommt und annimmt, ist ein Vertrag geschlossen worden. „Schön," kann man jetzt sagen, „dann hat V auch einen Anspruch auf Kaufpreiszahlung." Ja, ja, aber überlegen wir weiter. Wenn jetzt zwei kommen und annehmen, sind auch zwei Verträge geschlossen worden. „Um so besser, zwei Verträge bringen ja auch zwei Kaufpreisansprüche." Schon, aber jetzt lassen wir mal 10 Leute reinkommen und alle sind ganz geil auf die Möbel. Und dann gehen wir mal davon aus, daß V nur 5 Garnituren hat. Dann hat er 10 Verträge am Hals, von denen er nur 5 erfüllen kann.

Unterstellen wir, er erfüllt die fünf, was ist mit dem Rest?

c. Die Lösung

Ein Schlenker durch das Schuldrecht ...

Nun, da müssen wir einen kleinen Ausflug in´s Schuldrecht machen. § 440 I teilt uns mit, was passiert, wenn der Verkäufer seiner Verpflichtung aus dem Kaufvertrag nicht nachkommt. Daß V seinen Verpflichtungen aus den restlichen fünf Verträgen nicht mehr nachkommen kann, ist wohl klar: Er hat ja keine Möbel mehr. § 440 I verweist auf die §§ 320-327. Und wenn die Käufer auch nur etwas auf dem Kasten haben, stürzen sie sich auf § 325 I. Nach dieser Vorschrift muß der Verkäufer dann den frustrierten Käufern ***Schadensersatz*** leisten.

... zeigt ein paar Konsequenzen, die für den Verkäufer sehr unangenehm sein können.

Ergebnis unseres Ausfluges: Wenn der Verkäufer nicht (mehr) kann (ein Fall der sog. ***Unmöglichkeit***), muß er Schadensersatz leisten. Die Details sind an dieser Stelle nicht so interessant. Ich habe sie in meinem Skript zum Schuldrecht AT ausführlichst erläutert. Was uns hier nur wichtig ist, ist der Grundsatz: die Verpflichtung zum Schadensersatz.

Hängt ihn höher!

Jetzt wissen wir also, daß man als Verkäufer, wenn man unbedachte Angebote macht, immer mit einem Hals in der Schadensersatzschlinge hängt. Es verhält sich dabei übrigens ähnlich wie mit ebenso unbedachten Angeboten nichtrechtsgeschäftlicher Art, die im sonnigen Süden gemacht und angenommen werden. Da kann es dann passieren, daß man verheiratet wieder aufwacht.

Das wird er wohl kaum riskieren.

Natürlich weiß jeder Verkäufer um dieses Phänomen (wir sind wieder bei den Verträgen). Und mehr noch: Auch jeder objektive Dritte in der Rolle des Erklärungsempfängers weiß, daß der Verkäufer das weiß. Und jetzt macht sich der objektive Dritte Gedanken darüber, ob der Verkäufer dieses Risiko eingeht. Und da der objektive Dritte vernünftig ist, weiß er, daß der Verkäufer dies *nicht* tut.

Er wird im Gegenteil ganz cool dastehen und kommen *lassen*.

Ganz im Gegenteil. Der Verkäufer wird vernünftigerweise warten, bis er selbst ein Angebot bekommt. Wenn dann nichts mehr da ist, kann er nämlich ohne Not ablehnen. Der Schluß aus dem

Ganzen ist, daß die bloße Ausstellung einer Ware noch kein Angebot ist. Es fehlt einfach am Willen, sich zu binden. Dieser Schluß trifft im übrigen nicht nur auf Schaufensterauslagen zu, sondern auch auf Speisekarten, Bestellisten etc.

Klausurtechnisch sieht das dann so aus:

> Ein objektiver Dritter in der Rolle des Erklärungsempfängers, hier also in der Rolle des K, weiß, daß für den Fall, daß mehr Personen ein Angebot annehmen, als V Ware hat, V Schadensersatz nach §§ 440 I, 325 I zahlen müßte. Man kann dem Verhalten des V, hier dem Ausstellen der Möbel, nicht entnehmen, daß er sich so weit binden will, daß er dieses Risiko eingehen will. Der objektive Dritte kann daher dem Ausstellen nur entnehmen, daß V damit eine Aufforderung zur Abgabe eines Angebotes, aber nicht selbst ein Angebot gemacht hat. Es handelt sich dabei um eine sog. invitatio ad offerendum.

d. Eine kleine Pause

Wir lesen nicht mit den Augen, sondern mit dem Gehirn.

Hier müssen wir einmal eine kleine Pause machen und uns einer Eigenart der menschlichen ***Wahrnehmung*** bewußt werden. Ein normaler Leser registriert im Wust einer ansonsten einheitlichen Masse die markanten Punkte deutlicher, als die weniger markanten. Das ist an sich eine Selbstverständlichkeit und läßt sich auch an vielen anderen Beispielen aus dem täglichen Leben belegen. (Klassisch: Beim Elfmeter im Fußball wird nicht das „leere“ Tor getroffen, sondern der Torwart, die Pfosten oder die Latte.)

Das kann man nutzen.

Wir können uns diese Eigenart nun zunutze machen. Entweder so, wie ich es in diesem Buch mache: Durch bestimmte ***Schriftbildmanipulationen***, wie z.B. den ***Fettkursivdruck***. Diese Gelegenheit bietet sich vielleicht bei Hausarbeiten aber nicht bei Klausuren. Bei einheitlich geschriebenen Texten gibt es die andere Möglichkeit: Der Anfang und das Ende eines jeden Absatzes fallen deutlicher in´s Auge als der Kram in der Mitte.

Wichtiges kommt an den Anfang und an das Ende.

Daraus folgt dann, daß man alle Dinge, die eine bestimmte ***Sachkenntnis*** zum Ausdruck bringen sollen, an diese Stellen plazieren sollte. Alle Fachwörter etwa kann man so prima ***an das Ende*** setzen. Wenn wir jetzt hinzusetzen, wie sich der Gutachtenstil aufbaut, ergibt sich, daß der ***Anfang*** des Absatzes von einem Wort wie „Fraglich“ gemacht wird; am Ende steht dann die Antwort auf die Frage, das Fachwort, mit dem das Ergebnis markiert wird. Ich möchte dies am Beispiel des gerade gebrachten Lösungsvorschlages verdeutlichen. Dabei lasse ich die Detailformulierungen weg, sie stehen ja oben.

> ***Fraglich*** ist hier, ob der äußere Tatbestand vorliegt. Voraussetzung hierfür ist, daß ein objektiver Dritter (...). Der objektive Dritte kann daher dem Ausstellen nur entnehmen, daß V damit eine Aufforderung

> zur Abgabe eines Angebotes, aber nicht selbst ein Angebot gemacht hat. Es handelt sich dabei um eine ***sog. invitatio ad offerendum.***

Nicht vergessen: der Korrektor entscheidet, wie die Arbeit bewertet wird.

Man erleichtert den Korrekturassistenten die Korrektur erheblich. Sie sind auf diese Weise nicht mehr gezwungen, die ganze Klausur zu lesen. Man kann Klausuren bei einer Darstellung wie hier beschrieben quer lesen. Das spart viel Freizeit und erhöht den Stundenschnitt. ***Merksatz:***

> Eine Klausur muß so geschrieben sein, daß der Korrektor sie während einer Talkshow korrigieren kann.

e. Ergebnis und Zusammenfassung

Um den Fall zum Abschluß zu bringen, hier den Rest, der allerdings keiner besonderen Genialität mehr bedarf:

> Auf diese invitatio hat K ein Angebot gemacht. Insoweit bestehen im Hinblick auf die Voraussetzungen einer Willenserklärung keine Bedenken. Dieses Angebot ist von V aber nicht angenommen worden. Es fehlt damit an der zweiten Willenserklärung; es ist kein Kaufvertrag zustandegekommen.

Wir merken zur ***invitatio ad offerendum:***

1. ***Standort:*** Sie wird im äußeren Tatbestand geprüft, bei der Frage, ob ein objektiver Dritter in der Rolle des Erklärungsempfängers aus dem Verhalten des Erklärenden den Schluß auf einen Geschäftswillen ziehen kann.
2. Das ***Kriterium*** für die Annahme einer invitatio und die Ablehnung einer Willenserklärung liegt in aller Regel darin, daß der Erklärende sich erkennbar deshalb nicht binden will, weil er mögliche Schadensersatzpflichten am Hals hätte.

6. Sonderproblem: Gefälligkeitsverhältnis mit Rechtsbindungswillen

a. Übersicht

Jetzt gut konzentrieren..

Was jetzt kommt, ist eine kuriose Geschichte und setzt einiges an Verständnisbereitschaft voraus. Eine an sich ziemlich simple Sache, die aber verlangt, daß man die aus verschiedenen Gebieten erworbenen Kenntnisse zusammenwürfelt. Die Rede ist vom ***Gefälligkeitsverhältnis mit Rechtsbindungswillen.*** Diese Rechtsfigur hat sogar eine nicht zu unterschätzende Bedeutung für die

Praxis; und damit meine ich die „wirkliche" Praxis einerseits und die Klausurpraxis andererseits.

Gehen wir einfach mal so vor, daß wir die Begrifflichkeiten auseinandernehmen. Wenn es ein Verhältnis ***mit Rechtsbindungswillen*** gibt, dann gibt es auch eines ***ohne***. Und weil aller guten Dinge drei sind, gibt es daneben auch noch den ***Gefälligkeitsvertrag***. Nun kommt das, um dessentwillen ich sagte, daß wir übergreifend vorgehen müssen.

Drei grundlegende Formen gilt es, auseinander zu halten.

Um diese drei Institute auseinanderhalten zu können, müssen wir uns nämlich eine Einteilung vergegenwärtigen, die ganz am Anfang dieses Skriptes, dort noch ohne eigenständige Bedeutung, schon einmal auftauchte. Wir hatten dort oben die aus Schuldverhältnissen resultierenden Pflichten eingeteilt (auf Seite 11). Und zwar in Leistungspflichten, Nebenpflichten und Obliegenheiten. Und diese Einteilung kommt uns hier zunutze. Die drei Institute unterscheiden sich nämlich im wesentlichen darin, welche Pflichten aus ihnen erwachsen. Eine Übersicht:

Anhand der Pflichten, die aus ihnen resultieren.

Gefälligkeitsvertrag	Gefälligkeitsverhältnis ***mit*** Rechtsbindungswillen	Gefälligkeitsverhältnis ***ohne*** Rechtsbindungswillen
enthält ***alle Pflichten:***	enthält ***fast alle Pflichten:***	enthält ***gar keine Pflichten:***
• Leistungspflichten	• Leistungspflichten	• keine Leistungspflichten
primäre	***aber keine primären***	keine primären
sekundäre	sekundäre	keine sekundären
• Nebenpflichten	• Nebenpflichten	• keine Nebenpflichten
• Obliegenheiten	• Obliegenheiten	• keine Obliegenheiten

b. Abgrenzungen

Ein Gefälligkeitsvertrag ist also ***ein ganz normaler Vertrag, mit allen Pflichten,*** die ein Vertrag eben mit sich bringt. Er enthält darüber hinaus aber in aller Regel keine Rechte für die verpflichtete Seite. Das ist geradezu typisch für eine Gefälligkeit. Als solche Gefälligkeitsverträge gibt es z.B. die Schenkung (§ 516), die Leihe (§ 598), den Auftrag (§ 662). Typisch ist auch, daß eine Leistungspflicht entsteht.

Normal:

der (Gefälligkeits-) Vertrag.

Er hat - insbesondere - selbständig einklagbare Primärleistungspflichten.

Die Leistungspflichten, die für ein Schuldverhältnis im Normalfall von Bedeutung sind, hatten wir Primärleistungspflichten getauft (wir hatten sie dann weiter unterteilt in solche, um derentwillen gerade die eine oder andere Seite den Vertrag abschließt: das waren die Hauptleistungspflichten, und in solche, die die Abwicklung des Vertrages (nur) begleiten: das waren die Nebenleistungspflichten). Das Gute an einer ***Primärleistungspflicht*** ist, daß man sie ***selbständig einklagen*** kann. Wenn mir also jemand (formgerecht, § 518 I) ein Geschenk verspricht, wenn mir jemand eine Gebrauchsüberlassung verspricht, wenn mir jemand eine Dienstleistung verspricht, dann kann ich ihn im Weigerungsfall auf Einhaltung seines Versprechens verklagen. Er kann es sich also im Normalfall nicht ohne weiteres anders überlegen und sagen: „Mach ich nicht."

Das reine Gefälligkeitsverhältnis kennt gar keine rechtlichen Pflichten.

Das Gefälligkeitsverhältnis ohne Rechtsbindungswillen ist ein Verhältnis, das sich ganz im außerrechtlichen, im sog. rein gesellschaftlichen Bereich abspielt. Hier werden ***keine schuldrechtlichen Rechte und Pflichten*** begründet, sondern nur moralische. Man kann hier an Einladungen zum Abendessen, zu Diskothekenbesuchen, für's Kino etc. denken. Wenn das alles Pflichten mit sich bringen würde, die man auch erfüllen muß, und wenn man für's Nichterfüllen Schadensersatz zu zahlen hätte, wäre ich längst ein armer Mann: Mein Freundeskreis kann ein Lied davon singen, wie oft ich schon eine Verabredung abgesagt habe.

Unabhängig davon stehen natürlich solche Ansprüche, die man gegen jeden haben kann. (Aber das hat dann auch nichts mehr mit dem Verhältnis zu tun.)

Also, keine Pflichten aus derartigen Verhältnissen. Wenn dann trotzdem mal was daneben geht (z.B. im Kino), dann muß man nicht aus schuldrechtlichen Grundsätzen haften, sondern aus gesetzlichen. Anspruchsgrundlagen für Schadensersatz können dann insbesondere die §§ 823 ff. sein. Auch hier begegnet uns also etwas Vertrautes, das wir im Rahmen unserer übergreifenden Ausführungen wieder einbeziehen müssen: Rechtsbeziehungen werden nicht nur durch vertragliche Bindungen geregelt (Stichwort: Freiwilligkeit), sondern auch durch gesetzliche (Stichwort: Unfreiwilligkeit). Wir hatten dies oben schon angesprochen.

Wenn ein Rechtsbindungswille vorliegt, kann man zwar auch nicht auf Erfüllung klagen, aber manchmal auf Schadensersatz.

Das Gefälligkeitsverhältnis mit Rechtsbindungswillen ist ***ein Zwischending*** zu den beiden vorerwähnten. Es enthält ***mehr*** als das ohne Rechtsbindungswillen, aber ***weniger*** als ein Vertrag. Das ist eigentlich auch logisch; es hätte ja sonst keine Existenzberechtigung. Der Unterschied liegt darin, daß man beim Gefälligkeitsverhältnis mit Rechtsbindungswillen ***nicht auf Erfüllung klagen*** kann. Man kann ***aber***, wenn erfüllt worden ist und wenn dabei Fehler gemacht wurden, ***auf Schadensersatz*** klagen. Typischerweise wird man dann hier aus p.V.V. (positive Vertragsverletzung) eines Gefälligkeitsverhältnisses mit Rechtsbindungswillen vorgehen.

c. Kriterien

Nachdem nunmehr alle drei vorgestellt sind, muß man sich fragen, wann das eine, wann das andere, wann zuletzt das dritte vorliegt. Die Rechtsprechung, genauer: der BGH (in BGHZ 21, 106 und 107), hat das so gesehen:

Der BGH hat es für uns abgegrenzt.

> „Eine erwiesene Gefälligkeit hat nur dann rechtsgeschäftlichen Charakter, wenn der Leistende den Willen hat, daß seinem Handeln rechtsgeschäftliche Geltung zukommen solle, wenn er also eine Rechtsbindung herbeiführen will und der Empfänger die Leistung in diesem Sinn entgegengenommen hat."

Das war das eine. Und jetzt noch direkt eins hinterher:

> „Die Art der Gefälligkeit, ihr Grund und Zweck, ihre wirtschaftliche und rechtliche Bedeutung, insbesondere für den Empfänger, die Umstände, unter denen sie erwiesen wird, und die dabei herrschende Interessenlage der Parteien können die Gefälligkeit über den Bereich rein tatsächlicher Vorgänge hinausheben und sind daher für die Beurteilung der Frage des Bindungswillens und der Natur des etwa in Betracht kommenden Rechtsgeschäftes heranzuziehen."

Diesen Wust an Begriffen kann man sich zugegebenermaßen schwer merken. Einfacher wird es, wenn man aus dem Ganzen herausliest, was der Kern ist. Bringen wir es auf einen Nenner, so wird der in der Regel lauten: ***Es geht um verdammt viel Geld.*** Das merken wir uns und wenn es dann mal soweit ist, daß wir etwas dazu schreiben müssen, denken wir zuerst an's Geld und direkt danach, wie wir es möglichst kompliziert ausdrücken können. Dann werden uns die Worte des BGH wie von selbst einfallen.

Je mehr Kohle, umso mehr Rechtsbindungswille.

So, und jetzt schieben wir die Überlegung ein, wieso ich dieses Problem gerade in diesem Abschnitt erörtere. Zur Erinnerung: Wir befinden uns in der Willenserklärung, dorten im äußeren Tatbestand. Der äußere Tatbestand einer Willenserklärung liegt immer dann vor, wenn ein objektiver Dritter in der Rolle des Erklärungsempfängers aus dem Verhalten des Erklärenden den Schluß ziehen kann, daß dieser sich in einer bestimmten Weise rechtlichen binden will (= Geschäftswille).

Warum prüfen wir das *hier?*

(Ab und zu mal als Frage stellen!)

Wichtig hieran ist insbesondere die Formulierung „sich in einer bestimmten Weise *rechtlich binden* will". Aufgefallen? Der Rechtsbindungswille ist ein Aspekt des Geschäftswillens. Wer sich nicht rechtlich binden will, der hat auch keinen Geschäftswillen. Wenn nach außen erkennbar ist, daß jemand sich nicht rechtlich binden will, dann ist nach außen erkennbar, daß dieser

Weil es zum Geschäftswillen gehört.

jemand keinen Geschäftswillen hat. Da es aber für eine Willenserklärung unabdingbar ist, daß man zumindest von außen einen Geschäftswillen vermuten kann, liegt in diesen Fällen überhaupt keine Willenserklärung vor.

d. Fallbeispiel ...

Und deshalb muß man es im äußeren TB einer WE prüfen.

Und deshalb erörtere ich dieses Problem hier: In einer Klausur muß man es im äußeren Tatbestand einer Willenserklärung aufzeigen und durchprüfen.

> ***Bsp.:*** Witwe W hat bei einem Verkehrsunfall ihren Mann M verloren. M war bis zu seinem Tode Spediteur. Am Todestag hatte er noch einen wichtigen Ferntransport durchzuführen. Daraus wird jetzt nichts mehr. Witwe W bittet den befreundeten Spediteur S, den wichtigen Transport für sie zu übernehmen. S erklärt sich dazu bereit. Aufgrund von Übermüdung verursacht S bereits nach 15 Stunden Fahrt einen Verkehrsunfall, bei dem die ganze Ladung zerstört wird. Es entsteht ein Schaden in Höhe von 10.000,-. W verlangt nunmehr von S Schadensersatz. Zu Recht?

Auch gern geprüft: der verletzte Anhalter.

So oder ähnlich sind die Fälle gelagert. Es kommt auch schon mal vor, daß ein Anhalter mitgenommen wird und der Fahrer die Kiste gegen einen Baum setzt, worauf sich der Anhalter ein Bein bricht. Weiter ist es denkbar, daß man sich beim Einparken in eine Parklücke eines Rangiergehilfen bedient, der so geschickte Anweisungen gibt, daß man nicht nur das eigene, sondern auch die Fahrzeuge davor und dahinter zu ersetzen hat.

Zur p.V.V. gibt's hinten ein Aufbauschema.

Gelöst werden diese Fälle - wie oben schon angedeutet - über die p.V.V. Wie man die im einzelnen aufbaut, ist ein Frage des Schuldrechtes. Ich kann dem daher hier nicht allzu vertieft nachgehen. Ich habe aber im Anhang dieses Skriptes die wichtigsten Aufbauschemata abgedruckt und die p.V.V. befindet sich auch darunter (auf Seite 305).

e. ... und klausurmäßige Lösung

> W kann gegen S einen Anspruch auf Ersatz des ihr entstandenen Schadens in Höhe von 10.000,- aus p.V.V. haben.
> Dann muß zwischen S und W ein Schuldverhältnis bestanden haben.

Man beginnt immer - anspruchsorientiert - mit dem, was dem Anspruchsteller am günstigsten ist.

So, bis hierhin alles ganz normal. Jetzt geht es los mit der Abgrenzung der einzelnen Gefälligkeitsformen. Daß hier nur eine Gefälligkeit in Frage kommt, folgt zwanglos daraus, daß nirgendwo von Entgelt die Rede ist. Wir tasten uns jetzt im folgenden durch die verschiedenen Verhältnisse, wobei wir mit dem beginnen, was für W am günstigsten wäre: der Auftrag, § 662.

In Betracht kommt hier zunächst ein Auftrag, § 662. Der **Auftrag ist ein Vertrag**, der durch zwei übereinstimmende und mit Bezug aufeinander abgegebene Willenserklärungen zustande kommt.
Eine entsprechende **Willenserklärung der W** kann dabei darin gesehen werden, daß sie S um den Transport bittet. Aus ihrer Interessenlage heraus ist klar erkennbar, daß sie an einer möglichst umfassenden vertraglichen Bindung des S interessiert ist.
Fraglich ist allerdings, ob auch eine entsprechende **Willenserklärung des S** vorliegt. Dann muß ein **objektiver Dritter in der Rolle der Erklärungsempfängerin** W aus dem Verhalten des S den Schluß ziehen können, daß dieser sich so weit binden will, daß er W einen selbständig einklagbaren Anspruch gewährt, bei Nichterfüllung auch bereit ist, Schadensersatz zu zahlen.
Angesichts dessen, daß es sich um eine sehr kurzfristige Angelegenheit für beide handelt, daß S weiter selber Spediteur ist und möglicherweise selber noch in letzter Minute einen Auftrag hereinbekommt, wird ein objektiver Dritter einen so weitgehenden Schluß nicht ziehen können. Es fehlt daher insoweit an einem dem § 662 entsprechenden Geschäftswillen, der sich im äußeren Tatbestand manifestiert haben muß.

Nachdem das mit dem Vertrag nicht geklappt hat, gehen wir jetzt auf das Gefälligkeitsverhältnis mit Rechtsbindungswillen über. Erst wenn das nicht klappt, müssen wir resignierend die Haftung aus § 823 I Var. 5 (Eigentum) erörtern.

Rechtsgeschäftliche Ansprüche immer vor gesetzlichen Ansprüchen prüfen!

Es kann aber ein **Schuldverhältnis in der Form des Gefälligkeitsverhältnisses mit Rechtsbindungswillen** vorliegen. Eine entsprechende **Willenserklärung der W** ist als minus in der Willenserklärung, die zum Auftrag führen sollte, enthalten: Wenn schon nicht der Auftrag, dann wenigstens ein Gefälligkeitsverhältnis mit Rechtsbindungswillen.
Auch hier ist allerdings wieder fraglich, wie es mit der **Willenserklärung des S** aussieht. Ein objektiver Dritter in der Rolle der W muß einen entsprechenden **Bindungswillen** feststellen können. Als Kriterien sind hierbei u.a. die wirtschaftliche und rechtliche Bedeutung der Gefälligkeit, sowie die dabei bestehende Interessenlage der Parteien heranzuziehen. Dabei ergibt sich, daß es sich um einen wichtigen Ferntransport handelt, bei dem offenkundig auch erhebliche Vermögenswerte auf dem Spiel standen. Dies war sowohl dem Erklärenden S als auch der Empfängerin W bekannt. Wenn S sich mit dieser Kenntnis gleichwohl zur Übernahme bereit erklärt, dann muß man davon ausgehen, daß er sich (objektiv! betrachtet) jedenfalls insoweit rechtlich binden will, als es um den korrekten Transport der Ware geht.
Ein objektiver Dritter in der Rolle der W konnte dem Verhalten des S folglich eine Bindungswillen entnehmen. **Damit liegt der äußere Tatbestand der Willenserklärung vor.** Im übrigen bestehen an der Wirksamkeit der Willenserklärung keine Zweifel.
Da S die Pflicht zum ordnungsgemäßen Transport durch seine Weiterfahrt trotz Übermüdung rechtswidrig und schuldhaft (mindestens fahrlässig) verletzt hat, haftet er der W auf Schadensersatz in der geltend gemachten Höhe.

Den gesetzlichen Anspruch schenken wir uns hier.

Daß S daneben auch noch aus § 823 I haftet, interessiert uns hier nicht. Ich erwähne es nur, damit sich keiner den Kopf zerbricht oder mich gar deswegen anruft.

f. Haftungsmaßstäbe

Zum Gefälligkeitsverhältnis abschließend noch einige kurze Bemerkungen und dann eine Zusammenfassung.

Bringt Gefälligkeit eine Haftungsmilderung mit sich?

Es gibt - soweit es Gefälligkeiten betrifft - die Überlegung, ob der Gefällige genauso haftet, wie der, der es gegen Geld macht. Man kann ja auf die Idee kommen zu sagen, daß der unentgeltlich Tätige weniger hart zu haften hat. Das Gesetz sieht das in bestimmten Vorschriften auch so: Vgl. hierzu die §§ 521, 599, 690. Man beachte hierbei aber auch, daß es diese Milderung für Schenkung, Leihe und Geschäftsführung ohne Auftrag gibt, *nicht* aber für den Auftrag.

Manchmal ja. Aber manchmal auch nicht.

Der richtige Ansatz für die Beantwortung einer Frage nach ***Haftungsmilderung*** besteht demnach darin, festzustellen, mit welchem gesetzlich geregeltem Gefälligkeitsvertrag das gerade betrachtete Gefälligkeitsverhältnis ***Ähnlichkeit*** hat. Geht es um unentgeltliche ***Zuwendungen,*** dann sollte man an eine Übertragung der Rechtsgedanken aus § 521 denken. Geht es um unentgeltliche ***Tätigkeit,*** kommt eine Haftungsmilderung nicht in Betracht (es versteht sich, daß das strittig ist).

g. Zusammenfassung

1. Wir haben in diesem Abschnitt das Gefälligkeits***verhältnis mit*** Rechtsbindungswillen kennengelernt. Wir haben es vom ***Gefälligkeitsvertrag*** abgegrenzt. Der Unterschied bestand darin, daß einmal Primärleistungspflichten bestehen (beim Vertrag) und einmal nicht (beim Verhältnis).
2. Wir haben es vom Gefälligkeits***verhältnis ohne Rechtsbindungswillen*** abgegrenzt. Der Unterschied bestand darin, daß einmal wenigstens Sekundärpflichten und Nebenpflichten vertraglicher Art bestehen (mit Rechtsbindungswillen) und einmal nicht einmal das (ohne Rechtsbindungswillen).
3. Wir haben dabei in Anlehnung an die Rechtsprechung des BGH als ***Kriterien*** die Art der Gefälligkeit, ihren Grund und Zweck, ihre wirtschaftliche und rechtliche Bedeutung, insbesondere für den Empfänger, die Umstände, unter denen sie erwiesen wird, und die dabei herrschende Interessenlage der Parteien benannt. (***Verdammt viel Geld***)

4. Wir haben schließlich festgestellt, daß der Umstand, daß es sich um eine Gefälligkeit handelt, in aller Regel nicht zu Veränderungen des ***Haftungsmaßstabes*** führt.
5. Letztlich wissen wir auch um den ***Standort der Prüfung***, ob ein solches Gefälligkeitsverhältnis vorliegt oder nicht: Es ist der objektive Tatbestand mit der Fragestellung, ob ein objektiver Dritter in der Rolle des Erklärungsempfängers aus dem Verhalten des Erklärenden den Schluß auf das Vorliegen des Rechtsbindungswillens als Bestandteil des Geschäftswillens ziehen kann.

II. Der innere Tatbestand

1. Übersicht

Wir hatten beginnend auf Seite 29 bereits geklärt, woraus der innere Tatbestand einer Willenserklärung besteht; es waren drei Elemente:

Es geht innen um 3 Elemente.

1. Handlungwille
2. Erklärungsbewußtsein
3. Geschäftswille

Wir hatten diese drei Elemente auch definiert. Das werde ich hier nicht noch mal machen, weil es gleich sowieso kommt. Jetzt werden wir der Frage nachgehen, was passiert, wenn es an einem oder mehreren der drei Elemente mangelt. Dann stehen wir nämlich vor der ***Frage, ob Mängel das Zustandekommen einer wirksamen Willenserklärung hindern***. Nachdem wir für eine vollständige Willenserklärung ja sowohl einen inneren als auch einen äußeren Tatbestand benötigen, kann ein solcher Mangel das Zustandekommen des inneren Tatbestandes blockieren.

Was passiert, wenn was fehlt?

Beim ***äußeren Tatbestand*** hatten wir dies bejaht. Dort hatten wir gesagt, daß er nur dann in ausreichendem Maße vorliegt, wenn ein objektiver Dritter in der Rolle des Erklärungsempfängers aus dem Verhalten des Erklärenden den Schluß auf einen Geschäftswillen ziehen kann. Und da der Geschäftswille die beiden anderen enthält, heißt das, daß alles vorliegen muß.

Außen wär dann Schluß.

Ich darf bereits hier verraten, daß dies im ***inneren Tatbestand*** anders ist. Dort darf auch mal was fehlen. Wir benötigen für dieses Kapitel die Kenntnis über den Aufbau der Willenserklärung und über die einzelnen Merkmale des äußeren und inneren Tatbestandes. Wir benötigen weiter einen Gesetzestext, der § 119 enthält.

Innen nicht.

Da kommt´s mal wieder drauf an.

2. Der Handlungswille

Ohne Handlungswille ...

Der Handlungswille liegt immer dann vor, wenn der Erklärende den Willen hat zu handeln. Es gibt aber Fälle, in denen fehlt dieser Wille.

> ***Bsp.:*** A unterzeichnet in Hypnose einen Mietvertrag (kommt täglich vor).

... keine WE.

Das ***Fehlen des Handlungswillen*** bewirkt immer, daß der innere Tatbestand einer Willenserklärung fehlt. Und damit liegt dann - egal, was nach außen dringt - ***keine Willenserklärung*** vor. Grundregel daher:

Sehr beachtlich.

Das Fehlen des Handlungswillens ist ***immer beachtlich*** (Palandt-Heinrichs, Einf v § 116 Rn. 16).

Der Grund für diese rigide Handhabung liegt in folgendem: Wir können ***zwei Aspekte*** unterscheiden, die für die Bewertung von Fehlern eine Rolle spielen.

Einer der Beteiligten muß geschützt werden.

Der eine Aspekt ist der der ***Selbstbestimmung des Erklärenden***. Der andere ist der des ***Schutzes des Rechtsverkehrs***, der auf die Kongruenz von äußerem und innerem Willen vertraut.

Hier ist es der Erklärende.

Bei Fehlern müssen wir dem einen oder dem anderen den Vorzug bzw. den Nachrang geben. Sagen wir, der Handlungswille muß vorliegen, wird damit der Erklärende geschützt und der Rechtsverkehr benachteiligt. Aber etwas ***Willens***erklärung zu nennen, bei dem *überhaupt kein Wille* da ist, wäre zuviel des Guten. Und deshalb hat der Rechtsverkehr hier das Nachsehen.

3. Geschäftswille

Wenn der Geschäftswille fehlt ...

Zunächst mal dies: Der Geschäftswille ist eigentlich erst die dritte Komponente. Er beinhaltet ja, daß der Erklärende einen *bestimmten* Rechtserfolg herbeiführen will. Insoweit geht er über das Erklärungsbewußtsein hinaus, das nur *irgendeinen* rechtlich erheblichen Erfolg bewirken will. Es hat aber gleichwohl seinen Grund, daß ich dieses dritte Element vor dem zweiten prüfe. Der Grund ist der:

... ist das für die WE egal.

Sehr unbeachtlich.

Das Fehlen des Geschäftswillens ist ***immer unbeachtlich***.

Ein starkes Argument findet sich § 119 I.

Wenn wir einmal in´s Gesetz schauen und uns dort § 119 I näher ansehen, werden wir feststellen, daß diese Norm dem ein Anfechtungsrecht gibt, der bei der Erklärung einer Willenserklärung eine Erklärung dieses Inhaltes überhaupt nicht abgeben wollte.

> ***Bsp.:*** A unterzeichnet eine Reihe von Briefen, die ihm sein Sekretär zu Unterschrift vorlegt. A nimmt den Inhalt der Briefe nicht zur Kenntnis. Er weiß allerdings, daß es sich allesamt um Geschäftsbriefe - Vertragsangebote und -annahmen - handelt. Bei diesen Briefen befindet sich auch eine Sektbestellung, die der Sekretär untergeschmuggelt hat (selten bescheuerter Fall).

Hier können wir zunächst feststellen, daß A bei allen Briefen den Willen gehabt hat zu handeln. Er hat daneben auch bei allen Briefen Erklärungsbewußtsein gehabt. Er wußte ja bei jedem Brief, daß dieser ein Vertragsangebot, bzw. eine Annahme enthielt. Was er nicht wußte, war, *welchen Inhalt* seine jeweilige Unterschrift hatte. Damit fehlt ihm dann der Geschäftswille, denn er hatte ja keine konkrete, keine bestimmte, rechtliche Vorstellung vor Augen.

Viel Erklärungsbewußtsein.

Wenig (kein) Geschäftswille.

Deutlich ist dies vor allem bei der Sektbestellung. Bei den übrigen Briefen taucht aber schon gar kein richtiges Problem auf, weil es sich dabei offenkundig um Briefe mit Erklärungsinhalten handelte, die A letztlich auch so abgeben wollte. Bei der Sektbestellung ist das anders, hier wollte er nicht. Und für diesen Fall gibt es in § 119 I ein Anfechtungsrecht.

Der Umstand, daß etwas da ist, was angefochten werden kann, bedingt aber notwendig, daß vorher etwas entstanden ist. Anders gewendet: § 119 I spricht von einer Willenserklärung, bei der der Geschäftswille nicht (oder jedenfalls nicht so) vorhanden war. Das bedeutet, daß aber doch eine Willenserklärung vorliegt. Und daraus nun ziehen wir den Schluß, daß es auf den Geschäftswillen nicht ankommt.

Anfechten kann man nur, was da ist.

- Er kann vorliegen, wie er nach außen erscheint. Dann hätten wir eine ideale Willenserklärung.
- Er kann ganz fehlen, wie im Sektbestellungsbeispiel.
- Und er kann auch in einer Variante auftauchen, die anders ist als nach außen sichtbar.

> ***Bsp.:*** A unterzeichnet eine Buchbestellung, in der Annahme, es handle sich um ein Buch zum Preis von 15,-. In Wirklichkeit war der Preis aber 115,-.

Hier hat A nicht nur den Handlungswillen und das Erklärungsbewußtsein, sondern auch den Geschäftswillen. Dieser (innere) Geschäftswille geht auf einen konkreten Kaufvertrag Buch/15,-. Der nach außen erscheinende Geschäftswille geht aber über Buch/115,-. Für das Vorliegen des inneren Tatbestandes ist auch das egal. Wenn A jetzt nicht an seiner Willenserklärung festhalten will, kann er ja anfechten (dazu weiter unten noch ausführlicher, ab Seite 169).

4. Das Erklärungsbewußtsein

Wenn das Erklärungsbewußtsein fehlt: Mal so, mal so.

Der Handlungswille darf nie fehlen. Der Geschäftswille darf immer fehlen. Zwischen zwei Extremen gibt es immer eine Mitte. So wie hier. Beim Erklärungsbewußtsein kommt es nämlich darauf an. Manchmal darf es fehlen. Und manchmal nicht. Wir merken zunächst vor:

(Nur) Grundsätzlich beachtlich.

Das Fehlen des Erklärungsbewußtseins ist ***grundsätzlich beachtlich.***

Wir müssen schützen - irgendwen: entweder den Rechtsverkehr oder den einzelnen Erklärenden. Dabei sind wir notwendig gezwungen, Prioritäten zu setzen. Das enthält immer eine Spur von Willkür, man kann aber versuchen, es sich und anderen transparent zu machen, wo man die Grenze setzt.

Bsp.: Der in weltlichen Dingen völlig unerfahrene junge Bergbauer B verläßt seine Alm, um in der Großstadt Abenteuer zu erleben. In Trier betritt er eine dunkle Kellerwirtschaft. Voller Angst blickt er auf das blau-bunte Treiben. Für ihn unerkennbar, weil völlig unbekannt, spielt sich eine Weinversteigerung ab. Der junge B sieht auf einmal einen Bekannten und winkt ihm freudestrahlend zu. Er bemerkt anschließend, wie ein Mann mehrere Male mit einem Hammer auf den Tisch schlägt. Dann kommt jemand auf ihn zu und will ihm eine Kiste Wein in die Hand drücken. Bevor er sie bekommt, soll er allerdings eine Summe Geldes zahlen. Man sagt ihm, er habe den Zuschlag bekommen. B ist verwirrt.

Ein bißchen was sollte der „Erklärende" schon an seiner „Erklärung" mitgebastelt haben.

Beim Erklärungsbewußtsein gehen wir so vor, daß wir *grundsätzlich* seine Existenz fordern. Die Situation hier ist der ähnlich, die wir beim Handlungswillen festgestellt haben. Ein bißchen was muß schon da sein, damit man von einer ***Willens***erklärung sprechen kann. Und weil die Willenserklärung ja auf die Herbeiführung von Rechtsfolgen gerichtet ist, muß es auch ein bißchen was Rechtliches sein, was gewollt wurde. Ein bißchen Erklärungsbewußtsein also. Und weil es ein bißchen Erklärungsbewußtsein nicht gibt - entweder man will oder man will nicht -, muß man jetzt andere Kriterien finden, nach denen man schützt.

Das sieht dann so aus, daß wir ***bei fehlendem Erklärungsbewußtsein*** danach ***fragen, warum*** es fehlt. Liegt es daran, daß der Erklärende nicht die erforderliche Sorgfalt beachtet hat, liegt es also daran, daß er fahrlässig verkannt hat, daß sein Verhalten als Willenserklärung aufgefaßt werden konnte, ist das Fehlen egal.

Deshalb hören wir nicht mit der Feststellung des Fehlens auf, sondern fragen, ***warum*** es beim „Erklärenden" fehlt.

Und wenn ich sage, daß das Fehlen egal sei, dann meine ich damit, daß trotz des Fehlens den Anforderungen an den inneren Tatbestand einer Willenserklärung genüge getan ist. Oder noch anders gesagt: Trotz des fehlenden Erklärungsbewußtseins liegt eine Willenserklärung vor.

> ***Bsp.:*** Auf dem alten Küstendampfer wird der Geburtstag des alten Kapitäns K gefeiert. Kurz vor Mitternacht beschließt K, die Stimmung noch einmal richtig anzuheizen. Er schwankt auf Deck und illuminiert mit seiner Leuchtpistole den Nachthimmel mit sog. Blaufeuer. Dies ruft den Lotsen L auf den Plan. Er interpretiert diese Blaufeuer, wie auf See usw. üblich, als Bitte um Hereinlotsen. Er fährt mit seinem Lotsenboot zum Küstendampfer. Dort bietet er seine Dienste an und verlangt das übliche Entgelt.

Wir müssen also die Regel von oben ergänzen:

> Das Fehlen des Erklärungsbewußtseins ist grundsätzlich beachtlich, es sei denn, der Erklärende hat fahrlässig verkannt, daß sein Verhalten als Willenserklärung aufgefaßt werden konnte (BGH NJW 1995, 953; BGHZ 91, 324, 329 f; 109, 171, 177).

Eine Regel wird etwas länger.

Und jetzt müssen wir nur noch eins drauf setzen. Der empfängnisbereite Rechtsverkehr ist des Schutzes dann unwürdig, wenn er selbst gewußt oder seinerseits verpennt hat, daß der Erklärende gar keine Willenserklärung abgeben wollte.

Und warum sieht der Empfänger eine WE?

> ***Bsp.:*** Im Küstendampferfall hat der alte Hobbyspanner H Lotsendienst. H hat die ganze Zeit mit einem Fernglas das Treiben auf dem Dampfer beobachtet. Er weiß daher genau, daß das Blaufeuer nur aus Übermut und nicht zum Zwecke des Hereinlotsens gegeben wurde.

Weiß er es also oder hat er es fahrlässig nicht gewußt, dann kann er sich nicht darauf berufen, daß eine Willenserklärung vorliegt. Wir können die Regel damit noch ein weiteres Mal ergänzen. Diesmal ist es das letzte Mal.

Vorsatz oder Fahrlässigkeit?

Dann wird der *„Erklärende"* mehr geschützt.

> Das Fehlen des Erklärungsbewußtseins ist grundsätzlich beachtlich, es sei denn, der Erklärende hat fahrlässig verkannt, daß sein Verhalten als Willenserklärung aufgefaßt werden konnte. Hat der Erklärungsempfänger gewußt oder fahrlässig nicht gewußt, daß der Erklärende gar keine Willenserklärung abgeben wollte, kann er sich auf die Fahrlässigkeit des Erklärenden nicht berufen. Das Fehlen des Erklärungsbewußtseins ist dann wieder beachtlich.[4]

Wegen Unübersichtlichkeit lieber keine allzu langen Regeln bilden.

Für eine Regel sieht es allerdings ausgesprochen lang aus. Und das ist auch so. Eine Regel sollte nämlich, damit man sie noch sinnvoll als Regel bezeichnen kann, nur den Regelfall enthalten und nicht noch alle möglichen Ausnahmen und Gegenausnahmen. Regeln wie die hier drüber sind deshalb schlecht zu lernen. Besser ist es, man sortiert nach Regel, Ausnahme und Gegenausnahme.

Die ***Regel*** war:	Das Fehlen ist ***beachtlich***.
Die ***Ausnahme*** war:	Das Fehlen ist ***unbeachtlich***, wenn dem Fehlen Fahrlässigkeit zugrundeliegt.
Die ***Gegenausnahme*** war:	Die Fahrlässigkeit des Erklärenden ist unbeachtlich, wenn dem Erklärungsempfänger mindestens gleiches zur Last fällt. Dann ist das Fehlen wieder ***beachtlich***.

Mehr müssen wir uns in diesem Zusammenhang nicht merken. Damit kommt man überall durch.

5. Zusammenfassung

- Wir haben gesehen, daß die Probleme des inneren Tatbestandes nicht so viel Platz schlucken, wie die des äußeren Tatbestandes. Wir müssen aber fairerweise einräumen, daß wir uns noch nicht vertieft mit dem Auseinanderfallen von Erklärtem und Gewolltem beschäftigt haben. Wir werden es noch müssen.
- Wir haben festgestellt, daß für die einzelnen Elemente des inneren Tatbestandes folgendes gilt:

---

4 Beim BGH heißt es dazu: Das Verhalten des Erklärenden muß „vom Empfänger nach Treu und Glauben und mit Rücksicht auf die Verkehrssitte als Willenserklärung aufgefaßt werden" können (BGHZ 91,324, 330).

1. Das Fehlen des Handlungswillens ist ***immer*** beachtlich. Grundsatz der Selbstbestimmung.
2. Das Fehlen des Erklärungsbewußtseins ist ***nur grundsätzlich*** beachtlich.
   a. Das gilt nicht, wenn der Fehler auf Fahrlässigkeit beruht.
   b. Das gilt doch, wenn der anderen Seite auch mindestens Fahrlässigkeit zur Last fällt.
3. Das Fehlen des Geschäftswillens ist ***nie*** beachtlich. Dies folgt schon aus § 119 I. Grundsatz des Vertrauens des Geschäftsverkehrs.

III. Bewußte Diskrepanz von Erklärtem und Gewolltem, §§ 116 - 118

1. Übersicht

Da gibt man sich so viel Mühe, ordnet Probleme dem äußeren, dann dem inneren Tatbestand zu, und dann stellt man fest, daß es Probleme gibt, die beide gleichermaßen betreffen.

Voll dazwischen.

Wir hatten bereits oben im Rahmen des äußeren Tatbestandes die Frage gestellt, was passiert, wenn der Erklärende Fehler macht. Wir hatten die Frage gestellt:

> Was passiert, wenn der Erklärende sich verspricht, wenn er sich verschreibt. Was, wenn der Erklärende versehentlich statt der gewollten „Fünfzig" „Fünfzehn" sagt, wenn der Schreiber statt der gewollten „1.000,-" „10.000,-" schreibt? Was ist dann erklärt worden?

Wir hatten dabei schon oben geklärt, daß diese Fehler zunächst auf Kosten des Erklärenden gehen. Entscheidend war nämlich nicht, was sich der Erklärende gedacht hat, sondern was ein objektiver Dritter in der Rolle des Erklärungsempfängers mitbekommt. Danach haben wir dann im inneren Tatbestand festgestellt, daß der Geschäftswille fehlen oder ein anderer sein darf als nach außen erkennbar wird. Trotzdem war das Vorliegen des inneren Tatbestandes zu bejahen. Begründet hatten wir dies u.a. mit der Regelung des § 119, der für diese Fälle eine Anfechtungsmöglichkeit vorsieht.

Wenn wir die denkbaren Fehler in diesem Bereich auf einen Nenner bringen wollen, können wir sagen, daß jeweils - aus welchen Gründen auch immer - nach außen etwas anderes zu sehen ist, als nach innen gewollt war. Es handelt sich hier also um eine

Diskrepanz zwischen Erklärtem und Gewolltem.

Hier geht es nur um bewußte Diskrepanzen.

Wir werden im folgenden Abschnitt sehen, wie eine solche Diskrepanz rechtlich in den Griff zu bekommen ist. Wir werden dabei in diesem Abschnitt davon ausgehen, daß ***der Erklärende*** um diese Diskrepanz ***weiß***. Wir werden weiter eine Abhängigkeit davon konstruieren, ob ***der Erklärungsempfänger*** davon ***weiß oder nicht***. Was wir hier noch nicht machen werden, ist die Untersuchung, wie unbewußte Diskrepanzen zu lösen sind. Dafür verwahren wir uns ein späteres Kapitel (ab Seite 169).

Zum Verständnis ist ein Gesetzestext erforderlich, der die §§ 116-118 enthält. Es sollte weiter bekannt sein, aus welchen Elementen eine Willenserklärung besteht. In der Klausur hätten wir, bevor wir an diese Stelle kommen, geklärt, daß von ihren Bestandteilen her eine Willenserklärung vorliegt.

2. Die Problemstellung

Nach außen das eine, nach innen etwas anderes.

Beginnen wir mit der übergeordneten Konstellation des bewußten Auseinanderfallens von Erklärtem und Gewolltem: Der Erklärende macht eine Willenserklärung, die nach außen hin einen bestimmten Eindruck erweckt. Er weiß auch darum. Intern aber hat er einen anderen Willen. Sehen wir uns zunächst einmal die Rechtsfolgen der einzelnen Vorschriften an.

- ***§ 116 S. 2, § 117 und § 118*** stellen jeweils fest: Die Willenserklärung ist ***nichtig***. Dabei müssen natürlich jeweils auch die Voraussetzungen dieser Vorschriften vorliegen.
- ***§ 116 S. 1*** dagegen sagt, daß die Willenserklärung ***nicht nichtig*** ist.

Wir werden der Reihe nach die typischen Fälle betrachten.

a. § 116 S. 1

Der Empfänger merkt nichts.

Der Erklärende erklärt bewußt etwas anderes als gewollt. Der Empfänger merkt es nicht.

> ***Bsp.:*** A beschließt, aus Protest gegen die seiner Ansicht nach verheerende Verkehrssituation, nur noch Straßenbahn zu fahren. Er beschließt weiterhin, aus Protest gegen die seiner Ansicht nach verheerende Preisgestaltung, dies ohne Entgelt zu tun. Zuletzt beschließt er, dies keinem zu sagen. Er betritt schweigend eine Straßenbahn und fährt 3 Stationen, bevor ihn die Schwarzen Sheriffs aufmischen.

Hier hat A auf eine *invitatio ad offerendum* des Straßenbahnbetreibers, die im Hinstellen der Straßenbahn besteht, ein Angebot zum Abschluß eines Beförderungsvertrages (Werkvertrag, § 631) in Form einer konkludenten (schlüssigen) Willenserklärung gemacht. Ein objektiver Dritter in der Rolle des Erklärungsempfängers Straßenbahnbetreiber kann aus dem Verhalten des A nur entnehmen, daß A den Geschäftswillen hat, zum üblichen Preis eine bestimmte Strecke befördert zu werden.

Das war der objektive Erklärungsgehalt. Intern will A aber gar nicht zahlen. Er ist ein sog. ***Schwarzfahrer***. Über die Verwerflichkeit dieses Verhaltens will ich mich an dieser Stelle nicht verbreiten. Ich hätte auch keinerlei moralische Berechtigung dazu.

Da lob ich mir das Semesterticket.

Um hier nicht das Zustandekommen der Willenserklärung wegen des Mangels der inneren Seite zu blockieren, hat der Gesetzgeber in § 116 S. 1 klargestellt, daß ein solcher Vorbehalt (***geheimer Vorbehalt***, s. die Gesetzesüberschrift) unbeachtlich ist. Das entsprechende Fremdwort heißt übrigens ***Mentalreservation***.

Mentalreservation.

Formulierungsmäßig sähe das etwa so aus:

> Fraglich ist, wie es sich auswirkt, daß A entgegen dem objektiven Erklärungsgehalt seiner Willenserklärung in Wirklichkeit gar nicht zahlen wollte. Dieser Fall ist in § 116 S. 1 geregelt. Danach ist ein Vorbehalt insoweit unbeachtlich, als ihn der Erklärungsempfänger nicht erkennt. Nachdem dafür keine Anhaltspunkte bestehen, wirkt sich der wirkliche Wille des A hier nicht aus.

b. § 116 S. 2, der böse Scherz

Anders ist es, wenn der Erklärungsempfänger einer *empfangsbedürftigen* Willenserklärung den Vorbehalt kennt. (Die Empfangsbedürftigkeit folgt aus der Formulierung: *„einem anderen gegenüber abzugeben ist“*.) Dann ist die Willenserklärung nichtig.

Alle schreien, einer lacht.

> ***Bsp.:*** Vermieter V hat eine eigenartige Art von Humor. Er kündigt Mieter M fristgerecht die Wohnung, in der Absicht, ihm einen kleinen Schrecken einzujagen. M hat allerdings ein gutes Verhältnis mit der Ehefrau E des V. Diese hatte ihm schon vorher von der Absicht ihres Gatten berichtet.

Hier wußte M um den Vorbehalt des V und die Kündigung ist von vorneherein nichtig. Zu beachten ist aber folgendes:

Der Erklärungsempfänger muß von dem Vorbehalt ***vorher*** erfahren haben. Dies folgt daraus, daß das Gesetz verlangt, daß der Empfänger den Vorbehalt *kennt*. Dort steht nicht, daß er ihn auch *kennen lernen* kann.

Wenn man *vorher* davon weiß, hat der Scherz keine Auswirkungen.

Man nennt den Fall des § 116 S. 2 auch den sog. ***schlechten Scherz***. Wir könnten vorausschauend schon überlegen, daß es auch einen guten Scherz geben kann. Und in der Tat, so ist es. Ich ziehe den guten Scherz vor:

c. § 118, der gute Scherz

Alle lachen, einer schreit.

Während § 116 S. 2 davon ausgeht, daß der Erklärungsempfänger den Vorbehalt zwar kennt, aber in der Regel nicht vom Erklärenden aus, behandelt § 118 den Fall, daß der Erklärungsempfänger schon dem Verhalten des Erklärenden entnehmen kann, daß das so (rechtsgeschäftlich) alles nicht gemeint war.

> ***Bsp.:*** Der feuchtfröhliche V bietet dem K auf einer fröhlichen Party an, er (K) könne seine (des V) Luxusjacht, die bekanntermaßen einen Wert von 1.000.000,- hat, für 1.000,- kaufen. Er hofft auf ein Riesengelächter, blickt sich beifallsheischend um und ist völlig verblüfft, als K erklärt, er nehme an.

Führt höchstens zu § 122.

In solchen Fällen fehlt es an einer wirksamen Willenserklärung des V. K im vorliegenden Beispiel ist wohl auch in keiner Weise schutzbedürftig. Wenn er es doch wäre, weil er etwa nicht gemerkt hat, daß das Ganze nicht ernsthaft war, kann er gemäß ***§ 122*** seinen ***Vertrauensschaden*** ersetzt verlangen. Ich werde diese Schadensart im Rahmen der Stellvertretung (auf Seite 158) ausführlicher erörtern.

d. § 117, die gesparten Kosten

Klausurträchtig!

§ 117 enthält zwei Absätze, die auch häufig kombinatorisch zur Geltung kommen. Der erste regelt nach dem Gesetzeswortlaut einen Fall von Nichtigkeit. Der zweite das Gegenteil: einen Fall von Gültigkeit.

Das Gesetz ist unglücklich formuliert. Wenn das Einverständnis des Erklärungsempfängers vorliegt, dann wissen beide Beteiligte, daß der Erklärende gar keine Rechtsfolge der erklärten Art herbeiführen wollte. Dann fehlt es aber bereits am äußeren Tatbestand einer Willenserklärung. Um Nichtigkeit muß man sich folglich gar keine Gedanken mehr machen (Palandt-Heinrichs, § 117 Rn. 1).

> ***Bsp.:*** V verkauft K ein Grundstück im Wert von 1.000.000,-. Um Kosten zu sparen, vereinbaren sie, daß vor dem Notar nur ein Kaufpreis von 800.000,- angegeben werden soll. So geschieht es dann auch. Nachdem V seinen Teil des Vertrages erfüllt hat, verlangt er von K Zahlung von 1.000.000,-. K weigert sich. Welche Ansprüche hat V?

Sachenrecht.

Zunächst eine Vorüberlegung. Grundstücke werden nicht wie bewegliche Sachen durch Einigung und Übergabe gemäß § 929 S. 1 übereignet. Bei beweglichen Sachen reicht die Übergabe aus, weil man eine Eigentumsvermutung zugunsten des Besitzers im Gesetz verankert hat: § 1006 I. Das ist auch deshalb naheliegend, weil man ja sieht, wer einen Gegenstand in der Hand hat. Bei Grundstücken ist das anders.

Das liegt im wesentlichen daran, daß es ziemlich schwierig ist, allein aus dem Besitz auf das Eigentum zu schließen. Es kommt ausgesprochen häufig vor, daß der, der auf dem Grundstück ist, gar nicht der Eigentümer ist (Stichwort: Vermietung / Verpachtung). Aus diesem Grunde gibt es für unbewegliche Sachen Sonderregeln. Diese beziehen sich in aller Regel nur auf die in § 929 S. 1 angesprochene ***Übergabe***. Diese wird ersetzt durch etwas, was öffentlich sichtbar ist: Gemeint ist hier die ***Eintragung in das Grundbuch***.

Bei Grundstücken wichtig: das Grundbuch.

Grundstücke werden daher nach §§ 873 I, 925 I übereignet, indem eine Einigung (also wie bei beweglichen Sachen, aber hier heißt sie *Auflassung*) und eine Eintragung erfolgen. Wenn wir hier und jetzt noch wissen, daß Kaufverträge über Grundstücke einer bestimmten Form bedürfen, § 313 S. 1: notarielle Beurkundung, und bei Nichtbeachtung nichtig sind, § 125 S. 1, dann wissen wir vorläufig genug.

Eine Einigung, die hier *Auflassung* heißt.

Lesen: § 313 und 125.

Im vorliegenden Fall müssen wir folgende Überlegungen anstellen: Es können genau zwei Kaufverträge geschlossen worden sein. Entweder einer über Grundstück ./. 1.000.000,- oder einer über Grundstück ./. 800.000,-.

Zwei können es sein.

Für den ***Kaufvertrag über 1.000.000,-*** müssen wir feststellen, daß er nicht notariell beurkundet worden ist. Er ist also wegen Nichtbeachtung der vorgeschriebenen Form nichtig: § 125 S. 1.

Einer ist nichtig wegen § 125 S. 1.

Der ***Kaufvertrag über 800.000,-*** dagegen ist zwar scheinbar formgerecht geschlossen worden. Er liegen aber gemäß § 117 S. 1 in Wirklichkeit keine Willenserklärungen vor. Beide Beteiligten waren sich ja darüber einig, daß dieser Betrag nur zum Schein genannt worden war, um die Notarkosten niedrig zu halten.

Der andere ist „nichtig" wegen § 117 S. 1.

Damit liegt an sich ***überhaupt kein Kaufvertrag*** vor.

Schade.

Und dabei würde es auch bleiben, wenn nicht vorliegend ***§ 313 S. 2*** als ***Ausnahmeregelung*** zur Anwendung gelangen würde: Wenn ein formnichtiger Grundstückskaufvertrag vom *Verkäufer* erfüllt wird, dann wird er trotz Nichtbeachtung der Form wirksam. § 117 II brauchen wir hier lediglich als Klarstellung, damit nicht das wirkliche Rechtsgeschäft vom vorgetäuschten in dem Sinne verdeckt wird, daß es überhaupt nicht mehr da ist. Nur auf diese Weise kommen wir überhaupt wieder an das verdeckte Rechtsgeschäft ran.

Aber: § 313 S. 2.

Beginnen müßten wir nach der Sachverhaltsfrage mit dem, was dem wirtschaftlichen Interesse der Parteien am nächsten kommt. Das wäre hier ein Anspruch des V auf Zahlung von 1.000.000,-.

Klausurvorgehen.

V kann gegen K einen Anspruch auf Zahlung von 1.000.000,- aus § 433 II haben. Dann muß zwischen beiden ein Kaufvertrag dieses Inhaltes zustande gekommen sein.

Nach der Formnichtigkeit ...

Jetzt kann man zunächst relativ kurz angebunden vorgehen, um dann auf die Formnichtigkeit zu sprechen zu kommen.

V und K hatten vereinbart, daß das Grundstück zu einem Preis von 1.000.000,- verkauft werden sollte. Fraglich ist allerdings, wie es sich auswirkt, daß sie dies unter Nichtachtung jeglicher Formvorschriften getan haben. Insoweit kommt § 313 S. 1 zur Anwendung. Fehlt es danach, wie hier, an der notariellen Beurkundung, kommt § 125 S. 1 zur Anwendung, mit der Folge, daß das Rechtsgeschäft nichtig ist.

... erst mal zum verdeckten Geschäft.

Anschließend direkt auf § 313 S. 2 hinüberzuspringen, ist klausurtechnisch verfehlt. Es liegt ja immerhin ein Rechtsgeschäft in der nötigen Form vor. Bevor wir dessen Unwirksamkeit nicht festgestellt haben, können wir auch nicht weiter machen. Der Grund ist eigentlich simpel: ***Wenn das notariell beurkundete Geschäft wirksam wäre, könnte § 313 S. 2 nichts mehr heilen,*** weil wir dann ja schon einen wirksamen Grundstückskaufvertrag hätten.

Wir müssen demnach nun auf das Geschäft über 800.000,- gehen.

V kann aber aus dem notariell beurkundetem Vertrag einen Anspruch auf Zahlung von 800.000,- gemäß § 433 II haben.
Dann muß ein Kaufvertrag dieses Inhaltes zustande gekommen sein. Ein Kaufvertrag besteht aus zwei übereinstimmenden Willenserklärungen. Sowohl V als auch K haben vor dem Notar entsprechende Willenserklärungen abgegeben. Es ist allerdings fraglich, ob es sich dabei um wirksame Willenserklärungen gehandelt hat. Beide waren sich nämlich zugleich darüber einig, daß sie das, was sie sagten, so nicht wollten. Fälle dieser Art werden von § 117 I geregelt. Danach liegt eine Willenserklärung in Wirklichkeit dann nicht vor, wenn sie im Einverständnis mit einem anderen diesem gegenüber nur zum Schein abgegeben wird. Nachdem diese Voraussetzungen hier vorliegen, ist der zwischen beiden abgeschlossene und vom Notar beurkundete Vertrag in Wirklichkeit nicht zustande gekommen.

Erst dann über § 117 II zu § 313 S. 2.

Jetzt ist es an der Zeit, sich mit einem Seitenhieb auf § 117 II wieder dem ursprünglichen Vertrag zu widmen: Der mit den 800.000,- kann ja nicht mehr im Wege stehen.

Nachdem gemäß § 117 II die Vorschriften über das verdeckte Rechtsgeschäft für dieses Anwendung finden, ist nunmehr erneut ein Anspruch des V gegen K auf Zahlung von 1.000.000,- aus § 433 II zu prüfen.
Oben wurde bereits festgestellt, daß ein entsprechender Kaufvertrag zwar zustande gekommen, aber am Mangel der Form gescheitert war. Fraglich ist jetzt, wie es sich auswirkt, daß V das Grundstück be-

reits an K übereignet hat. Für diesen Fall enthält § 313 S. 2 eine Spezialregelung. Im Falle der Erfüllung des formnichtigen Kaufvertrages findet der Mangel der Form keine Beachtung. Der Kaufvertrag wird damit - soweit keine anderen Gründe entstehen - seinem ganzen Inhalt nach wirksam.
Im übrigen stehen der Wirksamkeit keine Bedenken entgegen, so daß ein Kaufvertrag vorliegt und V sich zu Recht auf § 433 II berufen kann, wenn er von K 1.000.000,- fordert.

Abschließender Hinweis: Nicht unter § 117 fällt in der Regel das sog. ***Strohmanngeschäft***. Dabei wird ein Dritter als Vertragspartner vorgeschoben.

Bsp.: Handelsvertreter H hat einen schlechten Ruf, was seine Vertragstreue betrifft. Er schiebt deshalb sein Tochter T als Vertragspartnerin vor (BAG NJW 1993, 2767).

Das war´s zu § 117 und zu den Fällen bewußten Auseinanderfallens.

3. Zusammenfassung

Wir haben zwei grundsätzliche Rechtsfolgen kennengelernt:

- zum einen die Nichtigkeit (bei §§ 116 S. 2, 118), bzw. das Nichtvorliegen einer Willenserklärung (bei § 117 I) und
- zum anderen die Wirksamkeit (bei § 116 S. 1).

Abschließend folgende Übersicht zur Diskrepanz Erklärtes - Gewolltes:

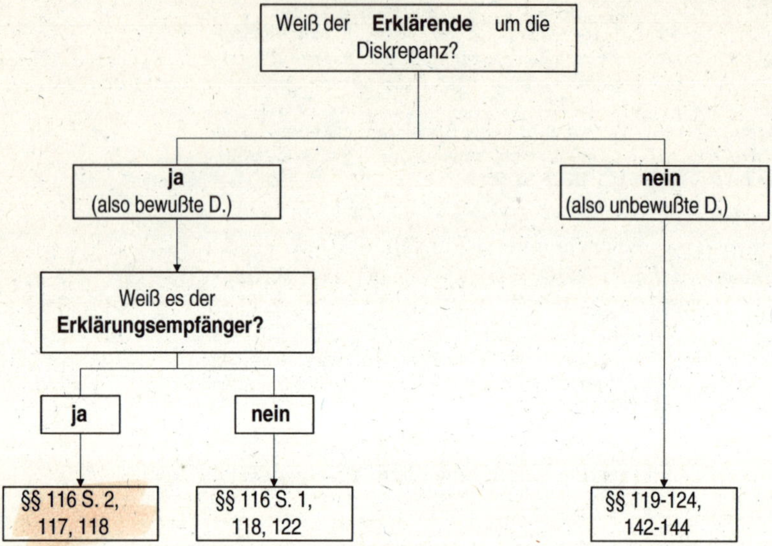
Weiß der **Erklärende** um die Diskrepanz?
ja
(also bewußte D.)
nein
(also unbewußte D.)
Weiß es der **Erklärungsempfänger?**
ja
nein
§§ 116 S. 2, 117, 118
§§ 116 S. 1, 118, 122
§§ 119-124, 142-144

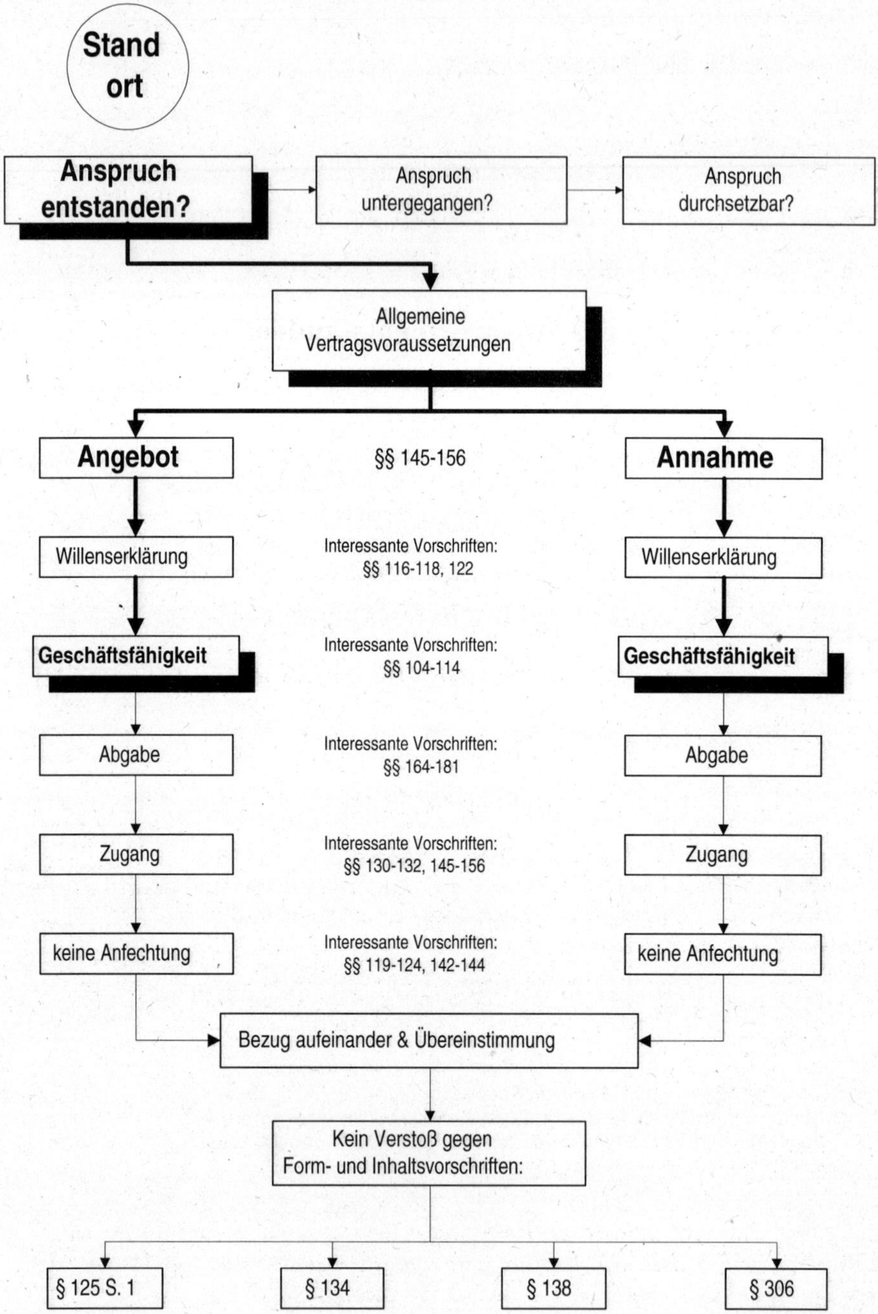
Stand ort
Anspruch entstanden?
Anspruch untergegangen?
Anspruch durchsetzbar?
Allgemeine Vertragsvoraussetzungen
Angebot
§§ 145-156
Annahme
Willenserklärung
Interessante Vorschriften: §§ 116-118, 122
Willenserklärung
Geschäftsfähigkeit
Interessante Vorschriften: §§ 104-114
Geschäftsfähigkeit
Abgabe
Interessante Vorschriften: §§ 164-181
Abgabe
Zugang
Interessante Vorschriften: §§ 130-132, 145-156
Zugang
keine Anfechtung
Interessante Vorschriften: §§ 119-124, 142-144
keine Anfechtung
Bezug aufeinander & Übereinstimmung
Kein Verstoß gegen Form- und Inhaltsvorschriften:
§ 125 S. 1
§ 134
§ 138
§ 306

F. Die Geschäftsfähigkeit

I. Was in diesem Abschnitt gezeigt wird

Im folgenden Abschnitt werden wir uns näher ansehen, wie es sich auswirkt, wenn jemand noch nicht volljährig ist, wenn jemand seine Sinne nicht ganz beieinander hat. Wir werden feststellen, daß der Gesetzgeber hierfür ein gestaffeltes System errichtet hat. Es gibt nämlich neben der

Das System der Geschäftsfähigkeit ist dreifach gestaffelt.

- „normalen" ***vollen*** Geschäftsfähigkeit noch eine
- ***beschränkte*** Geschäftsfähigkeit und eine
- Geschäfts***unfähigkeit***.

Zum Verständnis dieses Systems ist ein Gesetzestext notwendig, der die Vorschriften der §§ 104-113 enthält. Ferner sollten die Voraussetzungen einer Willenserklärung bekannt sein (dazu der letzte Abschnitt). Zuletzt vergegenwärtigen wir uns den Standort (Blick nach links): In einer Klausurbearbeitung müßten wir erst einmal festgestellt haben, daß eine Willenserklärung nach der *Definition* und in ihren *Bestandteilen* vorliegt. Das kann je nach Fall problematisch (s.o.) oder auch völlig unproblematisch sein. Bei der letzten Möglichkeit gehen wir die Voraussetzungen aber zumindest gedanklich durch.

Klausurstandort: Blick nach links!

II. Die Problemstellung

Allein damit, daß eine Willenserklärung vorliegt, die den Anforderungen unserer Definition genügt, ist noch nicht gesagt, daß auch ein Anspruch entstanden ist. Wenn wir uns erneut die Voraussetzungen für die Entstehung eines vertraglichen Anspruchs vor Augen halten, sehen wir, daß dort ein Prüfungspunkt „Geschäftsfähigkeit" aufgeführt ist. Damit hat es folgende Bewandnis: Es sind Situationen denkbar, in denen Personen handeln, bei denen es so ist, daß sie sich mit diesem Handeln eher schaden als nutzen.

Sinn:

Der Erklärende soll vor den Folgen seines Handelns geschützt werden.

Wenn er das nötig hat.

> ***Bsp.:*** Der 10-jährige M besitzt ein Fahrrad im Wert von 200,-. Der 12-jährige C fragt M, ob dieser nicht sein Fahrrad gegen eine Tüte mit Colafläschchen tauschen wolle. M, der für Colafläschchen alles täte, geht erfreut auf dieses Angebot ein.

Betrachtet man jetzt isoliert die Handlungen des M, dann muß man feststellen, daß es sich hier um eine astreine Willenserklärung handelt. Nach außen ist klar der rechtsgeschäftliche Wille erkennbar, einen Tauschvertrag (vgl. § 515) abzuschließen. In seinem Innern hat M den dazu passenden Geschäftswillen.

Trotz „eigentlich" vorliegender WE ...

... wird der nicht voll Geschäftsfähige ausgebremst.

Es liegt aber auf der Hand, daß man so etwas nicht einfach durchgehen lassen kann. Der Minderjährige muß vor sich selbst und seiner Umwelt geschützt werden. Das BGB hält diesen Gedanken ausgesprochen hoch: Man kann ohne weiteres davon sprechen, daß das Minderjährigenschutzrecht die heilige Kuh des BGB AT ist. Dabei ist ein System errichtet worden, das mehrfach gestaffelt ist.

1. Die Geschäftsunfähigkeit

Das Härteste: die Unfähigkeit.

Klausurmäßig nicht so bedeutungsvoll.

Es gibt Personen, deren Willenserklärungen sind unter keinen Umständen wirksam. Der Kreis dieser Personen ist in § 104 (mit einer nicht personen-, sondern situationsbezogenen Ergänzung in § 105 II) abschließend geregelt. Zwei Fälle sind in § 104 genannt:

- Personen, die das 7. Lebensjahr noch nicht vollendet haben;
- Personen, die sich in einem Zustand krankhafter Störung der Geistestätigkeit befinden, der die freie Willensbestimmung ausschließt;

a. Minderjährige unter 7 Jahren

Unbeliebt, aber trotzdem mal lesen: §§ 187 ff.

Die Voraussetzungen von § 104 Nr. 1 sind relativ simpel: Wer sich nicht 7 Jahre alt nennen kann, unterfällt ihr. Wann dies gegeben ist, bestimmt sich nach §§ 187 Abs. 2 S. 2, 188 Abs. 2 letzte Variante.

Der Ablauf des Tages davor entscheidet.

Konkret bedeutet das, daß jemand, der am 23.2.1961 geboren wurde, mit Ablauf des 22.2.1968 (24.00 Uhr) das 7. Lebensjahr vollendet hat. Es ist also einerlei, ob man etwa um 6.00 Uhr morgens oder um 14.30 Uhr nachmittags geboren wurde. Jedenfalls hat man ab 0.00 Uhr des gleichen Datums das Lebensjahr vollendet.

Nichtig ist nichtig.

Auch die ***Rechtsfolge*** ist einfach: Wer unter 7 Jahre alt ist, ist geschäftsunfähig (§ 104 am Anfang) und ***die Willenserklärung eines Geschäftsunfähigen ist nichtig,*** § 105 I. Und da ist dann auch nichts mehr dran zu reißen.

Die Prüfung ist dann zu Ende.

Das bedeutet, daß die Prüfung, ob eine wirksame Willenserklärung vorliegt, hier zu Ende ist. Alles, was sonst noch so an Normen rumläuft, scheitert bei Geschäftsunfähigen unter 7 Jahren. Auf keinen Fall darf man mit Vorschriften wie § 107 operieren. Der ist nur für beschränkt Geschäftsfähige und da sind wir noch nicht.

Kleiner Trost für diejenigen, die einen Vertrag zustande bekommen möchten: Der Minderjährige unter 7 Jahren kann sich durch seine gesetzlichen Vertreter (im Normalfall die Eltern, vgl. §§ 1626, 1629, aber auch: §§ 1643 und 1821, 1822) vertreten lassen. Er kann es eben nur nicht alleine machen.

Dann müssen eben die gesetzlichen Vertreter ran.

b. Personen, die sich in einem Zustand krankhafter Störung der Geistestätigkeit befinden, der die freie Willensbestimmung ausschließt.

Zunächst ist hier zu beachten, daß § 104 Nr. 2 zwei Voraussetzungen aufstellt: Es genügt nicht, daß sich jemand in einem Zustand krankhafter Störung der Geistestätigkeit befindet. Hinzukommen muß, daß dies zugleich die freie Willensbestimmung ausschließt. Zuletzt verlangt das Gesetz, daß der Zustand nicht nur ein vorübergehender ist.

Zwei Voraussetzungen müssen erfüllt sein.

Krankhafte Störung bedeutet, daß sich irgendein pathologischer Befund erstellen lassen muß. Für Klausuren ist das nicht schwer zu handhaben; der Sachverhalt muß ausdrücklich einen solchen nennen. Vom Bearbeiter wird nicht erwartet, daß er anhand der im Sachverhalt auftauchenden Merkmale selbst eine derartige Diagnose stellt.

Ob jemand krank ist, steht in der Klausur.

Der Zustand muß dauerhaft sein. Gelegentliche ***lichte Augenblicke*** hindern die Annahme eines solchen Zustandes nicht. In lichten Augenblicken aber ist man voll geschäftsfähig. Umgekehrt genügt es nicht, wenn man überwiegend normal ist und nur ab und zu einen Blackout hat. Das ist ein Fall, der über § 105 II geregelt wird (dazu gleich noch).

Dauerhaftigkeit entscheidet.

Die ***freie Willensbestimmung ist nicht automatisch ausgeschlossen.*** Es ist durchaus denkbar, daß jemand zwar krank ist, aber trotzdem noch frei überlegen kann, ob er Rechtsgeschäfte abschließt oder nicht.

Keine Automatik.

> ***Bsp.:*** Der Geisteskranke G leidet dauerhaft an Schizophrenie. Er hält sich abwechselnd für Romeo und Julia. Davon abgesehen kann er sich aber frei entscheiden, ob er als Romeo Rosen oder als Julia Parfüm kaufen will.

Ein Sonderfall liegt dann vor, wenn jemand der Regelung des § 104 Nr. 2 zwar dauerhaft, aber ***nur für einen Teil von Rechtsgeschäften*** unterfällt. Gedacht ist hier an den notorischen Querulanten, der für Prozesse aller Art, und den todeseifersüchtigen Macho, der für alle Ehefragen geschäftsunfähig ist. Man nennt dies ***partielle Geschäftsunfähigkeit***.

Sonderfall: partielle Geschäftsunfähigkeit.

Abzulehnen: relative Geschäftsunfähigkeit.

Nichts zu tun hat das mit der abzulehnenden Figur der ***relativen Geschäftsunfähigkeit***, bei der jemand nur für besonders schwierige Geschäfte geschäftsunfähig wäre (wie wollte man das auch abgrenzen?).

c. Willenserklärungen, die im Zustand der vorübergehenden Störung der Geistestätigkeit abgegeben werden

§ 104 ist personenbezogen,

§ 105 II ist situationsbezogen.

Bevor es jetzt zu den beschränkt Geschäftsfähigen hinübergeht, müssen wir aber noch einen Blick auf § 105 II werfen. Dieser stellt die Willenserklärung, die im Zustand der Bewußtlosigkeit oder vorübergehenden Störung der Geistestätigkeit abgegeben wurde, der eines Geschäftsunfähigen gleich. Der Unterschied zwischen den Regelungen aus § 104 und der aus § 105 II besteht im übrigen darin, daß in ***§ 104*** bestimmte ***Personen*** generell und unabhängig vom Einzelfall für geschäftsunfähig erklärt werden, während ***§ 105 II*** für jedermann, aber nur in bestimmten Einzelfällen ***(Situationen)*** gilt.

So oder so: Nichtigkeit ist die Folge.

Resultat in beiden Fällen: Die Willenserklärung ist nichtig. So, wie die Norm da steht, kann man sie aber nicht anwenden. Das werden wir an folgendem Fall sehen.

Bsp.: Geschäftsmann G befindet sich auf einer Geschäftsreise. Abends beschließt er, seinen Erfolg in einer Bar mit einer Portion Sekt zu begießen. So geschieht es dann. Nach der dritten Flasche fühlt er seine Fähigkeiten in´s Unermeßliche wachsen. Er ist zugleich enorm großzügig. Er bietet dem Barkeeper B seinen Porsche 944 zum Kaufe an. B sieht den günstigen Preis und greift zu. Man einigt sich auf einen Kaufpreis von 40.000,-. Abwicklung soll am folgenden Tag erfolgen. Als B dann zum wieder nüchternen G kommt, will G von alledem nichts wahrhaben. Er hat inzwischen seinen Psychiater aufgesucht, der ihm ein Gutachten angefertigt hat, in dem - zutreffend - diagnostiziert ist, daß G sich beim Abschluß des Kaufvertrages in einem Zustand vorübergehender Störung der Geistestätigkeit befunden habe. B interessiert sich nicht für das Gutachten, sondern nur für das Auto. Hat er einen Anspruch darauf?

Ein Fall aus dem Leben. Man könnte ihn auch in irgendein Halbweltmilieu versetzen, aus Porsche Mercedes machen, Goldkettchen mit Rasierklingen daran hängend hineinbringen und schöne Frauen. Das rechtliche Problem aber bleibt: Muß G das Auto herausrücken? Anspruchsgrundlage ist § 433 I S. 1. Dieser setzt voraus, daß zwei Willenserklärungen vorliegen. An der des G könnte es wegen seines Zustandes fehlen. Anknüpfungspunkt ist insoweit § 105 II.

Dieser enthält seinem Wortlaut nach (alternativ) nur eine Voraussetzung: die vorübergehende Störung der Geistestätigkeit *oder* der Zustand der Bewußtlosigkeit. Wenn es dabei bliebe, müßte man hier zur Nichtigkeit der Willenserklärung des G gelangen, denn diese Voraussetzung liegt hier ja vor. Aber vorher muß man eine systematische Betrachtung vornehmen. Und die muß hier bei § 104 Ziffer 2 ansetzen. Dieser hatte folgende Voraussetzungen:

§ 105 II fordert scheinbar nur eine Voraussetzung.

1. Krankhafte Störung der Geistestätigkeit,
2. die die freie Willensbestimmung ausschließt.

Da war § 104 Nr. 2 etwas strenger.

Wenn wir jetzt die beiden Regelungen einander gegenüberstellen, sieht das so aus:

1. **Krankhafte** Störung der Geistestätigkeit, 1. die die freie Willensbestimmung ausschließt.	1. **Vorübergehende** Störung der Geistestätigkeit.

Vergegenwärtigen wir uns nunmehr noch, was das schlimmere von beiden ist, so können wir problemlos sagen, es sei die krankhafte Störung. Und trotzdem läßt der Gesetzgeber es dort nicht ausreichen, daß diese Störung vorliegt, sondern verlangt zusätzlich noch, daß dadurch die freie Willensbestimmung ausgeschlossen wird. Daraus läßt sich nur der Schluß ziehen, daß dieses zusätzliche Element auch bei § 105 II hinzukommen muß. Korrekt sieht die Struktur dann so aus:

Die Gegenüberstellung zeigt, daß man § 105 II ergänzen muß ...

1. **Krankhafte** Störung der Geistestätigkeit, 1. die die freie Willensbestimmung ausschließt.	1. **Vorübergehende** Störung der Geistestätigkeit. 1. *die die freie Willensbestimmung ausschließt*

Für die Fallbearbeitung muß § 105 II daher zukünftig anders gelesen werden, als er im Gesetz steht. Er muß wie folgt lauten:

... um das, was bei § 104 Nr. 2 auch noch gefordert wird.

Nichtig ist auch eine Willenserklärung, die im Zustande der Bewußtlosigkeit oder vorübergehender Störung der Geistestätigkeit abgeben wird, *sofern hierdurch die freie Willensbestimmung ausgeschlossen ist.*

Den Nachsatz sollte man sich im Gesetz vermerken. Formuliert wird dann so:

Am besten im Gesetz vermerken.

(...) Fraglich ist allein, ob eine wirksame Willenserklärung des G vorliegt. Dies ist deshalb zweifelhaft, weil G sich beim Abschluß des Kaufvertrages in einem Zustand vorübergehender Störung der Geistestätigkeit befunden hat. Dieser Fall ist in § 105 II geregelt. Betrachtet man allein den Wortlaut dieser Vorschrift, so scheint es, als seien dessen Voraussetzungen erfüllt und als habe G damit keine wirksame Willenserklärung abgegeben.
Der Vergleich mit § 104 Ziffer 2 zeigt allerdings, daß dabei nicht stehengeblieben werden kann. Wenn schon die (schwere) krankhafte Störung des § 104 Ziffer 2 nicht ausreicht, um die Nichtigkeit einer Willenserklärung herbeizuführen, dann kann dies für die lediglich vorübergehende des § 105 II nicht anders sein. Hier wie dort ist deshalb daneben zu fordern, daß durch die Störung auch ein Zustand eintritt, in dem die freie Willensbetätigung ausgeschlossen ist. Dafür gibt der Sachverhalt hier nichts her. G kann sich damit nicht erfolgreich darauf berufen, daß seine Willenserklärung gemäß § 105 II nichtig war. Er hat vielmehr eine wirksame Willenserklärung abgegeben. (...)

Ein Selbstversuch bringt Klarheit.

Nebenbei bemerkt noch dies: Immer wenn ich einen Fall dieser Art bilde, taucht bei meinen Zuhörern im Unterricht die Frage auf, ob das denn überhaupt gehe, einerseits zwar eine Alkohol-Störung der Geistestätigkeit zu haben, andererseits aber noch frei über den Willen bestimmen zu können. Ich empfehle dem gleichermaßen zweifelnden Leser den von mir entwickelten Alkoholtest. Dabei wird in einer gemütlichen Kneipe zunächst eine gewisse Menge Alkohols (je nach Körperkonstitution) eingenommen. Ab einer bestimmten Dosis bemerkt man bei aufmerksamer Selbstbeobachtung eine Stimmungsveränderung, die sich je nach Charakter in übertriebener Lustigkeit, Müdigkeit oder Aggression äußern kann.

Wie frei ist ein Gestörter?

Ab diesem Zeitpunkt kann man wohl davon ausgehen, daß die Geistestätigkeit gestört ist. Dies läßt sich unschwer überprüfen, indem man versucht, verschiedene Rechenoperationen im Kopf durchzuführen, ohne unheimlich lachen oder prügeln zu müssen. Und wenn es dann soweit ist, kann man weiter prüfen, ob man jetzt wohl noch frei bestimmen kann, einen Vertrag zu schließen, nach Hause und in´s Bett zu gehen oder mit dem Trinken fortzufahren. Der Beweis wird alsdann durch den Kellner in Form eines weiteren Getränkes überbracht.

2. Die beschränkte Geschäftsfähigkeit

a. Der Personenkreis - eine Übersicht

Manchmal geht *etwas*.

Zwischen denen, denen das Gesetz überhaupt nichts zutraut, und denen, die alles dürfen, gibt es noch ein Mitteldling: die beschränkt Geschäftsfähigen. Wann jemand beschränkt geschäftsfähig ist, steht in § 106. Alle Minderjährigen, die das siebente

Lebensjahr vollendet haben. § 106 bildet dabei aber nur die Grenze nach unten hin. Um auch die Obergrenze zu bestimmen, müssen wir auf § 2 zurückgreifen. Nach dieser Vorschrift tritt die Volljährigkeit mit der Vollendung des achtzehnten Lebensjahres ein. Das bedeutet also, daß jemand, der am 23.2.1961 geboren wurde, vom 23.2.1968 (ab 0.00 Uhr) bis zum 22.2.1979 (24.00 Uhr) beschränkt geschäftsfähig ist.

b. Die Einschränkungen

Am leichtesten macht man es sich, wenn man das Gesetz liest.

Einfach immer der Reihe nach gehen.

Grundsätzlich gilt, daß auch der beschränkt Geschäftsfähige nicht rechtsgeschäftlich tätig werden kann. Hier gilt dies aber nur im Grundsatz. Während es bei den Geschäftsunfähigen nämlich überhaupt keine Chance gab, selbst Rechtsgeschäfte zu schließen, ist dies hier anders. Im Reich von § 106 bis § 113 gibt es nämlich eine Reihe von Ausnahmen, die zu wirksamen Rechtsgeschäften führen können. Man kann es sich hier schwer machen, indem man verschiedene Schemata auswendig lernt. Man kann es sich aber auch leicht machen, indem man einfach das Gesetz der Reihe nach liest und sich daran verschiedene Schemata erarbeitet. Das letzte Verfahren hat den Vorzug, daß man das einzige benötigte materielle Hilfsmittel, das Gesetz, immer dabei hat. Wir werden es deshalb dem ersten vorziehen.

Einstieg wird legitimiert durch § 108 I.

Als ***Einstiegsformulierung*** wählen wir eine Vorschrift aus, die uns Rechtsfolgen an die Hand gibt, welche das weitere Vorgehen legitimieren. Ich rede von § 108 I. Nach dieser Norm hängt die Wirksamkeit eines Vertrages in bestimmten Fällen von der Genehmigung des gesetzlichen Vertreters ab. Und da es uns hier ja immer um die Wirksamkeit von Willenserklärungen und damit auch von Verträgen geht, beginnen wir so:

> Die Willenserklärung des (minderjährigen) X kann zu ihrer Wirksamkeit noch der Genehmigung des gesetzlichen Vertreters bedürfen. Dies ist dann der Fall, wenn X diesen Vertrag ohne eine erforderliche Einwilligung geschlossen hat, § 108. Zu prüfen ist daher zunächst, ob eine Einwilligung erforderlich war. Dies bestimmt sich nach § 107.

Und dann geht es los. (Hinweis: Manche lassen § 108 I links liegen und gehen direkt auf § 107. Das scheint mir nicht so glücklich, weil dort die Rechtsfolge nicht so deutlich zu Tage tritt.)

c. § 107

> Der Minderjährige bedarf zu einer Willenserklärung, durch die er nicht lediglich einen rechtlichen Vorteil erlangt, der Einwilligung seines gesetzlichen Vertreters.

§ 107 gibt das weitere Vorgehen vor.

Daß ich hier den Wortlaut wiedergebe, hat seinen Grund. Diese Vorschrift gibt die Basis für die Prüfungsreihenfolge in einer Klausur. Man beginnt nämlich immer so, wie es im Gesetz steht. Nur dann, wenn eine Willenserklärung dem Minderjährigen nicht lediglich einen rechtlichen Vorteil bringt, bedarf er der Einwilligung seines gesetzlichen Vertreters. Das bedeutet, daß man immer zuerst fragt, ob die Willenserklärung dem Minderjährigen lediglich einen rechtlichen Vorteil bringt. Erst anschließend kümmert man sich um die Einwilligung.

> Wir merken daher:
> *1. Prüfungspunkt = die Frage nach dem Vorteil.*

aa. Der lediglich rechtliche Vorteil

Was wirtschaftlich vorteilhaft ist, kann rechtlich durchaus nachteilig sein.

Welcher Art der Vorteil sein muß, sagt das Gesetz zu allem Überfluß ebenfalls noch: Er muß *rechtlicher* Art sein. Und nicht nur das - er muß auch *lediglich* sein. Mit dieser blöden Formulierung ist gemeint, daß eine Willenserklärung aus rechtlicher Sicht nur (lediglich) Vorteile bringen darf. Es geht ausschließlich um die rechtliche Sicht, um nichts anderes.

Dabei kann man die ***rechtliche Sicht*** von der ***wirtschaftlichen Sicht*** abgrenzen. Ein Kaufvertrag etwa kann wirtschaftliche Vorteile bringen, ist aber trotzdem rechtlich immer auch nachteilig (Palandt-Heinrichs, § 107 Rn. 2).

> ***Bsp.:*** Der 10-jährige K kauft vom 18-jährigen V dessen 500,- wertes Fahrrad für 100,-.

Immer nachteilig sind gegenseitige Verträge.

Sie verpflichten beide Seiten zu etwas.

Hier ist ganz deutlich, daß der Kauf dem K wirtschaftlich einen Riesenvorteil bringen würde. Er müßte seinem Vermögen nur 100,- entziehen (die gegen ihn gerichtete Kaufpreisforderung), um dafür 500,- (der Wert der Kaufsachforderung) zu bekommen. Ein sattes Plus von 400,-. Aber das ist nur der wirtschaftliche Aspekt. Betrachtet man das Ganze unter rechtlichen Aspekten, sieht man, daß K zwar einerseits eine Forderung erlangen würde (§ 433 I 1), andererseits aber auch eine gegen sich gerichtet hätte (§ 433 II). Und das ist dann rechtlich gesehen eben nicht nur (= lediglich) vorteilhaft, sondern auch nachteilig. Allgemein läßt sich damit sagen, daß ***jeder gegenseitige Vertrag***, also jeder Vertrag in dem eine Leistung und eine Gegenleistung ausgetauscht werden, ***niemals lediglich rechtlich vorteilhaft*** i.S.d. § 107 ist.

Lediglich rechtlich vorteilhaft sind nur solche Verträge, die keinerlei Verpflichtung des Minderjährigen mit sich bringen. Zu denken ist dabei zunächst an die ganzen ***Gefälligkeitsverträge***, wie z.B. die Schenkung, § 516, die Leihe, § 598, der Auftrag, § 662, bei allen natürlich jeweils auf der Seite des Begünstigten. Dabei würden aber bei der Leihe die Rückgabe***pflicht*** und beim Auftrag die Aufwendungsersatz***pflicht*** außer Acht gelassen. Nimmt man diese in die Betrachtung mit auf, bleibt die Schenkung als einzig lediglich rechtlich vorteilhafter Vertrag übrig. Hinzu kommt der Erlaßvertrag, § 397.

Lediglich rechtlich vorteilhaft sind deshalb vor allem die Gefälligkeitsverträge, die keine weiteren Pflichten mit sich bringen. – Also eigentlich nur die Schenkung.

Am wichtigsten ist hier aber wohl der ***Eigentumserwerbvertrag*** i.S.d. § 929 S. 1. Das Rechtsgeschäft, durch das der Minderjährige Eigentum erwirbt, ist - für sich genommen - immer rechtlich vorteilhaft. Der Eigentumserwerb als solcher bringt ja keinerlei Verpflichtungen mit sich. Man muß hier aber in zweierlei Hinsicht aufpassen. Zum einen, daß man den *Eigentumserwerb* nicht mit dem *Eigentumsübergang* in die andere Richtung verwechselt (das wäre dann ein *Eigentumsverlust*).

Außerdem der Eigentumserwerb nach § 929 S. 1.

> ***Bsp.:*** Wenn im obigen Fall K von V das Rad übereignet bekommt, ist das deshalb lediglich rechtlich vorteilhaft, weil K dadurch keine Verpflichtung eingeht. Wenn er dagegen den Kaufpreis in Höhe von 100,- an V übereignet, ist dies nur nachteilig, weil er ja das Eigentum am Geld verliert.

- Forderungsverluste

Zum anderen muß man aber noch eine weitere Variante beachten. Die nämlich, in der durch den Eigentumsübergang eine Forderung erlischt.

Mit zu problematisierenden Anteilen.

> ***Bsp.:*** Die Eltern des 15-jährigen K haben für diesen einen Kaufvertrag abgeschlossen, durch den ein Auto, das K geerbt hatte, an den V für 1.000,- verkauft wurde. Das Auto haben die Eltern dem V im Namen des K bereits übereignet und übergeben. V ist auf dem Weg zum Elternhaus des K, als er K auf dem Weg trifft. Er drückt ihm einen 1.000,-Schein in die Hand und sagt, daß dies der Kaufpreis für das Auto sei. Das Geld gehöre jetzt K, aber K möge direkt nach Hause gehen und das Geld den Eltern geben. K war aber auf dem Weg in die Disco und weiß dort Besseres mit dem Geld anzufangen. Muß V noch einmal zahlen?

In dieser Variante ist V von der gegen sich gerichteten Kaufpreisforderung nur frei geworden, wenn er wirksam erfüllt hat, vgl. § 362 I. Man erfüllt eine Kaufpreisforderung normalerweise, indem man dem Forderungsinhaber das Eigentum am Geld verschafft. Die einschlägige Norm für die Eigentumsverschaffung ist § 929 S. 1. Dort steht, daß man sich über den Eigentumsüber-

Die Frage ist:

Wie wirkt es sich auf § 362 I aus, wenn der Minderjährige das Eigentum erhält?

gang einig sein muß (= Vertrag) und die Sache zu übergeben hat. Beides ist hier passiert. Fraglich ist aber, ob der Einigungsvertrag wirksam war. Dem kann die Minderjährigkeit des K entgegenstehen. Wegen dieser Minderjährigkeit sind Willenserklärungen des K gemäß § 107 zunächst nur dann wirksam, wenn sie für den Minderjährigen lediglich rechtlich vorteilhaft sind.

Der Minderjährige könnte dabei einen Anspruch verlieren = Nachteil.

Der Eigentumsübergang brachte für K zwar auch einen Vorteil (das Eigentum am Geld), aber - wenn man dies für eine Erfüllung ausreichen läßt - zugleich auch einen Nachteil: Er verliert nämlich den Anspruch auf das Geld.

Zwei Lösungsansätze.

Aus diesem Grund sind mehrere Ansätze entwickelt worden, um der heiligen Kuh (s.o.) gerecht zu werden. Zwei davon sollen hier kurz dargestellt werden.

- Der eine besagt, daß zur wirksamen Erfüllung das Geld nicht dem Minderjährigen übergeben werden darf, sondern nur den gesetzlichen Vertretern (sog. ***Theorie von der realen Leistungsbewirkung***). Man sieht in solchen Fällen den Minderjährigen einfach nicht als ***empfangszuständig*** für die nach § 362 I zu bewirkende Leistung an. Dies entspricht der herrschenden Meinung.
- Der andere verlangt für eine wirksame Erfüllung, daß ein - normalerweise nicht erforderlicher, hier also zusätzlicher - Erfüllungsvertrag geschlossen wird (sog. ***modifizierte Vertragstheorie***). Da dieser Erfüllungsvertrag aber den Nachteil hat, daß der Ausgangsanspruch erlischt, müssen zu seiner Wirksamkeit die gesetzlichen Vertreter zustimmen.

(Mehr zu den Theorien habe ich in meinem Skript zum Schuldrecht AT bei der Erfüllung geschrieben.)

Beide sehen die Übereignung als wirksam an, verneinen aber ein Erlöschen nach § 362 I.

Was wir aber festhalten können, ist, daß in keinem Fall die *Wirksamkeit des Einigungsvertrages* im Hinblick auf das Eigentum in Frage gestellt wird. Man löst den Konflikt (Verlust des Anspruchs) vielmehr so auf, daß man sagt, Eigentum geht über, aber das reicht nicht für die *Erfüllungswirkung* des § 362. Klausurtechnisch bedeutet dies, daß man im Rahmen der Einigung gemäß § 929 S. 1 die Minderjährigkeit anspricht, den möglichen Anspruchsverlust aufweist, dann aber mit Hilfe der Theorien darauf verweist, daß dies anders gelöst werden kann, als durch Nichtigkeit des Einigungsvertrages.

Um es also ganz klar zu sagen: ***Der Minderjährige wird zwar Eigentümer, aber damit hat der Schuldner trotzdem noch nicht erfüllt.*** Das Ganze gewinnt natürlich nur dann an Bedeutung, wenn nach der Übereignung Probleme auftauchen. Ansonsten denkt man sich seinen Teil und schweigt gelassen.

Für den Fall hier ist vielleicht noch interessant zu erwähnen, daß er sich in unserem 3-Phasen-Aufbau (Anspruch entstanden, Anspruch untergegangen, Anspruch durchsetzbar) auf der *zweiten Phase* abspielt. Daß der Anspruch des K aus § 433 II *entstanden* ist, ist völlig klar und bedarf keiner vertieften Erörterung. Problematisch ist allein, ob dieser Anspruch *untergegangen* ist. Und zum Untergang kann hier nur § 362 I geführt haben. Und wenn man prüft, ob der vorliegt, hängt man sofort voll im BGB-AT:

Der Klausuraufhänger läge hier auf der 2. Ebene:

Anspruch untergegangen.

V muß dann nicht noch einmal zahlen, wenn er bereits gemäß § 362 I erfüllt hat. Dies setzt voraus, daß er seinen Vertragsverpflichtungen aus § 433 II nachgekommen ist. Dazu gehört, daß er das Geld seinem Vertragspartner übereignet.

V hat an K 1.000,- übergeben. Beide Seiten waren sich daneben darüber einig, daß das Geld nunmehr dem K gehören solle. Es liegen also zwei übereinstimmende Willenserklärungen mit dem Inhalt des Eigentumsüberganges vor.

Fraglich ist aber, wie es sich auswirkt, daß K erst 15 Jahre alt ist. Insoweit muß sich seine Willenserklärung an Geschäftsfähigkeitsregeln messen lassen. Die Willenserklärung des K kann zu ihrer Wirksamkeit noch der Genehmigung des gesetzlichen Vertreters bedürfen. Dies ist dann der Fall, wenn K diesen Vertrag ohne eine erforderliche Einwilligung geschlossen hätte, § 108. Zu prüfen ist daher zunächst, ob eine Einwilligung erforderlich war. Dies bestimmt sich nach § 107.

Gemäß §§ 2, 106, 107 ist eine Willenserklärung nur dann direkt wirksam, wenn der Minderjährige lediglich einen rechtlichen Vorteil erlangt. Durch die Übereignung des Geldes würde K Eigentümer des Geldes, ohne dadurch zugleich zu irgendetwas verpflichtet zu werden. Eine entsprechende Willenserklärung ist also nur rechtlich vorteilhaft.

Fraglich ist jetzt, ob sich daran etwas ändert, daß K durch eine Erfüllung zugleich auch den Anspruch auf eben diese Erfüllung verlieren würde.

Man könnte insoweit geneigt sein, der Einigungswillenserklärung des K auch eine nachteilige Wirkung zuzuschreiben. Bei näherer Betrachtung allerdings zeigt sich, daß der Verlust des Anspruchs nicht durch die Einigung an sich erfolgen würde (eine solche ist auch gar nicht ausreichend, da ja jedenfalls auch eine Übergabe hinzukommen müßte), sondern durch die dem Eigentumsübergang zugeschriebene Erfüllungswirkung.

Es liegt daher nahe, nicht die Übereignung für unwirksam zu befinden, sondern nur der Übereignung die Erfüllungswirkung abzusprechen. Über diesen Weg geht sowohl die ***Theorie von der realen Leistungsbewirkung***, die fordert, daß die Leistung zur Erfüllung nur dem gesetzlichen Vertreter des Minderjährigen übergeben werden darf, weil dieser in solchen Fällen der Empfangszuständige sei, als auch die ***modifizierte Vertragstheorie***, die für die Erfüllung einen zusätzlichen Erfüllungsvertrag fordert, zu dem der Minderjährige, weil dieser Vertrag Nachteile bringt, der Zustimmung des gesetzlichen Vertreters bedarf.

Vorliegend bedarf es keiner Entscheidung, welche Theorie zu bevorzugen ist, da beide zu demselben Ergebnis gelangen. Das Geld ist weder den Eltern übergeben worden, noch haben die Eltern des K der Erfüllung zugestimmt. Die Übereignung zeigt daher keine Erfüllungswirkung, die Voraussetzungen des § 362 I liegen nicht vor und V muß noch einmal zahlen.

- neutrale Rechtsgeschäfte

Neutrale Rechtsgeschäfte sind solche ...

Und dann gibt es schließlich noch eine Sondergruppe. Das sind die Geschäfte, die dem Minderjährigen weder Vor- noch Nachteile bringen. Man nennt sie deshalb auch ***neutrale Rechtsgeschäfte***.

Bsp.: Der 15-jährige V hat sich von E ein Fahrrad geliehen. Da er in Geldschwierigkeiten ist, beschließt er, das Rad zu verkaufen. Er findet in K einen Käufer, der bereit ist, 100,- für das Rad zu bezahlen. Die Abwicklung des Vertrages erfolgt sofort. K hält V gutgläubig für den Eigentümer.

... bei denen der Minderjährige nicht schutzbedürftig ist.

Auch hier gibt es wieder drei Rechtsgeschäfte, deren Wirksamkeit man überprüfen könnte. Der Kaufvertrag (zunächst unwirksam, da nachteilig und keine Zustimmung der gesetzlichen Vertreter), der Übereignungsvertrag im Hinblick auf die 100,- (voll wirksam, da nur vorteilhaft) und der Übereignungsvertrag im Hinblick auf das Rad. Hier interessiert uns nur der letzte.

Zuerst können wir festhalten, daß V gar nicht der Eigentümer des Rades ist. Er kann also eigentlich überhaupt kein Eigentum übertragen. Für die Fälle, in denen es ein Nichteigentümer (sog. Nichtberechtigter) aber trotzdem versucht, hat das Gesetz vorgesorgt. Hier findet in diesem Fall § 932 I S. 1 Anwendung. Man überlegt dabei, daß es immer zwei Seiten gibt, die man schützen muß: Den gutgläubigen Käufer und den wahren Eigentümer. Je nach Intensität der Gutgläubigkeit wird der Käufer geschützt oder auch nicht. Wer zu leichtgläubig ist, hat Pech gehabt. Andererseits gilt ja zugunsten des Besitzers einer Sache, daß er als Eigentümer vermutet wird, vgl. erneut § 1006 I.

So. Unter diesem Aspekt und der Sachverhaltsvoraussetzung, daß K gutgläubig war, kann man sich an die Prüfung der §§ 929 S. 1, 932 I S. 1 machen. Die Nennung beider Paragraphen mag vielleicht irritieren, aber der Blick in´s Gesetz klärt auf: Nur wenn die Voraussetzungen des § 929 S. 1 vorliegen, kann der Mangel der Berechtigung (das Nichteigentum) mit dem guten Glauben der anderen Seite überbrückt werden. Anders formuliert: § 932 I S. 1 hilft uns keinen Millimeter, wenn wir nicht alle Voraussetzungen des § 929 S. 1 aufweisen können - bis auf die Berechtigung zur Eigentumsübertragung. Guten Glauben haben wir, was wir brauchen, sind die Voraussetzungen des § 929 S. 1. Davon wiederum liegt die Übergabe vor. Die Übergabe bedarf keiner Willenserklärung, sie muß sich deshalb auch nicht an § 107 messen lassen.

Es bleibt also die Einigung. Erst kommt wieder das Übliche:

Die Einigung ist ein Vertrag, bestehend aus zwei übereinstimmenden, mit Bezug aufeinander abgegebenen Willenserklärungen mit dem Inhalt des Eigentumsüberganges. Fraglich ist hier allein, ob eine wirksame Willenserklärung des V vorliegt. Dies ist deshalb zweifelhaft, weil V erst 15 Jahre alt ist. Die Willenserklärung des V kann zu ihrer Wirksamkeit noch der Genehmigung des gesetzlichen Vertreters bedürfen. Dies ist dann der Fall, wenn V diesen Vertrag ohne eine erforderliche Einwilligung geschlossen hätte, § 108. Zu prüfen ist daher zunächst, ob eine Einwilligung erforderlich war. Dies bestimmt sich nach § 107.

Und dann sind wir da, wo wir hinwollen.

Die Einigung ist im vorliegenden Fall nämlich mit keinerlei Nachteilen behaftet. Nachdem V gar nicht der Eigentümer ist, verliert ja nicht er, sondern E das Eigentum. Daß die Einigung hier daneben keine Vorteile bringt, ist unschädlich. § 107 will den Minderjährigen schützen. Schützen muß man aber nur vor Nachteilen. Also kommen wir hier dazu, daß § 107 gar nicht paßt. Und das lösen wir so auf, daß wir Rechtsgeschäfte, die für den Minderjährigen neutral sind, als insoweit wirksam ansehen.

Der Minderjährige verliert dabei nämlich gar nichts.

Klausurtechnisch kann das so aussehen, daß man sich in den Einigungsvertrag hineinprüft (s.o.), dabei dann auf § 107 schwenkt, mit Blick auf den Schutzzweck feststellt, daß er eigentlich nicht paßt, und dann die Notwendigkeit verneint, den Einigungsvertrag kaputt zu machen. In jedem Fall sollte dabei das *Stichwort* ***neutrales Rechtsgeschäft*** auftauchen. Wenn wir dann festgestellt haben, daß die Neutralität der Willenserklärung vorliegt, kann man weiter feststellen, daß damit auch die Wirksamkeit der Willenserklärung des Minderjährigen gegeben ist. Damit ist der ganze Einigungsvertrag gegeben und die Übereignung im Ganzen wirksam.

In der Klausur ...

Resultat des obigen Beispielsfalles ist also, daß K Eigentümer des Rades geworden ist, obwohl V weder selbst Eigentümer und obwohl V minderjährig war.

Hinweis: Diese Lösung entspricht der h.M. (vgl. Palandt-Heinrichs, § 107 Rn. 7). Die Kritik von Medicus (BR, Rn. 540-542) ist aber beachtlich. Gutgläubiger Erwerb setzt voraus, daß der Erwerber an das Eigentum des Veräußerers glaubt. Wenn das Geglaubte aber Realität gewesen wäre (wenn der Minderjährige also wirklich Eigentümer gewesen wäre), wäre kein Eigentumserwerb eingetreten, da § 107 das *dann* verhindert hätte. Der Erwerber steht *hier* also besser da, als wenn das Geglaubte real wäre. Das ist schon seltsam.

Wenn wir jetzt zusammenfassen, was wir bis hierhin aus dem Bereich des § 107 kennengelernt haben, sieht das so aus:

1. Zuerst wird immer geprüft, ob ein Rechtsgeschäft *lediglich rechtlich vorteilhaft* ist.
2. Dies ist *nie* der Fall, wenn der Minderjährige dabei Verpflichtungen eingeht, also bei allen gegenseitigen Verträgen (Kauf, Tausch, Miete etc.).
3. Das ist *immer* der Fall, wenn der Minderjährige keine Verpflichtungen eingeht, also bei der Schenkung einerseits und bei dinglichen Rechtsgeschäften andererseits (Eigentumserwerb).
4. Beim Eigentums*erwerb* haben wir gesehen, daß der Verlust eines zugrundeliegenden Anspruches nicht das Rechtsgeschäft selbst blockiert, sondern nur die Erfüllungswirkung verhindert.
5. Zuletzt haben wir den Fall eines rechtlich *neutralen Geschäfts* behandelt. Hier entstehen dem Minderjährigen weder Vor- noch Nachteile, so daß auch solche Geschäfte wirksam sind.

bb. Die vorherige Zustimmung - Einwilligung

- Übersicht

Man darf sich um Zustimmung erst dann kümmern, wenn klar ist, daß das Rechtsgeschäft nicht nur vorteilhaft ist.

Liegt kein Fall der gerade beschriebenen Art vor, dann - und *nur dann!* - kommen wir zum nächsten Teil des § 107. Dort steht, der Minderjährige bedürfe der Einwilligung seines gesetzlichen Vertreters. Um überprüfen zu können, ob eine solche vorliegt, wäre es nicht schlecht, wenn man wüßte, was das ist. Die Antwort gibt, wie so oft, das Gesetz. Nichts ist verfehlter, als auswendig zu lernen, was man nachschlagen kann. Es bindet unnötige Kapazitäten. Aber man muß immerhin wissen, wie man dran kommt.

Erlaubte Hilfsmittel nutzen.

Daher an dieser Stelle erneut der Hinweis auf das Inhaltsverzeichnis (vor dem Gesetzestext) und das Sachregister (hinter dem Gesetzestext). Alles, was im Gesetz steht, steht auch dort. Hier würde ein Blick in eines von beiden jedenfalls zu ***§§ 182 ff*** führen. Diese haben den Begriff der Einwilligung nämlich bereits in der Überschrift. Und wenn wir dann die §§ 183 und 184 durchlesen, erkennen wir, daß dort Begriffsbestimmungen von *Einwilligung* und *Genehmigung* stehen. Zur Erinnerung: Wenn das Gesetz etwas definiert, dann nennt man das Legaldefinition.

Vorher und nachher.

Es gibt hier also ein Begriffspaar. Auf der einen Seite die ***Einwilligung***, auf der anderen die ***Genehmigung***. Beide stehen unter dem gemeinsamen Oberbegriff der ***Zustimmung***. Die Einwilligung ist demnach die Zustimmung *vor* dem Rechtsgeschäft, die Genehmigung ist die Zustimmung *nach* dem Rechtsgeschäft.

Wenn wir jetzt auf § 107 zurückblenden und einen Ausblick auf § 108 I riskieren, so stellen wir fest, daß der Gesetzgeber auch hier zunächst davon ausgeht, daß ein Rechtsgeschäft durch vorherige Zustimmung (= Einwilligung) und erst wenn diese fehlt, durch nachträgliche Zustimmung (= Genehmigung) zustande kommt. Es ist vielleicht nicht unpraktisch, wenn man sich an den Rand des § 107 mit einem Bleistift ein „vgl. §§ 182 ff" notiert.

§ 107 und § 108 I.

Wir merken daher:
2. Prüfungspunkt = die Frage nach der Zustimmung.

- ausdrückliche Einwilligung, § 107

Die Begriffsklärung haben wir. Jetzt müssen wir noch einmal unterteilen. Man kann nämlich auf verschiedene Weisen einwilligen. Eine Variante wäre, daß man als Mutter / Vater etwa seinem Kind klipp und klar sagt: „Du darfst diesen Vertrag abschließen." So eine Einwilligung nennen wir ***ausdrückliche Einwilligung***.

Ausdrücklich ist eher selten.

- stillschweigende Einwilligung, § 107

Die nächste Möglichkeit ist, daß man es nicht ausdrücklich sagt, aber doch aus dem Gesamtverhalten erkennbar ist, daß man dem beabsichtigen Geschäft zustimmt.

Bsp.: Der 15-jährige K will sich ein Mofa kaufen. Den entsprechenden Führerschein hat er gemacht. Er trägt seinen Eltern den Kaufwunsch vor. Diese äußern sich zum Kauf nicht, sondern sagen nur: „Fahr schön vorsichtig mit dem Mofa."

Diesen Fall nennt man eine ***stillschweigende Einwilligung***. Weil hier das Verhalten einen bestimmten Erklärungsgehalt hat, eine bestimmte Erklärung einschließt, und weil *einschließen* auf lateinisch *concludere* heißt, redet man hier auch von einer ***konkludenten***, bzw. von einer ***schlüssigen Einwilligung***.

Häufiger: stillschweigend.

Diese schließlich - und damit ist der mühsame Teil des Unterteilens vorbei - kann man erneut unterteilen: in eine allgemeine stillschweigende Einwilligung und in eine spezielle. Die spezielle ist in § 110 geregelt. Aber der Reihe nach.

Aber nicht in der normalen Variante, sondern über´s Taschengeld.

Prüfungstechnisch beginnt man nach der Einstiegsformulierung im § 108 I (s.o.) immer mit § 107. Nachdem die Frage des rechtlichen Vorteils verneinend abgehakt ist (s.o.), überlegt man, ob eine vorherige Zustimmung, eine Einwilligung vorliegt. Am einfachsten wäre es, wenn eine ausdrückliche vorläge. Das kann man nämlich am leichtesten sehen. Klausurmäßig ist diese Variante aber auch die uninteressanteste.

Danach fragt man dann, ob eine konkludente Einwilligung vorliegt. Entscheidend ist hierbei, ob der Rechtsverkehr dem Verhalten des gesetzlichen Vertreters eine bestimmte Bedeutung beimißt.

- stillschweigende Einwilligung, § 110

§ 110 ist ein wichtiger Spezialfall!

Ein ***Spezialfall*** dieser konkludenten Einwilligung ist in ***§ 110*** geregelt (Palandt-Heinrichs, § 110 Rn. 1). Die Voraussetzungen dieser Norm sind:

1. Überlassung von Mitteln
2. Zweck
   a. *Abschluß dieses Rechtsgeschäftes*
   b. *zur freien Verfügung*
3. Bewirken der Leistung

Mittel.

Überlassen.

Im einzelnen. ***Mittel*** im Sinne des § 110 ist im Normalfall Geld, das dem Minderjährigen gegeben wird. Der Hauptfall ist natürlich das Taschengeld. ***Überlassen*** bedeutet entweder, daß man das Geld dem Minderjährigen eigenhändig in´s Portemonnaie drückt, oder aber, daß man es zuläßt, daß der Minderjährige sonstwie erhaltenes Geld (etwa aus Ferienjobs) behält.

Zu diesem Zwecke.

Zu diesem Zwecke, also zum Abschluß dieses Rechtsgeschäftes, ist Geld gegeben, wenn man einen Zusammenhang erkennen kann.

> ***Bsp.:*** Die Eltern des 15-jährigen K geben diesem monatlich 100,-, damit K sich dann ein Mofa davon kaufe.

Zur freien Verfügung.

Zur freien Verfügung wird das Geld gegeben, wenn nichts weiter gesagt wird. So frei, wie es aussieht, ist man aber mit den Verfügungsmöglichkeiten doch nicht. Die Rechtsprechung hat sich da einiges an Einschränkungen ausgedacht. Auf den Punkt gebracht, kann man sagen, daß nur solche Verwendungen zulässig sind, die sich im Rahmen des Vernünftigen halten. Das ist nicht immer der Fall.

> ***Bsp.:*** Die Eltern des 9-jährigen K geben diesem monatlich 10,- zur freien Verfügung. K tarnt sich mit einem Klebebart und kauft am Kiosk ein Pornoheft.

Problematisch sind ***Surrogate***. Es hängt dann vom Einzelfall ab.

> ***Bsp.:*** Der 10-jährige K gewinnt nach Taschengeldeinsatz in Höhe von 1,- einen Losgewinn von a) 10,- und b) 1.000.000,-.

Bewirkt zuletzt ist das klausurmäßig gesehen wichtigste Merkmal. Das heißt, daß hier die meisten Fehler gemacht werden. Bewirkt bedeutet nämlich, daß die aus dem Rechtsgeschäft *Kaufvertrag* für den Minderjährigen anwachsende Verpflichtung erfüllt wird. Im Klartext: ***Der Minderjährige muß bezahlt haben. Und zwar ganz.*** Ratenverträge sind nicht wirksam, solange nicht die letzte Rate bezahlt wurde.

Wichtig: Bewirken heißt: es muß schon passiert sein!

Bsp.: Der 15-jährige K kauft sich für 1000,- ein Mofa. Er bezahlt es (a) sofort mit seinem angesparten Taschengeld; (b) in Raten à 500,- von seinem angesparten Taschengeld, er bezahlt eine Rate, (c) er bezahlt beide Raten.

Der Kauf ist zunächst mit rechtlichen Nachteilen verbunden (§ 107). Die Eltern haben nicht ausdrücklich eingewilligt. Eine allgemeine konkludente Einwilligung, welche die Voraussetzungen des § 107 erfüllen würde, ist nicht ersichtlich. Es kann aber ein Fall des § 110 vorliegen. K hat im Fall (a) mit Mitteln, die ihm zur freien Verfügung überlassen worden sind, seine eigene Verpflichtung aus § 433 II voll erfüllt, mithin bewirkt.

Damit gilt der Vertrag als von Anfang an wirksam.

Im Fall (b) hat K mit Zahlung der ersten Rate noch nicht erfüllt, also auch noch nicht bewirkt im Sinne des § 110. Das bedeutet, daß man zu diesem Zeitpunkt noch keine wirksamen Kaufvertrag annehmen kann. Wenn es jetzt Terz gibt (die Eltern meutern, etc.), dann geht es aus § 110 heraus, wieder zurück auf § 107 und dann ab da durch § 108 weiter.

Wenn allerdings die letzte Rate bezahlt wurde, Fall (c), ist die Sache erledigt. Dann liegt wieder ein Fall von § 110 vor und alle gehn zufrieden nach Hause.

Bis zur letzten Rate steht alles auf der Kippe. Danach ist der Vertrag von Anfang an wirksam.

Ein Wort zuletzt zum *Sinn dieser Vorschrift*. Der Minderjährige soll ***lernen, mit Geld umzugehen***. Das ist die eine Seite. Aber er bedarf auch des ***Schutzes*** bei diesem Lernen. Das ist die andere. Diese ***aufeinanderprallenden Interessen*** muß man bei der Anwendung im Auge haben. Dann ist klar, warum nicht nur Einmalleistungen der Eltern das Merkmal der Mittel im § 110 erfüllen, sondern auch langsam angesparte Beträge, dann ist auch klar, wieso Pornohefte, Drogen nicht hineingelesen werden können.

Jetzt sollten wir erneut kurz verweilen und das bis hierhin zum beschränkt Geschäftsfähigen und der Wirksamkeit seiner Rechtsgeschäfte Gesagte ***zusammenfassen***. Es war dies:

1. Die Frage nach dem lediglich rechtlichen Vorteil -> § 107.
2. Die Frage nach einer vorherigen Zustimmung = Einwilligung -> § 107.
   a. *Ausdrücklich -> § 107*
   b. *Konkludent, allgemein -> § 107*
   c. *Konkludent, speziell: über's Taschengeld -> § 110.*

Soweit wir in all den Beispielen immer von Kaufverträgen gesprochen haben, ist dies natürlich wirklich nur als Beispiel zu verstehen. Wir hätten genausogut auch Mietverträge, Werkverträge, Tauschverträge nehmen können.

cc. Die nachträgliche Zustimmung - Genehmigung - Überblick

Wenn's vorher nicht geklappt hat, klappt's vielleicht nachher noch.

Muß man die Frage nach der vorherigen Zustimmung verneinen, kann nur noch eine nachträgliche den Vertrag, das Rechtsgeschäft retten. Die jetzt folgenden Ausführungen gelten zunächst aber nur für das mehrseitige Rechtsgeschäft. Beim *einseitigen* ist ***§ 111*** zu beachten (dazu gleich anschließend). - Wir erinnern uns doch hoffentlich noch an den Unterschied zwischen den beiden?

Schwebende Unwirksamkeit.

Solange nicht genehmigt worden ist, liegt ein Zustand vor, den man mit der Bezeichnung ***schwebend unwirksam*** schmückt. Der Vertrag schwebt ein gutes Stück über dem Boden der Rechtsrealität. Wenn die Genehmigung verweigert wird, dann kracht er durch und zerschellt. Etwas nüchterner formuliert müßte man ihn dann ***endgültig unwirksam*** nennen. Daraus folgt schon mal, daß wir zwei denkbare Varianten annehmen können:

Entweder die ***Genehmigung***. Oder die ***Verweigerung der Genehmigung***. Zu diesen beiden Möglichkeiten lesen wir zunächst § 108 I, dann Absatz 2.

Beide Möglichkeiten berücksichtigen nur die Sphäre des Minderjährigen und zwar entweder ein Handeln des gesetzlichen Vertreters oder - ganz ausnahmsweise - auch ein Handeln des Minderjährigen selbst, vgl. § 108 III.

Für die Sphäre des anderen Vertragspartners gibt es eine dritte Variante: den ***Widerruf***. Er steht in § 109.

- die Genehmigung, § 108

Vom Rechtscharakter her handelt es sich bei der Genehmigung um eine empfangsbedürftige Willenserklärung. Das ist aber gar nicht der Gag. Der liegt darin, daß diese Genehmigung grundsätzlich ***beiden*** *Vertragsteilen gegenüber* ausgesprochen werden kann. Dies kann man zunächst als Umkehrschluß aus § 108 II S. 1 folgern. Man kann aber auch einfach in § 182 I nachschlagen (siehe den hoffentlich angebrachten Randverweis).

Die Genehmigung kann *beiden* Teilen gegenüber erklärt werden.

In Klausuren wird dies immer dann relevant, wenn die Eltern dem Kind gegenüber die Genehmigung erklärt haben und der andere Teil ***dann*** versucht, den Vertrag über einen Widerruf zu Fall zu bringen - zu spät.

Bsp.: Der 15-jährige K kauft sich ohne die Einwilligung seiner Eltern ein Mofa von V. V wußte zwar um die Minderjährigkeit des K, dieser hatte ihm aber eine Einwilligung seiner Eltern vorgespiegelt. Als K nach Hause kommt, beichtet er. Die Eltern genehmigen ihm gegenüber den Kauf. Als K daraufhin freudestrahlend zu V läuft, hat dieser es sich anders überlegt. Er erklärt dem K, daß er den Vertrag widerrufe. - Pech gehabt: zu spät. Der Vertrag ist schon wirksam.

Kein Grundsatz ohne Ausnahme. Nach § 108 II S. 1 kann immer dann, wenn der Vertragspartner zur Genehmigung auffordert, nur noch diesem gegenüber die Genehmigung erklärt werden. Und das Erstaunliche hier ist, daß dies sogar dann gilt, wenn zwischenzeitlich bereits eine Genehmigung der Eltern dem Kind gegenüber erfolgte.

Mit Ausnahme: § 108 II S. 1.

Bsp.: Der 15-jährige K kauft sich ohne die Einwilligung seiner Eltern ein Mofa von V. Als K nach Hause kommt, genehmigen die Eltern ihm gegenüber den Kauf. V ist sich aber unsicher und fordert die Eltern auf, ihm gegenüber zu genehmigen. Die Eltern lassen nichts mehr von sich hören.

Gemäß § 108 II S. 2 gilt die Genehmigung nach zwei Wochen als verweigert. Es handelt sich hier im übrigen um einen der Fälle, in denen ***Schweigen als Willenserklärung*** behandelt wird. Man muß über die potentielle Ungerechtigkeit dieser Fallvariante gar nicht lamentieren: Wenn die Eltern wollen, können sie ja ihre dem Minderjährigen gegenüber erklärte Genehmigung wiederholen und der Fall ist erledigt. Für den obigen Fall heißt das: Wenn die Eltern nichts von sich hören lassen, *gilt* die Genehmigung *als* verweigert und der Vertrag ist *nicht zustandegekommen*. Über die Vorgehensweise in der Klausur für diese Fälle, vgl. das Beispiel im Rahmen des folgenden Punkts.

Schweigen als WE: Genehmigung gilt als verweigert.

§ 108 II S. 2.

- die Verweigerung der Genehmigung, § 108

Nach Verweigerung ist der Vertrag endgültig unwirksam.

Die Verweigerung der Genehmigung macht den Vertrag endgültig unwirksam. Die Verweigerung ist ebenso wie die Genehmigung selbst eine empfangsbedürftige Willenserklärung. Die Verweigerung kann ausdrücklich erfolgen oder konkludent. Sie kann sogar (siehe das letzte Beispiel) dadurch erfolgen, daß man überhaupt nichts macht. Dann ***gilt die Genehmigung als verweigert***. Auch die Verweigerung kann beiden Teilen gegenüber erfolgen. Und auch hier kann die Aufforderung des anderen Teiles eine bereits gegenüber dem Minderjährigen ausgesprochene Verweigerung wieder unwirksam machen.

> ***Bsp.:*** Der 15-jährige K kauft sich ohne die Einwilligung seiner Eltern ein Mofa von V. Als K nach Hause kommt, verweigern die Eltern ihm gegenüber die Genehmigung des Kaufes. V ist sich unsicher und fordert die Eltern auf, ihm gegenüber zu genehmigen.

Klausurtaktischer Aufbau für diesen Fall:

1. Beginn mit der Willenserklärung des Minderjährigen. § 107 durchreden.

2. Die Verweigerung ansprechen. Eine endgültige Unwirksamkeit antäuschen. Anschließend auf die Aufforderung kommen. Formulierung dabei:

> ***Bsp.:*** Fraglich ist, wie es sich auswirkt, daß die Eltern des K diesem gegenüber die Verweigerung ihrer Genehmigung erklärt haben. Dies bewirkt an sich, daß der Vertrag aus der schwebenden Unwirksamkeit in die endgültige Unwirksamkeit übergeht. Nach § 108 II S. 1 ist aber in den Fällen anders zu verfahren, in denen der Vertragspartner des Minderjährigen die gesetzlichen Vertreter auffordert, die Genehmigung des Vertrages zu erklären. Dann ist nämlich nur noch diesem gegenüber die Verweigerung möglich.

3. Und letztlich das Ergebnis finden:

- Die Genehmigung wurde nicht mehr erteilt: -> sie gilt als verweigert, Vertrag unwirksam.
- Die Genehmigung wurde erteilt: -> Vertrag wirksam.
- Die Genehmigung wurde auch hier (ausdrücklich) verweigert: -> Vertrag unwirksam.

§ 108 III ist eine reine Leseübung. Gesagt wird damit nur, daß ein schwebend unwirksamer Vertrag nicht deshalb wirksam wird, weil der Minderjährige volljährig wird. Vielmehr kann nunmehr der vormals Minderjährige genehmigen oder verweigern. (*Was* er getan hat, muß man in einer Klausur natürlich prüfen und feststellen.)

- der Widerruf, § 109

Der andere Teil kann widerrufen. Das ist die ***Regel*** des § 109 I. Der dahinterstehende Gedanke ist der, daß man auch den berechtigten Interessen des gutgläubigen Vertragspartners Rechnung tragen muß.

Der Widerruf trägt den Interessen des anderen Teiles Rechnung.

Auch bei diesem Widerruf sind wieder ***zwei Adressaten*** denkbar: die gesetzlichen Vertreter auf der einen und der Minderjährige auf der anderen Seite.

Das Ganze geht allerdings nicht so einfach. § 109 II enthält einige wichtige ***Einschränkungen***. Da Absatz 1 nur den Gutgläubigen schützen soll, findet er keine Anwendung, wenn der Widerrufende *die Minderjährigkeit* gekannt hat. Hat man einen Minderjährigen, der mit Erklärungen über fiktive Einwilligungen operiert, muß sich die Gutgläubigkeit auf *die Existenz der Einwilligung* beziehen.

- einseitige Rechtsgeschäfte, § 111

Für einseitige Rechtsgeschäfte enthält § 111 eine Sonderregelung. Bevor wir darauf eingehen, noch einmal kurz repetiert, was ein einseitiges Rechtsgeschäft überhaupt ist: Da haben wir zum Beispiel die Kündigung eines zinslosen Darlehens, wir haben die Auslobung (§ 657), die Aufgabe des Eigentums, wir haben weiter die Anfechtung, die Bevollmächtigung, die Kündigung eines Mietvertrages etc.

Sonderregelungen für Einseitiges.

Diese Beispiele nur so aneinandergereiht, wirken willkürlich. Sind sie aber nicht. Ich hab mir was dabei gedacht. Und zwar das:

Es gibt einseitige Rechtsgeschäfte, die sind ***lediglich rechtlich vorteilhaft***. Darunter fällt zum Beispiel die Kündigung eines zinslosen Darlehens (§§ 607 ff mal lesen!). Hier wird nämlich nur eine Wirkung erzielt: Es gibt Geld zurück. Und das ist ja wohl nur schön. Dieser Fall fliegt bereits auf dem Weg zum § 111, nämlich bei § 107 raus. Oder anders formuliert: Wenn man so etwas erst bei § 111 prüft, ist man schon zu weit.

Lediglich rechtlich Vorteilhaftes kommt gar nicht erst bis § 111.

Bei § 107 ist dann schon Schluß.

Es gibt weiter einseitige Rechtsgeschäfte, die sind ***nicht empfangsbedürftig***. Darunter fallen zum Beispiel die Auslobung und die Eigentumsaufgabe. Auch ohne daß irgendjemand davon Kenntnis erlangt, entfalten sich Rechtswirkungen. Hier gilt generell die Regel der Unwirksamkeit, wenn nicht eine Einwilligung

Nicht empfangsbedürftiges ist immer unwirksam.

vorliegt, § 111 S. 1. Und zwar immer und ohne Ausnahme. § 111 S. 1 hat eigentlich nur klarstellende Wirkung.

Hätte man eine Einwilligung käme man gar nicht bis hier.

Sondern nur bis § 107.

Wenn man nämlich eine Einwilligung hätte, käme man gar nicht erst bis hier. Dann kann man sich schon bei § 107 aus der Prüfung abseilen. Hat man aber keine Einwilligung, gibt´s auch keine Genehmigung mehr. Dann ist das Rechtsgeschäft rettungslos verloren. Das ist auch alles gar nicht so schlimm. Wenn dem gesetzlichen Vertreter am Geschäft gelegen ist, kann er ja den Minderjährigen veranlassen, das Geschäft erneut und diesmal mit Einwilligung vorzunehmen.

Empfangsbedürftiges *kann* unwirksam sein.

Und dann gibt es zuletzt Rechtsgeschäfte, die sind ***empfangsbedürftig***. Die Kündigung zum Beispiel und die Anfechtung. Und auch hier gilt, daß grundsätzlich eine Einwilligung vorliegen muß, soll das Rechtsgeschäft wirksam sein. Desweiteren gibt ***§ 111 S. 2*** hier aber noch eine ***Spezialregelung***. Daß es sich dabei nur um empfangsbedürftige Willenserklärungen handelt, kann man übrigens aus der Formulierung „einem anderen gegenüber" entnehmen. § 111 S. 2 verlangt, daß der Minderjährige die Einwilligung schriftlich nachweist. Tut er dies nicht, kann der andere Teil das Rechtsgeschäft unverzüglich zurückweisen und das Rechtsgeschäft ist unwirksam.

Gilt aber nur, wenn es um eine Einwilligung im Innenverhältnis geht.

Und jetzt sollten wir uns vielleicht noch einmal daran erinnern, wem gegenüber die Einwilligung erteilt werden kann. Wir hatten gesagt, daß aus § 182 I folge, daß dies beide sein könnten: der Minderjährige und der andere Teil. Und § 111 S. 2 meint nur den Fall, daß bisher alleine dem Minderjährigen die Einwilligung erklärt wurde. Das wiederum kann man aus ***§ 111 S. 3*** entnehmen.

Tja, und das war´s dann auch schon, was uns hier an der beschränkten Geschäftsfähigkeit interessierte. Lassen wir die Beschränkungen hinter uns und werfen zum Abschluß noch einen Blick auf die

3. Volle Geschäftsfähigkeit

Auto fahren, bis Ultimo, in die Disco, Saufen, Orgien, Exzesse ...

Es handelt sich hierbei um den Normalfall, der uns fast alle trifft. In diesem Zustand können wir rechtsgeschäfteln, soviel wir wollen. Und das, sobald wir das 18. Lebensjahr vollendet haben. Alles wirksam. Ob das so sinnvoll oder gar wünschenswert ist, weiß ich nicht. Aber irgendwann hat der Staat auch mal genug geschützt. Und da ist die 18 eigentlich nicht schlechter als die frühere 21.

Jetzt gibt´s noch eine Zusammenfassung zu den Geschäftsfähigkeitsfragen.

III. Was in diesem Abschnitt gebracht wurde

1. Wir haben in diesem Abschnitt gesehen, daß der Gesetzgeber ein *dreifach gestaffeltes System* der Geschäftsfähigkeit errichtet hat. Die drei Stufen lauteten:
   - Geschäftsunfähigkeit (§§ 104-105)
   - Beschränkte Geschäftsfähigkeit (§§ 106-113)
   - Volle Geschäftsfähigkeit (§§ 2, 106).

2. Wir haben festgestellt, daß die Willenserklärung eines *Geschäftsunfähigen* stets nichtig ist, § 105 I. Die Unvollständigkeit der Regelung des § 105 II wurde mit Hinweis auf § 104 Ziffer 2 aufgedeckt und korrigiert.

3. Wir haben ein Prüfungsschema für die Fälle der *beschränkten Geschäftsfähigkeit* entwickelt. Es lautete wie folgt:

   1. Ist die Willenserklärung von einer beschränkt Geschäftsfähigen Person abgegeben worden? - Wenn ja: weiter bei 2.; wenn nein: entweder ein Fall von Geschäftsunfähigkeit oder voller Geschäftsfähigkeit.

   2. Erlangt der beschränkt Geschäftsfähige durch die Willenserklärung einen lediglich rechtlichen Vorteil? - Wenn nein: weiter bei 3.; wenn ja: Geschäftsfähigkeitsprüfung beendet, Willenserklärung insoweit wirksam.

   3. Zustimmung des gesetzlichen Vertreters (§§ 1626, 1629)?
      a. *Vorher (Einwilligung, vgl. § 183 S. 1)*
         aa. Ausdrücklich, § 107 (Du darfst das tun.)
         bb. Konkludent, § 107 (Verkehrsauffassung)
         cc. durch Taschengeld, § 110 (Bewirkt!)
      b. *Nachher (Genehmigung, vgl. § 184 I)*

4. Letztlich ist die Willenserklärung eines *voll Geschäftsfähigen* insoweit immer wirksam. Das ist selbstverständlich, weil es der Normalfall ist.

1. Teil - Das System - Überblick ✓

2. Teil - Anspruch entstanden?

A. Überblick: Was liegt an? ✓

B. Begriffe und Definitionen ✓

C. Die Willenserklärung - Bestandteile ✓

D. Der Gutachtenstil ✓

E. Die Willenserklärung - Probleme ✓

F. Die Geschäftsfähigkeit ✓

☞ **G. Abgabe/Zugang von Willenserklärungen**

3. Teil - Anspruch untergegangen / durchsetzbar?

4. Teil - Klausuren

5. Teil - Hausarbeiten

6. Teil - Aufbauschemata

7. Teil - Sachregister

8. Teil - Werbung

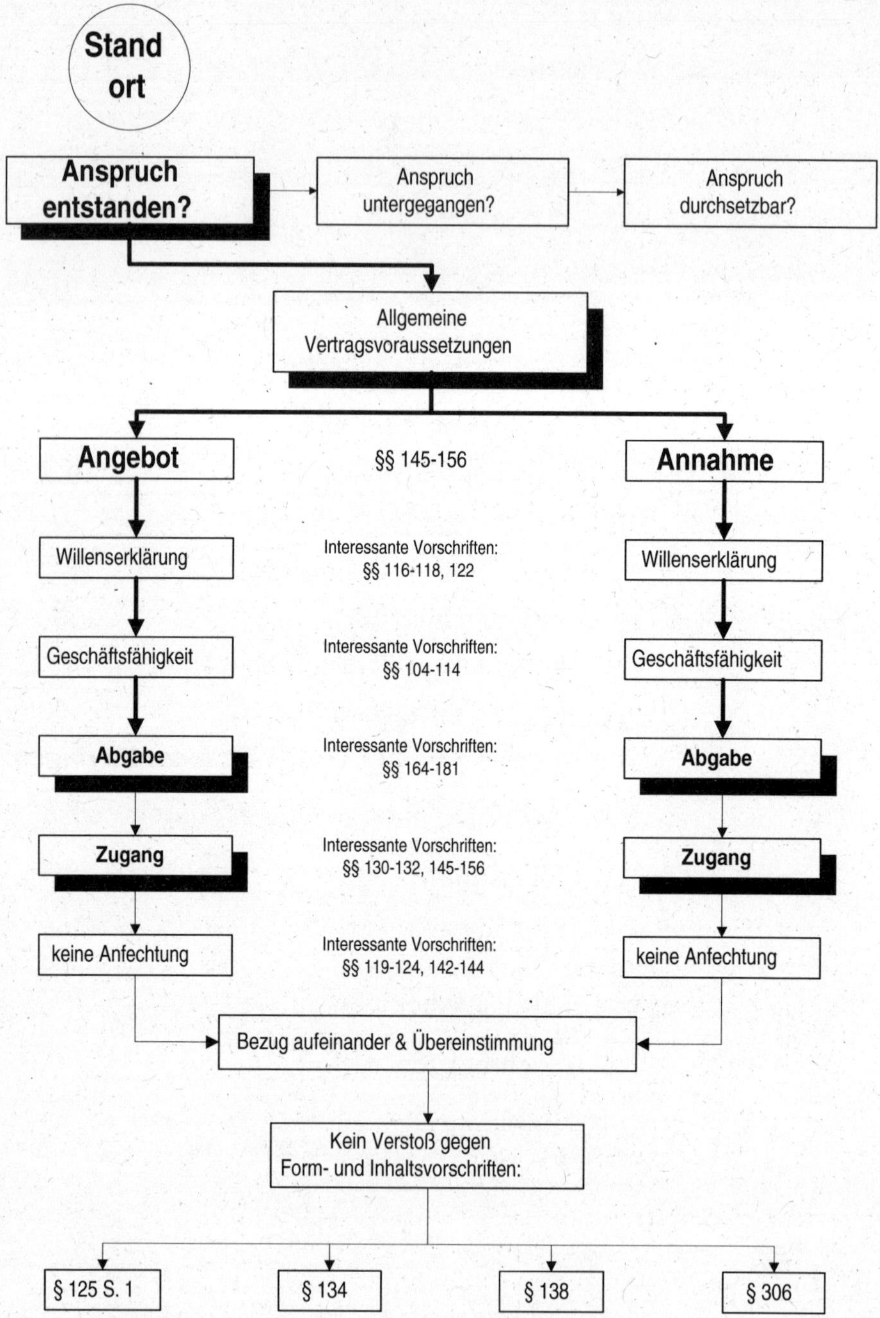
Stand ort
Anspruch entstanden?
Anspruch untergegangen?
Anspruch durchsetzbar?
Allgemeine Vertragsvoraussetzungen
Angebot
§§ 145-156
Annahme
Willenserklärung
Interessante Vorschriften: §§ 116-118, 122
Willenserklärung
Geschäftsfähigkeit
Interessante Vorschriften: §§ 104-114
Geschäftsfähigkeit
Abgabe
Interessante Vorschriften: §§ 164-181
Abgabe
Zugang
Interessante Vorschriften: §§ 130-132, 145-156
Zugang
keine Anfechtung
Interessante Vorschriften: §§ 119-124, 142-144
keine Anfechtung
Bezug aufeinander & Übereinstimmung
Kein Verstoß gegen Form- und Inhaltsvorschriften:
§ 125 S. 1
§ 134
§ 138
§ 306

G. Abgabe und Zugang von Willenserklärungen

I. Was in diesem Abschnitt gezeigt wird

Wir werden uns ansehen, wie eine Willenserklärung von ihrem Absender zu ihrem Empfänger gelangt. Wir werden feststellen, daß der Gesetzgeber dabei zwischen dem Absenden und dem Empfangen fein differenziert. Das Absenden nennt man ***Abgabe***, das Empfangen ***Zugang***. Wir werden sehen, daß Willenserklärungen zugehen können, obwohl sie gar nicht abgegeben wurden. Wir werden weiter sehen, daß man sich dritter Personen oder Institutionen bedienen kann (Boten, Post, UPS). Und wir werden natürlich auch die Bedeutung kennenlernen, die diese beiden Begriffe für das Zustandekommen von Verträgen haben.

Es gibt einen Unterschied zwischen dem Absenden und dem Empfangen einer WE.

Wir benötigen im Gesetzestext die Vorschriften der §§ 130-132, außerdem § 120 und §§ 145-153. Bekannt sein sollten die Voraussetzungen an eine Willenserklärung im allgemeinen (s.o.). Zum Standort: Bevor man in einer Klausur an den Gegenstand dieses Abschnittes kommt, muß man geklärt haben, daß überhaupt eine Willenserklärung vorliegt und daß diese eventuelle Geschäftsfähigkeitshindernisse überwunden hat. Es kann sein, daß da gar keine Probleme sind, dann stellt man nur mit einem Satz fest, daß die betrachtete Person eine Willenserklärung gemacht hat und wendet sich der Frage zu, ob diese wirksam abgegeben wurde. Bevor wir weiterlesen, blicken wir kurz nach links, um unseren Standort auch optisch klarzumachen (schwarze Schattierung).

Unser Standort:

Blick nach links.

II. Die Problemstellung

Zuallererst sollten wir klären, warum wir die Differenzierung zwischen Abgabe und Zugang überhaupt machen. Der Grund steht in § 130 I S. 1. Es heißt dort:

Wir differenzieren, weil es so im Gesetz steht: § 130 I S. 1.

> ***§ 130 I S. 1:*** Eine Willenserklärung, die einem anderen gegenüber **abzugeben** ist, wird, wenn sie in dessen Abwesenheit abgegeben wird, in dem Zeitpunkte wirksam, in dem sie ihm **zugeht**.

Das Gesetz differenziert also. Daß eine Willenserklärung abgegeben wird, ist an sich selbstverständlich. Wie sonst sollte auch ein objektiver Dritter in der Rolle des Erklärungsempfängers überhaupt etwas mitbekommen? Die Probleme fangen folglich erst dann an, wenn an dieser Selbstverständlichkeit irgend etwas nicht stimmt.

1. Die Abgabe

> ***Bsp.:*** Herr K hat sich entschlossen, bei Quelle einen Kühlschrank zu kaufen. Er füllt ein entsprechendes Bestellformular aus, kuvertiert es und legt es auf seinen Schreibtisch. Weil er sich noch nicht ganz sicher ist, ob er den Kühlschrank wirklich kaufen will, beschließt er, mit dem Einwurf bei der Post noch bis zum nächsten Tag zu warten. Dann geht er in die Kneipe und macht einen drauf. Frau K entdeckt beim abendlichen Putzen den Brief und glaubt, ihr Herr (K) habe vergessen, den Brief einzuwerfen. Sie will auch insoweit zu Diensten sein und wirft ihn unverzüglich in den nächsten Briefkasten. Wenige Tage später hat Herr K sich mit den Leuten von Quelle rumzuschlagen, die einen Kühlschrank abliefern und Geld mitnehmen wollen. Wie ist die Rechtslage?

Eine fertige Willenserklärung ...

K wird dann den Kürzeren ziehen, wenn er den Kühlschrank abnehmen und das Geld bezahlen muß. Das ist der Fall, wenn Quelle einen Anspruch auf Kaufpreiszahlung und Abnahme aus § 433 II hat. Voraussetzung hierfür ist ein wirksamer Kaufvertrag zwischen K und Q. Ein Kaufvertrag besteht aus zwei übereinstimmenden Willenserklärungen, Angebot und Annahme. Das von K ausgefüllte Bestellformular kann von einem objektiven Dritten in der Rolle des Erklärungsempfängers Q nur so verstanden werden, daß der Erklärende K ein Angebot zum Kauf eines Kühlschrankes gemacht hat.

(Dazu, daß nicht schon der Katalog ein Angebot darstellt, vgl. die Ausführungen zur invitatio ad offerendum, oben Seite 56)

Eine Willenserklärung des K liegt also vor. Und jetzt:

> Fraglich ist allerdings, ob die Willenserklärung des K auch abgegeben wurde. Dies ist deshalb zweifelhaft, weil K - der Erklärende - den Brief nicht selbst zur Post gebracht, sondern seine Frau dies gleichsam (jedenfalls aus der Sicht des K) aus Versehen getan hat.

... gelangt aus Versehen in den Geschäftsverkehr.

Damit sind wir im Problem drin. Kurz hinweisen möchte ich hier noch darauf, daß es ab und zu ganz sinnvoll ist, wenn man die ***Prüfung*** eines bestimmten Problemes durch Bezugnahme auf den ***Sachverhalt*** auch ***legitimiert***. Der Leser hat ein Bedürfnis zu wissen, *warum* man etwas prüft. Ich versuche dieses Bedürfnis dadurch zu befriedigen, daß ich die entsprechende Sachverhaltspassage mit einer ansprechenden Vorbemerkung einstreue: *Dies ist zweifelhaft, nachdem* (...). Alternativ kann man noch an eine Formulierung denken wie etwa: *Fraglich ist, wie es sich auswirkt, daß (...).*

Zur Lösung des Problemes müssen wir uns aber vorher noch die Definition der Abgabe ansehen.

Abgabe: Eine Willenserklärung ist abgegeben, wenn sie wissentlich so in den Geschäftsverkehr gebracht wurde, daß bei ungestörtem Geschehensablauf mit dem Zugang gerechnet werden kann.

Diese Definition gilt zunächst einmal nur für *empfangsbedürftige* Willenserklärungen. Für die übrigen werden wir im Zusammenhang mit dem Zugang noch anderes kennen lernen (auf Seite 113).

Stimmt so nur für empfangsbedürftige Willenserklärungen.

Diese Definition trägt der Forderung nach Berücksichtigung der ***freien Selbstbestimmung*** des einzelnen Rechnung. Zunächst einmal soll jeder selbst bestimmen können, ob er eine Willenserklärung macht oder nicht. Wenn er dann von ihren Bestandteilen her eine erklärt hat, soll er weiter selbst bestimmen dürfen, ob er sie auch freigibt oder nicht. Bedenkt man, wie viele Handlungen, die man täglich vornimmt, von einem unbefangenen Beobachter als Willenserklärungen gedeutet werden könnten, wird klar, daß es der gezielten Ansprache bedarf, um von einer wirksamen Abgabe sprechen zu können. Bei diesen Handlungen denke ich an Singen in der Badewanne, Sprechübungen vor dem Spiegel etc. All das darf nicht genügen, um als Willenserklärung Rechtswirkungen hervorzurufen.

Gesichtspunkt: freie Selbstbestimmung

Damit wir uns nicht mißverstehen: Wir untersuchen im Moment nur, ob Rechtswirkungen herbeigeführt werden, die auch bei einer korrekten Abgabe entstehen würden. Damit meine ich insbesondere einen dadurch eventuell entstehenden Vertrag. Ein solcher darf nicht zustande kommen.

Wir untersuchen im Moment noch nicht, ob der Umstand, daß der Briefschreiber, der Badewannensänger, der Alleinunterhalter mit seinen Erklärungen den ***Anschein einer wirksam abgegebenen*** Willenserklärung erweckt, mögliche Anscheinsfolgen (Ersatz von Vertrauensschaden etc.) auslöst.

Es geht hier nur um einen Anschein.

Nehmen wir also diese Überlegungen und wenden sie auf den Fall an, stellt sich die Lage so dar:

Eine wirksame Abgabe liegt immer dann vor, wenn die Willenserklärung vom Erklärenden wissentlich derart in den Geschäftsverkehr eingebracht wurde, daß bei ungestörtem Geschehensablauf mit dem Zugang gerechnet werden kann.
Vorliegend hat K die in dem Bestellschein enthaltene Willenserklärung auf seinem Schreibtisch liegen lassen. Es bestehen keinerlei Anhaltspunkte dafür, daß er damit gerechnet hatte, daß seine Frau den Brief einwerfen werde. Im Gegenteil hatte er ja sogar vor, noch bis zum nächsten Morgen mit der Absendung zu warten. All dies läßt nur den Schluß zu, daß die Willenserklärung des K nicht mit, sondern ohne seinen Willen in den Geschäftsverkehr gelangte.

Daraus folgt, daß K diese Willenserklärung jedenfalls nicht abgegeben hat.
Ein Vertragsschluß scheidet daher aus. Ansprüche aus § 433 II kann Q also nicht geltend machen.

Bei Anschein muß man § 122 analog anwenden.

Ich sagte es oben schon andeutungsweise: Wer den Anschein setzt, eine Erklärung abgegeben zu haben, muß unter Umständen wegen dieses Anscheins haften. Anspruchsgrundlage für einen hierbei zu ersetzenden ***Vertrauensschaden*** ist ***§ 122 in analoger Anwendung***. Ich werde diesen Anspruch hier nicht weiter erläutern. Es erscheint mir sinnvoller, dies erst im Rahmen der Anfechtung zu unternehmen, in den der „Original-“Anspruch § 122 hineingehört. („Original-“Anspruch deshalb, weil § 122 bei der Anfechtung nicht analog (= ähnlich), sondern direkt angewandt wird, vgl. Seite 189.) Dort werden wir etwas über den Ersatz von Vertrauensschaden lesen. Die *genauen* Berechnungsfragen allerdings werden schon vorher kommen. Bei der *Stellvertretung* nämlich haben wir mit § 179 II ein ganz ähnliches Problem (auf Seite 158).

Daß ich ihn hier überhaupt erwähne, liegt daran, daß ich der Auffassung bin, daß das Rechtsgefühl dem gefundenen Ergebnis zustimmen muß. Und wenn der Fall - wie gerade oben - einfach damit aufhört, daß die Quelle-Leute ihr Schränkchen wieder mitnehmen müssen, dann ist das eben auf den ersten Blick ungerecht. Und was ungerecht ist, kann nicht richtig sein. Also gibt´s Ersatz des Vertrauensschadens.

Für die Abgabe haben wir es damit bereits hinter uns. Das Problem, das beim Prüfungspunkt *Abgabe* auftaucht, ist also, daß eigentlich gar keine Abgabe vorliegt, weil der Erklärende seine Erklärung (noch) gar nicht wissentlich in den Rechtsverkehr gebracht hat. Gelöst wird dieses Problem so, daß man keinen Vertrag zustande kommen läßt, aber Ersatz des Vertrauensschadens gewährt, wenn ein Anschein gesetzt wurde (BGHZ 65, 13, 14).

2. Der Zugang

a. Entbehrlichkeit

Wenn ein Zugang gar nicht nötig ist, muß man auch die Definition der Abgabe ändern.

Manchmal brauchen wir einen Zugang gar nicht. § 130 I spricht von einem Zugang als Voraussetzung für die Wirksamkeit einer Willenserklärung, die einem anderen gegenüber abzugeben ist. Es geht dort also um eine ***empfangsbedürftige Willenserklärung***. Dabei wird dann als selbstverständlich vorausgesetzt, daß eine nichtempfangsbedürftige Willenserklärung unmittelbar nach ihrer Abgabe wirksam wird.

Jetzt reicht schon die bloße Äußerung.

Diese selbstverständliche Voraussetzung muß für uns zunächst dazu führen, daß wir *für diese Fälle* unsere Definition der Abgabe etwas modifizieren. Wir können eine solche Willenserklärung natürlich nicht erst dann als abgegeben bezeichnen, wenn „mit dem Zugang zu rechnen“ ist. Gerade der ist ja dann unnötig.

Eine Abgabe bei nicht empfangsbedürftigen Willenserklärungen liegt vielmehr schon dann vor, wenn der Erklärende seinen Willen erkennbar so geäußert hat, daß an der Endgültigkeit der Äußerung kein Zweifel möglich ist. (Palandt-Heinrichs, § 130 Rn. 4).

> ***Bsp.:*** Erblasser E schreibt ein Testament. Er kuvertiert es und legt es auf seinen Schreibtisch. Anschließend stirbt er.

Hier ist es einerlei, daß E die Willenserklärung Testament nie in irgendeinen Geschäftsverkehr gebracht hat. Es genügt, daß er sie geschrieben hat. (Ein Testament ist übrigens formbedürftig: handschriftlich oder zur notariellen Niederschrift, vgl. §§ 2231, 2247 I.)

z.B. ein Testament.

Abgesehen von diesen Fällen wird die Willenserklärung aber erst dann wirksam, wenn sie zugeht. Bei mündlich erklärten Willenserklärungen unter Anwesenden (auch am Telefon) ist dies normalerweise unmittelbar zeitgleich mit der Abgabe der Fall. So sieht es auch § 130 I S. 1, der Abgabe und Zugang nur bei Abwesenheit des Adressaten trennt. Das ist z.B. dann der Fall, wenn ein Brief geschickt wird, in dem der Erklärende das Angebot eines Verkäufers annimmt.

> ***Bsp.:*** V macht K brieflich ein Angebot zum Kauf eines Autos gegen Zahlung von 1.000,-. K schreibt einen Brief zurück, in dem er erklärt, er nehme das Angebot des V an. Er wirft diesen Brief am 1.2. in den Briefkasten. Am 3.2. wird der Brief dem V vom Briefträger übergeben.

Man sieht, daß die Abgabe der Willenserklärung (hier am 1.2.) und der Zugang (hier am 3.2.) ohne weiteres zeitlich auseinanderfallen können. Diese zeitliche Differenz eröffnet einen Spielraum, in dem sich einige Probleme tummeln.

Zeitliches Auseinanderfallen macht Probleme.

b. Der Widerruf nach § 130 I S. 2

Der Erklärende hat die Gelegenheit, seine Willenserklärung bis zum Zugang beim Empfänger zu widerrufen. Er kann damit alle Rechtswirkungen von vorneherein ausschalten, ohne auf den riskanten Weg der Anfechtung angewiesen zu sein.

Widerruf ist bis zum Zugang möglich.

> ***Bsp.:*** K überlegt es sich am 2.2. anders und teilt V telefonisch mit, daß er das Auto doch nicht kaufen wolle. V solle seinen Brief als gegenstandslos betrachten.

Aber wann genau findet ein Zugang statt?

Man könnte sich nun fragen, was denn daran problematisch sein soll, schließlich sieht man doch, ob eine Willenserklärung bereits zugegangen ist oder nicht. Stimmt. Es gibt aber Fälle, da versteht es der Normalbürger nicht. Zum Beispiel dieser:

Bsp.: V macht K brieflich ein Angebot zum Kauf eines Autos gegen Zahlung von 1.000,-. K schreibt einen Brief zurück, in dem er erklärt, er nehme das Angebot des V an. Am 3.2. um 9.00 Uhr wird der Brief vom Briefträger in den Briefkasten des V geworfen. V kommt erst am Abend um 20.00 Uhr nach Hause, öffnet den Briefkasten und liest dann den Brief des K. Bereits um 15.00 Uhr hatte K bei V im Büro angerufen und diesem mitgeteilt, daß er das Auto nicht mehr wolle. Da V weiß, daß bei ihm die Post immer um 9.00 Uhr eingeworfen wird, besteht er K gegenüber auf Kaufpreiszahlung und Abnahme. Rechtslage?

So. V hat dann gegen K einen Anspruch auf Kaufpreiszahlung und Abnahme aus § 433 II, wenn zwischen beiden ein wirksamer Kaufvertrag geschlossen wurde. Eine entsprechendes Angebot des V liegt vor.

Fraglich ist allein, ob auch eine wirksame Annahme des K vorliegt. Bei der Annahme handelt es sich um eine empfangsbedürftige Willenserklärung, die - da sie in Abwesenheit des V abgegeben wurde - zu ihrer Wirksamkeit des Zugangs bei V bedarf.

Zugang hat nichts mit *tatsächlichem* Kenntnisnehmen zu tun, sondern nur mit der *Möglichkeit* der Kenntnisnahme.

Nun ist diese Willenserklärung zweifellos spätestens dann zugegangen, als V von ihrem Inhalt Kenntnis erlangt. Das war am Abend um 20.00 Uhr. Bereits vorher hatte V aber schon einen Widerruf des K erhalten. Ein solcher Widerruf verhindert gemäß § 130 I S. 2 dann die Wirksamkeit der widerrufenen Willenserklärung, wenn er vorher oder gleichzeitig mit dieser Willenserklärung zugeht. Wir müssen also wissen, ob die Annahme des K nicht schon vor dem Widerruf zugegangen war. In diesem Falle wäre der Widerruf zu spät erfolgt. Zur Auswahl stehen hier damit genau zwei Zeitpunkte: einmal am Morgen um 9.00 Uhr, als der Briefträger den Brief in den Briefkasten warf, der andere am Abend um 20.00 Uhr, als V den Inhalt des Briefes zur Kenntnis nahm. Um das klären zu können, sollten wir uns jetzt die Definition des Zuganges ansehen.

Zugang: Eine Willenserklärung ist zugegangen, wenn sie so in den Machtbereich des Empfängers eingebracht wurde, daß mit der Möglichkeit der Kenntnisnahme durch den Empfänger gerechnet werden kann (BGHZ 67, 271, 275).

c. Die Bestandteile des Zugangs

Wir können dabei also unterscheiden zwischen der rein ***räumlichen Komponente***, die schon dann vorliegt, wenn die Willenserklärung in den Machtbereich des Empfängers gelangt, und der ***Komponente der Kenntnisnahme*** durch den Empfänger.

Die räumliche Komponente.

Hier ist es ausgesprochen wichtig zu wissen, daß es völlig egal ist, ob der Empfänger tatsächlich Kenntnis erlangt hat. Entscheidend ist allein, daß er die ***Möglichkeit*** dazu hatte. Es ist aber natürlich auch nicht schädlich, wenn der Empfänger tatsächlich Kenntnis erlangt. Dann ist der Zugang auf jeden Fall erfolgt.

Die Möglichkeits-Komponente.

Probleme können jetzt einmal bei der Frage: *Was alles ist der Machtbereich des Empfängers?* und zum anderen auch bei der Frage: *Wovon hängt es ab, ob der Empfänger die Möglichkeit der Kenntnisnahme hatte?* auftauchen.

Was alles ist im Machtbereicht? Was alles ist möglich?

Der ***Machtbereich*** umfaßt zunächst einmal die Wohnräume, dann auch die Geschäftsräume eines Empfängers. Außerhalb dieser Räume kann man jedenfalls alle Behältnisse dazu zählen, die der Empfänger eigens zu diesem Zweck geschaffen hat, Briefkästen also. Bei Mülltonnen hätte ich allerdings schon im Hinblick auf den Machtbereich Bedenken. Schwieriger wird es, wenn Nachrichten im Treppenhaus auf die Treppe gelegt werden. Dann sollte man es davon abhängig machen, ob Briefkästen oder sonstige Möglichkeiten existieren. Wenn nicht, muß die Treppe ausreichen.

> ***Bsp.:*** Ein Päckchen wird - weil keiner der Nachbarn da und der Briefkasten zu klein ist - auf die Treppe gelegt. Das inliegende Angebot ist in den Machtbereich des Empfängers gelangt.

Wir können für unseren Ausgangsfall festhalten, daß der Briefkasten jedenfalls zum Machtbereich dazuzählt.

Normalerweise gehören Briefkästen dazu.

Wann die ***Möglichkeit der Kenntnisnahme*** besteht, bestimmt sich nach der Verkehrsanschauung. Damit ist aber leider noch nicht gesagt, wonach sich die Verkehrsanschauung richtet. Es gibt dabei zwei mögliche Antworten. Die eine ist richtig und die zweite schreibt man in der Klausur. Verkehrsanschauung ist nach zutreffender Auffassung immer das, was ich - der Bearbeiter der Klausur - für richtig halte. Das darf man so natürlich nicht schreiben, weil sich das für Objektivismus-Gläubige nicht gehört. Beim Korrektor würde eine Welt zusammenbrechen. Das sollten wir ihm - und uns - ersparen.

Die Möglichkeit richtet sich nach Verkehrsauffassung.

Da haben wir gut gelacht.

In der Klausur tarnen wir unsere eigene Auffassung einfach dadurch, daß wir sie als Verkehrsanschauung behaupten und zwar

Die Möglichkeit richtet sich nach uns.

mit einer Formulierung wie „nach der Auffassung der im Verkehr beteiligten Kreise und der allgemeinen Lebenserfahrung (...)". Jetzt können wir uns daran begeben, die Kriterien zu bestimmen, die Verkehr und Lebenserfahrung anwenden würden. Bei Briefkästen gilt folgendes:

So läuft's bei Post im Briefkasten.

Üblicherweise wird die Post bei uns zwischen 8.00 und 18.00 Uhr zugestellt. Das bedeutet, daß der Briefkasteneigner zwischen 8.00 und 18.00 auch die Möglichkeit der Kenntnisnahme erhält. Wenn also ein Brief irgendwann in dieser Zeitspanne in den Briefkasten eingeworfen wurde, dann ist er sofort zugegangen. Ein Brief, der um 15.00 Uhr eingeworfen wurde, ist also um 15.00 Uhr zugegangen. Andersrum geht ein Brief, der vor 8.00 oder nach 18.00 in den Briefkasten gelangt (durch Boten etc.), erst in dem Augenblick zu, in dem wieder mit der Kenntnisnahme gerechnet werden kann.

> ***Bsp.:*** Ein Brief wird um 20.00 Uhr eingeworfen. Zugang erst am nächsten Tag um 8.00 Uhr.
> Ein Brief wird um 7.00 Uhr eingeworfen. Zugang am selben Tag, aber erst um 8.00 Uhr.

Wenn die Post wirklich (noch) drin ist.

Diese beiden Beispiele setzen natürlich voraus, daß zum jeweiligen 8.00-Uhr-Zeitpunkt der Brief sich auch noch im Kasten befindet. Ist er aus irgendwelchen Gründen zwischenzeitlich von jemand anderem als dem Empfänger aus dem Kasten entfernt worden, liegt gar kein Zugang vor.

> ***Bsp.:*** T wirft eine Kündigung am 30.1. um 22.00 Uhr in den Briefkasten des E. Nachbar N, der spät am Abend nach Hause kommt, nimmt den Brief aus Versehen aus dem Kasten des E, weil sein Schlüssel zufällig auch paßt. Als er das Versehen bemerkt, beschließt er, den Brief am nächsten Tag persönlich vorbeizubringen. Er vergißt es aber und wirft, weil es ihm peinlich ist, den Brief später weg. - Kein Zugang.

Unter dem Eindruck dieser Ausführungen können wir uns jetzt der Lösung des Ausgangsfalles zuwenden (Briefkasten 9.00 / Widerruf 15.00). Wir wissen jetzt, daß es für den Zugang nur darauf ankommt, daß der Brief in den Briefkasten wandert und die gewöhnlichen Zeiten eingehalten werden. Für 9.00 Uhr können wir das bejahen, da sich dieser Zeitpunkt zwischen 8.00 und 18.00 Uhr befindet. Es folgt, daß der Brief um 9.00 zugegangen war, ein Widerruf um 15.00 folglich zu spät war, um diese Willenserklärung noch ihrer Wirksamkeit berauben zu können. Wir hatten mit der Formulierung oben so aufgehört:

> Fraglich ist allein, ob auch eine wirksame Annahme des K vorliegt. Bei der Annahme handelt es sich um eine empfangsbedürftige Wil-

lenserklärung, die - da sie in Abwesenheit des V abgegeben wurde - zu ihrer Wirksamkeit des Zugangs bei V bedarf.

Und machen jetzt so weiter:

V hatte den Brief am Abend um 20.00 Uhr gelesen, der Brief ist also jedenfalls zu diesem Zeitpunkt zugegangen. Nachdem K aber bereits um 15.00 Uhr telefonisch einen Widerruf erklärt hat, kann die Willenserklärung gemäß § 130 I S. 2 unwirksam sein. Dies setzt voraus, daß die Willenserklärung nicht schon vor 15.00 Uhr zugegangen ist. Denkbar ist hier, bereits im Einwurf in den Briefkasten einen Zugang zu sehen.
Eine Willenserklärung ist dann zugegangen, wenn sie in den Machtbereich des Empfängers gelangt ist und mit der Möglichkeit der Kenntnisnahme gerechnet werden konnte. Der Machtbereich des Empfängers umfaßt auch die zu diesem Zwecke aufgestellten Behältnisse, also insbesondere auch Briefkästen. Mit dem Einwurf um 9.00 morgens ist die Annahme des K also in den Machtbereich des V gelangt. Erforderlich ist daneben aber, daß die Möglichkeit der Kenntnisnahme bestand. Dies ist bei Briefkästen jedenfalls innerhalb der normalen Postzustellungszeiten anzunehmen. Der Einwurf geschah innerhalb dieses Zeitraumes, so daß auch die Möglichkeit der Kenntnisnahme vorlag.
Im Ganzen ist folglich festzuhalten, daß der Zugang bereits am Morgen um 9.00 Uhr erfolgte. Der Widerruf gemäß § 130 I S. 2 kam daher zu spät und kann das Wirksamwerden der Willenserklärung nicht mehr verhindern.
Damit liegen zwei übereinstimmende Willenserklärungen vor und der Kaufvertrag ist zustande gekommen. V hat folglich den geltend gemachten Anspruch aus § 433 II.

Wir könnten es uns eigentlich bereits anhand der wenigen bis hierhin gebrachten Beispiele denken: Es geht bei Fragen des Zuganges vor allem um zwei Bereiche; zum einen darum, *ob überhaupt* ein Zugang erfolgte, zum anderen um *Fristen*.

Die Probleme liegen deshalb bei den Fragen, ob ein Zugang erfolgt ist und ob innerhalb eventuell einzuhaltender

d. Todesfälle zwischen Abgabe und Zugang

Daß jemand ***vor der Abgabe*** einer Willenserklärung stirbt, mag vorkommen, ist klausurmäßig aber nicht sonderlich problematisch. Interessant wird es erst dann, wenn eine Willenserklärung abgegeben wurde und der Erklärende ***vor dem Zugang*** stirbt. Dann müssen wir uns überlegen, ob eine solche Willenserklärung noch wirksam werden kann.

Wichtig ist der Zeitpunkt, in dem jemand stirbt.

Bsp.: K bestellt bei V einen Videorecorder per Post. Am 1.2. gibt er das Bestellschreiben bei der Post auf. Am 2.2. stirbt er bei einem Verkehrsunfall. Am 3.2. geht das Schreiben dem V zu. V bestätigt sofort den Auftrag und versendet gleichzeitig einen Videorecorder mit Rechnung. Müssen die Erben zahlen?

Die Erben müssen über § 1967 haften.

Zunächst ein Blick auf die Fallfrage: Den Toten kratzt es natürlich wenig, was noch an Verträgen zustande kommt. Aber die Erben, die sind dran, vgl. § 1967. Zahlen müssen sie dann, wenn V einen Anspruch aus § 433 II hat. Das setzt einen Kaufvertrag voraus.

Fraglich kann dabei sein, ob eine wirksame Willenserklärung des K vorliegt. Zu prüfen ist, inwieweit es sich auswirkt, daß K nach der Abgabe seines Angebotes gestorben ist. Das BGB hat derartige Fälle in § 130 II geregelt. Danach ist der Tod nach der Abgabe für die Wirksamkeit der Willenserklärung unbeachtlich.

Lesen: § 130 II.

Das ist ein an sich einfach feststellbares Ergebnis. ***§ 130 II*** sagt ganz klar, was zu passieren hat. Da nunmehr eine Willenserklärung in der Welt ist, die Rechtswirkungen für und gegen die Erben entfaltet, haben jetzt aber auch die Erben die Chance, einen Widerruf zu machen. Versäumen sie dies, bleibt es bei einer wirksamen Willenserklärung. Hier liegt folglich ein wirksames Angebot vor.

Damit liegt ein wirksames Angebot vor. Fraglich ist aber, ob V dieses Angebot noch annehmen konnte.

Wenn mehr als einer mitspielt, ist § 130 II nicht immer ausreichend.

Wieso ist das fraglich? Nun, es sieht ja so aus, daß hier eine zwei- bzw. mehrseitige Rechtsbeziehung begründet werden sollte. § 130 II bezieht sich zunächst mal auf alle Willenserklärungen. Er muß also auch regeln, was mit einer Kündigung, einer einseitigen Willenserklärung also, passiert, wenn der Kündigende nach der Abgabe stirbt.

Kann man das Angebot eines Toten noch annehmen?

Bei einem Vertrag spielt aber mehr als einer mit. Wir müssen also überlegen, ob bei einem wirksamen Angebot auch noch ein Vertrag zustande kommen kann. Die Antwort auf dieses Folgeproblem eines Todesfalles gibt § 153. Diese Vorschrift steht im Gefüge der Normen, die sich unter der Überschrift *Vertrag* mit Angeboten (Anträgen) und Annahmen beschäftigen. Wir werden uns dieses Gefüge gleich noch näher ansehen.

Lesen: § 153.

§ 153 stellt klar, daß es für die Möglichkeit einer Annahme einerlei ist, ob der Antragende, derjenige also, der das Angebot gemacht hat, noch lebt oder nicht. Allerdings mit einer kleinen Einschränkung: Wenn ein anderer Wille des Antragenden anzunehmen ist, dann kann nach dem Tod nicht mehr angenommen werden. Eine vergleichbare Einschränkung wird uns in Kürze (bei der Stellvertretung, §§ 168, 672, vgl. Seite 145) noch beschäftigen, weshalb wir es hier erst einmal gut sein lassen. Kurz gesagt: Man kann also noch annehmen.

Kommt - wie hier - dazu, daß die andere Seite das Angebot auch wirklich annimmt, dann entsteht ein Kaufvertrag zwischen den Erben des K und dem V.

Wie die Regelung des § 153 zeigt, hängt dies allein davon ab, ob ein entgegenstehender Wille des Antragenden angenommen werden kann (wird man von der Interessenlage des Erben abhängig machen müssen). Dafür bietet der Sachverhalt hier keine Anhaltspunkte. Das Angebot des K hat V angenommen, so daß ein Kaufvertrag zustandegekommen ist. V hat daher die Ansprüche aus § 433 II.

Abschließende Bemerkung zu § 153: Er gilt natürlich auch, wenn der Antragende *nach dem Zugang* seines Angebotes stirbt. Nur brauchen wir uns dann *für den Antrag* nicht mehr mit § 130 II herumzuschlagen.

Hier nur § 153 ohne § 130 II.

Bsp.: K bestellt bei V einen Videorecorder per Post. Am 1.2. gibt er das Bestellschreiben bei der Post auf. Am 3.2. geht das Schreiben dem V zu. Am 4.2. stirbt K bei einem Verkehrsunfall. V bestätigt sofort den Auftrag und versendet gleichzeitig einen Videorecorder mit Rechnung. Die Erben des K müssen zahlen.

Abschließende Bemerkung zu § 130 II: Er gilt für *alle* Willenserklärungen, also auch für solche des Annehmenden. Nur brauchen wir uns dann nicht mehr mit § 153 herumzuschlagen.

Hier nur § 130 II ohne § 153.

Bsp.: K bestellt bei V einen Videorecorder per Post. Am 1.2. gibt er das Bestellschreiben bei der Post auf. Am 3.2. geht das Schreiben dem V zu. V bestätigt sofort den Auftrag und versendet gleichzeitig einen Videorecorder mit Rechnung. Am 4.2. stirbt (der Verkäufer) V bei einem Verkehrsunfall. Am 5.2. trifft der Videorecorder mit Bestätigung und Rechnung im Hause des K ein. K muß an die Erben des V zahlen.

Abschließende Bemerkung für ein Doppel-Kombi-Pack: Denkbar ist auch, daß wir zweimal § 130 II und einmal § 153 haben.

Hier zweimal § 130 II und einmal § 153.

Bsp.: K bestellt bei V einen Videorecorder per Post. Am 1.2. gibt er das Bestellschreiben bei der Post auf. Am 2.2. stirbt K vor seinem Fernseher. Am 3.2. geht das Schreiben dem V zu. V bestätigt sofort den Auftrag und versendet gleichzeitig einen Videorecorder mit Rechnung. Am 4.2. stirbt (der Verkäufer) V bei einem Verkehrsunfall. Am 5.2. trifft der Videorecorder mit Bestätigung und Rechnung im Hause des K ein. K´s Erben müssen an die V´s Erben zahlen.

e. Zugangsfristen

Einen Fall, in dem Fristen drinhängen, hatten wir oben schon angerissen. Es war das Beispiel, in dem eine Kündigung am 30.1. abends eingeworfen, dann versehentlich herausgenommen, aber nie ausgehändigt wurde. In diesem Beispiel kann die Kündigung auch nie Wirkung entfalten. Nun nehmen wir ein ähnliches Beispiel, um wenigstens einen Zugang zu haben.

> ***Bsp.:*** V macht K am 20.1. ein Angebot zum Kauf eines Autos für 1.000,-. Er befristet dieses Angebot bis zum 30.1. Am Abend des 30.1. um 22.00 Uhr wirft K seine Annahme in den Briefkasten des V. Drei Tage später steht er mit dem Geld vor V und verlangt Übereignung und Übergabe des Autos. V hat das Auto inzwischen anderweitig verplant und will nicht. Rechtslage?

K kann gegen V einen Anspruch auf Übereignung und Übergabe des Autos haben aus § 433 I 1. Dann muß ein wirksamer Kaufvertrag zwischen beiden geschlossen worden sein.

> Fraglich ist zunächst, ob ein wirksames Angebot des V vorlag. Für den 20.1. kann dies bejaht werden. Dieses Angebot nun muß K angenommen haben. K hat eine Annahme-Willenserklärung in den Briefkasten des V geworfen. Als Annahme von V´s Angebot kann dies aber nur dann gewertet werden, wenn die Willenserklärung dem V rechtzeitig zugegangen ist.

Ein Blick von § 145 - § 149.

Jetzt müssen wir kurz innehalten und uns einigen systematischen Überlegungen widmen. Dazu gehört als erstes ein Blick in die §§ 145 ff.

- ***§ 145*** bestimmt, daß der Antragende ***an*** seinen ***Antrag gebunden*** ist, es sei denn er hat es ausgeschlossen. Sinn dieser Vorschrift ist es, daß der Anbietende nicht auf einmal einen Rückzieher machen kann.

  Nun ist es aber wenig sinnvoll, diese Bindung auf ewig aufrecht zu erhalten.
- ***§ 146*** sagt daher, ***wie lange*** der ***Antrag bindend wirkt***: Bis zur Ablehnung oder bis zum Ablauf einer bestimmten Zeitspanne.
- ***§ 147*** regelt die Länge der Zeitspanne, wenn nicht ausdrücklich darüber geredet wurde: Bei Anwesenden und Telefonierenden kann nur sofort angenommen werden. Im übrigen werden *regelmäßige Umstände* als Kriterium verwandt. Dazu folgende Faustformel:

So lange dauert die Frist:

Die Frist für die Annahme eines Antrages ist gleich der Länge der Frist, die zwischen Abgabe und Zugang des Antrages liegt, zuzüglich einer angemessenen Überlegungsfrist.

Einmal hin + einmal zurück + Bedenkzeit.

Platter gesagt: Wenn ich das Angebot per Brief bekommen habe und ein Brief etwa 2 Tage Laufzeit hat, dann habe ich für die Annahme ebenfalls 2 Tage Zeit, zuzüglich einer Überlegungsfrist. Grundsätzlich ist also für die Annahme immer ein (mindestens) ebenso schnelles Beförderungsmedium zu wählen wie für das Angebot.

- *§ 148* eröffnet dem Anbieter die Möglichkeit, die Länge der Frist selbst zu bestimmen. Dann gilt auch nur noch diese Frist.
- *§ 149* schließlich regelt einen Fall, in dem an sich eine Verspätung vorliegt, in dem das Gesetz aber eine Rechtzeitigkeit ***fingiert***. Es heißt dort am Ende: *(...), so **gilt** die Annahme als nicht verspätet.* Hätte der Gesetzgeber gewollt, daß gar keine Verspätung vorliegt, hätte er geschrieben: *(...), so **ist** die Annahme nicht verspätet.*

aa. §§ 146, 148

Die für unseren Fall nötigen Normen kennen wir jetzt. Die Lösung dürfte damit nicht mehr schwer fallen. Wir hatten formuliert, daß die Willenserklärung des K nur dann als Annahme gelten kann, wenn sie rechtzeitig zugegangen ist. Diese Formulierung rechtfertigt sich aus den ***Folgen nicht rechtzeitiger Willenserklärungen***.

Eine verspätete Annahme ...

Gemäß § 146 ***erlischt*** nämlich ***der Antrag*** dann, wenn er nicht rechtzeitig angenommen wird. Damit stößt eine verspätete „Annahme" in's Leere: Es ist ja nichts mehr da, was angenommen werden könnte. Bei Licht besehen steht eine verspätete Annahme als ganz einsame Willenserklärung da. Da man ihr nun den Willen zum Vertragsschluß entnehmen kann, macht man aus dieser „Annahme" einfach ein Angebot.

... gilt als neues Angebot: § 150 I.

Der Unterschied zwischen Annahme und Angebot besteht ohnehin nur in der zeitlichen Reihenfolge. Und da jetzt diese Willenserklärung als einsame zugleich die erste ist, kann man sie auch Angebot nennen. Der Gesetzgeber hat diesen Fall in ***§ 150 I*** genau so geregelt.

Die Lösung des Falles macht keine großen Schwierigkeiten. Die Willenserklärung ist am Abend des 30.1. in den Machtbereich gelangt. Es war angesichts der späten Stunde aber erst am nächsten Morgen mit der Möglichkeit der Kenntnisnahme zu rechnen. Daraus folgt, daß die Willenserklärung auch erst an diesem nächsten Morgen zugegangen ist. Sie war daher verspätet. Die Formulierung könnte daher so lauten:

> (...) Als Annahme von V's Angebot kann dies aber nur dann gewertet werden, wenn die Willenserklärung dem V rechtzeitig zugegangen ist. Gemäß § 146 erlischt nämlich ein Antrag dann, wenn er nicht rechtzeitig angenommen wird. Die Länge der Frist bestimmt sich hier nach § 148. V hatte dem K eine Frist bis zum 30.1. gesetzt. In den Machtbereich des V ist die Willenserklärung des K zwar an diesem Tag gelangt, mit der Möglichkeit der Kenntnisnahme konnte aber erst für den

folgenden Tag gerechnet werden. Auch der Zugang ist daher erst am 31.1. erfolgt. Die Willenserklärung ist verspätet zugegangen. Gemäß § 150 I gilt eine verspätete Annahme als neuer Antrag. Dieser Antrag ist von V nicht angenommen worden. Es liegt folglich kein Vertrag vor. K hat keinen Anspruch aus § 433 I 1.

bb. §§ 146, 149

Wenn bei der Beförderung einer lahmt.

Nun nehmen wir an, es liegt eine Zustellungsverzögerung seitens der Post vor.

Bsp.: V macht K am 20.1. ein Angebot zum Kauf eines Autos für 1.000,-. Er befristet dieses Angebot bis zum 30.1. Am 21.1. wirft K seine Annahme in den Postbriefkasten. Der Briefkasten wird geleert, der Brief mit Datum vom 21.1. abgestempelt. Dann bleibt er infolge eines innerpostalischen Versehens liegen und wird erst am 1.2. bei V in den Briefkasten geworfen. Am 5.2. steht K mit dem Geld vor V, nachdem er zwischenzeitlich nichts gehört hat, und verlangt Übereignung und Übergabe des Autos. V hat das Auto inzwischen anderweitig verplant und will nicht. Rechtslage?

Immer mit der Norm einsteigen, die durch ihre Rechtsfolge dazu legitimiert!

Wir können den Einstieg relativ kurz halten. Er sieht genauso aus wie bei dem Fall davor. Insbesondere ist die Annahme auch hier verspätet. Fragen müssen wir uns jetzt aber trotzdem, ob ein Vertrag vorliegt. Der Blick richtet sich hier erwartungsfroh auf § 149. Und zwar ***beginnt man mit § 149 S. 2.*** Dieser nämlich enthält die Rechtsfolge der Vorschrift. Formulierungseinstieg:

(...) Der Zugang ist daher erst am 1.2. erfolgt. Die Willenserklärung ist also verspätet zugegangen. Fraglich ist allerdings, ob der Zugang hier nicht gemäß § 149 S. 2 als rechtzeitig gelten muß, mit der Folge, daß § 146 nicht zur Anwendung gelangt und das Angebot zum Zeitpunkt der Annahme nicht erloschen war.

Dann ihre Voraussetzungen prüfen.

Die Voraussetzungen der Rechtsfolgen stehen in § 149 S. 1. Die Willenserklärung muß so rechtzeitig abgesandt worden sein, daß sie eigentlich pünktlich hätte kommen müssen und dies muß dem Empfänger erkennbar sein. Bitte aufpassen: Es heißt nicht, daß der Empfänger das ***erkannt haben*** muß. Er hätte es nur ***erkennen müssen***. Diese Voraussetzungen liegen hier vor. Das Beispiel ist im übrigen so typisch, daß man fast von ***Poststempelfällen*** reden kann. Letztlich kann der Empfänger dann noch rauskommen, wenn er die Verspätung unverzüglich anzeigt (dazu auch die Übungsklausur im Anhang, insbesondere Seite 232).

Nachdem vorliegend der Poststempel hinreichend Auskunft darüber gab, daß der Brief 9 Tage vor Fristablauf abgeschickt worden war, hätte V erkennen müssen, daß es sich um ein Beförderungshindernis handelte. Er hätte daher die Verspätung unverzüglich anzeigen müssen. Da er dies nicht getan hat, liegen die Voraussetzungen des

§ 149 S. 1 vor, so daß die Annahme gemäß § 149 S. 2 als nicht verspätet gilt. Damit greift § 146 nicht und die Annahme des K bewirkt, daß ein Kaufvertrag zwischen ihm und V zustande gekommen ist. K hat damit die Ansprüche aus § 433 I 1.

f. Erklärungsboten und Empfangsboten

Niemand ist verpflichtet, seine Willenserklärungen schriftlich zu machen oder die schriftlich gemachten selbst zu überbringen. Jeder kann sich ohne weiteres auch eines menschlichen Sprachrohres dazu bedienen. Wenn jemand in dieser Funktion unterwegs ist, dann nennt man ihn einen ***Erklärungsboten***. Wir könnten ihn auch als menschlichen Brief bezeichnen. Die (mündliche oder schriftliche) Übergabe der Erklärung an den Erklärungsboten und das Fortschicken des Erklärungsboten stellen dann die ***Abgabe*** der Erklärung dar.

Menschliche Briefe und menschliche Briefkästen.

Niemand ist verpflichtet, einen Briefkasten zu haben. Jeder kann sich ohne weiteres auch einen Menschen in eine Loge setzen und ihn die hereinkommenden Erklärungen entgegennehmen lassen. Wenn jemand in dieser Funktion tätig ist, nennt man ihn einen ***Empfangsboten***. Wir könnten ihn auch als menschlichen Briefkasten bezeichnen. Die Entgegennahme einer (mündlichen oder schriftlichen) Erklärung durch den Empfangsboten bewirken den ***Zugang*** der Erklärung.

aa. Die Empfängerseite

Probleme entstehen jetzt zunächst mal auf der Empfängerseite. Wenn nämlich die Person auf der Empfängerseite die Erklärung verspätet oder falsch weitergibt, müssen wir uns fragen, wem dieser Fehler zugerechnet wird.

Wenn es nicht der Empfänger selbst ist, ...

Personen, die als Empfangsboten in Betracht kommen, müssen kein bestimmtes Alter aufweisen. Sie müssen insbesondere nicht geschäftsfähig oder beschränkt geschäftsfähig sein. Sie müssen aber ***nach der Verkehrsauffassung ermächtigt*** sein, Erklärungen entgegenzunehmen.

... muß der Empfangende nach der Verkehrsauffassung ermächtigt sein.

- Dies trifft insbesondere für ***Familienangehörige*** zu. Wenn ich also einen Brief an Vater, Mutter, Schwester, Bruder, Tochter, Sohn etc. des Empfängers aushändige, dann ist in diesem Augenblick der Brief zugegangen. Bei ***Lebensgefährten*** ist das Ganze etwas kniffeliger. Hier sollte man mal einen Blick auf die differenzierende Rechtsprechung des BGH werfen.

z.B. Familienmitglieder.

- Dies trifft insbesondere ***nicht für*** alle ***zufällig anwesenden Personen*** zu. Dabei kann man an Handwerker, Einbrecher,

Aber nicht: zufällig Anwesende.

Vollstreckungsbeamte etc. denken. In diesen Fällen geht eine Erklärung erst dann zu, wenn sie an den Empfänger ausgehändigt wird. Denkbar ist natürlich auch, daß der Handwerker einen Brief seinerseits in den Briefkasten wirft. Dann gilt der Normalkram wie oben.

Jeder ist für Fehler in seiner Empfangssphäre selbst verantwortlich.

Wenn wir jetzt davon ausgehen, daß die Person, der gegenüber wir die Erklärung abgeben, als Empfangsbote in Betracht kommt, lösen sich die Probleme verspäteter oder fehlerhafter Weitergabe von selbst. Grundgedanke dabei ist, daß der Empfänger für Fehlerfreiheit seiner ***Empfangssphäre*** selbst zu sorgen hat. Wir können schlicht feststellen, daß der Zugang einer Willenserklärung in dem Augenblick und mit dem Inhalt erfolgte, mit dem wir diese Erklärung an den Empfangsboten abgeben. Wenn wir den Empfangsboten schon als lebenden Briefkasten bezeichnet haben, dann können wir jetzt auch einen Schritt weitergehen: Es kommt nicht darauf an, wann dieser Briefkasten geleert wird und ob sich dabei ein Fehler einschleicht.

Bsp.: V bietet K ein Auto für 1.000,- zum Kauf an. Sie befristet das Angebot auf den 30.1. Am 30.1. nachmittags erklärt K dem Ehemann E der V mündlich, daß er das Angebot der V annehme. E, der noch sehr viel Spülarbeit vor sich hat, vergißt am Abend, die Annahme weiterzugeben, und richtet sie erst am nächsten Tag aus.

Hier ist die Erklärung des K der V rechtzeitig, §§ 146, 148, am 30.1. zugegangen. Der Fehler des E kann K nicht angelastet werden.

Bsp.: V will K ein Auto für 2.000,- zum Kauf anbieten. Er geht zur Wohnung der K und trifft dort nur den Ehemann E. Er erklärt ihm, daß er K ein Auto für 2.000,- verkaufen wolle. E bedankt sich artig, richtet aber am Abend völlig erschöpft ein Angebot über 1.000,- aus. K hocherfreut, da sie das Auto des V kennt, ruft V an und erklärt, sie nehme das Angebot an. Vertrag über 1.000,- oder 2.000,-?

Entscheidend ist, was für ein Angebot vorliegt. Von V erklärt wurde ein Angebot über 2.000,-. Diese Willenserklärung ist abgegeben worden und auch zugegangen. Der Fehler des E kann V nicht angelastet werden. Nachdem damit ein Angebot über 2.000,- im Raum steht, konnte auch nur ein solches über 2.000,- angenommen werden. K erklärt schlicht, sie nehme an. Ein objektiver Dritter in der Rolle des Erklärungsempfängers V kann daraus nur entnehmen, daß sie das Angebot 2.000,- annehme. Deshalb ist hier ein Vertrag über 2.000,- zustande gekommen. Der Vertrag ist natürlich anfechtbar. Aber darüber werden wir uns erst ein paar Kapitel später Gedanken machen (auf Seite 172).

Wir merken zunächst anhand dieser Fehler die Regel:

Deshalb diese Regel.

Fehler der Empfängerseite werden dem Empfänger zugerechnet.

bb. Die Erklärerseite

Aus dieser Regel für den Empfänger können wir unmittelbar noch eine weitere für den Erklärenden ableiten. Der Erklärende darf nicht besser stehen als der Empfänger. Das heißt, daß er sich die Fehler seiner Seite zurechnen lassen muß. Wenn also der Erklärungsbote zu spät oder das Falsche erklärt, dann ist die Erklärung zu spät oder mit dem falschen Inhalt erklärt worden.

Jeder ist für Fehler in seiner Erklärungssphäre selbst verantwortlich.

> ***Bsp.:*** V bietet K ein Auto für 1.000,- zum Kauf an. Sie befristet das Angebot auf den 30.1. Am 30.1. nachmittags erklärt K seinem Sohn S mündlich, daß er das Angebot der V annehme. S möge doch sogleich hinüberlaufen und V dies ausrichten. S, der mit seiner Motorradgruppe zunächst noch zum Tanztee gehen will, vergißt aufgrund der schönen Klänge und Rhythmen, die Annahme weiterzugeben, und richtet sie erst am nächsten Tag aus.

Hier ist die Erklärung des K der V zu spät, §§ 146, 148, am 31.1. zugegangen. Der Fehler des S muß K, kann V nicht angelastet werden.

> ***Bsp.:*** V will K ein Auto für 2.000,- zum Kauf anbieten. Er bittet seinen Sohn S, dies der K auszurichten. S, der schon in der Schule nie der Hellste war, wenn es um Zahlen ging, geht zu K und erklärt, sein Vater wolle das Auto für 1.000,- verkaufen. K hocherfreut, da sie das Auto des V kennt, ruft V an und erklärt, sie nehme das Angebot an. Vertrag über 1.000,- oder 2.000,-?

Entscheidend ist natürlich auch hier, was für ein Angebot vorliegt. Von V erklärt wurde ein Angebot über 2.000,-. Diese Willenserklärung ist abgegeben worden. Der K zugegangen ist aber ein Angebot über 1.000,-.

Wie die Regelung des ***§ 120*** zeigt, kann der Erklärende in diesen Fällen seine Erklärung anfechten. Das macht aber nur dann einen Sinn, wenn zunächst mal eine wirksame Willenserklärung des anzufechtenden Inhaltes vorliegt. Man kann aus § 120 also für den vorliegenden Fall den Schluß ziehen, daß das zugegangene Angebot über 1.000,- das wirksame ist, ansonsten muß V nicht anfechten.

Lesen: § 120.

Der Fehler des S muß V, kann K nicht angelastet werden. Nachdem damit ein Angebot über 1.000,- im Raum steht, konnte auch nur ein solches über 1.000,- angenommen werden. K erklärt schlicht, sie nehme an. Ein objektiver Dritter in der Rolle des Erklärungsempfängers V kann daraus nur entnehmen, daß sie das Angebot 1.000,- annehme. Was sich unser konkreter V dabei denkt, ist sein Problem und für den Inhalt nicht entscheidend. Deshalb ist hier ein Vertrag über 1.000,- zustande gekommen. Auch dieser Vertrag ist natürlich - wie gerade gezeigt - anfechtbar. Aber auch darüber werden wir uns erst ein paar Kapitel später Gedanken machen (auf Seite 172).

Deshalb diese Regel.

Wir formulieren daher anhand dieser Fehler die nächste Regel:

Fehler der Erklärerseite werden dem Erklärenden zugerechnet.

cc. Sonderproblem: Fehler des Erklärenden auf Empfängerseite

Ein Mix.

Schon diese Überschrift wirkt irritierend. Wie soll der Erklärende auf der Empfängerseite einen Fehler machen? Die Antwort ist beruhigend einfach. Wir werden sie uns am folgenden Beispiel ansehen:

> ***Bsp.:*** V will K ein Auto für 2.000,- zum Kauf anbieten. Er bittet den 4-jährigen Sohn S der K dies der K auszurichten. S, der mit Zahlen wenig anfangen kann, geht zu seiner Mutter K und erklärt, „Onkel V" wolle das Auto für 1.000,- verkaufen. K hocherfreut, da sie das Auto des V kennt, ruft V an und erklärt, sie nehme das Angebot an. Vertrag über 1.000,- oder 2.000,-?

Wenn wir uns jetzt schlicht auf den Standpunkt stellen, der kleine S sei der Empfangsbote der K, folglich sei ein Angebot über 2.000,- zugegangen und damit auch angenommen worden, lassen wir die besonderen Umstände dieses Falles außer Acht. Sicherlich ist S als Familienangehöriger grundsätzlich ermächtigt, Empfangsbote zu sein. Er könnte ja auch ohne Probleme etwa einen Brief zur Mutter bringen. Aber man muß auch sehen, daß kleine Kinder nicht immer alles auf die Reihe kriegen. Und das müssen nicht nur wir sehen, sondern das mußte auch V sehen. Wer sich dann einen ersichtlich ungeeigneten Empfangsboten aussucht, muß sich so behandeln lassen, als sei dieser sein Erklärungsbote. Die Regel daraus:

Wer sich den falschen Empfänger aussucht, hat falsch erklärt.

Ein ungeeigneter Empfangsbote wirkt wie ein Erklärungsbote.

Daraus ergibt sich dann eine brauchbare Lösung. Dann ist nämlich eine Erklärung über 2.000,- von V an S abgegeben worden. Zugegangen ist aber nur eine Erklärung über 1.000,-. Die Brücke zwischen beiden schlägt wieder § 120 mit seinen Rechtsgedanken. Die Folge ist wieder die, daß eine Willenserklärung über

1.000,- Wirksamkeit erlangt. Spätere Anfechtung nicht ausgeschlossen.

Wenn wir die drei bis hierhin aufgestellten Regeln zu einer allgemeinen zusammenfassen, könnte diese so lauten:

Deshalb diese „Superregel“.

> Fehler bei der Übermittlung von Willenserklärungen werden der Seite *desjenigen* zugerechnet, aus dessen ***Sphäre*** sie kommen.

dd. Sonderproblem: der Pseudobote

Daß ein Bote Fehler machen kann, auf der Empfänger-, wie auf der Erklärendenseite, haben wir gesehen. Die Fehler, die wir gesehen haben, waren aber alles mehr oder weniger ***gute Fehler***. Damit meine ich solche Fehler, die ***aus Versehen*** passiert sind.

Es gibt die Guten ...

Es gibt aber auch noch andere, ***böse Fehler*** nämlich. Unter solchen verstehe ich ein ***bewußtes Falschhandeln***.

... und die Bösen.

> ***Bsp.:*** V will K ein Auto für 2.000,- zum Kauf anbieten. Er bittet seinen Neffen N, dies der K auszurichten. N, der schon lange eine Gelegenheit gesucht hatte, sich an V wegen verschiedener Ungerechtigkeiten zu rächen, geht zu K und erklärt, sein Onkel wolle das Auto für 1.000,- verkaufen. K hocherfreut, da sie das Auto des V kennt, ruft V an und erklärt, sie nehme das Angebot an. Vertrag über 1.000,- oder 2.000,-?

Wir können argumentativ genauso vorgehen wie oben, denn entscheidend ist natürlich auch hier, was für ein Angebot vorliegt. Von V erklärt wurde ein Angebot über 2.000,-. Diese Willenserklärung ist abgegeben worden. Der K zugegangen ist aber ein Angebot über 1.000,-.

Oben hatten wir jetzt mit ***§ 120*** operiert, der zeigt, daß der Erklärende in bestimmten Fällen seine Erklärung anfechten kann. Das machte aber nur dann einen Sinn, wenn zunächst mal eine wirksame Willenserklärung des anzufechtenden Inhaltes vorliegt.

Nochmal lesen: § 120.

Fraglich ist jetzt aber, ob § 120 für solche Fälle überhaupt gilt. Die h.M. verneint dies (Palandt-Heinrichs, § 120 Rn. 4). § 120 gelte nur für *versehentliche* Übermittlungsfehler. Ich werde mich später noch dazu äußern (bei der Anfechtung, genauer: ab Seite 172), deshalb nehmen wir dieses Ergebnis hier einfach mal hin.

Der Fehler des N kann V damit nicht angelastet werden. Seine Willenserklärung ist sozusagen ersatzlos im Raum verschwunden. Die von N abgegebene Willenserklärung kann ihm nicht zugerechnet werden. Damit hat er auch gar kein Angebot gemacht. Wir erinnern uns: Zu einem Angebot gehört nicht nur eine Willenserklärung und deren Abgabe, sondern auch ein

Es fehlt an einem zurechenbaren Zugang.

lenserklärung und deren Abgabe, sondern auch ein ***zurechenbarer Zugang***. Und an dem fehlt es hier.

Der Pseudobote ...

Weil N nur so tut, als ob er als Bote käme, nennt man solche Leute ***Pseudoboten***.

... haftet wie ein Vertreter ohne Vertretungsmacht.

Nun wäre es für die andere Seite, hier also K, ein wenig blöd, wenn es dabei bliebe, daß es nichts gibt. Deshalb macht man den Pseudoboten wegen seines unbotmäßigen Verhaltens schadensersatzpflichtig. Man sagt, er haftet wie ein ***Vertreter ohne Vertretungsmacht***. Das kommt aber erst im nächsten Abschnitt (ab Seite 158). Wir müssen uns also noch etwas gedulden.

III. Was in diesem Abschnitt gebracht wurde

- Wir haben gesehen, daß es nicht allein damit getan ist, die Bestandteile einer Willenserklärung und das Fehlen von Geschäftsfähigkeitshindernissen festzustellen. Hinzu kommen muß, daß diese Willenserklärung auch abgegeben wurde und daß sie zugegangen ist.

- Die Definition von Abgabe lautete:

Abgabe: wissentliches In den Geschäftsverkehr bringen, so daß bei ungestörtem Geschehensablauf mit dem Zugang gerechnet werden kann.

- Die Definition von Zugang lautete:

Zugang: Einbringung einer Willenserklärung in den Machtbereich des Empfängers, wenn die Möglichkeit der Kenntnisnahme besteht.

- Bei der Abgabe haben wir uns mit dem Problem der ***Vertrauenshaftung*** beschäftigt. Dabei kam heraus, daß man sich nicht immer mit völligem Erfolg darauf berufen kann, daß man eine Willenserklärung doch gar nicht abgegeben habe.
- Beim Zugang ist auf den ***lebenden Briefkasten*** eingegangen worden. Die möglichen Fehler eines Boten wurden angesprochen, der ***Pseudobote*** vorgestellt.
- Für beides zusammen wurden die Gedanken einer ***Sphärenhaftung*** aufgeworfen. Dabei ging es darum, eine Entscheidung für die Fälle zu treffen, in denen der normale Ablauf durch das Verhalten einer Seite gestört wurde.

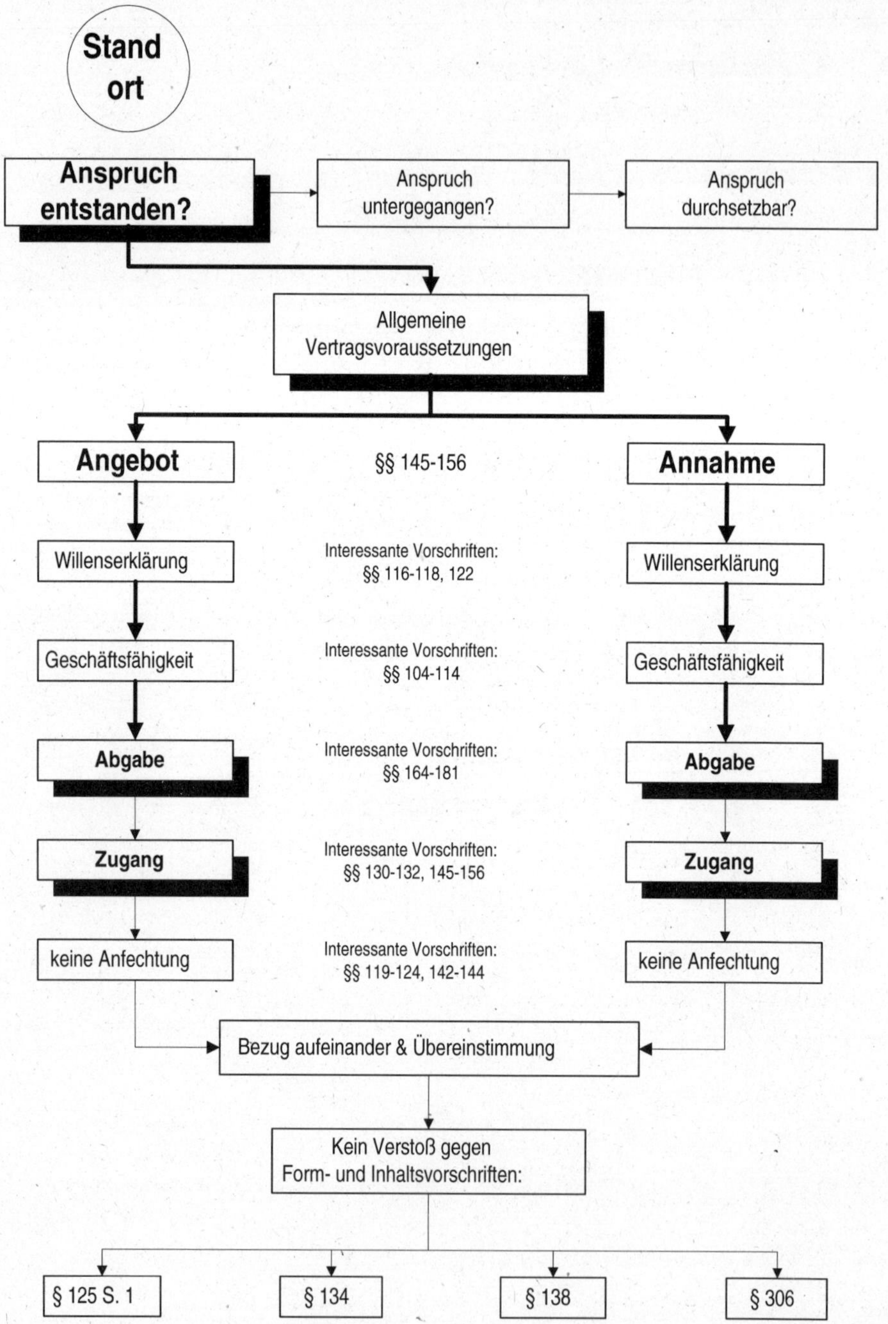
Stand ort
Anspruch entstanden?
Anspruch untergegangen?
Anspruch durchsetzbar?
Allgemeine Vertragsvoraussetzungen
Angebot
§§ 145-156
Annahme
Willenserklärung
Interessante Vorschriften: §§ 116-118, 122
Willenserklärung
Geschäftsfähigkeit
Interessante Vorschriften: §§ 104-114
Geschäftsfähigkeit
Abgabe
Interessante Vorschriften: §§ 164-181
Abgabe
Zugang
Interessante Vorschriften: §§ 130-132, 145-156
Zugang
keine Anfechtung
Interessante Vorschriften: §§ 119-124, 142-144
keine Anfechtung
Bezug aufeinander & Übereinstimmung
Kein Verstoß gegen Form- und Inhaltsvorschriften:
§ 125 S. 1
§ 134
§ 138
§ 306

H. Die Stellvertretung

I. Was in diesem Abschnitt gezeigt wird

Man kann nicht jeden Fehler selbst machen. Man braucht auch etwas Unterstützung. Wir werden uns daher im folgenden Kapitel mit den Regeln der Stellvertretung beschäftigen. Wir werden feststellen, daß eine wirksame Stellvertretung an drei Voraussetzungen hängt:

Hilfe muß sein.

- Abgabe einer ***eigenen*** Willenserklärung
- Handeln in ***fremden*** Namen
- Handeln mit ***Vertretungsmacht***.

Wir werden sehen, wie es sich auswirkt, wenn der Stellvertreter keine eigene Willenserklärung abgibt, was passiert, wenn er vergißt, in fremden Namen zu handeln, wenn er die nötige Vertretungsmacht noch nicht, nicht mehr oder gar nie hat. Wir werden natürlich auch sehen, mit welchen Formulierungen man in jede Stellvertretungsprüfung hinein- und wieder hinauskommt.

Zum Verständnis dieser Probleme ist ein Gesetzestext erforderlich, der die Vorschriften der §§ 164-181, weiter § 185 und schließlich §§ 672 und 674 enthält. Es sollte bekannt sein, woraus eine Willenserklärung besteht und daß man bei einer Willenserklärung zwischen Abgabe und Zugang unterscheiden kann.

Der Standort (siehe Ablaufplan links): Wir befinden uns immer noch bei der Frage, ob ein Vertrag zustande gekommen ist. Dazu benötigen wir zwei in allen Details wirksame Willenserklärungen, die man den potentiellen Vertragspartnern auch zuordnen kann.

Standort:

Wir blicken nach links.

II. Die Problemstellung

Der Punkt Stellvertretung in unserem Prüfschema gewinnt immer dann an Bedeutung, wenn Dritte auf den Plan treten, vor sich hin hantieren und dann die Frage auftaucht, wem das Handeln des Dritten zugerechnet werden kann.

Der „Dritte" taucht auf.

Das Problem der Zurechnung ist übrigens nicht allein bei der Stellvertretung relevant. Es gewinnt auch bei der p.V.V. (vgl. dazu § 278: Zurechnung fremden Verschuldens) und bei unerlaubten Handlungen (vgl. dazu § 831: Zurechnung eigenen (Auswahl-/Überwachungs-) Verschuldens) an Bedeutung.

Übrigens nicht nur bei der Stellvertretung.

Kommt man aber auch noch dazu, daß das Handeln des Dritten eine Willenserklärung darstellt, dann folgt, daß bei einer Zurechnung die Willenserklärung des einen rechtsgeschäftliche Wir-

Stellvertretung bedeutet: Zurechnung.

kung für den anderen zeigt. Und wenn das so ist, haben wir eine Stellvertretung.

Lesen: § 164.

Bevor wir aber wieder Angst bekommen, etwas lernen zu müssen, wollen wir lieber etwas lesen. Und zwar zunächst einmal § 164.

§ 164 Abs. 1 S. 1: Eine **Willenserklärung**, die jemand innerhalb der ihm zustehenden **Vertretungsmacht** im **Namen des Vertretenen** abgibt, wirkt unmittelbar für und gegen den Vertretenen.

Da steht schon alles drin.

Da steht alles drin, was wir brauchen. Nicht ganz in der prüfungstechnisch sinnvollsten Reihenfolge, aber immerhin. Wie man innerhalb des Vertretungsteils formuliert, steht übrigens erst etwas weiter unten (ab Seite 140). Vorher müssen wir uns einige Kenntnisse aneignen, ohne die wir gar nicht wüßten, worüber wir formulieren sollten.

1. Zulässigkeit der Stellvertretung

§ 1311.

Selbstverständliche Voraussetzung jeder Stellvertretungsprüfung ist, daß die Stellvertretung rechtlich zulässig ist. Wer sich nicht selbst in´s Standesamt traut und eine Freundin / einen Freund schickt, der bekommt mehr als ein Problem beim Abschluß des Vertrages, den die Ehe darstellt.

2. Die eigene Willenserklärung

Abgrenzung zwischen Stellvertretung und Botenschaft.

Zunächst einmal muß der Handelnde eine Willenserklärung abgeben. Und da fangen die Probleme bereits an. Man kann eine Willenserklärung nämlich auf zweierlei Weise abgeben. Einmal so, daß der Empfänger erkennt, daß es eine ***eigene*** Willenserklärung des Handelnden ist. Und einmal so, daß man deutlich merkt: Hier bringt einer nur die (fremde) Willenserklärung eines anderen. Den letzten Fall nennt man ***Botenschaft***. Entscheidend ist, wo die Willensbildung stattfindet. Und bei wem dies der Fall ist, beurteilt sich natürlich wieder aus der Sicht eines objektiven Dritten in der Rolle des Erklärungsempfängers.

Entscheidend: der Eindruck eines Entscheidungsspielraumes.

Als Abgrenzungskriterium darf der objektive Dritte sich der ***Formulierungen*** und des ***Gesamteindruckes*** bedienen. Eine typische Formulierung für die Botenschaft ist *Ich soll (...) kaufen*. Da merkt man so richtig den Druck vom daheimgebliebenen Haustyrannen. Eine typische Formulierung für die Stellvertretung ist dann demgegenüber *Ich will (...) kaufen, zeigen Sie mir mal Ihre Auswahl.* Mit dem letzten Wort ist auch das Stichwort für den Gesamteindruck gefallen. Solange der objektive Dritte erkennen kann, daß dem Gegenüber ein ***Entscheidungsspiel-***

raum zusteht, handelt es sich um Stellvertretung. Wenn dies nicht der Fall ist, um Botenschaft.

Nun könnte man sich auf den Standpunkt stellen, daß es einerlei sei, ob einer Person das Verhalten (Abgabe einer Willenserklärung) eines Dritten über die Regeln der Stellvertretung oder über die der Botenschaft zugerechnet werden. Wenn ich es hier nicht einerlei sein lasse, dann, weil es Gründe dafür gibt.

Warum ist die Differenzierung wichtig?

§ 165 stellt klar, daß ein beschränkt Geschäftsfähiger Willenserklärungen als Stellvertreter abgeben kann. Als Umkehrschluß folgt, daß ein ***Geschäftsunfähiger*** dies nicht kann. Der Grund hierfür liegt diesmal nicht darin, daß der Unfähige vor seinem eigenen Handeln geschützt werden soll: Eine entsprechende Willenserklärung wirkt ja ohnehin nicht für und gegen den Vertreter, sondern nur für und gegen den Vertretenen. Das ist es also nicht. Hier kommt der Gedanke in´s Spiel, daß Kinder unter 7 Jahren noch nicht genug Grips haben, um eine eigene Willensbildung zu vollziehen. [Eine Erwägung übrigens, die mir, seit ich eigene, kleine Kinder habe, nicht mehr wirklich einleuchtet.]

z.B. wegen der für eine Stellvertretung notwendigen Fähigkeiten.

Ein 6-jähriger kann also kein Stellvertreter sein. Aber Bote. Da der Bote nur die Willenserklärung eines anderen überbringt, muß man an seine Willensbildung keine übertriebenen Anforderungen stellen. Er ist quasi nur ein Sprachrohr. Zu den Fehlern, die bei zu jungen Boten passieren können, haben wir uns oben (s. Seite 126) schon geäußert.

(Nicht gegeben bei Geschäftsunfähigen.)

3. Das Handeln in fremden Namen

Der Vertreter handelt nicht für sich, sondern für einen anderen, den Vertretenen. Man nennt den Vertretenen auch den ***Geschäftsherrn***. Nun ist es so, daß man, wenn man einen Vertrag schließt, auch wissen möchte, mit wem man abschließt. Will daher der Handelnde nicht für sich, sondern für einen Geschäftsherrn handeln, muß er dies offenkundig machen. Das Prinzip des Handelns im fremden Namen heißt daher auch ***Offenkundigkeitsprinzip***.

Wie macht man´s offen?

Es gibt verschiedene Möglichkeiten, die Vertretung offenkundig zu machen. Man kann es ***ausdrücklich*** sagen:

Wie immer: Ausdrücklich ...

Bsp.: V will für G von K ein Auto kaufen. Er bietet daher „im Namen des G 10.000,-".

Es kann sich auch ***aus den Umständen*** ergeben. Das ist insbesondere dann der Fall, wenn z.B. aus der Umgebung und der so-

... oder konkludent.

zialen Rolle heraus klar ist, daß der Handelnde nicht für sich selbst handelt.

> ***Bsp.:*** Verkäuferinnen in Kaufhäusern verkaufen nicht für sich, sondern für das Kaufhaus. Einkäufer, die auf dem Briefpapier des Geschäftes im eigenen Namen unterzeichnen, kaufen nicht für sich ein, sondern für das Geschäft.

Lesen: § 164 I S. 2.

Die Umfeldkriterien (Geschäft, Briefpapier) werden von ***§ 164 I S. 2*** abgedeckt.

Was ist eigentlich mit § 164 II gemeint?

Hat der Handelnde es allerdings versäumt, seine Vertreterabsicht deutlich zu machen, gibt es also keine Umstände, die auf die Vertretung hindeuten, dann ist er selbst dran: Gemäß ***§ 164 II*** kommt der Mangel des Willens, für sich handeln zu wollen, nicht in Betracht. Mit dieser eigenartigen Formulierung ist zweierlei gemeint:

Der „Vertreter" wird Vertragspartei und kann das nicht mal anfechten.

- Das eine ist, daß der „Vertreter" selbst Vertragspartner wird.
- Und das andere ist für den verhinderten Vertreter vielleicht noch unangenehmer: Sein Willensmangel berechtigt ihn nicht dazu, seine Willenserklärung anzufechten. Damit hat er dann einen Vertrag am Hals. Er darf deshalb ***nicht anfechten***, weil es sich dabei um einen unbeachtlichen Motivirrtum handelt (dazu gleich genauer bei der Anfechtung, ab Seite 171).

a. Das Geschäft für den, den es angeht

Das Gfddea.

Von dieser Regel, daß im fremden Namen gehandelt werden muß, gibt es aber natürlich auch Ausnahmen. Der Hinweis auf den fremden Namen soll ja dem Schutz des Vertragspartners dienen. Wenn der diesen Schutz gar nicht haben will, dann muß man ihm den Schutz auch nicht aufzwingen. So ist es dem Inhaber der Gyrosbude herzlich egal, ob der Käufer sich oder andere vergiften will. In Fällen wie diesen spricht man von einem sog. ***Geschäft für den, den es angeht***. Diese Geschäfte liegen immer dann vor, wenn es um die sog. *Bargeschäfte des täglichen Lebens* geht.

Einmal Gyros/ Fritten rot-weiß.

Die sonstigen Voraussetzungen der Stellvertretung unterstellt, wird *derjenige* Vertragspartner, *für den* gehandelt wurde. Und zwar ohne, daß die Stellvertretung offengelegt wurde. Es ist also eine Durchbrechung des Offenkundigkeitsprinzipes.

b. Handeln unter falscher Namensangabe

Es geht aber - und das ist vielleicht noch interessanter - auch in die andere Richtung. Obwohl im fremden Namen gehandelt wurde, wird trotzdem der Handelnde berechtigt und verpflichtet.

Namen sind Schwall und Bauch.

> ***Bsp.:*** Politiker P beschließt, seine Berliner Runde in einer kleinen, gemütlichen Pension zu verbringen. Er will dort allerdings nicht alleine nächtigen, sondern sich die Zeit mit einer charmanten Kollegin K vertreiben. Sowohl er als auch seine Kollegin sind verheiratet. Aber nicht miteinander. Sie beschließen daher, gleichsam kontradiktorisch zur angestrebten Programmatik, sich unter dem Tarnnamen „Spröder" einzumieten. Aufgrund nachlässiger Schreibweise steht dann im Gästebuch „Schröder". Die Miete wird sofort bezahlt.

Privatrechtlich gesehen ist es dem Hotelier hier völlig egal, unter welchem Namen sich seine Gäste einmieten. Die moralischen Bedenken werden durch eine überhöhte Miete neutralisiert. Barzahlung von Miete ist übrigens ein typisches Zeichen, an dem man Terroristen erkennt. Wie man sieht, liegen zwischen manchen Welten nur kleine Schritte. Man spricht hier von ***Handeln unter falscher Namensangabe***.

Allein aufgrund des Umstandes, daß dort *Schröder* steht, wird aber selbstverständlich nicht irgendein Träger dieses Namens Vertragspartner, sondern allein der Handelnde. Dazu muß man nicht den Umweg über § 179 gehen, man kann dies ohne weiteres dem Parteiwillen entnehmen. Dem Namensträger ist damit auch die Möglichkeit verbaut, das Geschäft an sich zu ziehen, § 177. Aber zu diesen Thematiken (§§ 177, 179) kommen wir gleich noch (ab Seite 156). Davor etwas anderes.

Die *Person* wird Vertragspartner, nicht der *Name*.

4. Die Vertretungsmacht

a. Die gesetzliche Vertretungsmacht

§ 164 I S. 1 spricht davon, daß die Willenserklärung innerhalb der ihm (= dem Vertreter) zustehenden Vertretungsmacht abgegeben worden sein muß. Wir kennen dabei zwei wesentliche Fälle, in denen man an Vertretungsmacht drankommt. Einmal ist dies die Vertretungsmacht ***per Gesetz***. Ein andermal die Vertretungsmacht ***per Rechtsgeschäft***.

Zwei Wege, an Vertretungsmacht zu kommen:

Unter die Fälle der ersten Art ist z.B. die Vertretungsmacht der Eltern für ihre Kinder einzuordnen. Wenn wir dazu einen Ausflug in's finsterste Familienrecht, genauer: §§ 1626 I und 1629 I machen, dann sehen wir, daß § 1626 I den Eltern die elterliche Sorge zuweist (steht in der Klammer, das davor ist also eine Legaldefinition). § 1629 I erklärt die Vertretung des Kindes als von

... per Gesetz ...

der elterlichen Sorge umfaßt. Jetzt bitte noch kurz die Einschränkungen lesen: § 1643 i.V.m. §§ 1821, 1822.

Mit diesen Vorschriften haben wir den klausurwichtigsten Fall der gesetzlichen Stellvertretung auch bereits abgedeckt. Es gibt natürlich noch viele andere, aber wer die kennenlernen will, soll sich mit einem dicken Lehrbuch abquälen.

b. Die rechtsgeschäftliche Vertretungsmacht

... und per Rechtsgeschäft.

Die Fälle der gesetzlichen Vertretungsmacht sind aber in der Uni nahezu bedeutungslos gegenüber denen der rechtsgeschäftlichen. Wir müssen als erstes wieder eine Legaldefinition kennenlernen.

> ***§ 166 II:*** Hat im Falle einer durch Rechtsgeschäft erteilten Vertretungsmacht (Vollmacht) der Vertreter (...) gehandelt (...).

Sie heißt: Vollmacht.

Lesen: § 166 II.

Wenn ich sagte: Wir müssen kennenlernen, dann ist das natürlich so immer noch angenehmer, als müßten wir nicht kennen, sondern auswendig lernen. Wie man sieht, steht auch hier wieder alles im Gesetz. Die rechtsgeschäftliche Vertretungsmacht heißt ***Vollmacht***.

Scheint wichtig zu sein.

Ist wichtig.

Und wenn wir nun die folgenden Vorschriften überfliegen, sehen wir, daß ab § 167 bis einschließlich § 176 nur noch Vollmachtsvorschriften kommen. Schon zahlenmäßig kann man hier die Bedeutung dieses Prüfungspunktes sehen.

Wir können jetzt nach verschiedenen Stadien unterscheiden. Wie kommt man an die Vollmacht dran? Wie verschwindet sie wieder? Was passiert dazwischen? Und zuletzt: Was ist, wenn´s nie eine gegeben hat, aber alles glaubt, dies sei der Fall? - Viele Fragen.

aa. Die Entstehung der Vollmacht

Vollmachtserteilung ist Rechtsgeschäft.

Es handelt sich bei der Vollmachtserteilung um ein Rechtsgeschäft, hier in der Variante einer einseitigen Willenserklärung. Das steht in § 166 II S. 1. Es müssen also bei dieser Vollmachtserteilung zunächst einmal alle Bestandteile einer wirksamen Willenserklärung vorliegen (äußerer / innerer TB, obj. Dritter, Geschäftswille etc.). Der Bevollmächtigende muß natürlich geschäftsfähig sein, oder es muß sich um eine der Ausnahmen handeln, die oben unter dem Prüfungspunkt Geschäftsfähigkeit abgehandelt wurden (Prüfschema noch parat? - s.o. Seite 105)

Daß diese Willenserklärung abgegeben und zugegangen sein muß, ist klar. Ist aber im Normalfall auch nie problematisch.

Und jetzt geht es im eigentlichen Vollmachtsrecht weiter. ***§ 167 I*** erlaubt die Erteilung der Vollmacht an zwei verschiedene Seiten. Einmal an die Seite des Bevollmächtigten - das nennen wir ***Innenvollmacht***. Ein andermal an die Seite desjenigen, mit dem der Bevollmächtigte etwas tun soll - dies heißt dann sinnvollerweise ***Außenvollmacht***. (Das könnte uns übrigens strukturell an § 182 I erinnern.) Es versteht sich von selbst, daß dabei die lustigsten Probleme auftauchen können, wenn wir zwar eine Außenvollmacht, aber keine Innenvollmacht haben. Einen Fall dieser Art werden wir uns gleich ansehen; zuvor aber noch einige Informationen.

Es gibt eine Innenvollmacht und eine Außenvollmacht.

Lesen: § 167 I.

- Teilabstraktheit der Vollmacht

Wir müssen erst über das ***Abstraktionsprinzip*** sprechen. Wir wissen, daß es einen Unterschied gibt, zwischen dem sog. *Grundgeschäft*, bei dem nur Verpflichtungen begründet werden

Ein Grundgeschäft ist unabhängig (abstrakt) von ...

> ***Bsp.:*** Kaufverträge begründen Verpflichtungen zur Zahlung des Kaufpreises und zur Abnahme der Kaufsache einerseits und zur Übereignung und Übergabe der Kaufsache andererseits.

und dem sog. *Erfüllungsgeschäft*, bei dem die im Grundgeschäft begründeten Verpflichtungen erfüllt werden.

... einem Erfüllungsgeschäft.

> ***Bsp.:*** Die Übereignung der Kaufsache ist ein Rechtsgeschäft (Übereignungsvertrag + Übergabe), durch welches die entsprechende Verpflichtung erfüllt wird.

Dieser Unterschied bedeutet im Lichte des Abstraktionsprinzipes, daß die Wirksamkeit des einen Geschäftes von der des anderen unabhängig ist. Die Übereignung des Kaufpreises gemäß § 929 S. 1 ist also wirksam, unabhängig davon, ob auch der zugrunde liegende Kaufvertrag und der darauf gestützte Anspruch (§ 433 II) wirksam sind. (Die Details hierzu habe ich ausführlich in meinem Skript zum Schuldrecht AT erörtert.)

Unabhängig heißt, daß die Wirksamkeit des einen nicht von der des anderen abhängt.

Ein ähnliches Phänomen begegnet uns auch hier, bei der Vollmacht.

Jeder Vollmachtserteilung liegt normalerweise ein Rechtsverhältnis zugrunde, für dessen Ausführung die Vollmacht erteilt wird. Einfach so mit Vollmachten um sich werfen, ist ja nicht normal. Häufig findet sich z.B. ein Auftrag, § 662, als Basis. Wenn ich jemanden bitte, etwas für mich zu tun, dann muß ich ihm auch die Möglichkeiten schaffen, es zu tun. Wenn also jemand für mich etwas kaufen soll, dann muß ich ihn zum Abschluß eines entsprechenden Kaufvertrages bevollmächtigen.

Der Erteilung einer Vollmacht liegt auch ein Rechtsgeschäft zugrunde.

Häufig ein Auftrag.

Ähnlich verhält es sich mit Dienstverträgen, Geschäftsbesorgungsverträgen usw.

Wenn man nun diese beiden Vorgänge - Auftragsvertrag, § 662, auf der einen Seite, Vollmacht auf der anderen Seite - mit der Thematik des Abstraktionsprinzipes in Verbindung bringt, findet sich folgendes:

Dabei entsteht die Vollmacht sogar bei unwirksamem Auftrag wirksam.

In der Entstehung der Vollmacht ist die Vollmacht vom ***zugrundeliegenden Rechtsverhältnis*** unabhängig, abstrakt. Das bedeutet, daß eine Vollmacht auch dann zustande kommt, wenn der zugrundeliegende Auftrag platzt.

> ***Bsp.:*** Lehrer L bittet den 14-jährigen Schüler S, von den übrigen Schülern Geldzahlungen für eine Klassenfahrt einzusammeln. Die Eltern sind nicht damit einverstanden.

Hier kommt deshalb kein Auftrag, § 662, zustande, weil S erst 14 Jahre alt ist, vgl. §§ 2, 106, 107. Für die zugleich erteilte Vollmacht (in der Bitte enthalten), ist dies aber einerlei. Zum einen berührt die Minderjährigkeit des S die Vollmacht nicht (vgl. § 165), zum anderen wirkt das Abstraktionsprinzip.

Es sei denn, der Vollmacht läßt sich was anderes entnehmen.

Das gilt natürlich nur, wenn nicht aus der *Willenserklärung Vollmacht* im Wege der Auslegung, §§ 133, 157, etwas anderes entnommen werden kann. Wenn ich jemanden bitte, etwas für mich zu machen, dann ist damit im Wege der Auslegung auch zugleich klar, daß die Vollmacht nur bedingt für den Fall der Annahme erteilt wurde. Wenn der jetzt ablehnt, gibt´s auch keine Vollmacht.

Im Schülerfall ist dies übrigens deshalb relevant, weil S nach dem Einsammeln das Geld verliert und der Lehrer jetzt einen Nachschlag haben will. Da wird er Pech haben, weil S als sein Vertreter alle Forderungen per Erfüllung, § 362 I, zum Erlöschen gebracht hat. Der Lehrer kann sich höchstens noch an S halten. Und was das bringt, können wir uns denken.

So gesehen ist die Vollmacht abstrakt.

Es gibt - wenn wir es auf das zugrundeliegende Rechtsverhältnis beziehen - eine ***abstrakte Vollmacht? Nein:*** Haben wir nicht.

Da ist nämlich noch § 168 S. 1. Der sagt, daß mit dem *Erlöschen* des Grundverhältnisses auch die Vollmacht erlischt. Es gibt also eine ***abhängige Vollmacht? Nein:*** Haben wir auch nicht.

Lesen: § 168 S. 1.

Es ist wie in einer Beziehung:

Was wir haben, ist eine ***teilabstrakte Vollmacht***. Ohne § 168 S. 1, der einen Erlöschensgrund regelt, und die wollte ich doch erst im nächsten Abschnitt bringen, ohne § 168 S. 1 also näher erläutern zu wollen, kann man die Situation auf einen Punkt bringen:

Teilweise unabhängig.

In ihrer ***Entstehung*** ist die Vollmacht vom zugrundeliegenden Rechtsverhältnis unabhängig (abstrakt).

In ihrer ***Dauer*** ist sie abhängig. Wenn also schon mal ein Grundverhältnis da ist, dann klebt die Vollmacht auch dran.

Teilweise abhängig.

- Innen- und Außenvollmacht

Jetzt aber erst mal genug mit all dem und zunächst ein Fällchen in den Niederungen von Innen- und Außenvollmacht.

Bsp.: G möchte bei V ein Flugzeug für 1.000.000,- Festpreis kaufen. Er ist sich allerdings etwas unsicher, ob er den Zustand zutreffend beurteilen kann. Daher geht er wie folgt vor: Er ruft V an und teilt ihm mit, daß er den Luftfahrzeugmechaniker L bitten werde, an seiner Stelle zu V zu gehen und das Flugzeug zu überprüfen. Für den Fall, daß das Flugzeug in Ordnung sei, soll L es im Namen des G kaufen. G erklärt dem V gegenüber ausdrücklich, daß er dem L für diesen Fall Vollmacht erteile.
Als G aber L unter detaillierter Darlegung der Umstände, einschließlich des Telefonates, bittet, für ihn tätig zu werden, lehnt L dies ab. Er beschließt allerdings, sich das Flugzeug selbst einmal anzusehen. Bei V angekommen, befindet er es für einwandfrei und kauft es. Dabei finden Gespräche nur über den Zustand des Flugzeuges statt. L erklärt nicht, für wen er es gekauft hat. V stimmt dem Kaufangebot des L zu.
Am nächsten Tag erfährt G von diesen Vorgängen und verlangt Übereignung und Übergabe. Er ist der Ansicht, daß ein Vertrag nur zwischen ihm und V zustandegekommen sei. Rechtslage?

Wir werden uns diesen Fall in Ruhe zu Gemüte führen. Zunächst einmal ein Überblick über die ***Mitspieler***. Dort sind:

Sachverhalt analysieren:

G - potentieller Geschäftsherr / potentieller Käufer

Wer spielt mit?

V - Flugzeug-Verkäufer

L - potentieller Vertreter *oder* Käufer

Jetzt die möglichen ***Rechtsbeziehungen*** zwischen den Parteien:

Wie sind die potentiellen Rechtsbeziehungen?

G und V	§ 433 Flugzeug ./. 1.000.000,-
L und V	§ 433 Flugzeug ./. 1.000.000,-
G und L	Auftrag, § 662
G und L	Innen-Vollmacht, § 167 I 1.Alt.
G und L	Außen-Vollmacht, § 167 I 2.Alt.

In welcher Reihenfolge sind die Aktivitäten passiert?

Eine ***Zeittafel*** mit Datumsangaben können wir uns schenken, da der Sachverhalt insoweit keine Angaben enthält. Aber die ***Reihenfolge der Aktivitäten*** ist für den Überblick doch nicht uninteressant.

G erfährt von der Kaufgelegenheit.

G telefoniert mit V und erklärt, er bevollmächtige L.

G bittet L, für ihn zu kaufen.

L lehnt ab.

L geht zu V und macht ein Kaufangebot.

V nimmt das Angebot des L an.

Jetzt wird formuliert.

Damit können wir nun einmal ***die Formulierungen bei der Stellvertretung*** etwas genauer unter die Lupe nehmen. Zuerst kommt immer das übliche.

> G kann gegen V einen Anspruch auf Übereignung und Übergabe des Flugzeuges gemäß § 433 I S. 1 haben. Dann muß zwischen beiden ein Kaufvertrag dieses Inhaltes geschlossen worden sein.
> Ein Kaufvertrag besteht aus zwei übereinstimmenden Willenserklärungen, Angebot und Annahme, die mit Bezug aufeinander abgegeben wurden. Soweit es eine entsprechende Willenserklärung des V angeht, liegt diese vor. Fraglich ist allerdings, ob auch eine entsprechende Willenserklärung des G vorliegt.

Überlegung: wenn es einer selbst nicht getan hat, geht es nur über Zurechnungen.

Das sagen wir dem Leser.

Nach dieser Einleitung, die gebetsmühlenartigen Charakter hat, kommt der Stellvertreterteil. Für die Formulierung überlegen wir, daß ***G persönlich keine Willenserklärung*** abgegeben hat, die sich als Kaufvertragswillenserklärung ausdeuten ließe. Er wollte ja gerade solange nicht kaufen, wie er über den Zustand des Flugzeuges in Unkenntnis war. Eine (zweite) Willenserklärung der Art, wie wir sie für einen Kaufvertrag brauchen, hat hier nur einer abgegeben: L. Wir können einen Kaufvertrag also nur dann konstruieren, wenn wir die ***Willenserklärung des L dem G zurechnen***. Und eine solche Zurechnung wiederum geht nur ***über Stellvertreterregeln***. Das ist eigentlich alles. Das verpacken wir noch nett und dann kann´s weiter gehen.

> G selbst hat bei dem Vertragsschluß nicht gehandelt. Ein Vertrag zwischen ihm und V ist also nur dann zustandegekommen, wenn ihm das Handeln des L zugerechnet werden kann. Dies bestimmt sich nach Stellvertreterregeln. L muß also eine eigene Willenserklärung im fremden Namen (hier: des G) mit Vertretungsmacht (hier: für G) abgegeben haben.

„G selbst hat nicht gehandelt ...“

Dieser Einstieg (*G selbst* ...) paßt auf nahezu jede Stellvertreter-Prüfung. Es ist zwar etwas stupide, jede Prüfung dann auch damit zu beginnen, aber für den Anfang kann es nicht schaden. Im Grundsatz gilt hier dasselbe wie bei einer guten Rede: Der erste und der letzte Satz sollten stehen. Den Rest dazwischen kann man relativ frei machen. Es ist nämlich ausgesprochen unangenehm, nicht zu wissen, wie man rein- und wie man rauskommt. Es hinterläßt einen schlechten Eindruck. Und es kostet unnötige Klausurzeit. Der erste Eindruck entscheidet. Und der letzte bleibt.

Wenn wir den Fall jetzt weiter prüfen, begegnen uns anfangs keine Probleme.

L hatte aus der Sicht eines objektiven Dritten in der Rolle des Erklärungsempfängers V einen Entscheidungsspielraum bei der Frage, ob ein Angebot zum Kauf des Flugzeuges gemacht werden sollte oder nicht. Die aus diesem Spielraum geschöpfte Willenserklärung des L stellt sich also aus dieser Sicht als eine ***eigene Willenserklärung*** des L dar.

Jetzt kommen die Probleme, wegen derer es hier interessant ist.

Fraglich ist allerdings, ob L ***im fremden Namen,*** hier im Namen des G gehandelt hat. Auch in wessen Namen jemand handelt, bestimmt sich aus der Sicht eines objektiven Dritten in der Rolle des Erklärungsempfängers V. Ausdrücklich hat L überhaupt nichts gesagt. Es sind aber auch die Umstände heranzuziehen, unter denen die Willenserklärungen abgegeben wurden. V ist durch den Telefonanruf über die Kaufabsichten des G informiert worden. Er ist weiter davon in Kenntnis gesetzt worden, daß G nicht selbst kommen wolle, sondern einen Vertreter entsenden werde, den L. *Ein objektiver Dritter in seiner Rolle* kann dem Verhalten des L daher nur entnehmen, daß dieser im Namen des G auftritt. Die Umstände führen hier also dazu, daß ein Handeln im Namen des G vorliegt.
Daneben muß L aber auch ***im Rahmen einer Vertretungsmacht*** gehandelt haben. In Betracht kommt hier eine rechtsgeschäftlich erteilte Vertretungsmacht, eine Vollmacht. Diese kann zum einen im Innenverhältnis zwischen L und G begründet worden sein, als G den L darum bat, für ihn tätig zu werden, sog. ***Innenvollmacht***.
Es handelt sich bei dieser Bitte um ein Angebot zum Abschluß eines Auftragsvertrages, § 662. Diese Bitte hat L abgeschlagen, das entsprechende Angebot, § 145, ist danach erloschen, § 146. Nun kann man aber zwischen dem Auftrag, der nur die Verpflichtung des L zum Tätigwerden regeln sollte, auf der einen Seite und der Vollmacht, die L auch die entsprechenden Befugnisse verleihen sollte, auf der anderen Seite unterscheiden. Grundsätzlich ist das eine in der Entstehung seiner Existenz von dem anderen unabhängig. Im Wege der Auslegung ergibt sich hier aber, daß G nur dann eine Vollmacht erteilen wollte, wenn L sich zugleich bereit erklärte, den Auftrag durchzuführen. Nachdem dies nicht geschehen ist, liegt auch keine Vollmacht im Innenverhältnis vor.

Wie man sieht, muß man an dieser Stelle darauf abstellen, was sich G *in dem Augenblick* gedacht hat, als er L bat, für ihn zu

Wichtig: Der Zeitpunkt entscheidet.

handeln. Daß es ihm später ganz angenehm wäre, wenn L Vertretungsmacht hätte, ist eine ganz andere Sache. Im Zeitpunkt direkt nach seiner Bitte jedenfalls wird er sich - objektiv gesehen - gedacht haben: Dann eben nicht. Aber das war ja auch nur der Anfang.

Es kann aber zum anderen eine Vollmacht gemäß § 167 I 2.Alt. vorliegen, sog. ***Außenvollmacht***. Dann muß G die Bevollmächtigung des L einem Dritten gegenüber erklärt haben, mit dem das Rechtsgeschäft abgeschlossen werden sollte. G hat V gegenüber erklärt, daß L berechtigt sei, in seinem (des G) Namen mit V einen Vertrag zu schließen. Die Voraussetzungen des § 167 I Var. 2 liegen damit zunächst vor.
Fraglich ist allerdings, ob sich an dieser Bewertung etwas ändert, wenn man berücksichtigt, daß L den ihm bei der Erteilung dieser Außenvollmacht zugedachten Auftrag nicht ausführen wollte. Diesen Fall regelt **§ 170**, der insoweit eine Abweichung von der Regel des § 168 S. 1 enthält: Die Vollmacht bleibt dem Dritten gegenüber solange in Kraft, bis ihr Erlöschen diesem Dritten gegenüber durch den Vollmachtgeber angezeigt wird. Dies ist vorliegend nicht geschehen. L hatte damit zum Zeitpunkt seiner Willenserklärung immer noch Vertretungsmacht. Da er den dabei vorgegebenen Rahmen nicht überschritten hat, liegen nunmehr alle Voraussetzungen des § 164 I vor.
Die Willenserklärung des L wirkt daher unmittelbar für und gegen G, sie wird G zugerechnet. Folglich liegen jetzt zwei übereinstimmende Willenserklärungen vor.

Und langsam wieder raus.

Mit diesen Ausführungen hat man das Schlimmste hinter sich. Was jetzt noch kommt, ist ein wenig Geplänkel, das man sanft auflösen kann.

Zu prüfen ist letztlich nur noch, ob die Willenserklärung des V dem G überhaupt zugegangen ist. Insoweit gelangt § 164 III zur Anwendung. Wenn eine wirksame Stellvertretung vorliegt, genügt der Zugang beim Vertreter. Die Voraussetzungen der Stellvertretung wurden oben bejaht, des weiteren ist die Willenserklärung des V dem L zugegangen. Damit gilt sie auch für G als zugegangen.
Es besteht damit ein Kaufvertrag zwischen G und V, und G hat einen Anspruch aus § 433 I 1 gegen V auf Übereignung und Übergabe.

Es gibt einen Unterschied zwischen einer Außenvollmacht und der Bekanntgabe einer Innenvollmacht.

Haben wir damit schon einen tiefen Blick in Innen- und Außenvollmacht geworfen, sollten wir nicht davor zurückschrecken, noch weiter vorzudringen. Es ist nämlich nicht immer einfach, abzugrenzen, ob jemand einem Dritten gegenüber erklärt, er bevollmächtigte hiermit einen Stellvertreter (***konstitutiv*** - grundlegend) oder ob er nur erklärt, er habe einen Stellvertreter bevollmächtigt (***deklaratorisch*** - erklärend). Der Unterschied ist nur ein kleiner.

- Im letzten Fall ist die eigentliche Bevollmächtigung bereits vorher passiert. Ich sage es meinem potentiellen Vertragspartner nur etwas später.

- Beim anderen Fall ist bis zu meiner Erklärung noch überhaupt nichts passiert. Hier wird gerade erst durch dieses Gespräch der Stellvertreter bevollmächtigt.

Wir können damit also unterscheiden zwischen der eigentlichen ***Bevollmächtigung durch Erklärung einem Dritten gegenüber*** und der bloßen ***Kundgabe einer Bevollmächtigung***.

Es ist kaum zu glauben, wie kleinkariert wir Juristen sind. Wir Rechtsanwender-Juristen müssen es aber diesmal sein, weil unsere Vorgänger, die Rechtsbastler-Juristen, es auch waren. Sie unterscheiden nämlich im Gesetz, genauer bei den ***§§ 170 und 171***. Das führt uns dann auch nahtlos zu unserem nächsten Thema: der Lust am Untergang.

Wir brauchen das. Wegen §§ 170, 171.

Wir merken allerdings auf dem Weg ***vor:***

1. Die Vollmacht ist ein Rechtsgeschäft, eine Willenserklärung.
2. Die Vollmacht ist teilabstrakt.
3. Es gibt Innen- und Außenvollmacht.
4. Wir beginnen jede Stellvertretung mit den Worten: Der Geschäftsherr (G) selbst hat nicht gehandelt ...

bb. Der Untergang der Vollmacht

Die ***Vollmacht*** ist ***eine Willenserklärung***. Man kann sie selbstverständlich - wie (fast) jede Willenserklärung - auch unter einer ***Bedingung*** erteilen oder sie ***befristen***. Wir lesen hierzu einfach mal die §§ 158 und 163, die wir etwas weiter unten (ab Seite 194) noch ausführlicher behandeln werden.

Eine Vollmacht kann durch Bedingung oder Befristung untergehen.

> ***Bsp.:*** G erteilt S eine Vollmacht über den Zeitraum von 6 Monaten (Befristung).
> ***Bsp.:*** G erteilt S eine Vollmacht, für ihn Autos zu verkaufen, bis alle vorrätigen Pkw verkauft sind (hier: auflösende Bedingung).

Man kann die Vollmacht ***inhaltlich begrenzen***. Man kann auf sie ***verzichten***.

Sie kann inhaltlich begrenzt sein. Verzicht kann vorliegen.

> ***Bsp.:*** G erteilt S eine Vollmacht zum Autokauf, wobei er als Maximalpreis 10.000,- nennt.
> ***Bsp.:*** G erteilt S eine Vollmacht zum Autokauf, wobei er als Maximalpreis 10.000,- nennt. Nachdem S innerhalb dreier Wochen kein entsprechendes Fahrzeug gefunden hat, erklärt er den Verzicht auf die Vollmacht.

In den ersten beiden Fällen (Bedingung, Befristung) geht die Vollmacht unter, wenn Fristablauf erreicht ist, wenn eine auflösende Bedingung eingetreten ist. Im dritten Fall (Begrenzung) geht die Vollmacht nicht eigentlich unter, wenn S über die Stränge schlägt und 20.000,- bietet, die Wirkung ist aber die, als wäre keine Vollmacht da. Im 4. Fall (Verzicht) ist nach dem Verzicht keine Vollmacht mehr da.

Widerruf und Kündigung.

Man kann die Vollmacht ***widerrufen*** (§ 168 S. 2). Man kann das ***Grundverhältnis kündigen***. Beides führt zum Erlöschen der Vollmacht. Das erste direkt, das zweite über § 168 S. 1.

Der Bevollmächtigte kann sterben.

Und dann kann der ***Bevollmächtigte sterben*** oder ***geschäftsunfähig werden***. Im Falle des Todes geht die Vollmacht nicht auf die Erben über: Eine Vollmacht ist Vertrauenssache. Und bei Geschäftsunfähigkeit steht § 165 im Weg.

Allerdings gibt es dabei Konstellationen, in denen die Wirkung des Wegfalls der Vollmacht nicht ganz so ist, wie der Vollmachtsgeber sich das gedacht hat.

cc. Die Fiktion der Vollmacht - § 169 und § 674

Fortwirkungen.

Fangen wir oben an, lesen wir als erstes § 169. Dort steht etwas von ***Fortwirkung***. Gemeint ist folgender Fall:

> ***Bsp.:*** Der gelähmte G bittet S, für ihn einen neuen Rollstuhl zu kaufen. Er bevollmächtigt ihn ausdrücklich zum Kauf bis 1.000,-. Während S am 1.4. die verschiedenen Läden abklappert, verstirbt G um 12.00 Uhr. Um 14.00 findet S bei V ein hübsches Modell für 800,- und kauft es namens des G.
> Der Erbe des G (der einzige Sohn) E weigert sich, den Rollstuhl abzunehmen und zu bezahlen. Muß er?

Beginn wie immer: Er muß, wenn V einen Anspruch gegen ihn hat. Ein solcher Anspruch kann nur aus einem Kaufvertrag, § 433 II, herrühren. Nachdem E auf keinen Fall selbst gehandelt hat und auch weiter keine Stellvertretung begründet haben kann, kommt nur die ***Konstruktion einer Stellvertretung kraft Erbfalles*** in Betracht.

Achtung: Wenn überhaupt, ist hier *nur der Erbe* Vertragspartner geworden. Der Erblasser war zum Zeitpunkt des Vertragsschlusses bereits tot!

Dazu müssen wir dies wissen: Gemäß § 1922 I tritt der Erbe voll in die Position des Erblassers ein (sog. Gesamtrechtsnachfolge, lat.: Universalsukzession). Der Erbe haftet übrigens auch gemäß § 1967 I für die Schulden des Erblassers. Aber: In einem Fall wie hier kann es sich bei der Zahlungsverpflichtung aus § 433 II nicht um Schulden des Erblassers handeln, weil dieser bereits tot war, als der Kaufvertrag abgeschlossen wurde.

Wir müssen uns also überlegen, ob die Vollmacht des S, die dieser von G bekommen hatte, für und gegen E wirken kann. Dazu sollten wir zunächst feststellen, ob die Vollmacht zum Zeitpunkt des Vertragsschlusses überhaupt noch existiert. § 168 S. 1 bestimmt den Endpunkt des Grundverhältnisses auch zum Endpunkt der Vollmacht. Das Grundverhältnis hier ist ein Auftrag, § 662.

Ein Auftrag endet gemäß ***§ 672 S. 1*** im Zweifel *nicht* mit dem Tod des Auftraggebers. Der Erbe rückt im Zweifel gemäß § 1922 auch insoweit in die Stellung des Erblassers ein. Das bedeutet, daß dann der Erbe auf einmal in der Position des Auftraggebers steht. Jetzt aber noch mal § 672 S. 1: Der Auftrag endet im Zweifel nicht mit dem Tod des Auftraggebers. Das kann nach dem gerade Gesagten nur bedeuten: im Zweifel nicht mit dem Tode des *ursprünglichen* Auftraggebers.

Lesen: § 672 S. 1.

Aber nur ***im Zweifel*** nicht. Ein solcher Zweifel besteht dann nämlich nicht, wenn das Rechtsgeschäft, das auf der Basis des Auftrages durchgeführt werden sollte, nur für den Auftraggeber von Interesse, wenn es höchstpersönlich war.

Verstehen: was bedeutet im Zweifel?

Genauso verhält es sich hier: Mit dem Rollstuhl kann nur der Erblasser etwas anfangen, aber nicht der Erbe. Damit steht dann fest, daß der Auftrag gemäß § 672 S. 1 mit dem Tode des Auftraggebers erloschen war. Damit steht dann auch fest, daß der Erbe nicht zum Auftraggeber geworden ist. Und daraus könnte man weiter folgern, daß auch die Vollmacht hinüber war.

Es hängt vom Erben ab.

Könnte folgern heißt, daß man es hier nicht tut. Wer ein gutes Gedächtnis hat, mag sich noch an die Übersicht dieses Kapitels erinnern, in der die Normen angesprochen wurden, von denen ich sagte, daß wir sie hier gebrauchen würden. Eine davon war ***§ 674***. Diese Vorschrift ***schützt den ahnungslosen Beauftragten***. Und zwar schützt sie ihn vor den Folgen eines Handelns ohne Auftrag, das einem Handeln ohne Vertretungsmacht gleichkäme (§ 168 S. 1 und seine Folgen). Wer nämlich ohne Vertretungsmacht handelt, muß regelmäßig Schadensersatz leisten - § 179.

Der Beauftragte verdient Schutz.

Solange man aber als Vertreter nichts davon weiß, daß das Grundverhältnis weg ist, wäre das ungerecht. Aus diesem Grunde ***fingiert § 674 das Auftragsverhältnis*** als fortbestehend. Und wenn das Auftragsverhältnis als Grundverhältnis fortbesteht, dann besteht auch die Vollmacht fort. So einfach ist das. Eine bestehende Vollmacht wiederum wirkt ja nach (mindestens) zwei Seiten: Zum einen nach der Seite des Vertretenen, zum andern nach der des Vertragspartners. Dieser Vertragspartner ist, nachdem der Auftrag- und Vollmachtsgeber der Erste und der Bevollmächtigte der Zweite ist, der sog. Dritte. In unserem Beispiel

Lesen: § 674.

Eine Fiktion.

ist der Vertretene der Erbe (der Erste), der Vertragspartner der V (der Dritte).

Vollmachtsgeber (Geschäftsherr)	Beauftragter	Vertragspartner
Erster	***Zweiter***	***Dritter***

Lesen: § 169.

Wenn man jetzt in diesem Zusammenhang § 169 liest, wird man feststellen, daß genau dort von dem Dritten die Rede ist. § 169 spricht davon, daß gemäß § 674 die erloschene Vollmacht fortwirkt. Das ist natürlich so nicht richtig. Die Vollmacht wirkt - wie wir gerade gesehen haben - über §§ 674, 168 S. 1 fort. Und jetzt der ***Sinn des § 169***.

Auch der Dritte muß geschützt werden.

Der Bevollmächtigte ist nur der eine der geschützt werden soll. Der andere ist der Vertragspartner, der Dritte. Dieser Dritte soll auch die Verträge bekommen, die er abschließt. Immerhin glaubt er ja daran, daß der Vertreter darf, was er macht. Und er darf auch darauf vertrauen, wie wir wiederum aus der Schadensersatzregelung von § 179 entnehmen dürfen. Wenn der Dritte nun aber weiß, was Sache ist, wenn er also hier vom Tode des Auftrag- und Vollmachtgebers Kenntnis hatte, dann bedarf er dieses Schutzes nicht.

Wenn der Dritte alles weiß, brauchen weder der Vertreter noch der Dritte einen Schutz.

Das folgt aus § 179 III S. 1.

Die Konsequenz ist dann: Die Vollmacht ist dahin. Sie wirkt nicht mehr. Und jetzt die Krönung: Eben sagten wir, daß bei fehlender Vollmacht, der Handelnde, der Vertreter schadensersatzpflichtig würde. Kann das hier richtig sein? Nun, die Vollmacht wirkt ja (§ 169) nur deshalb nicht, weil der Dritte das Erlöschen kannte. Und in diesem Fall bestimmt § 179 III S. 1, der in seinem Absatz 1 die Schadensersatzpflicht begründet, daß der Vertreter nicht haftet.

Schönes Ergebnis. Aber reichlich viele Sprünge durch das BGB. Damit es klausurmäßig nachvollziehbar wird, ein ***Formulierungsbeispiel***.

Fraglich ist, ob zwischen E und V ein Kaufvertrag geschlossen wurde. (...) zwei übereinstimmende Willenserklärungen (...) Willenserklärung des V liegt vor (...) Problematisch ist insoweit, ob eine entsprechende Willenserklärung des E vorliegt. E selbst hat nicht gehandelt. Ein Vertrag zwischen ihm und V ist also nur dann zustande gekommen, wenn ihm das Handeln des S zugerechnet werden kann. Dies bestimmt sich nach Stellvertreterregeln. S muß also eine eigene Willenserklärung im fremden Namen mit Vertretungsmacht abgegeben haben.
S hatte aus der Sicht eines objektiven Dritten in der Rolle des Erklärungsempfängers V einen Entscheidungsspielraum bei der Frage, ob ein Angebot zum Kauf des Rollstuhls gemacht werden sollte oder nicht. Die aus diesem Spielraum geschöpfte Willenserklärung des S

stellt sich also aus dieser Sicht als eine ***eigene Willenserklärung*** des S dar.
S hat weiter im Namen des G, also im fremden Namen gehandelt. Fraglich ist nun, wie es sich auswirkt, daß hier nicht G, der zum Handlungszeitpunkt bereits verstorben war, sondern nur E als Vertragspartner in Frage kommt. Es liegt in Fällen wie diesem allerdings in der Natur der Sache, daß nicht im Namen des - wegen seines Erbencharakters potentiellen - Vertragspartners gehandelt wird, sondern im Namen des - tatsächlich - Verstorbenen. Von daher genügt es für das Erfordernis der Offenkundigkeit, daß der Vertreter den Namen des Verstorbenen offenlegt.
Letztlich muß S aber auch ***im Rahmen einer Vertretungsmacht*** gehandelt haben. Zwischen S und dem - verstorbenen - G ist ein Auftrag zustande gekommen. Kraft dieses Auftrages hatte G den S zugleich bevollmächtigt. Fraglich ist daher allein, wie es sich auswirkt, daß G zwischenzeitlich verstorben ist. Insoweit kann auch die Vollmacht gemäß §§ 672 S. 1, 168 erloschen sein.
Ein Auftrag besteht nach ***§ 672 S. 1*** nach dem Tod des Auftraggebers im Zweifel fort. Zweifel bestehen allerdings dann nicht, wenn die Eigenart des Auftrages eine Erfüllung nur für den Auftraggeber sinnvoll macht. S sollte hier einen Rollstuhl kaufen. Dies macht nur dann Sinn, wenn der Erwerber gelähmt ist. Vorliegend war allein der Auftraggeber G gelähmt. Eine Erfüllung ist daher nur an ihn sinnvoll. Daraus folgt, daß der Auftrag hier nicht fortbesteht, sondern beendet ist.
Eine Anwendung von §§ 672 S. 1, 168 würde aber dann scheitern, wenn ein Fall des ***§ 674*** vorläge. Dieser fingiert zum Schutze des Auftragnehmers den Auftrag dann als fortbestehend, wenn der Auftragnehmer vom Tod des Auftraggebers nichts wußte oder wissen mußte. Genauso liegt der Fall hier. S wußte nichts und konnte nach Lage der Dinge auch nichts vom Tod des G wissen. Der Auftrag gilt damit als fortbestehend. Nachdem G aber nunmehr tot ist, gilt der Auftrag als zwischen E und S bestehend fort.
Damit kommt insoweit auch § 168 S. 1 nicht zur Anwendung. Ein Vertragsschluß kann nunmehr allenfalls noch daran scheitern, daß die Vollmacht gemäß § 169 nicht zugunsten des V galt. Dies ist dann der Fall, wenn V um den Tod des G gewußt hätte oder darum hätte wissen müssen. Da auch dafür keinerlei Anhaltspunkte vorliegen, wirkte die Vollmacht auch noch nach dem Tode des G, also auch beim Vertragsschluß zwischen S und V.
S hatte damit die erforderliche Vertretungsmacht. Er konnte durch seine Willenserklärung einen Vertrag zwischen E und V schließen. V hat damit einen Anspruch aus § 433 II.

Wie man sieht, ist hier für das Problem wesentlich weniger zu schreiben als wir vorher besprochen haben. Das muß auch so sein. Eine Klausur dient nicht dazu, lehrbuchmäßig erworbene Kenntnisse voll und ganz zu reproduzieren. Sondern nur dazu, die Probleme aufzuwerfen und zu lösen. Dabei lassen wir es hier dann auch bewenden und begeben uns zur nächsten Norm. Und wieder geht es einfach nur der Reihe nach. Genauso wie hier würden wir es auch in einer Ernstfallklausur machen: Bei der Stellvertretungsprüfung geht es ***stur der Paragraphenreihe nach***.

Nicht zu viel auswendig lernen.

Besser: das Gesetz lesen!

- **§ 170**

Zunächst stellen wir fest, daß wir uns immer noch mit der Frage beschäftigen, was passiert, wenn die Vollmacht weg ist. Eigentlich hat der „Vertreter" dann auch keine Vertretungsmacht mehr. Aber nur eigentlich. Wie wir ja gerade bei § 169 schon gesehen haben, kann es auch anders kommen.

Erteilung und Widerruf sollten im selben Verhältnis erfolgen.

§ 170 basiert auf der Überlegung, daß man eine Vollmacht sowohl im Innen- als auch im Außenverhältnis zum einen erteilen, zum anderen widerrufen kann, §§ 167 und 168 S. 3. Im Normalfall sieht das dann so aus:

> ***Bsp.:*** G bevollmächtigt S, für ihn bei V ein Auto zu kaufen. Zwei Tage später überlegt er sich, daß ein Fahrrad besser wäre und teilt S mit, er widerrufe die Vollmacht.
> ***Bsp.:*** G erklärt V gegenüber, daß er S bevollmächtige, in Zukunft für ihn bei V zu kaufen. Zwei Tage später benachrichtigt er V, daß er (G) den S gekündigt habe und die Vollmacht widerrufe.

Schwierig wird es, wenn´s über Kreuz geht.

Es gibt aber auch Fälle, da geht das über Kreuz. Da wird im Innenverhältnis bevollmächtigt und im Außenverhältnis widerrufen. Oder umgekehrt. Es wird im Außenverhältnis bevollmächtigt und im Innenverhältnis widerrufen.

> ***Bsp.:*** G bevollmächtigt S, für ihn bei V ein Auto zu kaufen. Zwei Tage später überlegt er sich, daß ein Fahrrad besser wäre und teilt V mit, er widerrufe die Vollmacht, die er S gegeben habe.
> ***Bsp.:*** G erklärt V gegenüber, daß er S bevollmächtige, in Zukunft für ihn bei V zu kaufen. Zwei Tage später teilt er S mit, daß er ihm kündige und die Vollmacht widerrufe.

Problematisch: der abgedrehte Ex-Bevollmächtigte.

Solange sich jetzt alle dran halten, passiert gar nichts. Wenn aber der nicht mehr Bevollmächtigte ausklinkt, kommen die Probleme.

> ***Bsp.:*** G erklärt V gegenüber, daß er S bevollmächtige, ihn Zukunft für ihn bei V zu kaufen. Zwei Tage später teilt er S mit, daß er ihm kündige und die Vollmacht widerrufe. Trotzdem geht S zu V und kauft dort im Namen des G Waren im Wert von 1.000,-, die er auch sofort mitnimmt. Danach ward er nicht mehr gesehen. V verlangt nunmehr von G Zahlung von 1.000,-.

Zahlen muß G natürlich nur dann, wenn ein Vertrag zustandegekommen ist. Fraglich ist nur seine Willenserklärung. Er selbst hat nicht (...), S kann als sein Stellvertreter gehandelt haben. Eigene Willenserklärung, fremder Namen: kein Problem. Aber die Vertretungsmacht.

Die früher erteilte Vollmacht ist durch den Widerruf vom Tisch. Aber V weiß das nicht. Dabei hatte G gerade ihm gegenüber die Vollmacht erteilt. Deshalb darf man dem V auch nicht den Schwarzen Peter zuschieben. Er kann ja nichts dafür. Und so sieht das Gesetz das dann auch. § 170 verlängert die Wirkungsdauer der Vollmacht über ihr Erlöschen hinaus. Das ist an sich ziemlich bescheuert genug. Wenn etwas erloschen ist, kann es ja eigentlich keine Wirkung entfalten. Das kann man sich bei einem Feuer auch plastisch vorstellen: Eine erloschene Flamme wärmt nicht mehr.

Die Wirkung des Widerrufs ...

Aber der Gesetzgeber stellt einfach wieder einmal ***eine Fiktion*** auf. Er tut so, als ob die Flamme noch wärmt. Oder anders: Man tut hier so, als ob die Vollmacht noch besteht. Man macht dies allerdings nur zum Schutze des gutgläubigen Dritten, demgegenüber sie erteilt wurde. Das heißt, daß bei einer klausurmäßigen Prüfung der Prüfungspunkt Vertretungsmacht als vorliegend bejaht werden muß.

... wird per Fiktion außer Kraft gesetzt.

Der Auftraggeber hat mit der Erteilung der Vollmacht einem Dritten gegenüber den Schein erweckt, als bestünde die Vollmacht. Das stimmt auch so lange, bis sie im Innenverhältnis widerrufen wird. Danach ist es nur noch eine Scheinvollmacht. Da der Schein allein vom Gesetz, also vom Recht mit Wirkung belegt wird, spricht man insoweit auch von einer ***Rechtsscheinvollmacht***. Wenn der Schein aus irgendwelchen Gründen erkannt oder grob fahrlässig nicht erkannt wurde, dann kann sich der Dritte natürlich nicht darauf berufen. § 170 ist ja eine Schutzvorschrift. Wir lesen § 173.

Ein Rechtsschein leuchtet in dunkler Stellvertretungsnacht.

Klausurmäßig beginnt man mit der Frage, ob die Vollmacht gemäß §§ 168 S. 3, 167 erloschen ist, bejaht dies unter Vorbehalt (Formulierung: „an sich“), schwenkt dann auf § 170 über und stellt fest, daß dieser anders vorgeht. (***Formulierung:*** „Fraglich ist, ob sich an diesem Ergebnis etwas ändert, wenn man die Regelung des § 170 berücksichtigt.“)

- § 171 und § 172

Wir gehen immer noch genauso vor, wie wenn wir in einer Klausur die Probleme suchen und finden müßten: nach dem Gesetz.

§§ 171, 172 behandeln ***zwei weitere Fälle der Rechtsscheinvollmacht***. In beiden Fällen hat der Geschäftsherr den Rechtsschein einer Vollmacht gesetzt. In beiden Fällen stimmte das zunächst wohl auch, aber irgendwann dann nicht mehr. §§ 171 und 172 unterscheiden sich denn auch nur in der Art, wie der Rechtsschein gesetzt wurde. Bei § 171 gebe ich einem (oder ganz vielen) Dritten die Existenz einer Innenvollmacht kund, indem ich

Noch zwei Rechtsscheine.

es ihm (ihnen) mitteile. Bei § 172 geschieht derselbe Vorgang mittelbar, indem ich dem Bevollmächtigten eine Vollmachtsurkunde gebe und der läuft damit rum und zeigt sie allen. Es versteht sich, daß auch hier die - gutgläubigen, vgl. § 173 - Dritten geschützt werden müssen. Wer einen Rechtsschein setzt, muß ihn auch beseitigen. Tut er´s nicht, hat er die Folgen zu tragen.

Es geht um die Außenkundgabe einer Innenvollmacht.

Interessant dabei am Rande ein schon weiter oben angesprochenes Phänomen: § 171 spricht von der ***Kundgabe einer Innenvollmacht*** nach außen. Das ist etwas anderes als die ***Erteilung einer Außenvollmacht***. Bei § 171 muß es vorher eine Innenvollmacht gegeben haben; weiter war der Bevollmächtigte auch schon vor der Kundgabe bevollmächtigt. Bei der Außenvollmacht kann es durchaus sein, daß vorher keine Innenvollmacht bestand, daß der Bevollmächtigte erst durch die Kundgabe bevollmächtigt wurde. Die Rechtsfolgen sind aber wegen der Gleichschaltung von § 170 einerseits und § 171 andererseits identisch. Wir müssen diese Normen nicht vertieft behandeln. Insoweit genügt schlichtes Lesen. Wir haben Wichtigeres zu tun.

- Duldungsvollmacht

Neben der Rechtsscheinvollmacht gibt es noch weitere Fälle, in denen eine eigentlich nicht existente Vollmacht eine Wirkung entfaltet, die eigentlich nur einer existenten Vollmacht zukommt. Bedauerlicherweise stehen diese Fälle (wir werden die beiden wichtigsten kennenlernen) nicht im Gesetz. Hier ist also etwas, was man - ausnahmsweise - einmal *wissen* muß.

Der erste Fall ist der:

> ***Bsp.:*** G ist Inhaber eines Kaufhauses. Im Einkauf ist D beschäftigt. D hat die Aufgabe, die Bestellungen auf dem Briefpapier des G zu schreiben und sie dann dem G zur Unterschrift vorzulegen. Das geschieht anfangs auch wie geschildert. Nach und nach aber bläht sich D auf und unterschreibt die Bestellungen selbst. G sieht dies, ist damit nicht einverstanden, sagt aber zu D nichts und bezahlt alle eingehenden Rechnungen, die aus D´s Bestellungen resultieren, anstandslos. Als dann eines Tages V Bezahlung verlangt, verweigert G dies mit der Begründung, D sei gar nicht berechtigt gewesen, mit Wirkung für ihn (G) zu bestellen. Muß er bezahlen?

Es gab nichts und trotzdem wirkt was.

(Anders als oben.)

Problematisch ist hier allein die Frage, ob D mit Vertretungsmacht gehandelt hat. Daß er eine eigene Willenserklärung in fremden Namen (eigene Unterschrift, aber Briefpapier des G), abgegeben hat, ist klar. D wurde hier nie bevollmächtigt. Das ist auch der große ***Unterschied zur Rechtsscheinvollmacht*** der §§ 170-172. Während der Handelnde dort nämlich ursprünglich mal eine Vollmacht hatte, die dann nur weggefallen ist, fehlt es hier schon an jeder Ursprünglichkeit dieser Art.

Aber auch hier verdienen die Dritten, die Geschäftspartner des G, einen Schutz. Man hat daher die Figur der Duldungsvollmacht geschaffen. Dabei ist unstreitig, daß dadurch keine echte Vollmacht entsteht. Es bleibt dabei, daß die Vollmacht in Wirklichkeit fehlt. Man nimmt dem - vermeintlichen - Geschäftsherrn aber die Möglichkeit, sich auf das Fehlen zu berufen.

Anders formuliert: ***Der Geschäftsherr wird mit seiner Einwendung, es liege keine Vollmacht vor, nicht gehört.***

Wer duldet, der schuldet.

Wir müssen uns zu dieser ***Vorgehensweise*** vorstellen, daß ***im Zivilprozeß*** jede Partei die ihr günstigen Umstände vortragen muß. Nur das, was vorgetragen wurde, darf das Gericht für seine Entscheidung verwerten. Wenn V aus dem gerade gebildeten Beispiel also vor Gericht auf Zahlung des Preises klagt, dann muß er vortragen, daß ein Kaufvertrag vorliegt. Er darf dies natürlich nicht so pauschal behaupten, sondern muß etwas genauer werden. Er muß also seine eigene Willenserklärung ***darlegen*** und die des G (***Darlegungslast*** des Klägers). Bei der letzten kann er nur auf Stellvertreterregeln verweisen. Das wird er auch tun.

Kleiner Exkurs in den Zivilprozeß.

Sinnvoll für den Gewinn des Prozesses wäre es dann für G, wenn er ***bestreiten*** würde, daß die Vertretungsmacht bestanden hat. Das wäre deshalb sinnvoll, weil nicht bestrittene Tatsachen als zugestanden gelten (***Darlegungslast*** des Beklagten). Wenn G also nicht bestreitet, daß D Vertretungsmacht hatte, dann heißt das gleichzeitig, daß er zugibt, daß es so war. So etwas gilt natürlich nur für Tatsachenbehauptungen. Über Rechtsfragen können die Parteien so viel schwafeln wie sie wollen (und viele Anwälte tun dies allein dem guten Gefühl des Mandanten zuliebe über Gebühr ausführlich), die entscheidet allein das Gericht.

Man muß erst was vortragen, ...

Da nun jede Partei im Prozeß die ihr günstigen Voraussetzungen beweisen muß (sog. ***Beweislast***), ist V im Bestreitensfall gezwungen zu beweisen, daß D Vertretungsmacht hatte. Das würde ihm so, wie wir den Sachverhalt konstruiert haben, nicht gelingen.

... und später was beweisen.

Und genau da hebelt sich jetzt die Duldungsvollmacht in´s Spiel. Sie nimmt dem Geschäftsherrn die Möglichkeit zu bestreiten: Er wird ja mit seinem Einwand nicht gehört. Das bedeutet nach den gerade dargestellten Grundsätzen, daß sein Bestreiten nicht registriert wird, daß das Gericht davon ausgeht, daß er nicht bestreitet, daß er also zugibt.

Wirkung der Duldungsvollmacht.

Und das reicht dann für V aus, um den Prozeß zu gewinnen.

In einer Klausur würden wir feststellen, daß der Handelnde zwar keine Vertretungsmacht hatte, daß der Geschäftsherr sich nach den Regeln der Duldungsvollmacht aber nicht auf das Fehlen berufen darf. Jetzt fehlt aber noch eine Kleinigkeit. Und zwar die wichtigste. Wir haben ja noch gar nicht ***die Regel der Duldungsvollmacht*** genannt. Sie heißt so:

> ***Definition:*** Wer es duldet, daß eine Person ohne Vertretungsmacht in seinem Namen wie ein Vertreter Dritten gegenüber auftritt, und wer den Dritten gegenüber durch sein Verhalten den Eindruck erweckt, Vertretungsmacht dieser Person liege vor, darf sich auf das Fehlen der Vertretungsmacht nicht berufen, sog. ***Duldungsvollmacht*** (vgl. Palandt-Heinrichs, § 173 Rn. 11).

- Anscheinsvollmacht

So ähnlich wie die Duldungsvollmacht.

Abgehakt. Es bleibt noch der zweite Fall, der nicht im Gesetz steht. Wir hatten (im Gesetz) die Rechtsscheinvollmacht und (nicht im Gesetz) die Duldungsvollmacht. Die Anscheinsvollmacht klingt terminologisch fast genauso wie die Rechtsscheinvollmacht. Sie unterscheidet sich in ihren ***Voraussetzungen*** von dieser dadurch, daß bei ihr genau wie bei der Duldungsvollmacht nie eine wirkliche Vollmacht existiert hat.

> ***Bsp.:*** G ist Inhaber eines Kaufhauses. Im Einkauf ist D beschäftigt. D hat die Aufgabe, die Bestellungen auf dem Briefpapier des G zu schreiben und sie dann dem G zur Unterschrift vorzulegen. Das geschieht anfangs auch wie geschildert. Nach und nach aber bläht sich D auf und unterschreibt die Bestellungen selbst. G sieht dies nicht. Er merkt es aber an den eingehenden Rechnungen, die aus D´s Bestellungen resultieren. Er bezahlt diese Rechnungen anstandslos, ermahnt D aber ausdrücklich, sein Verhalten zukünftig zu unterlassen. Dies (Bestellungen und Ermahnungen) wiederholt sich etliche Male. Als dann eines Tages V Bezahlung verlangt, verweigert G dies mit der Begründung, D sei gar nicht berechtigt gewesen, mit Wirkung für ihn (G) zu bestellen. Muß er bezahlen?

Auch hier war nichts und jetzt ist was da.

Die Anscheinsvollmacht unterscheidet sich danach von der Duldungsvollmacht dadurch, daß bei der Duldungsvollmacht der Verpflichtete ***etwas*** gesehen hat und nicht dagegen eingeschritten ist, während bei der Anscheinsvollmacht der Verpflichtete ***nichts*** gesehen hat, es aber hätte sehen müssen. Die ***Rechtsfolge der Anscheinsvollmacht*** ist dieselbe wie die der Duldungsvollmacht: Der Verpflichtete wird nicht damit gehört, es läge keine Vertretungsmacht auf Seiten des Handelnden vor (vgl. zur Rechtsfolge auch BGHZ 86, 273, 275).

In unserem Beispiel müßte G also auch hier zahlen. Als Argumentationshilfe nur so viel: Wer merkt, daß ein Angestellter trotz mehrfacher Ermahnungen nicht davon abläßt, eigenständig den Vertreter zu mimen, kann nicht damit gehört werden, er habe nichts davon gewußt. Er hätte es dann nämlich wissen müssen.

Der Fehler liegt aber an einer anderen Stelle.

Die ***Regel der Anscheinsvollmacht*** unterscheidet sich daher auch nicht wesentlich von der der Duldungsvollmacht. Sie lautet:

> ***Definition:*** Wer es nicht bemerkt, daß eine Person ohne Vertretungsmacht in seinem Namen wie ein Vertreter Dritten gegenüber auftritt, obwohl er es hätte bemerken müssen, und wer den Dritten gegenüber durch sein Verhalten den Eindruck erweckt, Vertretungsmacht dieser Person liege vor, darf sich auf das Fehlen der Vertretungsmacht nicht berufen, sog. ***Anscheinsvollmacht*** (vgl. Palandt-Heinrichs, § 173 Rn. 14).

Salopp formuliert merken wir uns diese Unterschiede so:

Rechtsschein-VM: Es war mal was da, jetzt ist es weg und ich habe nicht dafür gesorgt, daß es jeder merkt.

Duldungs-VM: Es war nie was da, ich habe aber gemerkt, daß jemand tut, als sei was da, und ich habe nichts dagegen unternommen.

Anscheins-VM: Es war nie was da, ich habe auch nicht gemerkt, daß jemand tut, als sei was da, ich hätte es aber merken müssen.

- § 174

Da bemüht man sich die ganze Zeit, die Vertretungsmacht irgendwo herzubekommen, dann schafft man es möglicherweise auch irgendwie und dann kommt einem § 174 in die Quere. Bevor wir uns diese Vorschrift vertieft reinziehen, erst noch mal ein Versuch, übergreifendes Verständnis zu wecken.

Lesen: § 174.

Oben (ganz weit oben, S. 103) bei der Geschäftsfähigkeit hatten wir schon einmal eine Vorschrift, die dem § 174 ganz ähnlich konstruiert war. Wer die von selbst findet, darf zur Belohnung für heute Schluß machen. Der Rest muß § 111 lesen. Und zwar den dortigen Satz 2. Wenn wir diesen Satz 2 und § 174 S. 1 parallel nebeneinander lesen, werden wir Verblüffendes bemerken. Aber am besten, wir machen es einfach.

§ 111 S. 2	*§ 174 S. 1*
Nimmt der Minderjährige mit dieser Einwilligung ein einseitiges* Rechtsgeschäft einem anderen gegenüber vor,	Ein einseitiges Rechtsgeschäft, das ein Bevollmächtigter einem anderen gegenüber vornimmt,
so ist das Rechtsgeschäft unwirksam,	ist unwirksam,
wenn der Minderjährige die Einwilligung nicht in schriftlicher Form vorlegt	wenn der Bevollmächtigte eine Vollmachtsurkunde nicht vorlegt
und der andere das Rechtsgeschäft aus diesem Grunde unverzüglich zurückweist.	und der andere das Rechtsgeschäft aus diesem Grunde unverzüglich zurückweist.

Dann nehmen wir die jeweilig nächsten Sätze auch noch dazu.

Die Zurückweisung ist ausgeschlossen, wenn der Vertreter den anderen von der Einwilligung in Kenntnis gesetzt hatte.	Die Zurückweisung ist ausgeschlossen, wenn der Vollmachtgeber den anderen von der Bevollmächtigung in Kenntnis gesetzt hatte.

Die Parallelität beruht ...

Im Grunde steht damit in beiden Vorschriften das gleiche. Das ist auch naheliegend, ist doch auch die Ausgangssituation sehr ähnlich. Einmal ist es ein Minderjähriger, der der Legitimation (Einwilligung) für sein Handeln bedarf, einmal ein Vertreter (Vertretungsmacht).

Und bei beiden weiß man als Vertragspartner ja nicht, ob das stimmt, was die sagen. Und deshalb hat man es jeweils selbst in der Hand, die Ungewißheit zu beenden. Aus dieser Überlegung heraus erklärt sich auch der letzte Satz der jeweiligen Vorschrift. Wenn ich Bescheid weiß, muß ich auch keine Ungewißheit beenden.

... auf denselben Prinzipien.

Worauf es mir an dieser Stelle ankommt, ist nicht so sehr die Norm. Die ist gar nicht so schwer, man muß sie nur in Ruhe durchlesen. Viel wichtiger ist es zu erkennen, daß der Gesetzgeber immer dieselben Prinzipien verwendet. Hier zum Beispiel.

* Das steht so nicht im Gesetz, ergibt sich aber aus dem Zusammenhang. Ich manipuliere hier wegen der Parallelität.

Aber auch an anderen Stellen, die wir noch kennenlernen werden. Der Vorteil dieser Erkenntnis liegt auch darin, daß man nicht jedesmal von vorne lernen muß. Man kann aus der System(er)kenntnis heraus, ein (1) Wissen in verschiedenen Bereichen einsetzen. Und das ist ja nun wirklich bequemer.

- §§ 175 und 176

§ 175 erklärt sich von selbst. Er hat an dieser Stelle der Prüfung keine praktische Bedeutung.

Wir erinnern uns erneut: Wir prüfen, ob ein Vertrag zustande gekommen ist. Nachdem der eine Teil nicht selbst gehandelt hat, kann dies nur über Stellvertreterregeln geschehen sein. Dabei wird eine Willenserklärung zugerechnet.

Um all dies geht es in § 175 aber nicht. Hier steht eine ganz andere Rechtsbeziehung im Mittelpunkt, nämlich die zwischen Vollmachtgeber und Bevollmächtigtem. Dabei handelt es sich um eine Beziehung, die wir jetzt am Rande registrieren, aber mehr auch nicht. Soweit es um die Herausgabe von zur Verfügung gestellten Schriftstücken angeht, wollen wir der Parallelität halber noch einen kurzen Blick auf eine Norm im Schuldrecht werfen: auf § 371.

Aber dann reicht´s auch wirklich.

§ 176 schließlich gibt eine Möglichkeit, die Wirkung einer Vollmachtsurkunde, die ja auch nach dem Erlöschen der Vollmacht noch andauert (vgl. § 172), zu beseitigen. § 176 und § 172 II sind ein Pärchen.

c. Folgen fehlender Vertretungsmacht

Und es wird kommen der Tag, da wird sich ein großes Wehklagen erheben, und siehe, es ist der Tag, an dem wir feststellen, daß die Vertretungsmacht mit keinem noch so schäbigen Trick herbeizuzaubern ist. Sie ist einfach nicht da. Dann müssen wir überlegen, wie es weitergeht. Und wieder müssen wir nichts Neues lernen, sondern können uns behäbig auf Vertrautes zurückziehen. Wir lesen zuerst § 177 I und II.

Lesen: § 177 I und II.

Dann blättern wir ein paar Paragraphen zurück, lassen aber den Finger in den Seiten mit § 177 und lesen § 108 I und II.

Lesen: § 108 I und II.

Und zuletzt wird wieder vorgeblättert und erneut § 177 I und II gelesen.

Nochmal lesen:
§ 177 I und II.

aa. Die Eintrittsmöglichkeit, § 177

So. Spätestens jetzt muß es jeder kapiert haben. Was wir oben bei § 174 bereits festgestellt haben, wiederholt sich hier. Es grenzt schon fast an Faulheit, wie sich die Formulierungen wiederholen. Der Übersicht halber auch hier eine Gegenüberstellung.

§ 108 I	*§ 177 I*
Schließt der Minderjährige einen Vertrag ohne die erforderliche Einwilligung des gesetzlichen Vertreters,	Schließt jemand ohne Vertretungsmacht im Namen eines anderen einen Vertrag,
so hängt die Wirksamkeit des Vertrags von der Genehmigung des Vertreters ab.	so hängt die Wirksamkeit des Vertrags für und gegen den Vertretenen von dessen Genehmigung ab.

§ 108 II	*§ 177 II*
Fordert der andere Teil den Vertreter zur Erklärung über die Genehmigung auf, so kann die Erklärung nur ihm gegenüber erfolgen;	Fordert der andere Teil den Vertretenen zur Erklärung über die Genehmigung auf, so kann die Erklärung nur ihm gegenüber erfolgen;
eine vor der Aufforderung dem Minderjährigen gegenüber erklärte Genehmigung oder Verweigerung der Genehmigung wird unwirksam.	eine vor der Aufforderung dem Vertreter gegenüber erklärte Genehmigung oder Verweigerung der Genehmigung wird unwirksam.
Die Genehmigung kann nur bis zum Ablaufe von zwei Wochen nach dem Empfange der Aufforderung erklärt werden; wird sie nicht erklärt, gilt sie als verweigert.	Die Genehmigung kann nur bis zum Ablaufe von zwei Wochen nach dem Empfange der Aufforderung erklärt werden; wird sie nicht erklärt, gilt sie als verweigert.

Ein Eintrittsrecht.

Was soll ich dazu noch groß sagen, das spricht eigentlich für sich. Eine Kleinigkeit möchte ich allerdings anfügen. Die dem Vertretenen eingeräumte Möglichkeit, den Vertrag zu genehmigen, nennt man ***Eintrittsrecht***.

Aus der Parallelität der Vorschriftenkomplexe ergibt sich im übrigen auch noch eine gewisse Parallelität der Prüfschemata. Es handelt sich hier aber wohlgemerkt nur um dasselbe Prinzip, nicht um dieselbe Sache. Während nämlich hier bei der Stellvertretung ***der Vertretene*** die Sache ***für sich*** wirksam werden lassen kann, ist es bei der Minderjährigkeit ja so, daß dort ***der Vertreter*** die Sache ***für den Vertretenen*** wirksam werden lassen kann.

Zu allem Überfluß nun also abschließend noch eine Gegenüberstellung der daraus erwachsenden Prüfschemata.

Prüfschema Geschäftsfähigkeit*	***Prüfschema Stellvertretung***
1. Willenserklärung von beschränkt Geschäftsfähigem?	***1.*** Eigene Willenserklärung?
2. Lediglich rechtlich vorteilhaft?	***2.*** Im fremden Namen?
3. Wenn nein: Hat der gesetzliche Vertreter zugestimmt?	***3.*** Mit Vertretungsmacht?
a) Vorher (Einwilligung)	a) Vorher (Vollmacht)
• *Ausdrücklich, § 107*	• *Ausdrücklich, § 167 II S. 1*
• *Konkludent, § 107*	• *Konkludent, § 167 II S. 1*
• *mit Taschengeld, § 110*	• *Rechtsschein-VM, § 170-172*
	• *Duldungsvollmacht*
	• *Anscheinsvollmacht*
b) Nachher (Genehmigung, § 108)	b) Nachher (Genehmigung, § 177)

Das Ganze jetzt auch noch für § 109 einerseits und ***§ 178*** andererseits aufzurollen, dazu fehlt mir, ehrlich gesagt, die Lust. Ich will daher den Platz sinnvoller nutzen. Wer wissen will, wie § 178 aufgebaut wird, hat es leicht: Er sieht sich einfach meine Ausführungen zu § 109 an (auf S. 103) und macht es im übrigen wie der Gesetzgeber. Überall dort, wo *Minderjährigkeit* gemeint ist, denken wir uns Vertretungsmacht. Überall dort, wo vom *Minderjährigen* die Rede ist, denken wir uns den Vertreter. So einfach macht sich der Gesetzgeber das. Und wir uns auch.

Lesen:
§ 109 und § 178.

Und dann mal selbst schematisieren.

* Ausführlicher oben bei der Geschäftsfähigkeit (insbesondere auf Seite 105).

bb. Die Haftung des Vertreters ohne Vertretungsmacht

Jetzt kommt die Haftung des Dritten dazu.

Jetzt kommt ein Punkt, der nicht so recht in die Reihe dessen paßt, was wir die ganze Zeit erörtern. Wir prüfen ja, ob zwischen zwei Personen ein Vertrag zustande gekommen ist (vgl. den Ablaufplan, zuletzt auf Seite 130). Die Stellvertretung hilft uns dabei über die Schwierigkeit weg, daß eine dieser beiden Personen an diesem Vertrag selbst nicht mitgewirkt hat. Das bedeutet, daß es bislang immer nur um die Rechtsbeziehung zwischen diesen beiden Personen geht. Die beiden Personen sind dabei der Geschäftsherr (der Vertretene) und der Vertragspartner (der Dritte).

Wenn nun hier die Rede von der Haftung des „Vertreters" ist, dann geht es dabei nicht um diese beiden Personen, sondern nur um einen der beiden (den Vertragspartner) und dazu einen anderen (den Vertreter).

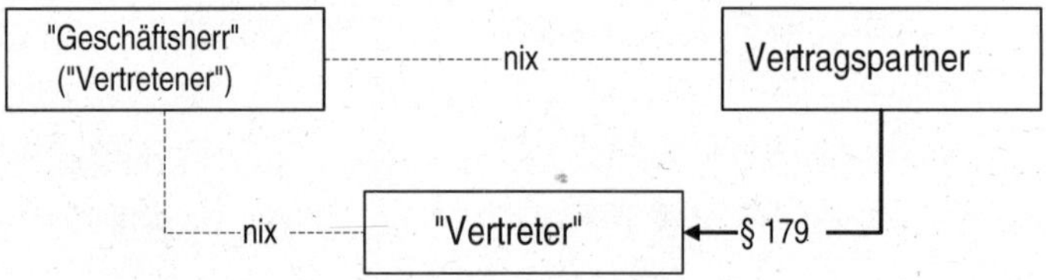

- § 179 I

Nach § 179 I hängt man *voll* in der Haftung.

Der Vertreter ist dabei in Wirklichkeit keiner, weil er ja keine Vertretungsmacht hatte. ***§ 179 I*** ist dabei ziemlich eindeutig: Wer es nicht schafft, einen anderen zu verpflichten, der verpflichtet sich selbst. Und zwar nach Wahl des Vertragspartners entweder zur Erfüllung oder zum Schadensersatz. Der Schadensersatz besteht dabei darin, den anderen so zu stellen, wie er gestanden hätte, wenn der Vertrag erfüllt worden wäre. Man nennt dies ***Erfüllungsschaden***. Platt gesagt handelt es sich dabei um das, was der Vertragspartner am Geschäft verdient hätte.

- § 179 II

Wichtig: § 179 II begrenzt die Haftung.

Hat der Vertreter von dem Mangel seiner Vertretungsmacht nichts gewußt, dann greift ***Abs. 2*** ein: Dann ist nur der ***Vertrauensschaden*** (negatives Interesse) zu ersetzen. Und auch der nicht über den Betrag hinaus, den der andere bei der Erfüllung des Vertrages als Verdienst gehabt hätte (Erfüllungsschaden = positives Interesse). Klingt kompliziert, ist aber ganz einfach.

Bsp.: V verkauft K im Namen des G ein Turnierkrokodil für 1.000,-. Das Krokodil war tatsächlich 1.200,- wert, was allen Beteiligten bekannt war. Die von G hierfür erteilte Vertretungsmacht war wegen einer für V unerkennbaren Geisteskrankheit des G nichtig (vgl. § 104, 105 I). Dies stellt sich heraus, als K erscheint, um das Krokodil abzuholen.
K hat folgende Aufwendungen gemacht, um das Krokodil abzuholen:
a. 100,- Fahrkosten
b. 200,- Fahrkosten
c. 300,- Fahrkosten

Vertrauensschaden ist der Schaden, der dadurch entstanden ist, daß der andere auf die Wirksamkeit des Vertrages vertraut hat.

Typischerweise sind das die ***Aufwendungen***, die man macht, um den Vertrag abzuwickeln, z.B. ***Portokosten, Telefonkosten*** etc. Im vorliegenden Fall sind dies nur die ***Fahrkosten***.

Vertrauensschaden kommt meistens ziemlich billig.

Der Vertrauensschaden beträgt damit im Falle
a. 100,-
b. 200,-
c. 300,-.

Erfüllungsschaden ist der Schaden, der dadurch entstanden ist, daß der Vertrag nicht erfüllt wurde.

Wäre der Vertrag hier erfüllt worden, hätte K in seinem Vermögen ein Minus von 1.000,- Kaufpreis gehabt. Dafür wäre ein Plus von 1.200,- Krokodilwert gegen zu rechnen. Unterm Strich ergibt sich dabei eine für K positive Differenz von 200,-. Dabei ist es einerlei, was aufgewandt wird.

Erfüllungsschaden ist meistens höher.

Der Erfüllungsschaden beträgt damit im Falle
a. 200,-
b. 200,-
c. 200,-.

Jetzt kommt die Berechnung dessen, was K verlangen kann. Wir hatten gesagt, den Vertrauensschaden, aber nicht mehr als den Erfüllungsschaden. ***Der Erfüllungsschaden begrenzt*** also ***den zu ersetzenden Schaden*** nach oben hin. Das ist eigentlich auch einleuchtend: Der andere Teil soll ja nicht bei der Nichterfüllung des Vertrages besser stehen als bei der Erfüllung. Die Formel lautet damit: Vertrauensschaden (maximal Erfüllungsschaden) = zu ersetzender Schaden.

Erfüllungsschaden begrenzt Vertrauensschaden.

Zu ersetzen ist hier also im Falle
a. 100,- (max. 200,-) = 100,-
b. 200,- (max. 200,-) = 200,-
c. 300,- (max. 200,-) = 200,-.

Das geht schon in Ordnung.

Irritieren kann nun höchstens noch, daß K im Fall c. auf 100,- als Kosten sitzen bleibt. Auch das ist aber gerecht. Hätte K nämlich das Krokodil bekommen, hätte er in seinem Vermögen ein Plus von 1.200,- gehabt. Dafür hätte er 1.000,- Kaufpreis zahlen müssen. Er hätte weiter aber noch 300,- Fahrkosten gezahlt. Im Ganzen hätte er damit 1.300,- aufgewandt. Unterm Strich hätte er damit auch ein Minus von 100,- gehabt. Das Minus hat damit nichts mit der mangelnden Stellvertretung zu tun.

- § 179 III

§ 179 III: gar keine Haftung.

Die Haftung ist ausgeschlossen, wenn der andere Teil wußte oder hätte wissen müssen, daß der Vertreter keine Vertretungsmacht gehabt hatte. Das ist eine reine Leseaufgabe, so daß wir dem Gesetz nicht Unnötiges (hin)zufügen wollen.

d. Pannen bei der Stellvertretung

Bei Pannen entscheidet grundsätzlich ...

Nun gibt es noch eine ganze Reihe Fälle, in denen bestimmte ***Kenntnisse oder Vorstellungen*** von Bedeutung sind. Zu denken ist etwa an den gutgläubigen Eigentumserwerb (vgl. dazu § 932 II), an die Möglichkeiten der Anfechtung (dazu gleich noch unten ab Seite 169), an den Ersatz von Vertrauensschaden (z.B. § 122). Wenn ein solcher Fall im Rahmen einer Stellvertretung anliegt, hängt es ganz entscheidend davon ab, *bei wem* die Kenntnisse oder Unkenntnisse vorliegen. Es gibt 4 Möglichkeiten: Entweder beim Vertreter oder beim Vertretenen, dann bei beiden, zuletzt bei keinem.

... das Innere des Vertreters.

Nachdem die Stellvertretung auf dem Zurechnungsprinzip basiert, gilt als Grundregel, daß immer das Innenleben des Vertreters den Ausschlag gibt.

aa. Die Kenntnisse des Vertreters, § 166 I

Steht sinngemäß in § 166 I.

Das Gesetz hat deshalb in § 166 I diese ***Grundregel*** normiert. Dabei differenziert diese Vorschrift zwischen Willensmängel (bei wem muß ein Irrtum vorliegen, wenn der Geschäftsherr anfechten will?) und Kenntnis bzw. Kennenmüssen (Wessen Kenntnis ist entscheidend, wenn es um Gutgläubigkeit und Vertrauen geht?).

Bsp.: G beauftragt seinen Vertreter V, für ihn ein Auto zu verkaufen. V geht zu K und verkauft diesem namens des G ein Auto. Im schriftlichen Kaufvertrag ist ein Betrag von 3.000,- genannt. V hatte sich aber unbemerkt verschrieben. In Wirklichkeit wollte er 3.500,- haben.

Hier ist die Anfechtung der Willenserklärung des V durch G möglich, da es für den Irrtum nur darauf ankommt, ob V sich geirrt hat. (Näheres zur Anfechtung gleich unten.)

Bsp.: G beauftragt seinen Vertreter V, für ihn ein Auto der Marke VW Golf ab Bj. 87 zu kaufen. Nähere Einzelheiten werden nicht genannt. V geht zu L und kauft von diesem namens des G ein Auto für 3.000,-. Das Auto gehörte nicht dem K, sondern dem E, der es dem L nur geliehen hatte. V war im Hinblick auf die Eigentümerstellung des L gutgläubig. G, der sich nicht weiter um die Sache gekümmert hatte, wußte, daß L überhaupt kein eigenes Auto hatte, sondern einen Leihwagen von E fuhr.

Hier wird G Eigentümer nach §§ 929 S. 1, 932 II, da es nicht auf seine, sondern die Kenntnis des V ankommt. Und der war gutgläubig.

bb. Die Kenntnisse des Geschäftsherrn, § 166 II

Ausnahme: § 166 II - Lesen!

§ 166 II enthält eine ***wichtige Ausnahme*** zu § 166 I. Hier kommt es nämlich sehr wohl auf die ***Kenntnis des Geschäftsherrn*** an. Gemeint ist folgender Fall:

Bsp.: G beauftragt seinen Vertreter V, für ihn bei L ein Auto der Marke VW Golf ab Bj. 87 zu kaufen. G wußte genau, daß L überhaupt kein eigenes Auto hatte, sondern einen Leihwagen von E fuhr. Dies sagt er V allerdings nicht. V geht zu L und kauft von diesem namens des G das Auto des E für 3.000,-. V war im Hinblick auf die Eigentümerstellung des L gutgläubig.

Damit hier G nicht die Gutgläubigkeit irgendeines Dritten ausnutzen kann, schiebt § 166 II einen Riegel vor. Prüfungsstandort bei der Frage, auf wessen Gutgläubigkeit es ankommt.

cc. Das Insichgeschäft, § 181

Inmich, indich, insich.

Wenn jemand Vertreter ist, dann kann er schon mal in die unangenehme Situation kommen, mit sich selbst verhandeln zu müssen. Wir stellen uns etwa einen Prokuristen vor, der die Vollmacht hat, alle Rechtsgeschäfte vorzunehmen, die irgendwie mit dem Handelsgewerbe zusammenhängen, in dem er tätig ist. Das steht im HGB und wir nehmen es hier einfach mal so hin.

Bsp.: P ist Prokurist bei der Firma B. Diese stellt Bleistifte her. P darf alle Rechtsgeschäfte vornehmen.

Böse Versuchung für Gierhälse.

Das muß über kurz oder lang dazu führen, daß P auf die Idee kommt, als Vertreter der Firma B mit dem Prokuristen der Firma B eine Änderung des zwischen beiden geschlossenen Dienstvertrages herbeizuführen. P denkt dabei an eine Gehaltserhöhung um 10.000,- pro Monat. Und weil die Firma B dem P gegenüber nicht kleinlich sein sollte, gibt's direkt noch eine Dienstwohnung und ein Auto dazu.

§ 181 ruft zur Ordnung.

Für genau diese Fälle ist § 181 gemacht. Niemand soll seine Vertreterposition ausnutzen können. § 181 soll die Ordnung wahren. Man nennt ihn daher auch eine ***Ordnungsvorschrift***.

So - jetzt muß Ordnung zwar sein, man kann sie aber auch übertreiben. Nehmen wir folgenden Fall:

Bsp.: Die Eltern V und M möchten dem 2-jährigen K ein Dreirad schenken.

Das geht, weil die Schenkung und die Übereignung Verträge sind, nur dadurch, daß die Eltern zunächst ein entsprechendes Angebot machen und das Kind dann annimmt. Das Kind ist aber total geschäftsunfähig. Es kann daher überhaupt keine Willenserklärung abgegeben. Und dabei ist es völlig egal, wie vorteilhaft die Willenserklärung auch immer ist.

Normalerweise ist es jetzt so, daß die Eltern ihr Kind vertreten, §§ 1626, 1629. Das kann hier allerdings mit § 181 kollidieren: Die Eltern stehen ja auf beiden Seiten. Man kann jetzt allenfalls noch über verschiedene vormundschaftliche / pflegschaftliche Regeln eine Schenkung durchführen. Dieses Ergebnis ist aber ersichtlich Schwachsinn.

Die teleologische Reduktion.

Klingt ziemlich beeindruckend.

Von daher wird der Anwendungsbereich des § 181 eingeschränkt. Er wird auf einige wesentliche Fälle ***zurückgeführt***. Die wesentlichen Fälle bestimmen sich nach den Zielvorstellungen des § 181, die dahin gehen, den Vertretenen vor Übervorteilung zu schützen. Für Fälle, in denen dieser des Schutzes nicht bedarf, wendet man § 181 dann nicht an. ***Man führt zielgerichtet zurück***. Und weil Ziel auf griechisch *telos* heißt, und weil Rückführung auf lateinisch *reductio* heißt, nennt man das Ganze eine ***teleologische Reduktion***.

Klausureinbau.

Weil es darum geht, daß die Stellvertretung trotz aller sonstigen Voraussetzungen ausgeschlossen sein soll, kann man § 181 an genau zwei Stellen des ***Aufbaus*** prüfen. Entweder direkt zu Beginn der Stellvertretung, als erstes.

> ***Bsp.:*** ... dies kann sich hier nach Stellvertreterregeln bestimmen. Fraglich ist aber, ob diese überhaupt anwendbar sind. Insoweit kann § 181 entgegenstehen.

Oder als letztes, wenn alles, bis auf eben diese Selbstkontrahierung, schon geklärt ist.

> ***Bsp.:*** ... ein wirksame Stellvertretung liegt damit ***an sich*** vor. Fraglich ist aber, ob sich an diesem Ergebnis etwas ändert, wenn § 181 berücksichtigt wird.

5. Abgrenzung zur Ermächtigung, § 185

An all dies fügt sich noch, was § 185 für uns bereit hält. Er steht zwar nicht mehr unter der Überschrift „Stellvertretung", sondern eher ein bißchen traurig abseits, hinter Einwilligung und Genehmigung, aber immerhin geht es dort um einen „Nichtberechtigten", der Verfügungen über Gegenstände trifft. Wenn wir uns unter einer Verfügung z.B. eine Eigentumsübertragung vorstellen, dann könnten wir in Abgrenzungsfragen zur Stellvertretung gelangen.

Wir können den beiden Absätzen des § 185 entnehmen, daß es einen Fall gibt (Abs. 1), in dem *vorher* eine Zustimmung vorlag (= Einwilligung, vgl. Legaldefinition des § 183), und einen weiteren (Abs. 2 am Anfang), in dem diese Zustimmung *nachträglich* erfolgte (= Genehmigung, vgl. Legaldefinition des § 184).

Sowohl die vorherige als auch die nachträgliche Ermächtigung ...

In den Fällen vorheriger Zustimmung müssen wir fragen, was hier anders ist, als bei einer (vorher erteilten) Vollmacht. Bei der Genehmigung müssen wir fragen, worin der Unterschied zur Regelung des § 177 besteht. „Nichtberechtigter" klingt ja irgendwie schon ein wenig wie der „Vertreter ohne Vertretungsberechtigung (Vertretungsmacht)".

... ähneln der Stellvertretung.

Auf einen Nenner gebracht liegt der Unterschied darin, daß man bei einer Stellvertretung immer im ***fremden*** Namen über ein fremdes Recht, bei einer Ermächtigung, § 185, dagegen ***immer im eigenen Namen*** über ein fremdes Recht spricht.

Der Unterschied liegt im Namen:

Bei der Ermächtigung handelt man im ***eigenen*** Namen.

Bei der Stellvertretung wird deshalb immer ein anderer als der Handelnde berechtigt und verpflichtet, bekommt oder verliert irgendwelche Rechte immer ein anderer. Bei der Ermächtigung wird genau der berechtigt und verpflichtet, der handelt. Der Rechtserwerb oder –verlust findet dagegen bei dem Ermächtigenden (also einem anderen) statt.

Die vom sachenrechtlichen Ergebnis identischen Fälle werden also technisch unterschiedlich gelöst.

Bsp. 1: V verkauft im Namen des G und mit Vertretungsmacht dessen Pkw an K und übereignet ihn anschließend.
Bsp. 2: V verkauft im eigenen Namen und mit Einwilligung des G dessen Pkw an K und übereignet ihn anschließend im eigenen Namen.

Im Bsp. 1 wird nur G zum Vertragspartner des K. Dies gilt in gleicher Weise für den Kaufvertrag und für die Übereignung.

Anders im Bsp. 2. Dort wird nur V zum Vertragspartner des K. Entsprechendes gilt dann für die Fälle, in denen genehmigt wird.

Bsp. 3: V verkauft im Namen des G aber ohne Vertretungsmacht dessen Pkw an K und übereignet ihn anschließend. Als G davon erfährt, genehmigt er.
Bsp. 4: V verkauft im eigenen Namen aber ohne Einwilligung des G dessen Pkw an K und übereignet ihn anschließend im eigenen Namen. Als G davon erfährt, genehmigt er.

Die Probleme der Verfügungen von Nichtberechtigten liegen überwiegend im Bereich des Sachenrechtes (Gutgläubigkeit, vgl. § 932), im Bereicherungsrecht (Herausgabe, vgl. § 816 I und II) und des Allgemeinen Schuldrechtes (z.B. Erfüllungszuständigkeiten, § 362 II). Darum geht es hier nicht. Hier geht es nur um die Abgrenzung zur Stellvertretung.

Und die geht über das Handeln im fremden Namen.

III. Was in diesem Abschnitt gebracht wurde

Stellvertretung ist Zurechnung.

Wir haben die Stellvertretung als Zurechnungsmöglichkeit für Willenserklärungen kennengelernt. Die Voraussetzungen waren:

1. Abgabe einer eigenen Willenserklärung
2. Handeln im fremden Namen
3. Handeln mit Vertretungsmacht.

Wir haben uns mit der Abgrenzung zum ***Boten*** beschäftigt (eigene Willenserklärung), wir haben das ***Geschäft für den, den es angeht*** besprochen (Offenkundigkeitsprinzip), wir haben die gesetzliche und die rechtsgeschäftliche Vertretungsmacht (***Vollmacht***) untersucht.

Für die Vollmacht hatten wir uns dies gemerkt:

- Die Vollmacht ist ein Rechtsgeschäft, eine Willenserklärung.
- Die Vollmacht ist teilabstrakt.
- Es gibt Innen- und Außenvollmacht.
- Wir beginnen jede Stellvertretung mit den Worten: *Der Geschäftsherr (G) selbst hat nicht gehandelt ...*

Verschiedene Vollmachten.

Bei der Vollmacht gab es Entstehungs- (***Innen-/Außenvollmacht***) und Untergangsgründe (***teilabstrakte Vollmacht***), weiter Fortgeltungsgründe (***Rechtsscheinvollmachten***). In diesem Zusammenhang haben wir Probleme des Auftragsrechtes gewälzt, §§ 672 S. 1, 168.

Verschiedene scheinbare Vollmachten.

Wir haben die Rechtsscheinvollmacht von der Anscheins- und Duldungsvollmacht abgegrenzt. Wir hatten uns diese Unterschiede so gemerkt:

Rechtsschein-VM: Es war mal was da, jetzt ist es weg und ich habe nicht dafür gesorgt, daß es jeder merkt.

Duldungs-VM: Es war nie was da, ich habe aber gemerkt, daß jemand tut, als sei was da, und ich habe nichts dagegen unternommen.

Anscheins-VM: Es war nie was da, ich habe auch nicht gemerkt, daß jemand tut, als sei was da, ich hätte es aber merken müssen.

Verschiedene Schadensersatzarten.

Schließlich sind die Folgen fehlender Vertretungsmacht deutlich geworden. Für das Rechtsgeschäft (kommt nicht zustande) und für den „Vertreter" (Schadensersatz). Dabei habe ich mich über die verschiedenen Schadensarten ***Vertrauensschaden*** und ***Erfüllungsschaden*** verbreitet.

§ 166 ist als Zurechnungsnorm gekennzeichnet, § 181 ist teleologisch reduziert worden. Verfügungen von Nichtberechtigten sind vom Handeln im fremden Namen abgegrenzt worden, § 185.

Alles in allem war das ein recht langes Kapitel.

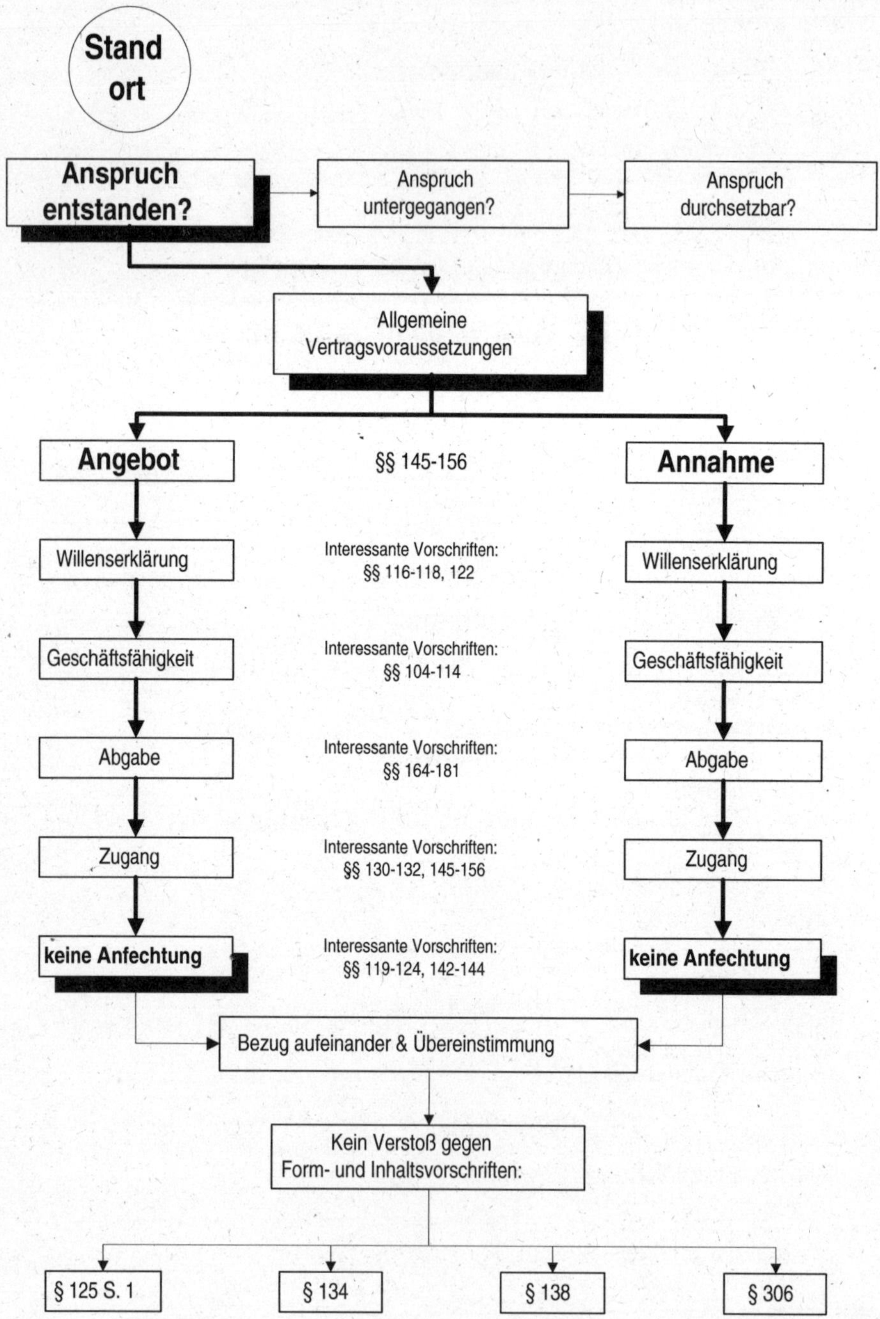
Stand ort
Anspruch entstanden?
Anspruch untergegangen?
Anspruch durchsetzbar?
Allgemeine Vertragsvoraussetzungen
Angebot
§§ 145-156
Annahme
Willenserklärung
Interessante Vorschriften: §§ 116-118, 122
Willenserklärung
Geschäftsfähigkeit
Interessante Vorschriften: §§ 104-114
Geschäftsfähigkeit
Abgabe
Interessante Vorschriften: §§ 164-181
Abgabe
Zugang
Interessante Vorschriften: §§ 130-132, 145-156
Zugang
keine Anfechtung
Interessante Vorschriften: §§ 119-124, 142-144
keine Anfechtung
Bezug aufeinander & Übereinstimmung
Kein Verstoß gegen Form- und Inhaltsvorschriften:
§ 125 S. 1
§ 134
§ 138
§ 306

I. Die Anfechtung

I. Was in diesem Abschnitt gezeigt wird

Wir nähern uns langsam aber unaufhaltsam dem krönenden Abschluß des Abschnittes über das Zustandekommen von Verträgen. Was uns im Hinblick auf die einzelne Willenserklärung noch fehlt, ist die Anfechtung. Zu diesem Zwecke sollten wir uns noch einmal kurz der Bestandteile einer Willenserklärung bewußt werden: Es waren der äußere und der innere Tatbestand, wobei wir noch weiter unterteilt haben in Handlungswille, Erklärungsbewußtsein und Geschäftswille.

Nochmal rekapitulieren: woraus besteht eine Willenserklärung?

Wir werden jetzt sehen, daß es vier verschiedene ***Gründe*** gibt, eine Willenserklärung wegen Willensmängel anzufechten. Wir werden weiter sehen, daß man daneben noch wegen arglistiger Täuschung und Drohung anfechten kann. Wir werden die ***Folgen*** der Anfechtung sehen, den ***Gegner*** einer Anfechtung feststellen, die Anforderungen an eine ***Anfechtungserklärung*** festlegen, den ***Ausschluß*** kennenlernen.

Zum Verständnis dieser Ausführungen ist ein Gesetzestext erforderlich, der die §§ 119-124 und §§ 142-144 enthält. Weiter sollte bis hierhin geklärt sein, daß eine Willenserklärung vorliegt und insbesondere auch, wem sie zugegangen ist. Daneben ist es ggfls. noch interessant, ob die Willenserklärung, die wir gleich auf Anfechtungsregeln hin überprüfen, durch Stellvertretung oder direkt vom Erklärenden kommt. Wir sollten uns des Standortes durch einen Blick nach links vergewissern.

Unser Standort: Blick nach links.

Den ***Einstiegssatz in jede Anfechtungsproblematik*** wählen wir anhand der Rechtsfolge einer Anfechtung aus, wie sie § 142 I vorsieht. Wenn nämlich wirksam angefochten wurde, dann ist die Willenserklärung rückwirkend nichtig. Das Gesetz spricht zwar von einem nichtigen *Rechtsgeschäft*, gemeint ist aber nur die *Willenserklärung* des Anfechtenden.

Einstieg wie immer über die Rechtsfolge.

> ***Formulierung:*** Die Willenserklärung des X kann aber gemäß § 142 I als von Anfang an nichtig anzusehen sein. Dies ist dann der Fall, wenn X seine Willenserklärung wirksam angefochten hat.

II. Die Problemstellung

Am Ende des Abschnittes über die Willenserklärungen (oben unter E.) hatten wir ein Kapitel, das sich mit dem Auseinanderfallen von Erklärtem und Gewolltem beschäftigt. Dieses Kapitel begann so:

So war's oben.

(...) Wir hatten bereits oben im Rahmen des äußeren Tatbestandes die Frage gestellt, was passiert, wenn der Erklärende Fehler macht. Wir hatten gefragt:

> Was passiert, wenn der Erklärende sich verspricht, wenn er sich verschreibt? Was, wenn der Erklärende versehentlich statt der gewollten „Fünfzig" „Fünfzehn" sagt, wenn der Schreiber statt der gewollten „1.000,-" „10.000,-" schreibt? Was ist dann erklärt?

Nach dieser Beispielsfrage ging es dann damit weiter, daß wir das bewußte Auseinanderfallen von Erklärtem und Gewolltem unter die Lupe genommen haben. Dafür waren die §§ 116-118 zuständig. Jetzt werden wir das unbewußte Auseinanderfallen untersuchen. Ein Fall für die Anfechtung.

Des guten Überblickes halber aber zunächst noch einmal die Übersicht, die das oben angesprochene Kapitel beendete. Wir werden daran anknüpfen.

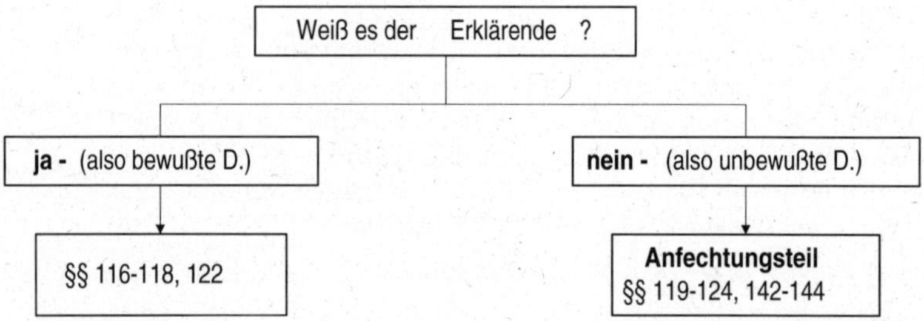

Man kann die Irrtümer in eine bestimmte Reihenfolge bringen.

Diese Übersicht zeigt uns im groben Raster, wo es lang geht. Wir sind jetzt rechts im Anfechtungsteil. Die einzelnen Irrtümer sind eigentlich nicht besonders aufregend. Wenn sie mal vorliegen, kann man sie relativ schnell abhaken. Der springende Punkt ist nur der, festzustellen, wann sie vorliegen. Dabei sollten wir uns ansehen, daß die Reihenfolge, in der eine Willenserklärung zustande kommt, für die Einordnung der einzelnen Irrtümer von Bedeutung ist.

Das hat nichts mit dem Einbau der Irrtümer in eine Klausur zu tun!

Es geht hier aber wohlgemerkt nur um eine Einordnung der Irrtümer untereinander. Die allgemeine Einordnung in einen Klausuraufbau haben wir ja bereits dadurch vorgenommen, daß wir *erst hier* (Kapitel I.) die Anfechtung prüfen.

Also, eine Willenserklärung durchläuft folgende Stadien:

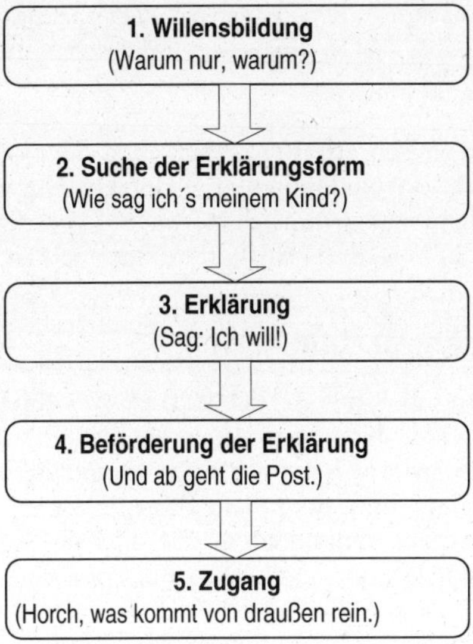

III. Anfechtungsgründe

1. Motivirrtümer

Wenn man sich bei der 1. Stufe, der Willensbildung, also bei dem Bereich, in dem die Motive für den Willen bewertet werden, irrt, dann handelt es sich um einen sog. Motivirrtum. ***Motivirrtümer sind grundsätzlich unbeachtlich***. Aus welchen Motiven jemand handelt, ist für den Erklärungsempfänger nämlich so gut wie nie festzustellen.

Das ist ganz nett, wenn man bedenkt, daß die Ursprünge des BGB in den sog. „Motiven" festgeschrieben sind.

Eine ***Ausnahme*** bildet insoweit nur ***§ 119 II,*** von dem gesagt wird, daß er einen ausnahmsweise beachtlichen Motivirrtum regelt. Aber dazu gleich erst.

2. § 119 I

a. Inhaltsirrtum

Wenn der Erklärende sich auf der nächsten Stufe (2. Stufe) irrt, auf der Stufe nämlich, auf der er sich überlegt, wie er seinen Willen rüberbringen kann, dann sieht das in der Regel so aus, daß er eine bestimmte Erklärungsform benutzt und meint, damit das Gewollte zum Ausdruck gebracht zu haben, daß dies aber aus Gründen des Empfängerhorizonts nicht stimmt. Wenn der Erklärende also glaubt, daß die Art und Weise seiner Erklärung einen bestimmten Inhalt ausmacht, der objektiv gar nicht gegeben ist, dann handelt er mit einem Inhaltsirrtum. Dieser Fall ist in § 119 I 1.Alt. geregelt.

Gut gedacht, falsch gemacht.

Bsp.: K bestellt 25 Gros Rollen Toilettenpapier. Er geht davon aus, daß die Bezeichnung „Gros“ eine besonders große Verpackungsart kennzeichnet.

Da kann man schon mal ein Wochenende mit verbringen.

Wie die eher konservativ Erzogenen aber vielleicht noch wissen, ist das *Gros* die Bezeichnung für ein Dutzend Dutzend, also 12*12 = 144. K hatte hier also, ohne es zu ahnen, 12*12*25=3600 Rollen Toilettenpapier bestellt. Das ist allerdings auch ziemlich groß.

b. Erklärungsirrtum

Vertippen und Versprechen.

Stellt sich die Lage aber so dar, daß er sich eigentlich über den objektiven Gehalt der von ihm gebrauchten Erklärungsform bewußt ist und macht er lediglich einen ***Fehler bei der Benutzung*** dieser Erklärungsform, dann handelt er mit einem Erklärungsirrtum. Dieser Fehler findet dann auf der hier mit Ziffer 3. bezeichneten Stufe statt.

Bsp.: K will 100 Rollen Toilettenpapier bestellen. In dem Brief, in dem er die Bestellung formuliert, vertippt er sich und schreibt 1.000 Rollen.

c. Erheblichkeit

Und immer: Erheblichkeit.

In beiden Fällen ist die Anfechtung jetzt aber nicht ohne weiteres möglich. Hinzukommen muß gemäß § 119 I letzter Halbsatz noch, daß der Erklärende die Erklärung

„bei Kenntnis der Sachlage und bei verständiger Würdigung des Falles nicht abgegeben haben würde.“

Das ist eine Voraussetzung, die man als ***Erheblichkeit*** des Irrtums bezeichnen kann. Wenn bspw. statt eines Betrages von 15.555,- nur ein Betrag von 15.554,- angeboten wurde, kann man mangels Erheblichkeit nicht anfechten.

3. § 120, Übermittlungsirrtum

Der Mittler macht was falsch.

Obwohl noch § 119 II dazwischen liegt, ist es sinnvoll, zunächst den Übermittlungsirrtum nach § 120 zu erörtern. Das liegt daran, daß dieser sich am besten in die oben abgebildete Übersicht der Reihenfolge einfügt. Es handelt sich hier um einen Fehler auf der 4. Stufe. Bei einem Brief, der übergeben wird, entstehen keine großen Probleme. Übermittlungsfehler tauchen regelmäßig dann auf, wenn irgendwelche mündlichen Dinge im Gespräch sind. (Was kümmert mich mein Geschwätz von gestern?)

> ***Bsp.:*** Der Postbeamte, der das telegraphische Angebot aufnimmt, notiert versehentlich eine falsche Zahl als Kaufpreis.
> Der kleine Sohn als Bote eingesetzt, richtet eine falsche Zahl als Kaufpreis aus.

Wir hatten uns schon mit diesen Fällen beschäftigt. Oben - bei dem Kapitel über Abgabe und Zugang einer Willenserklärung. Wir hatten dort auch schon geklärt, worauf es ankommt, daß trotz dieser Fehlübermittlung eine Willenserklärung vorkommt: Wir hatten gesagt, daß der Fehler durch einen Erklärungsboten passiert sein muß. Wir hatten übrigens weiter festgestellt, daß auch einmal ein Empfangsbote als Erklärungsbote gilt, nämlich immer dann, wenn der Erklärende einen ersichtlich ungeeigneten Empfangsboten auswählt.

Schon oben bei Abgabe und Zugang angesprochen.

Ohne Schwierigkeiten ist all dies, wenn der Bote ***aus Versehen*** einen Fehler macht. Aber was ist los, wenn der Bote ***absichtlich das Falsche*** sagt, oder - schlimmer noch - wenn sich jemand als Bote ausgibt, der überhaupt nichts mit mir zu tun hat?

Versehentlich fällt unter § 120.

> ***Bsp.1:*** K schickt B, damit dieser 10 Aktenordner Marke X für 3,-/Stück bei V kaufe. B, vom Größenwahn des kleinen Angestellten geplagt, beschließt, dem Betrieb etwas Gutes zu tun. Er geht zu V und sagt: „Ich soll für K 10 Aktenordner Marke Z für 3,50/Stück kaufen."
> ***Bsp.2:*** P beschließt, dem K einen Streich zu spielen. Er geht zum V und erklärt: Ich soll für K 10 Aktenordner Marke Z für 3,50/Stück bestellen." Zugleich vereinbart er einen Liefertermin. Am vereinbarten Termin steht K fassungslos vor einem Berg von 10 Aktenordnern.

Der zweite Fall ist sonnenklar. Daß K nicht durch das Handeln irgendeines mit ihm in keiner Weise zusammenhängenden „Boten" verpflichtet werden kann, versteht sich von selbst. So ein „Bote" verdient seinen Namen überhaupt nicht. Deshalb nennt man ihn auch einen ***Pseudoboten*** (s. hierzu bereits oben bei der Abgabe-Zugang-Problematik, S. 127).

Absichtlich nicht: der Pseudobote.

So wie dieser Pseudobote gehandelt hat, verdient er aber etwas anderes. Eine Haftung nämlich. Immerhin haben wir jetzt zuerst mal nur den armen K geschützt. Wir müssen aber auch noch den armen V schützen. Die Regeln, die wir uns dazu klemmen, sind die der Stellvertretung. Wenn es auch nach außen etwas anders aussieht (keine eigene Willenserklärung, s.o.), so ist es doch im Grunde genau dieselbe Konstellation.

Der Pseudobote haftet selbst nach § 179.

Wir lassen also den Pseudoboten haften ***wie*** einen ***Vertreter ohne Vertretungsmacht***, nach § 179 also. Und da er ja nicht wirklich Vertreter war (Willenserklärung, s.o.) lassen wir ihn nach ***§ 179 analog*** haften. Um dann auch alles ausgewogen zu halten, geben wir dem vermeintlichen Botenchef K noch die Möglichkeit, über § 177 analog den Vertrag an sich zu ziehen, und die Sache ist erledigt.

Die Haftung des Pseudoboten ist hier aber nicht unser Gegenstand.

Damit wir unseren Standpunkt nicht aus den Füßen verlieren: Wir prüfen hier im Moment eigentlich überhaupt nicht, wie der vermeintliche Bote haftet. Das habe ich hier nur aus Gründen des gesunden Rechtsgefühls eingefügt, damit nicht das Ergebnis irritiert, um das es uns hier wirklich geht.

Wir sind in der Anfechtung.

Wir prüfen nämlich nur, ob K die Willenserklärung des P (wie Pseudobote) gemäß § 120 anfechten kann und/oder muß oder nicht. Hier war es oder nicht.

Die h.M. geht davon aus, daß nur Versehen in § 120 stecken.

Der erste Fall (Bsp. 1) ist etwas kniffeliger. Die h.M. geht davon aus, daß § 120 nur die Fälle erfaßt, in denen der Bote *aus Versehen* einen Fehler macht. Die Konsequenz ist die, daß der Bote, der absichtlich etwas anderes übermittelt, wie einer behandelt wird, der überhaupt nichts mit einem vermeintlichen Botenchef zu tun hat, wie ein Pseudebote also.

Auch hier ist dann die Konsequenz, daß der Botenchef gar nicht erst anfechten muß, weil ihm schon die Willenserklärung nicht zugerechnet wird. Wenn wir uns recht erinnern, haben wir uns bei den Fällen, in denen der Bote etwas anderes zugehen ließ, als an ihn abging, auf § 120 berufen und gesagt, daß dies trotzdem eine zuzurechnende Willenserklärung sei. Das ist dann damit für die Fälle *absichtlicher* Abweichung vom Tisch.

Dann muß man absichtlich Falsches nicht anfechten.

Das macht Sinn wegen des Zusammenhanges mit § 119.

Es wird hier aber auch vertreten, daß derjenige das ***Risiko tragen*** soll, der den Boten eingeschaltet hat. Das ist der Chef. Dann muß man zurechnen und eine Anfechtungsmöglichkeit gewähren. Mir persönlich scheint ausnahmsweise mal die h.M. nicht nur darstellungswürdig (das mache ich ja die ganze Zeit), sondern auch richtig zu sein. Der Zusammenhang mit den §§ 119, 120 und die Abgrenzung zu § 123 sprechen doch eher für eine Einfügung in den *Irrtums*bereich. Wer aber absichtlich etwas anderes erklärt, der irrt nicht mehr.

Auch hier: Erheblichkeit nicht vergessen.

Zum Schluß noch dies: Auch die ***Anfechtung nach § 120*** setzt voraus, daß der Fehler ***eine gewisse Erheblichkeit*** aufweist. Man kann dies der Formulierung des § 120 entnehmen, der auf § 119 I verweist, indem er sagt, „(...) unter den gleichen Voraussetzungen (...)."

Ein ***Irrtum auf der 5. Stufe*** schließlich, ein Irrtum beim Empfänger also, ist ***für den Erklärenden gänzlich unbeachtlich***. Denn dann wird die Willenserklärung ja so, wie sie objektiv angekommen ist, wirksam.

4. § 119 II, Eigenschaftsirrtum

Bei § 119 II ist etliches streitig.

§ 119 II ist eine richtig verzwickte Angelegenheit. Das liegt nicht daran, daß man sich über Eigenschaften irren muß. Das steht ja im Gesetz. Verzwickt ist nur, daß man sich über die dogmatische

Zuordnung zu einer bestimmten Irrtumsform streitet. Insbesondere die Literatur vertreibt sich die Langeweile damit, die verschiedensten Varianten auszudenken. Lustig ist manchmal, daß die dabei genannten extrem unterschiedlichen Begründungen alle auf dasselbe Ergebnis hinauslaufen. Nun hänge ich gewiß nicht der Auffassung an, daß das Ergebnis das Einzige ist, was zählt. Aber man kann auch alles übertreiben. Und wenn ich schon eine Theorie habe, die eine gewisse Plausibilität aufweist, dann reicht mir das.

Nebenbei bemerkt ist dies natürlich eine Folge des Kampfes um Marktanteile. Und dabei meine ich sowohl finanzielle als auch imagemäßige. Wer zu wenig schreibt, verdient nichts. Weder Geld noch Reputation. Wer dagegen viel schreibt, muß unheimlich viel wissen. Und Wissen ist Macht. Und Macht bringt Geld. Bei einigen Autoren beschleicht mich das komische Gefühl, daß die im Schlaf reden und dabei ein Diktiergerät laufen lassen. Und zusätzlich findet natürlich meist auch noch ein gewaltiges Literaturrecycling statt.

Ein Streit ist gut für´s Portemonnaie.

Streitigkeiten, wie sie hier bei § 119 II vorkommen, muß man in Klausuren nicht in epischer Breite auswalzen. Das kann man mal in einer Hausarbeit machen (vgl. dazu auch die Anleitung – Seite 240 – und das Muster – Seite 277 – im Anhang). Und weil man das nicht muß, mache ich es hier auch nicht. Ich beschränke mich hier auf die herrschende Meinung.

Zur Darstellung eines Streites, vgl. die Anleitung für Hausarbeiten.

§ 119 II ist danach ein Fall des Motivirrtums. Die Vorstellung von der Eigenschaft bildet ein Motiv für die Erklärung. Insoweit erklärt es sich auch, daß § 119 II als ***ausnahmsweise beachtlicher Motivirrtum*** bezeichnet wird.

Ausnahmsweise beachtlicher Motivirrtum.

> ***Bsp.:*** Der 10-jährige K sieht am Kiosk ein Buch mit der Aufschrift „Wie fessle ich Frauen?“ Er kauft es von seinem Taschengeld in der Annahme, einen Indianerroman vor sich zu haben. Anschließend stellt er enttäuscht fest, daß er mit dem Inhalt die nächsten Jahre noch nichts anfangen kann.

K kann hier gemäß § 119 II anfechten, weil es sich über eine Eigenschaft geirrt hat. Nun sagt § 119 II aber auch, daß nicht jeder Irrtum über jede Eigenschaft genügt. Es muß sich um ***verkehrswesentliche Eigenschaften*** handeln. Was das ist, hat der BGH in mühevoller Kleinarbeit herausgeknobelt. Als Eigenschaften kommen bei einem Kaufgegenstand danach

Wann ist eine Eigenschaft verkehrswesentlich?

> „alle solchen tatsächlichen und rechtlichen Verhältnisse in Betracht, die infolge ihrer Beschaffenheit und Dauer auf die Brauchbarkeit und den Wert (des Kaufgegenstandes) von Einfluß sind. Diese Beziehungen des Kaufgegenstandes zur Umwelt sind aber nur dann rechtserheblich, wenn sie in der Sache selbst ihren Grund haben, von ihr aus-

gehen und den Kaufgegenstand kennzeichnen oder näher beschreiben."

Unser BGH.

So was kommt raus, wenn man den BGH machen läßt (Nachweise bei Palandt-Heinrichs, § 119 Rn. 24). Ein bißchen schwierig zum Auswendiglernen. Kürzer ist folgende Definition:

Definition: ***Verkehrswesentliche Eigenschaft*** ist jeder wertbildende Faktor, soweit er die Sache selbst kennzeichnet.

z.B. das ja.

(**Verkehrswesentliche Eigenschaft:**) Dazu gehören kann damit: Das Alter, der Aggregatzustand, die Größe, die Herkunft, der Gebrauchszustand einer Sache. Die Lage und Bebaubarkeit eines Grundstückes.

z.B. das nicht.

(***Keine verkehrswesentliche Eigenschaft:***) Leider draußen bleiben müssen aber: Der *Wert* selber, weil er kein wertbildender Faktor, sondern das Produkt ist. Gleiches gilt für den *Preis*. Weiter das *Eigentum*, weil es nicht die Sache kennzeichnet, sondern die Beziehung zu einer Person. Die *Zahlungsfähigkeit* eines Mieters im Hinblick auf ein Mietgrundstück.

Soweit es den *Inhalt eines Buches* angeht, wird man wohl vertreten können, daß zumindest die Gattungszugehörigkeit eine Eigenschaft i.S.d. § 119 II darstellt, deren Nichterkennung zur Anfechtung berechtigt. Ob es sich dagegen um einen guten oder schlechten Roman handelt, ist keine Eigenschaft i.S.d. § 119 II.

5. § 123

Hier wird der Wind rauher.

Jetzt kommen wir zu den härteren Fällen. § 123 enthält zwei Konstellationen, in denen jemand den Erklärenden bewußt zu einer Differenz zwischen Wille und Erklärung gedrängt hat.

a. Arglistige Täuschung

Der Anfechtungsgrund liegt hier darin, daß der Erklärende betuppt wurde. Der Unterschied zu den §§ 119, 120 ist zunächst in der Reihe der möglichen Irrtümer zu suchen:

- ***Bei § 123 zählen alle Irrtümer***, also auch die Motivirrtümer, die bei den anderen Vorschriften nicht ausreichen würden. Weil das ohne weiteres aber aus § 123 einen Universalanfechtungsgrund machen würde, schaut man hier auch danach, wie dieser Irrtum herbeigeführt wurde.

- ***Bei §§ 119, 120 zählen alle Herbeiführungen***, bei § 123 I nur die arglistige Täuschung (und die widerrechtliche Drohung).

Definition: ***Täuschung*** ist die bewußte Erregung oder Aufrechterhaltung eines Irrtums (Palandt-Heinrichs, § 123 Rn. 24).

> ***Bsp.:*** V verkauft K ein Gemälde von Rubens („Drei Engel im Sturzflug") für 1.000.000,-. Er behauptet dabei wider besseres Wissen die Echtheit des Gemäldes. K glaubt das und schließt mit V einen Kaufvertrag. Das Gemälde ist nicht echt.

Eine Täuschung scheidet aber immer dann aus, wenn der, der den Irrtum herbeiführt, selbst von der Richtigkeit seiner Ausführungen überzeugt ist.

Nur wer weiß, daß er lügt, täuscht.

> ***Bsp.:*** V behauptet die Echtheit des Gemäldes, weil er im Besitz einer entsprechenden Expertise ist. K glaubt das und schließt mit V einen Kaufvertrag. Das Gemälde ist nicht echt.

Es genügt aber nicht, wenn der Herbeiführende es nicht genau weiß, sondern einfach in´s Blaue hinein etwas behauptet.

Oder wer es in Kauf nimmt.

> ***Bsp.:*** V behauptet die Echtheit des Gemäldes, ohne zu wissen, von wem es ist. K glaubt das und schließt mit V einen Kaufvertrag. Das Gemälde ist nicht echt.

Definition: ***Arglistig*** ist die Täuschung, wenn damit die Herbeiführung der Willenserklärung bezweckt wird.

Dabei ist zu beachten, daß § 123 die Freiheit der Willensentschließung schützt. Oder genauer gesagt: Mit § 123 kann man sich dafür rächen, daß diese Freiheit in irgendeiner Weise mißhandelt wurde. Entgegen dem BGH ist ***die Arglist*** daher nicht ausgeschlossen, wenn der Manipulierende ***„nur das Beste"*** für den Erklärenden will. Der Erklärende soll selbst bestimmen, was sein Bestes ist. Wenn man sich in einem Buch gegen den BGH entscheidet, reizt das natürlich zu der Formulierung: „Dem BGH, der (...) gesagt hat, möchte ich entgegenhalten, daß (...)" Ich bin allerdings Realist genug, um zu sehen, daß der BGH an den psychischen Folgen solcher Auflehnung zugrunde gehen würde. Also laß ich das.

Arglist faßt man am besten ethikneutral auf.

Die reine Zweckbestimmung der Täuschung reicht.

Aber aus Rücksicht auf den BGH lassen wir hier mal fünfe grade sein.

Andererseits ist die Arglist dann ausgeschlossen, wenn erkennbar ist, daß der Erklärende ohnehin fest zur Willenserklärung entschlossen ist, und jetzt ***nur noch eine Bekräftigung*** erfolgen soll. In diesen Fällen ist der Zweck der Täuschung nicht die Her-

Unterschied zwischen Herbeiführung und Aufrechterhaltung einer WE.

beiführung einer neuen Willenserklärung, sondern die Aufrechterhaltung einer alten. (Ich denke dabei insbesondere an die widerwärtigen Verkäufer, die sich die ganze Zeit devot im Hintergrund halten, bis man sich für irgendein Kleidungsstück entschieden hat, und dann vorstürzen und tausendmal versichern, wie gut es einem steht.)

Ursächlichkeit der Täuschung für die Abgabe einer WE.

Zuletzt muß man ***gerade durch die Täuschung*** zur Abgabe der Willenserklärung bestimmt worden sein. Das ist ein Fall von ***Kausalität*** (causa, lat. = der Grund). Auch daran kann es fehlen, wenn dem Erklärenden die Täuschung des Manipulierenden völlig egal ist.

> ***Bsp.:*** Der unerkannt punkgeile P möchte einen möglichst schäbigen Mantel erstehen. Nachdem er sich im Laden zwischen zwei extrem häßlichen Mänteln zunächst nur schwer entscheiden kann, wählt er schließlich das Modell mit den gelben Punkten auf pinkem Grund. Verkäufer V, der den Entscheidungsdurchbruch bei P noch nicht bemerkt hat, kommt angewieselt und drängt ihn zum Kauf des gelbpinken Modells, mit der Bemerkung, der stünde P ausgezeichnet. Das ist, wie V weiß, entsetzlich gelogen. P kauft diesen Mantel.

Schwierig wird es, wenn weitere Personen hinzukommen.

Nehmen wir jetzt an, wir haben einen Fall, in dem eine Willenserklärung durch eine arglistige Täuschung herbeigeführt wurde. Und ergänzen wir das um die Besonderheit, daß diese Täuschung nicht vom Vertragspartner, sondern von einem anderen vorgenommen wurde.

> ***Bsp.:*** V beauftragt seinen Sohn S, den Familien-Pkw zu verkaufen. Das Auto hatte einen schweren Unfallschaden hinter sich. Um den Kaufpreis in die Höhe zu treiben, dreht S den Tacho um 50.000 km auf 60.000 km zurück. Beim Verkauf an K erzählt er dann, daß dieser Wagen völlig unfallfrei sei, nicht mehr als 60.000 km gelaufen habe und zudem scheckheftgepflegt sei. Er verschweigt dabei, daß er mehrfach wegen Scheckbetruges vorbestraft ist. Als K die wahren Umstände erfährt, erklärt er V, er denke gar nicht daran, das Auto abzunehmen und den Kaufpreis zu zahlen. Im Gegenteil behalte er sich rechtliche Schritte vor. Muß er zahlen?

Die Beantwortung dieser Frage setzt voraus, daß man sich über den Aufbau von § 123 Klarheit verschafft. Dazu folgendes:

1. ***Der eigentliche Anfechtungsgrund*** ist § 123 I.
2. § 123 II enthält dann nur noch einen ***Ausschluß*** einer an sich nach Abs. 1 möglichen Anfechtung.

Wichtig: Nur Abs. 1 enthält einen Anfechtungsgrund.

Diese Unterscheidung ist ausgesprochen wichtig. Ich durfte schon x Klausuren korrigieren, die alle in § 123 II den Anfechtungsgrund gesehen haben. Wer so aufbaut, kommt voll in´s Schleudern. Das merkt man sofort, wenn man´s mal versucht.

Nur Abs. 1 enthält die Elemente *Arglist* und *bestimmt (= Kausalität)*.

Der Aufbau des Beispielsfalles sähe dann so aus:

> V kann gegen K einen Anspruch auf Zahlung von 5.000,- aus § 433 II haben. Dann muß zwischen beiden ein wirksamer Kaufvertrag geschlossen sein. Ein Kaufvertrag besteht aus zwei übereinstimmenden Willenserklärungen. Fraglich kann hier sein, ob eine wirksame Willenserklärung des K vorliegt. Zwar hatte K ursprünglich erklärt, er wolle den Pkw zum Preis von 5.000,- kaufen, diese Willenserklärung kann aber durch eine Anfechtung gemäß § 142 I rückwirkend nichtig sein. Voraussetzung dafür ist zunächst, daß K einen Anfechtungsgrund geltend machen kann. Insoweit kommt hier § 123 I in Betracht.

Jetzt also der erste Schritt: ***Liegt ein Anfechtungsgrund gemäß § 123 I vor?***

> Ohne die Täuschung durch S hätte K seine Willenserklärung nicht abgegeben. Genau deshalb hatte S den K auch getäuscht. Die Voraussetzungen des § 123 I liegen damit vor.

Wann liegt Abs. 2 S. 1 vor?

Und jetzt wird´s interessant. Jetzt - und nicht vorher - kommt § 123 II in´s Spiel. Die 2. Frage lautet: ***Liegt ein Fall von § 123 II S. 1 vor?***

Es geht um Schutz.

§ 123 II basiert dabei auf der Erwägung, daß beide Seiten geschützt werden müssen. Die eine davor, über´s Ohr gehauen zu werden (der Erklärende). Die andere davor, auf einmal ohne erkennbaren Grund vor einer nichtigen Willenserklärung zu stehen. Wenn der Erklärungsempfänger selbst getäuscht hat, verdient er keinen Schutz. Er weiß ja dann, wo es langgeht. Wenn aber noch jemand anders mitgemischt hat, weiß er es vielleicht nicht. Dabei muß man noch vorsichtig differenzieren.

Dritte sind damit ganz oft gar keine Dritten.

Rechtsgedanke aus § 278 kommt gut.

Der Erklärungsempfänger darf sich nicht dadurch aus jeder Verantwortung raushalten, daß er immer einen anderen vorschickt. (Bei Stellvertretern versteht sich das von selbst, wir erinnern uns nur kurz an § 166.) Diejenigen, die man nach § 123 II als ***Dritte*** bezeichnen kann, sind daher nur solche, die mit dem Erklärungsempfänger eigentlich überhaupt nichts zu tun haben. Herangezogen wird hier ***der Rechtsgedanke aus § 278 I*** (lesen!). Aber aufgemerkt: Nur der Rechtsgedanke. Nicht § 278 selbst. Der paßt gar nicht.

Wenn der Täuschende danach kein Dritter i.S.d. § 123 II ist, dann ist die Prüfung schon zu Ende und wir können feststellen, daß der Erklärende zur Anfechtung nach § 123 I berechtigt ist.

Kennen müssen ist in § 122 II legal definiert.

Ist er aber ein Dritter, dann fragt man weiter, ob der Erklärungsempfänger die Täuschung kannte oder kennen mußte. Mit der Formulierung ***kennen müssen*** ist eine Unkenntnis aus Fahrlässigkeit angesprochen. Das kann man ohne weiteres aus § 122 II (am Ende) entnehmen. Wenn der Erklärungsempfänger die Täuschung kannte oder kennen mußte, dann bleibt es wieder bei der Grundregel und wir können feststellen, daß der Erklärende zur Anfechtung nach § 123 I berechtigt ist.

Letztlich bleibt dann noch, daß der Erklärungsempfänger die Täuschung nicht kannte und auch nicht kennen mußte. Wenn das so ist, dann greift § 123 II ein und schließt § 123 I aus. Eine Anfechtung nach § 123 I ist dann nicht mehr möglich.

Minischema.

Wir müssen daher die 2. Frage von oben präzisieren. Sie muß unterteilt werden. Und zwar so (vorweg noch mal die erste):

1. Liegt ein Anfechtungsgrund gemäß § 123 I vor?
2. Liegt ein Fall von § 123 II S. 1 vor?
   a. *Ist der Täuschende Dritter i.S.d. § 123 II S. 1? Wenn nein, weiter bei d., nur wenn ja:*
   b. *Kannte der Erklärungsempfänger die Täuschung oder hätte er sie kennen müssen? Wenn ja, weiter bei d., nur wenn nein:*
   c. *Keine Anfechtung möglich.*
   d. *Anfechtung nach § 123 I.*

Wenn wir diese Grundsätze auf den Beispielsfall anwenden, geht es so weiter:

> Fraglich ist allerdings, wie es sich auswirkt, daß nicht der Vertragspartner V selbst, sondern ein anderer, S, der Sohn des V die Täuschung vorgenommen hat. Es kann sein, daß die Anfechtung gemäß § 123 II ausgeschlossen ist. Voraussetzung dafür ist zunächst, daß S ein Dritter i.S. dieser Vorschrift ist. Die Rechtsprechung faßt diesen Begriff sehr eng. Sie fragt unter Anwendung des Rechtsgedankens aus § 278 I, ob der Täuschende zur Interessenssphäre des Erklärungsempfängers gehört. Wenn dies der Fall ist, lehnt sie eine Einordnung als Dritter ab.
> Vorliegend hat S ausschließlich und im Auftrag für V gehandelt und war maßgeblich am Zustandekommen des Vertrages zwischen V und K beteiligt. Er kann daher nicht mehr als Dritter i.S.d. § 123 II angesehen werden.
> Eine Anwendbarkeit des § 123 II scheidet daher aus und es bleibt bei dem Anfechtungsrecht des K aus § 123 I.

Lesen: § 328 I.

§ 123 II S. 2 schließlich hat Bedeutung für Fälle, in denen es z.B. um einen ***Vertrag zugunsten Dritter, § 328 I***, geht. In diesen Fällen nämlich schließen zwei Personen einen Vertrag, aus dem ein anderer ein eigenes Recht erwirbt (dazu mehr in meinem Skript zum Schuldrecht AT). Damit hat dieser dann natürlich auch ein vitales Interesse daran, daß ihm nur für die Fälle das Recht entzogen wird, in denen er von der Entziehungsmöglichkeit (Anfechtbarkeit) wußte oder hätte wissen müssen.

b. Drohung

Die Drohung hat zunächst keinen Ausschlußgrund, der dem der Täuschung vergleichbar wäre. § 123 II gilt für die Drohung nicht. Die Drohung hat dafür ein eigenes kleines Spezialproblem. Es liegt in dem Merkmal Widerrechtlichkeit. Aber der Reihe nach.

Eine Drohung ist etwas anderes als ...

Definition: ***Drohung*** ist die Ankündigung eines Übels, dessen Verwirklichung vom Willen des Drohenden abhängen soll (BGHZ 2, 287, 295).

Keine Drohung ist damit die Warnung. Die Warnung bezieht sich nur auf ein Übel, das ohnehin eintreten kann, also unabhängig vom Willen des Warnenden ist.

... eine Warnung.

Das Problem der Widerrechtlichkeit weist Ähnlichkeiten mit einem Problem im Strafrecht auf. Dort gibt es die §§ 240 und 253 StGB. Der erste stellt die Nötigung, der zweite die Erpressung unter Strafe. Aber nicht jede, sondern nur die rechtswidrige. Und das Gesetz sagt im jeweiligen Abs. 2 von §§ 240 und 253 auch, wann eine entsprechende Nötigung/Erpressung rechtswidrig ist.

Wann ist eine Drohung widerrechtlich?

Definition: ***Rechtswidrig*** ist die Tat dann, wenn das angedrohte Mittel zum angestrebten Zweck als verwerflich anzusehen ist.

Entsprechend wird auch im Zivilrecht verfahren. Wir können drei Kriterien unterscheiden, bei denen jeweils von einer Widerrechtlichkeit auszugehen ist:

1. Das Mittel ist widerrechtlich.
2. Der Zweck ist widerrechtlich.
3. Die Zweck-Mittel-Beziehung ist widerrechtlich.

Es sieht nur so ähnlich aus wie im Strafrecht, aber es geht anders.

Zwischendrin bemerkt: Es ist hier im Zivilrecht ***nur ähnlich, aber nicht genauso*** wie im Strafrecht. *Dort* ist es nämlich grundsätzlich egal, ob das Mittel oder der Zweck widerrechtlich sind. Entscheidend ist *nur die Beziehung* zwischen beiden. Und die kann sogar dann nicht verwerflich sein, wenn eines von beiden widerrechtlich ist.

Hier entscheidet nämlich nicht erst die Relation.

Wir können vormerken, daß als ***Mittel*** immer ***die Drohung*** zu gelten hat, der ***Zweck*** besteht immer in der Abgabe einer ***Willenserklärung*** auf der anderen Seite (Nahziel) und der Herbeiführung von Rechtsfolgen durch diese Willenserklärung, z.B. ein Vertrag (Fernziel).

Womit wird gedroht.

Das Mittel ist widerrechtlich, wenn es in der Androhung eines rechtswidrigen Verhaltens liegt. Wenn ich also z.B. Prügel androhe, damit jemand seine Übereignungswillenserklärung bezüglich einer Sache abgibt, damit jemand einen Kaufvertrag unterschreibt etc., drohe ich mit einem rechtswidrigen Verhalten (einer Körperverletzung gemäß § 223 I StGB). Ein derartig widerrechtliches Mittel bewirkt, daß die gesamte Drohung widerrechtlich wird.

Was ist bezweckt?

Der Zweck ist widerrechtlich, wenn er von der Rechtsordnung mißbilligt wird. Dieser Fall ist allerdings ziemlich unbedeutend. Wenn die Rechtsordnung nämlich einen Zweck mißbilligt, dann ist ein darauf gerichtetes Rechtsgeschäft in aller Regel auch schon nach §§ 134, 138 nichtig (mit diesen beiden Vorschriften werden wir uns gleich noch beschäftigen (ab Seite 213). Wir müßten in einem solchen Fall mehrfach überlegen, ob es überhaupt sinnvoll ist, sich mit der Anfechtung auseinanderzusetzen.

> ***Bsp.:*** V droht K damit, niemals wieder ein freundliches Wort mit ihm zu reden, wenn K sich nicht vertraglich verpflichte, bei V´s Freundin eine Abtreibung vorzunehmen. K unterschreibt daraufhin eine entsprechende Vereinbarung.

Hier bekommt man zunächst ziemlich problemlos zwei übereinstimmende Willenserklärungen hin. Bevor man jetzt allerdings zu der Frage übergeht, wie es sich mit der Anfechtbarkeit der Willenserklärung des K verhält, kann man hier überprüfen, ob dieser Vertrag nicht schon dadurch nichtig ist, daß er gegen §§ 134 BGB, 218 ff StGB verstößt. (Nichtig wären in einem solchen Fall übrigens beide Willenserklärungen. Bei der Anfechtung ist es immer nur eine. Die andere wird lediglich sinnlos.)

Spezialproblem:

Anfechtung eines nichtigen Rechtsgeschäftes

- die Doppelwirkung im Recht.

Inhaltlich könnten wir das sicher bejahen. Und dann gäbe es nur noch einen Fall, in dem die ***Anfechtung eines nichtigen Rechtsgeschäftes*** noch von Interesse sein kann. Das ist die Fallkonstellation der sog. ***Doppelwirkung im Recht***. Da dort so einiges umstritten, das Ganze im übrigen auch recht speziell und jedenfalls hier nicht einschlägig ist, verweise ich insoweit auf den Medicus, BGB AT, Rn. 728-730, der sich um eine kurze Darstellung verdient gemacht hat.

Wir merken hier jedenfalls, daß uns Fälle des widerrechtlichen Zweckes der Notwendigkeit entheben, uns über die Anfechtung verbreiten zu müssen.

Auch nur die Relation kann widerrechtlich sein.

Die Zweck-Mittel-Relation ist widerrechtlich, wenn zwar der Zweck für sich genommen in Ordnung ist - der Schuldner soll zur Zahlung einer geschuldeten Geldsumme gezwungen werden -, wenn weiter gegen das Mittel für sich ebenfalls nichts zu sagen ist - der Schuldner hat einen Raub begannen, man droht ihm mit Strafanzeige -, wenn aber zuletzt die beiden Elemente Zweck und Mittel nichts miteinander zu tun haben.

> ***Bsp.:*** D droht O damit, ihn wegen eines Raubes anzuzeigen, wenn O ihm nicht die längst geschuldete Geldsumme übereignet (darin steckt die erdrohte Willenserklärung).

Der BGH formuliert das so (BGHZ 25, 217, 220):

> Auch wenn Mittel und Zweck für sich allein betrachtet nicht rechtswidrig sind, kann doch ihre Verbindung gegen das Recht verstoßen. Das liegt vor, wenn die Benutzung dieses Mittels zu diesem Zweck gegen das Anstandsgefühl aller billig und gerecht Denkenden verstößt.

Amen.

Jetzt stellen wir uns abschließend noch vor, der Drohende irrt sich über die Widerrechtlichkeit seiner Drohung. Im Strafrecht ist das eine einfache Sache. Ein Irrtum über die Widerrechtlichkeit beseitigt natürlich nicht die Widerrechtlichkeit selber. Denn entweder ein Verhalten ist wider das Recht oder das Verhalten ist es nicht.

Was ist, wenn sich der Drohende irrt?

Der BGH in Zivilsachen, der eigentlich nur für Zivilsachen zuständig ist, hat sich inspiriert gefühlt von dem BGH in Strafsachen, der das professionell und nicht nur aus Hobby macht, und hat in dieser Inspiration eine Unterteilung vorgenommen. Er unterscheidet zwischen Irrtümern, bei denen der Drohende ***bestimmte Tatsachen falsch mitbekommen*** hat und deshalb glaubt, er handle nicht widerrechtlich, und zwischen solchen Irrtümern, bei den der Drohende die Tatsachen schon alle richtig gesehen, aber daraus ***falsche rechtliche Schlüsse gezogen*** hat.

Der BGH differenziert nach dem Bezugspunkt der Irrtümer.

Im ersten Fall soll eine Anfechtung nicht möglich sein, weil der Drohende unverschuldet von einem Sachverhalt ausgeht, der sein Verhalten als zulässig erscheinen lassen würde.

Bei Tatsachenirrtum: keine Anfechtung.

Im zweiten Fall dagegen verdiene der Drohende diesen Schutz nicht, weil hier das Interesse des Bedrohten überwiege.

Bei Rechtsirrtum: Anfechtung möglich.

Da hat der BGH was in den falschen Hals gekriegt. Natürlich werden Irrtümer im Strafrecht verschieden behandelt, je nach dem, ob sie sich auf Tatsachen oder Rechtsfolgerungen beziehen. Aber auch im Strafrecht ist es (fast) allen klar, daß dies die Rechtswidrigkeit/Widerrechtlichkeit eines Verhaltens nicht berührt. Allenfalls die Schuld des Täters kann unterschiedlich hoch sein.

Aber: was kann der Bedrohte dafür?

Deshalb besser: *immer* Anfechtung.

Aus diesem Grund sollte man in Fällen des Irrtums auf Seiten des Drohenden *grundsätzlich* von deren Unbeachtlichkeit für das Anfechtungsrecht des Bedrohten ausgehen.

IV. Anfechtungsfristen, §§ 121, 124

Die Frist hängt vom Grund ab.

Die Anfechtungsfrist hängt entscheidend davon ab, welcher ***Anfechtungsgrund*** vorliegt. Da muß man auch nicht viel lernen, sondern nur lesen. Das Gesetz sagt ausdrücklich, daß ***§ 121 nur für*** die Anfechtung nach ***§§ 119, 120,*** daß ***§ 124 nur für*** die Anfechtung nach ***§ 123*** gilt. Ich sage das mit einer gewissen Irritation, weil es häufig falsch gemacht wird. Insbesondere erlebe ich häufig, daß § 121 auch für § 123 benutzt wird. Der Grund ist wohl der:

Zeit ist Geld.

§ 121: Legaldefinition.

Gemäß § 121 muß die Anfechtung ***unverzüglich*** erfolgen, wobei das Gesetz das hier - und damit auch für alle anderen Fälle - definiert, als *ohne schuldhaftes Zögern* (Legaldefinition). Start-Zeitpunkt für den Lauf dieser Frist ist die ***Kenntnis***. Bitte beachten: Nicht das Kennenmüssen. Der Erklärende kann noch so blöd sein, die Anfechtbarkeit noch so offensichtlich - das reicht nicht. Er muß es *wissen*.

Die Fristen der §§ 120 und 124 sind unabhängig voneinander!

Jetzt sind die Fälle häufig, in denen eine Anfechtung nach § 119 II möglich ist und daneben eine nach § 123 I. So etwa im Falle des echten Rubens von oben (Seite 177). Wenn nun der Sachverhalt ohne die Schilderung näherer Umstände (Krankheit etc.) eine Woche Zeit zwischen der Erkenntnis der Fälschung und der Anfechtungserklärung aufweist, ist das für § 119 II zu spät. Und damit kann man sich alle langen Worte zu sonstigen Anfechtungsproblemen (auch aus dem Bereich von § 119 I und 120) sparen. Und weil man bei diesem Vorgehen so viel sparen kann, wird häufig § 123 direkt noch mit gespart. Das ist dann zuviel gespart; oder zuwenig: Bei Fehlern dieser Art kann man sich eigentlich noch mehr sparen. Das Schreiben der Klausur zum Beispiel.

Lesen: § 124.

§ 124 stellt nämlich eine ***Jahresfrist*** zur Verfügung. Der Grund für die unterschiedliche Behandlung ist der, daß bei einer Anfechtung nach § 123 I bei weitem nicht so viel Schutz für den Erklärungsempfänger gewährt werden muß wie bei einer Anfechtung nach §§ 119, 120. Immerhin läuft in den Fällen des § 123 I ja irgendeiner mit einem brutal schlechtem Gewissen rum.

Keine Verjährungsfristen, sondern Ausschlußfristen.

Bei diesen Fristen handelt es sich um ***Ausschlußfristen***. Da geht dann nichts unter, sondern es kann lediglich etwas nicht mehr geltend gemacht werden. Wir müssen uns dabei vor Augen halten, daß das Recht zur Anfechtung kein Anspruch ist (ich kann ja nicht irgendetwas verlangen), sondern ein ***Gestaltungsrecht*** (ich kann nur etwas verändern).

V. Ausschlußgründe

1. § 144

Ausgeschlossen ist die Anfechtung zunächst immer dann, wenn das anfechtbare Rechtsgeschäft bestätigt wurde, § 144 I. Soweit der Gesetzgeber hier von *Rechtsgeschäft* spricht, ist das etwas ungenau. Er meint damit hier die Willenserklärung des Anfechtungsberechtigten. Das ist eigentlich auch ziemlich einleuchtend, weil jeder nur die Disposition über sein eigenes Handeln hat: Ich kann nicht zugleich auch die Willenserklärung des anderen vernichten.

Wichtig: (und gerne übersehen)

die Bestätigung.

§ 144 darf übrigens nicht mit § 141 verwechselt werden. Der wesentlich Unterschied zwischen beiden besteht darin, daß bei ***§ 141*** das Rechtsgeschäft ***schon nichtig*** ist, während es in den Fällen des § 144 nur nichtig gemacht werden kann.

Nicht verwechseln mit § 141 (lesen!)

2. Treu & Glauben

Manchmal müssen auch Treu & Glauben herhalten, um ein nach dem Gesetz „an sich" technisch mögliches, aber unbefriedigendes Ergebnis zu korrigieren. Wir können dabei innehalten und überlegen, daß wir keine Mathematik betreiben, der es letztlich ziemlich egal ist, wie die Ergebnisse lauten. Wenn man dort die Regeln eingehalten hat, dann hat man gut gearbeitet.

Zu Treu & Glauben hab ich in meinem Schuldrecht AT schon genug abgelästert.

Bei Jura ist das anders. Da muß man zur Not auch mal die Regeln ändern. Anders als in der Mathematik geht es hier nicht um Zahlen, sondern um Menschen. Und bei den juristischen Regeln ist es eigentlich auch nicht so wichtig, eine Regel für immer und alle Zeiten zu (be)halten.

Obwohl § 242 BGB durchaus sinnvoll angewandt werden kann.

> ***Zitat:*** Franz Josef Strauß, dessen Todestag zum nationalen Feiertag erklärt wurde (3. Oktober), hat in einem Interview gesagt: „Ich halte viel von hochstehenden Prinzipien. Aber sie müssen so hoch sein, daß man zur Not auch mal drunter durch kann."

Dies sind weise Worte, selbst wenn sie von Strauß kommen (aber wer weiß, von wem der das geklaut hat).

Und diese Überlegung gewinnt sofort dann an Gewicht, wenn wir uns folgenden Fall überlegen:

> ***Bsp.:*** V bietet K ein Auto zum Kauf an und will 1.500,- schreiben. Er verschreibt sich und der Brief geht über 1.400,-. K nimmt an. Als der Irrtum aufgedeckt ist, will V anfechten. K erklärt aber ausdrücklich, er

wolle das Auto dann auch für 1.500,- kaufen. V ist bockig und will nicht mehr, weil es ihn reut, daß Auto überhaupt verkauft zu haben.

Man muß auf den Sinn der Regelung schauen, die man über § 242 manipulieren will.

Die Anfechtung soll dazu dienen, die freie Selbstbestimmung des einzelnen zu unterstützen. Sie soll helfen, einen Fehler auszubügeln. Daß dabei mal ein Fältchen zurückbleibt (eventuell Schadensersatz), kann passieren. Die Anfechtung ist aber nicht dazu da, einem Erklärenden eine Art ***Rücktritt durch die Hintertür*** zu ermöglichen. Wenn der Fehler auch auf andere Art als durch Anfechtung beseitigt werden kann, so daß der Erklärende nicht schlechter steht, als hätte er zwar erklärt, aber nicht geirrt, ist dieser Weg vorzuziehen.

Für Fälle wie den vorstehenden bedeutet das, daß V die Anfechtung insoweit verwehrt ist, als der Erklärungsempfänger bereit ist, die gewollte Erklärung statt der geäußerten gelten zu lassen. Begründen kann man dies mit dem in § 242 verankerten Grundsatz von Treu und Glauben.

3. §§ 459 ff

Ausgeschlossen ist eine Anfechtung nach § 119 II zuletzt, wenn ein Fall der Sachmängelhaftung nach §§ 459 ff vorliegt. In beiden Fällen geht es um Probleme mit Eigenschaften. Da die Sachmängelhaftung eine Frage des (Schuldrecht) BT ist, werde ich hier nicht vertieft darauf eingehen.

VI. Anfechtungserklärung, § 143 I

Jedes Gestaltungsrecht bedarf einer Erklärung.

Allein der Gedanke, man wolle nicht mehr an der anfechtbaren Willenserklärung festhalten, genügt nicht. Man muß daneben auch etwas erklären. Die Anfechtung selbst ist ihrerseits eine Willenserklärung. Es gelten daher alle bis hierhin aufgestellt Regeln auch für sie.

Und noch eins mehr. Auch die gerade untersuchten Anfechtungsregeln gelten. Man kann also auch ***eine Anfechtung anfechten***. Und die Anfechtung einer Anfechtung. Und so weiter.

Ob das sinnvoll ist, ist allerdings eine andere Frage.

Die Anfechtung ist eine empfangsbedürftige Willenserklärung. Sie muß also zugehen. Für die ***Rechtzeitigkeit der Fristen*** (s.o.) genügt aber die ***rechtzeitige Abgabe*** dieser Willenserklärung. Dies folgt aus der Formulierung des § 121 I S. 2.

VII. Anfechtungsgegner, § 143

§ 143 I sagt nur lakonisch, daß man es dem Gegner sagen muß. § 143 II macht deutlich, daß dies der Vertragspartner, bzw. der ist, der ein Recht aus dem Vertrag erwirbt. § 143 III stellt bei der Abgabe von empfangsbedürftigen Willenserklärungen auf den Empfänger ab. Klausurmäßig ist dieser Punkt ohnehin selten problematisch. Abs. 4 wird wohl nur die Hausarbeiten bevölkern.

Die Erklärung muß dem Richtigen gegenüber erfolgen.

VIII. Anfechtungsfolgen

Eine Anfechtung wäre witzlos, wenn sie nicht etwas bewirkte. Aber genau das tut sie.

1. Für die angefochtene Willenserklärung, § 142

a. § 142 I

§ 142 I: Die angefochtene Willenserklärung - das Gesetz sagt Rechtsgeschäft, s. dazu oben - ist ***als*** von Anfang an ***nichtig anzusehen***. [Wir bemerken: Sie *ist* nicht von Anfang an nichtig. Sie ist nur so *anzusehen*. Nachdem hier wieder einmal nur so getan wird, als ob, handelt es sich dabei um ***eine Fiktion***.] Damit ist dann jeder Vertrag vom Tisch, weil ein Vertrag ja mindestens zwei übereinstimmende Willenserklärungen braucht.

Die Fiktion des § 142 I.

Der Unterschied zwischen diesem Nichtigkeitsgrund, § 142 I, und den übrigen, gleich noch behandelten, §§ 125 S. 1, 134, 138, liegt zum einen darin, daß hier die Nichtigkeit ***vom Willen des Erklärenden*** abhängt, dort aber das Gesetz selbst - automatisch - die Nichtigkeit anordnet. Zum anderen ist hier aber auch ***nur die*** eine ***Willenserklärung des Erklärenden*** nichtig, während dort *in aller Regel* das ganze Rechtsgeschäft nichtig ist, also auch die Willenserklärung des anderen Teils (Ausnahmen z.B. die Formvorschriften der §§ 518 I und 766, die jeweils nur eine Willenserklärung im Verstoßfalle formnichtig, § 125 S. 1, machen).

Nichtig ist nur eine WE, nicht alles.

b. § 142 II

§ 142 II behandelt einen Spezialfall, bei dem es im wesentlichen um ***Fragen der Gutgläubigkeit*** geht.

Gutgläubig und schnell weg damit?

> ***Bsp.:*** V veräußert K am 1.2. ein Auto zum Preis von 1.500,-. Dabei ist V von K arglistig getäuscht worden. K veräußert das Auto am 2.2. für 1.600,- an D weiter. D weiß um die Täuschung und die Anfechtbarkeit aller Verträge zwischen V und K. Anschließend ficht V am 3.2. alle Verträge an.

Wenn jetzt V von D das Auto wieder herausverlangen will, dann geht das insbesondere, wenn er noch Eigentümer ist, vgl. § 985. Ursprünglich war er Eigentümer. Er kann sein Eigentum aber an K verloren haben durch eine Einigung und Übergabe, § 929 S. 1. Übergabe ist erfolgt, fraglich ist, ob eine wirksame Einigung vorliegt. Eine Einigung ist ein (dinglicher) Vertrag, bestehend aus zwei Willenserklärungen mit dem Inhalt des Eigentumsüberganges.

Problematisch kann insoweit sein, wie es sich auswirkt, daß V am 3.2. alle Verträge angefochten hat. Damit ist auch die Willenserklärung die dem Einigungsvertrag zugrunde liegt angefochten worden. Die Rechtsfolge des § 142 I bestimmt rückwirkende Nichtigkeit für diese Willenserklärung. In der Konsequenz heißt das, daß kein Einigungsvertrag vorliegt, daß also K niemals Eigentümer geworden ist.

Bis hierhin alles nicht besonders kniffelig und vor allem ohne Bezug zu § 142 II. Aber jetzt geht es auf die nächste mögliche Übereignung rüber.

> V kann sein Eigentum aber durch eine Übereignung des K an D verloren haben. Nachdem K gar nicht Eigentümer war, kommt insoweit nur ein gutgläubiger Erwerb vom Nichtberechtigten, §§ 929 S. 1, 932 in Frage. Die Voraussetzungen des § 929 S. 1 liegen vor; problematisch ist allein, ob D gutgläubig war. Gutgläubig ist ein Erwerber nach § 932 II dann nicht, wenn er weiß oder hätte wissen müssen, daß der Veräußerer nicht der Eigentümer war.

Hier war Bösgläubigkeit ausgeschlossen, wenn man sie auf die Eigentümerposition bezieht.

Vorliegend war es nun dummerweise so, daß die Anfechtung erst am 3.2. erfolgte. Am 2.2., dem Tag der Veräußerung an D also, war K noch Eigentümer. Wir haben zwar oben gesagt, daß er es nie gewesen ist, das ist aber so nicht ganz richtig: § 142 I tut ja nur so, als ob. Wenn man aber die Rechtslage am 2.2. untersucht hätte, also bevor die Anfechtung überhaupt in der Welt war, hätte niemand daran zweifeln können, daß K Eigentümer war. Das bedeutet hier, daß am 2.2. auch niemand wußte oder hätte wissen können, daß K nicht Eigentümer war (wie gesagt: er war es ja). Folglich konnte zu diesem Zeitpunkt auch niemand bösgläubig sein. Jedenfalls nicht im Hinblick auf die Eigentümerstellung.

Aber nicht, wenn man sie auf die Anfechtbarkeit bezieht.

Aus dieser Not hilft jetzt § 142 II heraus. Er bestimmt gerade wegen der Rückwirkung, daß der ***Kenntnis von der Nichtigkeit*** (die ja niemand haben kann) die ***Kenntnis von der Möglichkeit***, etwas nichtig zu machen, gleichsteht.

> Abzustellen ist in diesen Fällen aber nicht auf die Kenntnis von der Eigentümerposition - hier kann ja vor einer Anfechtung niemand bösgläubig sein -, sondern gemäß § 142 II auf die Bösgläubigkeit im Hinblick auf die Anfechtbarkeit der Willenserklärung, die zur Eigentümerstellung führte.

Im Hinblick hierauf wußte D aber positiv um die Anfechtbarkeit; er war also bösgläubig. Ein gutgläubiger Eigentumserwerb ist daher ausgeschlossen, die Sache steht immer noch im Eigentum des V. V kann von D gemäß § 985 Herausgabe verlangen.

2. Für den Anfechtungsgegner

Nach Anfechtung gibt's regelmäßig Schadensersatz.

Wenn die Anfechtung auf der Grundlage von §§ 119, 120 erfolgte, bekommt der Anfechtungsgegner einen Schadensersatzanspruch. Die freie Selbstbestimmung geht nicht soweit, daß man den Anfechtenden völlig ungeschoren davonkommen läßt. Klausurtechnisch gesehen ist hier allerdings mit einem neuen Obersatz zu beginnen. Normalerweise hat man nämlich bis hier die Ansprüche ***auf Erfüllung*** eines Vertrages geprüft und stellt fest, daß eine Willenserklärung dieses Vertrages, und damit der ganze Vertrag, durch die Anfechtung rückwirkend nichtig war. Jetzt setzt man neu an und schaut, ob der Erklärungsempfänger wenigstens einen ***Schaden ersetzt*** bekommt.

a. Anfechtung nach §§ 119, 120

§ 122: Vertrauensschaden.

Eine Anfechtung nach §§ 119, 120 führt sofort zu § 122. Nach dieser Vorschrift (die, wie oben schon gesagt, auch für die Fälle des § 118 gilt), gibt es Ersatz des ***Vertrauensschadens*** (***negatives Interesse***). Der Erklärungsempfänger wird also ***nicht*** so gestellt, wie er stehen würde, wenn der Vertrag erfüllt würde, das wäre der ***Erfüllungsschaden*** (***positives Interesse***). Der Grund hierfür ist simpel: Eine Anfechtung ist wirtschaftlich völlig sinnlos, wenn ich letztlich (wirtschaftlich) doch erfüllen muß.

Wie man den Vertrauensschaden berechnet, habe ich bereits oben bei der Parallelvorschrift der Stellvertretung, § 179, vorgeführt. Ich habe dort auch gezeigt, wie der Vertrauensschaden der Höhe nach durch das positive Interesse begrenzt wird. Der Einfachheit halber verweise ich daher jetzt nach oben (Berechnung ab Seite 158).

Daneben habe ich bei der Frage nach der ordnungsgemäßen Abgabe einer Willenserklärung gesagt, daß man § 122 auch analog anwenden könne, wenn jemand den Rechtsschein einer wirksamen Abgabe gesetzt hat. Auch hier gilt, daß die Berechnung wie bei § 179 vorzunehmen ist. Man schreibt jetzt nur statt „§ 122" alleine „§ 122 analog". Mehr war's nicht.

b. Anfechtung nach § 123

Nach § 123 gibt es für den Empfänger nichts.

Wenn nach § 123 I angefochten, gibt´s für den Erklärungsempfänger überhaupt nichts. Wer täuscht oder droht (selbst oder zurechenbar durch Dritte), der hat - jedenfalls kein schützenswertes - Vertrauen auf den Bestand des Rechtsgeschäftes.

Außer Ärger.

Man kann sogar feststellen, daß ganz im Gegenteil der Täuschende/Drohende seinerseits zum - vollen - Schadensersatz verpflichtet ist, der aus seiner Handlung entsteht. Anspruchsgrundlage sind hier in aller Regel die ***§§ 823 II i.V.m. 263 StGB*** (bei der Täuschung), bzw. i.V.m. ***§§ 240, 253 StGB*** (bei der Drohung), bzw. ***§ 826*** (bei Vorsatz bezüglich des Schadens).

IX. Was in diesem Abschnitt gebracht wurde

- Damit haben wir die Anfechtung hinter uns. Wir haben gesehen, daß es 6 ***Anfechtungsgründe*** gibt:
  1. § 119 I (Inhaltsirrtum)
  2. § 119 I (Erklärungsirrtum)
  3. § 119 II (Eigenschaftsirrtum)
  4. § 120 (Übermittlungsirrtum)
  5. § 123 I (arglistige Täuschung)
  6. § 123 I (Drohung)
- Wir haben die grundsätzliche Unerheblichkeit von ***Motivirrtümern*** gesehen, die Ausnahme von § 119 II kennengelernt.
- Wir haben die ***Ausschlußgründe*** (§ 144 und Treu & Glauben) besprochen, von Anfechtungs***erklärung*** und ***-gegner*** erfahren, uns über die Anfechtungs***folgen*** für das Rechtsgeschäft, den Anfechtungsgegner und den Anfechtenden unterhalten.
- Wir merken insbesondere noch, daß ***§ 123 II kein eigenständiger Anfechtungsgrund***, sondern in das System der Anfechtung wegen arglistiger Täuschung nach § 123 I einbezogen werden muß. § 123 wurde dabei so aufgebaut:
  1. Liegt ein Anfechtungsgrund gemäß § 123 I vor?
  2. Liegt ein Fall von § 123 II S. 1 vor?
     a. *Ist der Täuschende Dritter i.S.d. § 123 II S. 1? Wenn nein, weiter bei d., nur wenn ja:*
     b. *Kannte der Erklärungsempfänger die Täuschung oder hätte er sie kennen müssen? Wenn ja, weiter bei d., nur wenn nein:*
     c. *Keine Anfechtung möglich.*
     d. *Anfechtung nach § 123 I.*

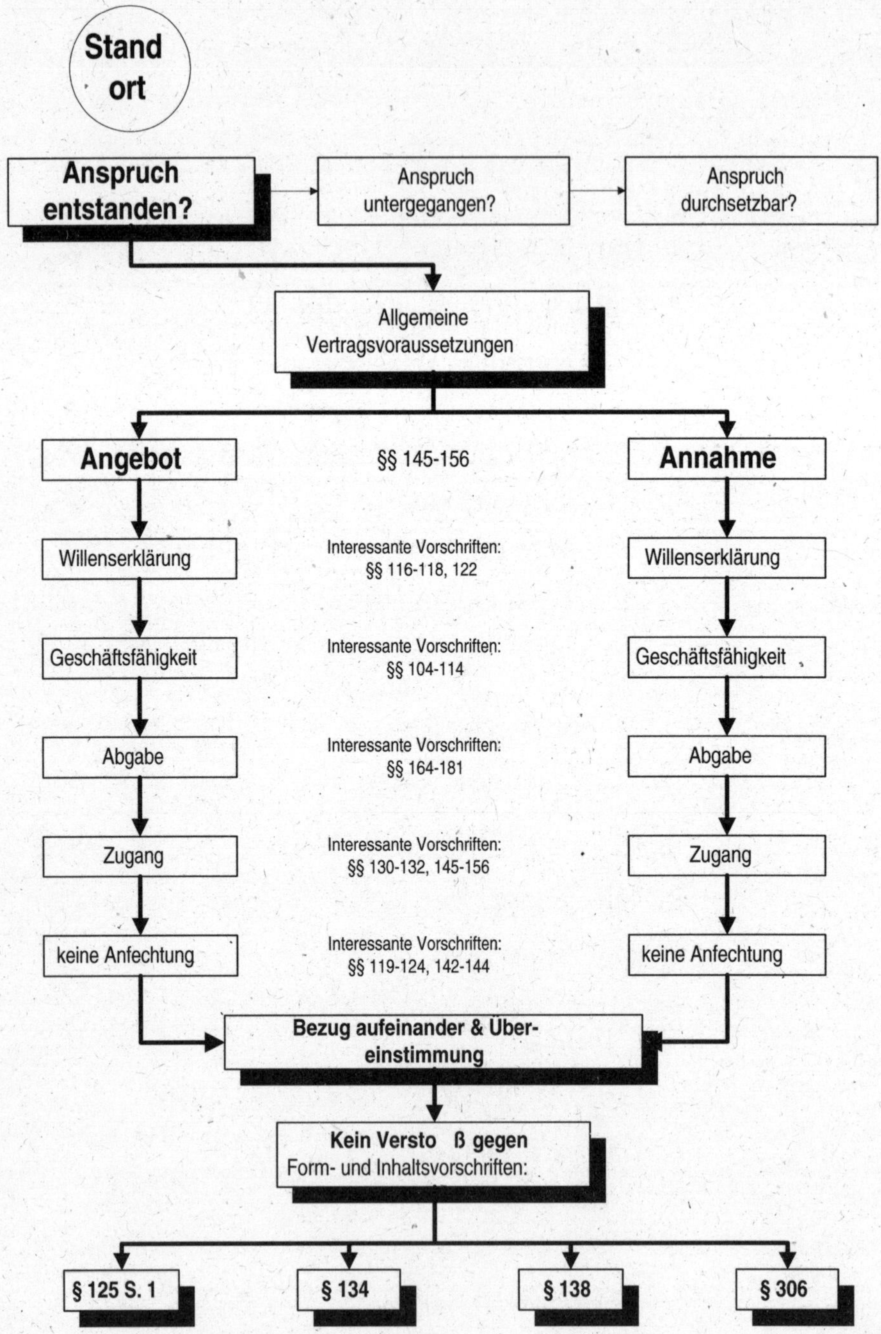
Stand ort
Anspruch entstanden?
Anspruch untergegangen?
Anspruch durchsetzbar?
Allgemeine Vertragsvoraussetzungen
Angebot
§§ 145-156
Annahme
Willenserklärung
Interessante Vorschriften: §§ 116-118, 122
Willenserklärung
Geschäftsfähigkeit
Interessante Vorschriften: §§ 104-114
Geschäftsfähigkeit
Abgabe
Interessante Vorschriften: §§ 164-181
Abgabe
Zugang
Interessante Vorschriften: §§ 130-132, 145-156
Zugang
keine Anfechtung
Interessante Vorschriften: §§ 119-124, 142-144
keine Anfechtung
Bezug aufeinander & Übereinstimmung
Kein Versto ß gegen Form- und Inhaltsvorschriften:
§ 125 S. 1
§ 134
§ 138
§ 306

J. Sonstiges

Es bleibt, in diesem letzten Abschnitt einige Anmerkungen zu machen, die das Zustandekommen von Verträgen (und daraus resultierenden Ansprüchen) betreffen.

I. Noch einmal - Der Standort der Anfechtung

Blick nach links.

Aufgefallen sollte sein, daß der vorige Abschnitt (die Anfechtung) sich nicht mit dem Untergehen beschäftigt (wieder der Routineblick nach links: wir befinden uns (Fettdruck) immer noch in der Frage, ob der Anspruch *entstanden* ist). Dies liegt im wesentlichen darin, daß die Anfechtung die angefochtene Willenserklärung rückwirkend (ex tunc) vernichtet. Insoweit unterscheidet sie sich von den „normalen" Untergangsgründen, die nur ex nunc (ab jetzt) wirken.

Manche prüfen die Anfechtung erst auf der Ebene Anspruch untergegangen.

Der Redlichkeit halber sollte ich allerdings hinzusetzen, daß es auch einige gibt, die die Anfechtung ***erst auf der Untergangsebene*** prüfen. Die Vertreter dieser Auffassung begründen dies damit, daß die ***Rückwirkung ja nur eine Fiktion*** sei, daß tatsächlich ja zunächst einmal ein Vertrag bestanden hat.

Dagegen spricht die Wirkung der Fiktion.

Mich überzeugt das nicht. Fiktion hin oder her: Nach erfolgter Anfechtung ist der Vertrag nach dem Willen des Gesetzgebers vollständig weg und hat nach eben diesem Willen auch nie nur den Hauch einer Wirkung gehabt. Das ist doch etwas anderes als ein Vertrag, dessen Ansprüche irgendwann einmal durch Erfüllung, Aufrechnung oder Rücktritt verschwinden.

II. Spezielle Inhaltsfragen

Zusätzliche inhaltliche Aspekte.

Haben die Parteien zwei übereinstimmende Willenserklärungen abgegeben, dann muß sich diese Übereinstimmung zunächst auf die ***essentiellen Aspekte*** des angestrebten Rechtsgeschäftes beziehen, also auf die Anteile, ohne die das Rechtsgeschäft nicht denkbar ist. Beim Kaufvertrag müssen folglich jedenfalls der Kaufgegenstand und der Kaufpreis, der Käufer und der Verkäufer festgelegt sein. War dabei irgendwas nicht ganz sauber, kann ein ***Dissens*** vorliegen, den wir gleich besprechen werden.

Sollten die Parteien über (weitere) Details ***nichts gesagt*** haben, so ist das nicht sonderlich schlimm. Haben sie etwa über die Zeit und den Ort der Leistung nichts gesagt, hilft ein Blick in´s Schuldrecht (§§ 269 und 271) und man kriegt die Kiste schon an´s Laufen.

Bedingung; Befristung; AGB.

Interessanter als die Frage, ob die Parteien weiter nichts gesagt haben, ist aber die Frage, ob sie über das hinaus, was das Gesetz vorsieht, ***noch mehr gesagt*** haben. Dieses *Mehr* kann dabei verschiedenster Art sein. Wir greifen zwei Aspekte auf. Einmal den, daß die Parteien in das Rechtsgeschäft eine ***Bedingung*** oder eine ***Befristung*** eingebaut haben. Und zum zweiten den, daß ***Allgemeine Geschäftsbedingungen*** (AGB) eine Rolle spielen (sollen).

1. Bedingung und Befristung

Mal überfliegen: §§ 158-163 und 455.

Bedingungslose Liebe - die finden wir heute selten, viel eher wohl eine befristete. Sólche Weisheiten scheren das BGB allerdings nicht. Es hat Normen über Bedingungen und Normen über Befristungen geschaffen. Sie stehen in den ***§§ 158-163***. Eine ganz spezielle Folge einer ganz speziellen Bedingung nennt daneben noch § 455. Aber der Reihe nach.

Die Zukunft.

Was die Zukunft bringt, ist ungewiß. Manchmal ist es dabei nur ungewiß, ***wann*** sie´s bringt, manchmal aber auch schon, ***ob***. So steht es völlig gewiß fest, *daß* wir eines Tages sterben müssen (ich mag gar nicht dran denken), aber nicht *wann*. Und andererseits ist es völlig ungewiß, *ob* wir noch mal eine handlungsfähige und -willige Bundesregierung bekommen werden, da wollen wir vom *wann* gar nicht reden.

Manchmal sicher, manchmal unsicher.

Aber nicht alles im Leben ist so schwankend. Manches in der Zukunft ist auch klar. So können wir sicher sein, *daß* es auch dieses Jahr wieder ein Weihnachten gibt (die Finanzierung der Pflegeversicherung mal außen vor), *und wann*: am 25.12. Und zuletzt gibt es jede Woche ein Mittwochslotto, wir wissen nur nicht, ob wir dort gewinnen werden.

a. Bedingungsarten

Diese scheinbar willkürlich aneinandergereihten Beispiele sind mit viel Sorgfalt wohlerwogen zusammengestellt. Sie differenzieren nach ***Gewißheit und Ungewißheit*** von *ob* und *wann* eines Ereignisses. Im Klartext:

Daß wir alle sterben müssen, ist grundsätzlich klar. Aber jeder glaubt, ihn träfe das nicht.

- Wenn ich ***weiß, daß*** ein Ereignis kommt, mach ich eine ***Befristung*** draus. Der Zeitpunkt des Eintritts kann dabei gewiß (Weihnachten) oder ungewiß (Tod) sein, das ist egal.
- Wenn ich ***nicht weiß, ob*** ein Ereignis kommt, nehm ich es als ***Bedingung***. Der Zeitpunkt bis zu dem das geklärt ist, kann dabei feststehen (Mittwochslotto) oder nicht (Bundesregierung); das ist hier egal.

Im Wege der Vertragsfreiheit steht es den vertragsschließenden Parteien in der Regel frei, den Eintritt der von ihnen angestrebten Rechtsfolgen an Bedingungen und Befristungen zu knüpfen. Je nach dem, wie sie sich das zusammenbasteln, unterscheiden wir dann noch

- *aufschiebende* (dann geht´s los) und *auflösende* Bedingungen (dann hört´s auf) und
- aufschiebende und auflösende Befristungen.

Listet man alle Möglichkeiten mal nebeneinander auf, dann sieht das so aus:

Ein Ereignis kommt	*ich weiß wann*	*soll wirken mit*	*Name*	*Art*	*Ebene: Anspruch ...*
ungewiß	ungewiß	Start	Bedingung	*aufschiebend*	*entstanden*
		Ende		auflösend	untergegangen
ungewiß	gewiß	Start		*aufschiebend*	*entstanden*
		Ende		auflösend	untergegangen
gewiß	ungewiß	Start	Befristung	*aufschiebend*	*entstanden*
		Ende		auflösend	untergegangen
gewiß	gewiß	Start		*aufschiebend*	*entstanden*
		Ende		auflösend	untergegangen

Für die ***klausurtechnische Behandlung*** merken wir, daß nur die aufschiebend wirkende Bedingung (Befristung) auf der Ebene *Anspruch entstanden* geprüft wird. Denn nur diese Bedingung (Befristung) bewirkt, daß ein Anspruch (noch nicht) entstanden ist. Die auflösenden Bedingungen (Befristungen) dagegen beenden etwas, sie gehören auf die Ebene *Anspruch untergegangen*.

Aufschiebend wirkt anders als auflösend.

Beziehen wir uns auf unsere Rechtsgeschäftsbasis, die ***Willenserklärung*** (kleinster Baustein), dann stellen wir fest, daß ein objektiver Dritter in der Rolle des Erklärungsempfängers aus dem Verhalten des Erklärenden entnehmen kann, daß dieser eine bestimmte Rechtsfolge an ein in der Zukunft liegendes Ereignis knüpfen will. Je nach Gewißheitsgrad dieses Ereignisses an eine Bedingung oder eine Befristung. Es ist also ***ein auf eine Bedingung (Befristung) gerichteter Geschäftswille*** objektiv erkennbar.

Bedingung und Befristung lassen sich aus dem Geschäftswillen herauslesen.

Weil dann noch die Rechtsordnung dazu kommt und in den §§ 158 ff deutlich macht, daß eine mit einem solchen Geschäftswillen bedingt (befristet) angestrebte Rechtsfolge auch (nur) bedingt (befristet) eintritt, haben wir insgesamt wieder ein ***Rechtsgeschäft***.

Die Rechtsfolgen knüpft Folgen daran.

Das Gesetz ist dabei in § 158 I ausgesprochen unglücklich formuliert. Es benutzt den ***Begriff der Bedingung*** dort nämlich in zwei völlig verschiedenen Bedeutungsweisen.

Schlecht formuliert: § 158 I.

Einmal falsch.

Einmal spricht es von der *Vornahme eines Rechtsgeschäftes* unter einer aufschiebenden Bedingung. In diesem Zusammenhang bedeutet Bedingung so viel wie ***Geschäftsbedingung*** oder Vertragsklausel. Von zukünftig keine Spur - die Vertragsklausel ist natürlich bei der Vornahme der Vereinbarung, also aus der Sicht der Parteien ***in der Gegenwart***, in den Vertrag eingefügt worden.

Einmal richtig.

Ein andermal spricht es aber auch von dem *Eintritt der Bedingung*. Diesmal meint es etwas ***Zukünftiges***, sonst würde sich die Frage eines Eintrittes gar nicht stellen. In dieser zweiten Bedeutung meint es das, was wir unter BGB-Juristen allgemein als Bedingung verstehen.

Definition ***Bedingung*** ist ein in der Zukunft liegender Umstand, dessen Eintritt ungewiß ist. Kurz: ein künftiges, ungewisses Ereignis (Palandt-Heinrichs, § 158 Rn. 1).

Ungewißheit kann ...

Wichtig ist die Ungewißheit. Manchmal ist es aber gar nicht so einfach, was zur Ungewißheit zu sagen.

Bsp.: X hat beim Mittwochslotto 1.000.000 gewonnen. Er weiß dies aber noch nicht. Am Donnerstag vereinbart er mit seinem Arbeitskollegen A, daß er dessen Pkw kaufen werde, wenn er etwas gewonnen habe. Auch A weiß noch nichts vom Gewinn des X.

... manchmal rein subjektiv sein.

Das reicht nicht. (unechte Bedingung).

Wir sehen: weder X noch A wissen etwas über den Eintritt des Ereignisses Lottogewinn. Diese sog. ***subjektive Ungewißheit reicht*** aber für § 158 ***nicht*** aus. Es muß schon eine objektive Ungewißheit sein, in der niemand etwas weiß und wissen kann. Und das gibt´s nur in der Zukunft. Die zwischen X und A vereinbarte Bedingung nennt man deshalb auch eine ***unechte Bedingung*** (oder: ***uneigentliche Bedingung)***. Die §§ 158 ff gelten hier nicht. Man kann allenfalls an eine entsprechende (= analoge) Anwendung denken.

Denkbar sind weiter Fälle, in denen gehen die Beteiligten so vor:

Bsp.: X vereinbart mit A, daß er dessen Pkw für das Doppelte des Verkehrswerts kaufen werde, wenn dies rechtlich zulässig sei.

Rechtsbedingung gilt nicht über § 158, sondern sowieso.

Diese Art von Bedingung nennen wir ***Rechtsbedingung***. Auch die Rechtsbedingung ist aber ***nicht nach § 158*** zu beurteilen, denn mit ihr wird ja nur zum Ausdruck gebracht, was nach dem Gesetz (und nicht erst nach dem Rechtsgeschäft) sowieso schon gilt. Daran besondere Rechtsfolgen zu knüpfen, wäre sinnlos. Man kann die Bedingung auch gleich weglassen.

Es bleibt, eine besondere Bedingung zu erwähnen. Wir können es uns an folgendem Beispiel deutlich machen:

> ***Bsp.:*** M hat bei V einen Raum auf 5 Jahre fest gemietet. Nach 2 Jahren möchte er gerne aus dem Raum heraus, weil er einen anderen hat, der ihm besser gefällt. Er sucht nach einer Möglichkeit, den Vertrag zu kündigen, findet aber wegen der Befristung zunächst keine. Dann besinnt er sich auf § 549 I. Er fordert V unter Hinweis auf einen hierzu gewillten Dritten auf, ihm die Untervermietung des Raumes zu genehmigen. Dabei erfüllt der Dritte alle Kriterien, die an einen zumutbaren Untermieter gestellt werden können und dies ist dem Vermieter auch bekannt. Unter der Bedingung, daß V dies nicht wolle, erklärt K gleichzeitig die Kündigung.

Hier haben wir den Sonderfall der sog. ***Potestativbedingung***. Diese Bedingung macht sich selbst davon abhängig, wie der andere Teil sich verhält. Im Beispiel hat es V also selbst in der Hand, was passiert. Er hat die Macht, die Bedingung eintreten lassen oder nicht. (Und weil „Macht" auf lateinisch „potestas" heißt - wir denken an Potenz -, nennen wir das Potestativ.)

Potestativbedingung ist eigentlich nichts Ungewöhnliches,...

Man benutzt diesen Sonderfall der Potestativbedingung in Klausuren gerne dann, wenn eine Bedingung eigentlich nicht erlaubt ist. Nicht erlaubt sind Bedingungen regelmäßig dann, wenn sie im Zusammenhang mit einer ***gestaltenden Willenserklärung*** stehen. Diese nennt man deshalb ***bedingungsfeindlich***. Anders als bei Verträgen, bei denen sich die Parteien ja einigen müssen, bei denen sie also auch Einigung darüber erzielen müssen, ob eine Bedingung gelten soll oder nicht, hat bei gestaltenden Willenserklärungen nur einer das Sagen: der Gestaltende nämlich.

... aber sie hilft bei gestaltenden Willenserklärungen.

Ein Beispiel für gestaltenden Willenserklärungen bietet vor allem die Anfechtung, bei der einer seine Willenserklärung und damit einen ganzen Vertrag vernichten kann. Es gibt aber noch mehr: Rücktritt, Kündigung, Aufrechnung. Und gerade bei der letzten finden wir mit ***§ 388 S. 2*** eine interessante ***gesetzliche Regelung, in der die Bedingungsfeindlichkeit normiert ist***.

Lesen: § 388 S. 2.

Hintergrund dieser Bedingungsfeindlichkeit ist, daß der, dem gegenüber die gestaltende Willenserklärung abgegeben wird, Klarheit darüber haben soll, ob die Gestaltung nun gilt oder nicht. Und Bedingungen sind eben zunächst mal unklar. Aus diesem Sinn heraus wird nachvollziehbar, daß trotz der Bedingungsfeindlichkeit Potestativbedingungen zulässig sein müssen. Denn bei dieser Art Bedingung ist es ja in das Belieben des Erklärungsempfängers gestellt, ob und wann ein künftiges Ereignis eintritt. Die Klarheit kann er also selbst herbeiführen.

b. Bedingungsfolgen

Eintritt und Ausfall nach Schwebezeit.

Kommt die Bedingung, so nennt man das ***Eintritt***. Ist klar, daß die Bedingung nicht mehr kommt, weil sie nicht mehr kommen kann, nennt man das ***Ausfall***. Die Zeit bis dahin nennt man ***Schwebezeit*** (vgl. Wortlaut § 160).

Die Beteiligten sind wie bei jedem Vertrag an das Vereinbarte ***gebunden***. Allein der Umstand, daß sich wegen noch nicht eingetretener Bedingung die Rechtsfolgen noch nicht entfaltet haben, gibt keinem das Recht, sich aus dem Vertrag abzuseilen. Das geht nur, wenn etwas Spezielles vereinbart wurde, z.B. ein Widerrufsrecht.

Normalerweise keine Rückwirkung, außer bei Vereinbarung.

Die Parteien können dabei über den § 158 hinaus noch vereinbaren, daß die Folgen der Bedingungen derart nach hinten zurückwirken, daß für die Bestimmung der zu gewährenden Leistungen der Zeitpunkt des Rückbezugs maßgebend ist, ***§ 159.*** Normal ist das nicht, denn das Gesetz geht grundsätzlich davon aus, daß erst mit dem Eintritt der Bedingung auch die Rechtsfolgen eintreten. Wenn wir also in einem Sachverhalt keine Anhaltspunkte finden, gibt's keine ***Rückwirkung***. Haben wir aber eine solche Vereinbarung, dann gilt § 159 zunächst nur zwischen den Beteiligten.

Wirkung auf Dritte über §§ 160-162.

Daraus könnte man den Schluß ziehen, daß eine ***Rückwirkung im Verhältnis zu Dritten*** nicht eingreifen kann. Dieser Schluß wäre nur formal richtig. Denn die ***§§ 160-162*** haben aus der eben von uns festgestellten Bindung der Parteien einige wichtige Rechtsfolgen abgeleitet.

aa. Kleiner Exkurs: § 161 (und § 455)

Lesen: § 161.

Insbesondere ***§ 161*** behandelt dabei auch die ***Rechtsstellung von Dritten.*** Vorausgesetzt wird dabei, daß die Bedingung im Zusammenhang mit einer Verfügung über einen Gegenstand erfolgte. Wir erinnern uns daher kurz der Unterteilung in Rechtsgeschäfte, die verpflichtenden Charakter haben (z.B. ein Kaufvertrag), und in Rechtsgeschäfte, die verfügenden Charakter haben (z.B. ein Übereignungsvertrag). Beide waren in ihrer Wirksamkeit voneinander unabhängig (abstrakt – Abstraktionsprinzip).

Stellen wir uns also das vor:

> ***Bsp.:*** V verkauft K am 1.5. einen Pkw zum Preis von 5.000,-. Vereinbart wird, daß K den Kaufpreis innerhalb der nächsten 4 Monate in 5 Raten je 1.000,- am jeweiligen 1. eines Monats zahlt, die ersten 1.000,- bei Übergabe des Pkw am selben Tag. Vereinbart wird weiter, daß V dem K den Pkw unter der aufschiebenden Bedingung der vollständigen Kaufpreiszahlung übereignet. - Am 1.5. übergibt V dem K den Pkw, K zahlt an V 1.000,- in Form eines Tausendmarkscheines.

Hier ist zunächst mal ein Kaufvertrag zwischen V und K geschlossen worden. Er weicht in seinem Inhalt allerdings geringfügig von der gesetzlichen Regelung des § 433 ab. Dort werden nämlich in Abs. 1 Satz 1 die Verkäuferpflichten dahin festgelegt, daß der Verkäufer dem Käufer die Sache übergeben und das Eigentum daran verschaffen muß. Hier dagegen ist es so, daß V dem K die Sache übergeben, aber nur bedingt das Eigentum daran verschaffen muß. Ein kleiner, aber feiner Unterschied.

Für die Obersätze einer Anspruchsprüfung heißt das, daß V von K ganz normal den Kaufpreis verlangen kann (aber nur zum jeweiligen Fälligkeitszeitpunkt - richtige Leistungszeit). K hingegen kann von V nur Übergabe und ***bedingte Eigentumsverschaffung*** verlangen.

Neben dem Kaufvertrag sind aber zum 1.5. noch zwei weitere Verträge geschlossen worden.

K hat V 1.000,- übereignet. Er ist dabei gemäß § 929 S. 1 vorgegangen. Er hat sich mit V darüber geeinigt, daß das Eigentum am Tausendmarkschein übergehen soll (dinglicher Vertrag). Außerdem hat er V den Schein noch übergeben (Besitzverschaffung - sog. Realakt).

V hat K den Pkw aufschiebend bedingt übereignet. Er ist dabei ebenfalls nach § 929 S. 1 vorgegangen: er hat K den Besitz am Pkw verschafft (Realakt) und sich mit K geeinigt (Vertrag). Aber nicht nur. Er hat seine Einigungswillenserklärung ja unter der aufschiebenden Bedingung abgegeben, daß K (in den nächsten Monaten) seiner Kaufpreisverpflichtung vollständig nachkommt und zahlt. Erst wenn dieses in der Zukunft liegende (im Moment noch) ungewisse Ereignis tatsächlich eingetreten ist, entfaltet die Einigung ihre volle Wirksamkeit. Richtig ist es also zu sagen, daß hier ein Eigentumsübergang gemäß §§ 929 S. 1, 158 I vorgenommen wurde.

Eine aufschiebend bedingt vorgenommene Einigung im Rahmen des § 929 S. 1.

Bevor wir uns jetzt wieder dem § 161 zuwenden und fragen, wo er in diesem Zusammenhang einzubauen ist, wollen wir einen Blick auf ***§ 455*** werfen. Dort steht noch einmal, was es (im Zweifel) zu bedeuten hat, wenn sich ein Verkäufer das „Eigentum vorbehalten" hat. Für das, was wir eben gesagt haben, benötigen wir § 455 eigentlich nie. Wir können ihn der Vollständigkeit halber heranziehen, wenn wir feststellen, daß die Einigung i.S.d. § 929 S. 1 nur unter einer Bedingung erfolgte. Aber meist ist es so, daß das gar keinen Zweifeln unterliegt (für die uns § 455 die Hilfe gibt).

Lesen: § 455.

Wir brauchen § 455 aber für was anderes. Für einen ***Rücktritt vom Vertrag***, wenn der Käufer mit der Zahlung des Kaufpreises in Verzug kommt. Wir halten das an dieser Stelle kurz, weil wir

§ 455 gibt ein Rücktrittsrecht.

bislang weder genau gesagt haben, was ein Verzug ist, noch, was ein Rücktritt ist und welche Folgen all das hat. Wir werden es hier auch nicht mehr sagen, weil damit Fragen des Schuldrechtes angesprochen sind, die einen eigenen Raum brauchen (und dort habe ich es auch beschrieben). Nur soviel:

§ 455 macht den Rücktritt billiger, als der einfache Verzug nach § 326.

Verzug (= verschuldete Verspätung der Leistung) reicht für sich genommen nicht aus, um von einem gegenseitigen Vertrag wie dem Kaufvertrag loszukommen (= zurückzutreten). Ein Blick in ***§ 326*** belehrt uns, daß daneben noch eine Fristsetzung mit Ablehnungsandrohung nötig ist, die nur in Ausnahmefällen entbehrt werden kann. Und genau hier kommt ***§ 455*** in's Spiel: er ***erleichtert den Rücktritt sehr***.

Wir hatten die Erläuterung des § 161 eben verlassen bei der Feststellung, daß es eine unter einer Bedingung vorgenommene Verfügung gegeben haben muß. Eine solche hatten wir dann im Beispiel bei der unter dem Vorbehalt vollständiger Kaufpreiszahlung erfolgten bedingten Übereignung gefunden.

§ 161: während der Schwebezeit passiert was.

§ 161 nimmt sich jetzt des Falles an, daß während der Zeit, in der alle auf den Eintritt der Bedingung warten, der Verfügende noch eine weitere Verfügung trifft.

> ***Bsp.:*** Vor der letzten Ratenzahlung leiht sich V von K den Pkw für einen Tag. Er nutzt diesen Tag, indem er den Pkw an D verkauft und auch sofort gemäß § 929 S. 1 übereignet. D weiß um die Verträge des V mit K.

Was Böses.

Auch wenn es erstaunlich scheint: Das konnte V von Rechts wegen machen. Denn solange K die Raten nicht vollständig gezahlt hat, ist die Bedingung, die die Wirksamkeit der Einigung ist, noch nicht eingetreten und V daher immer noch Eigentümer.

Davor sei § 161 I.

Jetzt ist es aber an der Zeit, die Kurve zu kriegen. § 161 I enthält die Rechtsfolge der ***Unwirksamkeit nachfolgender Verfügungen***, für den Fall des Eintritts der Bedingung, mit der die erste Verfügung verknüpft war. K muß also dafür sorgen, daß er die Bedingung herbeiführt, im Klartext: die Raten weiterzahlen. Mit der letzten Ratenzahlung (und nicht vorher!) wird dann die zwischenzeitlich vorgenommene Verfügung des V an D unwirksam und K erhält das volle Eigentum. Dann kann er von D die Herausgabe des Pkw verlangen.

Von V kann K daneben unter den verschiedensten Aspekten Schadensersatz verlangen (u.a. Verletzung von Pflichten aus dem Kaufvertrag und aus dem Leihvertrag). Das soll uns an dieser Stelle aber nicht interessieren.

Aber nichts ist 100% sicher: § 161 III.

Abschließend bleibt anzusprechen, was passiert, wenn D von all dem nichts wußte und ***gutgläubig*** wie ein neugeborenes Kind von V Schlüssel, Papiere etc. entgegennimmt und mit dem Wagen in den Sonnenaufgang hineinfährt. Diesen Fall regelt ***§ 161 III*** durch Verweis auf §§ 932 ff.. Hier wird eine Abwägung der Interessen des gutgläubig Erwerbenden mit denen des durch die Erstverfügung Begünstigten dahin vorgenommen, daß der Gutgläubige „gewinnt". Wäre das hier so gewesen, könnte sich K nur noch im Wege des Schadensersatzes an V halten. Auch das ist allerdings etwas, was wir hier nicht vertieft ansprechen können, denn dazu muß man die *sachenrechtlichen* Grundsätze des gutgläubigen Erwerbs vom Nichtberechtigten kennen.

Fassen wir die Voraussetzungen des § 161 zu einer ***Prüfungsfolge*** zusammen, ergibt sich folgendes Schema:

1. Geht es um eine Verfügung, die unter einer aufschiebenden Bedingung vorgenommen wurde? - nur, wenn ja:
2. Ist die Bedingung eingetreten? - nur, wenn ja:
3. Sind während der Schwebezeit vom Erstverfügenden vereitelnde oder beeinträchtigende Zweitverfügungen vorgenommen worden? - nur, wenn ja:
4. Ist die Erstverfügung den anderen Verfügungen vorzuziehen? - nur, wenn ja: die anderen Verfügungen sind insoweit unwirksam, als sie die Erstverfügung vereiteln oder beeinträchtigen. - Ende der Prüfung.

   Oder ist eine andere Verfügung wirksam(er): Abs. 3? - Schade. - Aber auch Ende der Prüfung.

§ 161 taucht an verschiedenen Stellen auf.

Das war ziemlich viel zu § 161. Aber noch nicht genug. Denn wir haben bislang noch nicht gesagt, ***wo*** genau ***im Prüfungsaufbau*** man diese Norm überhaupt einbaut. Und dafür gab es gute Gründe. Wir können § 161 nämlich ***an verschiedenen Stellen*** benutzen. Gehen wir davon aus, daß im Beispiel oben K seine letzte Kaufpreisrate an V gezahlt hat und stellen wir uns folgendes vor:

Bsp. 1: Der Pkw, der sich beim bösgläubigen D befindet, wird von K unter Hinweis auf § 985 herausverlangt.

Mal im Anspruch entstanden.

Soweit es um den Anspruch des K gegen D geht, *entsteht* der Anspruch erst in dem Augenblick, in dem K Eigentümer wird. Das ist er nicht schon mit der bedingten Einigung zwischen ihm und V geworden, sondern erst mit Bedingungseintritt. Und auch das nur deshalb, weil die zwischenzeitlich zwischen V und D getroffene Verfügung gemäß § 161 unwirksam ist. Hier gehört § 161 also auf die ***Ebene Anspruch entstanden***.

Bsp. 2: Kurz bevor K die letzte Rate gezahlt hatte, war der Pkw beim bösgläubigen D von X gestohlen worden. D verlangt von X die Herausgabe unter Hinweis auf § 985. Wenig später zahlt K die letzte Rate.

Mal im Anspruch untergegangen.

Wenn wir jetzt den Anspruch des D gegen X betrachten, dann war D bis zur letzten Ratenzahlung des K Eigentümer und hatte folglich gegen X einen Herausgabeanspruch. Nach der Ratenzahlung wird wegen § 161 aber automatisch K Eigentümer. D verliert damit seinen Anspruch gegen X. Hier gehört § 161 also auf die ***Ebene Anspruch untergegangen***.

bb. §§ 160 und 162

Bei Verstößen ...

Verstöße gegen die Verpflichtungen, die während der Schwebezeit bestehen, werden vom BGB unter zwei besonderen Aspekten behandelt.

... Schadensersatz.

Einmal ist da ***§ 160***, der ***Schadensersatzpflichten*** normiert, wenn Rechte schuldhaft vereitelt oder beeinträchtigt werden. Dies gilt aber in gleicher Weise wie eben bei § 161 nur dann, wenn die Bedingung eintritt. Nachdem erst zu diesem Zeitpunkt die „normalen“ Rechtsfolgen aus dem aufschiebend bedingt abgeschlossenen Rechtsgeschäft eintreten sollten, macht es Sinn, auch erst zu diesem Zeitpunkt die Rechtsfolgen eintreten zu lassen, wenn die „normalen“ Rechtsfolgen nicht mehr kommen können.

Wir erinnern uns bei dieser Gelegenheit kurz daran, daß wir ganz zu Anfang gesagt hatten, es gäbe Pflichten, um derentwillen das Schuldverhältnis begründet worden sei: wir hatten sie Primärleistungspflichten genannt. Und es gäbe Pflichten, die immer dann zum Zuge kämen, wenn´s mit der primären nicht klappt. Die hatten wir Sekundärleistungspflichten genannt. Nicht schwer zu erraten, daß § 160 ***Sekundärleistungspflichten*** normiert, denn er kommt ja erst und nur dann, wenn die primären nicht mehr kommen können.

Mit § 160 als Anspruchsgrundlage.

Klausurmäßig gesehen enthält § 160 als Anspruchsgrundlage natürlich Voraussetzungen für die Entstehung eines Anspruchs. Er wird uns also in *Obersätzen* und auf der Ebene *Anspruch entstanden* begegnen.

Oder trickreiche Fiktion des Bedingungseintritts

Etwas anders und ziemlich pfiffig dagegen die Regelung des ***§ 162***. Die Besonderheit dort liegt darin, daß es gar nicht erst zur Bedingung kommt. Wenn wir nur § 160 hätten, wäre das ein eleganter Weg, die Sekundärleistungspflichten auszumanövrieren: man müßte dann nur dafür sorgen, daß die Bedingung nicht eintreten kann und schwupps - überhaupt keine Rechtsfolgen mehr. Daß das nicht richtig sein kann, liegt auf der Hand.

Wer versucht, ***wider Treu & Glauben*** an den Bedingungen zu manipulieren, dem schießt deshalb § 162 ***ein Eigentor:*** er tut einfach so, als ob die Bedingung eingetreten (nicht eingetreten, Abs. 2) sei. Dabei ist ziemlich umstritten, welche Kriterien für den Verstoß gegen Treu und Glauben heranzuziehen sind. Diskutiert werden Begriffe, die an Verschulden anknüpfen (Vorsatz und Fahrlässigkeit), und solche, die mehr auf das Verhalten abstellen, das der Geschäftspartner nach der richtig ausgelegten Vereinbarung erwarten durfte. Mit § 162.

In der Klausur bauen wir § 162 immer (nur) als Hilfsnorm ein, wenn es um Fragen geht, die sich mit einem Bedingungseintritt beschäftigen, an dem manipuliert wurde. Wenn also ein Anspruch (nicht) entsteht, weil eine Bedingung (nicht) eingetreten ist und wir das Gefühl haben, da ist beim (Nicht-) Eintritt manipuliert worden, dann prüfen wir § 162 auf der Ebene *Anspruch entstanden.*

Wenn ein Anspruch nicht (untergeht), weil eine Bedingung (nicht) eingetreten ist und wir das Gefühl haben, da ist beim (Nicht-) Eintritt manipuliert worden, dann prüfen wir § 162 auf der Ebene *Anspruch untergegangen.*

c. Zusammenfassung

Es gibt verschiedene Sorten von Bedingungen:

- Die ***echte Bedingung***. Es ist objektiv ungewiß, ob ein in der Zukunft liegendes Ereignis eintreten wird. Sie ist in §§ 158 ff geregelt. Echte.
- Die ***unechte oder uneigentliche Bedingung***. Hier ist nur subjektiv ungewiß, ob das Ereignis eintritt. In Wirklichkeit (objektiv) ist es schon eingetreten. Der bedingungstypische Schwebezustand entsteht nicht, die Regelungen der §§ 158 ff sind allenfalls analog anwendbar. Unechte.
- Die ***Rechtsbedingung***. Sie ist gar keine, weil sie nur als Bedingung der Parteien vorschreibt, was auch ohne rechtsgeschäftliche Vereinbarung kraft Gesetzes gelten würde. Die §§ 158 ff gelten nicht. Rechtsbedingung.
- Die ***Potestativbedingung***. Der ungewisse künftige Ereigniseintritt steht in der Macht (potestas) einer der Beteiligten. Sie ist als Ausprägung der „normalen" Bedingung zulässig und wird nach §§ 158 ff behandelt. Sie ist darüberhinaus aber sogar da möglich, wo Rechtsgeschäfte eigentlich bedingungsfeindlich sind: bei den gestaltenden Willenserklärungen nämlich (vgl. § 388 S. 2). Potestativ.

Die Bedingung führt bis zu ihrem Eintritt oder Ausfall zu einer ***Schwebezeit***. Während dieser Zeit darf der Erfolg der Bedingung nicht vereitelt werden. Das Gesetz enthält deshalb ***Schutzvorschriften***:

- Mit ***§ 162*** wird eine ***Einwirkung auf die Bedingung selbst*** mit Rechtsfolgen versehen, die in einer jeweiligen Umkehrfiktion bestehen. Wer´s verhindert, wird behandelt, als sei die Bedingung eingetreten. Wer sie herbeiführt, wird behandelt, als sei die Bedingung nicht eingetreten.
- Mit ***§ 161*** wird eine ***Einwirkung auf die*** an die Bedingung gekoppelten ***Wirkungen*** erfaßt. Bestimmte Handlungen (Verfügungen an Dritte) werden insoweit unwirksam, als die Wirkungen damit beeinträchtigt würden. Natürlich nur, wenn die Bedingung dann auch wirklich eintritt. Denn ohne Bedingungseintritt hätte es die Wirkungen ja auch nicht gegeben. Die Dritten selbst werden bei Gutgläubigkeit dadurch geschützt, daß die Handlungen dann eben doch wieder wirksam sind.
- Mit ***§ 160*** schließlich versucht das Gesetz aus dem Umstand, daß das Kind in den Brunnen gefallen ist, noch das Beste zu machen und gibt einen ***Schadensersatzanspruch***.

2. Allgemeine Geschäftsbedingungen (AGB)

Das Imperium schlägt zurück.

Jahrelange Demütigungen in den Reklamationsabteilungen namhafter Kaufhäuser werden sich nach der Lektüre des folgenden Abschnittes nicht mehr wiederholen. Mutig die Ware in der einen, das BGB noch verborgen in der anderen Hand, werden wir zeigen, warum Juristen (neben Lehrern und Sozialarbeitern) zu den unbeliebtesten Geschäftspartnern gehören: Wir zerschmettern das Lieblingsspielzeug des Geschäftsführers, wir zerstören seine AGB.

Das AGBG.

AGB-Regelungen finden wir ***im BGB*** quasi gar nicht, mal abgesehen von einigen Randnormen, die typische AGB-Regelungsmaterien ansprechen, wie etwa ***§ 476a***. Für AGB gibt es ein eigenes Gesetz, das ***AGBG***. Je nach Gesetzessammlung finden wir es unter Nr. 4 (dtv-Text), unter Nr. 26 (Schönfelder).

a. Einstieg in die AGB-Prüfung

Wann und wo AGB prüfen?

Wenn wir jetzt aber mit der schlichten Lektüre des Gesetzestextes beginnen, sollten wir uns dabei immer die klausurentscheidende Frage stellen: ***Wo*** gehört die Prüfung von AGB eigentlich hin? Diese Frage ist mit einer weiteren gekoppelt: ***Was*** prüfe ich überhaupt im Zusammenhang mit AGB?

Für die Antwort bedienen wir uns am besten einer AGB-Klausel, wie wir sie in ähnlicher Form in vielen AGB finden. Sie kann so aussehen:

„In Fällen berechtigter Mängelrügen haben wir das Recht zur mehrfachen Nachbesserung, bevor der Kunde nach unserer Wahl Herabsetzung der Vergütung (Minderung) oder Rückgängigmachung des Vertrages (Wandelung) verlangen kann."

Wir dürfen zunächst vermuten, daß AGB ***keine soziale Zielsetzung*** haben. Sie dienen nur einem: dem Verwender. Daraus folgt regelmäßig, daß sie mit Nachteilen für den auf der anderen Seite stehenden Geschäftspartner verbunden sind. *Ungerechtfertigte* Nachteile können AGB aber nur dann beinhalten, wenn sie von der gesetzlich vorgesehenen Risikoverteilung abweichen oder etwas normieren, was im Gesetz gar nicht vorgesehen ist.

AGB dienen immer nur dem Feind.

Und noch eins kommt dazu: AGB machen nur dann Probleme, wenn ihre Geltung zwischen den Parteien überhaupt vereinbart wurde. Und das ist durchaus nicht immer selbstverständlich.

AGB müssen vereinbart sein.

Auf das *Wo* der AGB-Prüfung warten wir noch einen Moment. Getreu dem Motto, daß wir keinen Handschlag zu viel tun sollten, führt ***der erste Schritt jeder AGB-Prüfung*** in die §§ 23 und 24. ***§ 23*** sagt uns dabei zunächst, wann das AGBG *nicht* gilt, insbesondere Abs. 1 (Arbeitsrecht) ist wichtig. Wir können dann die Frage, ob das, was wir da gerade untersuchen, überhaupt AGB sind oder nicht, offen lassen. Selbst wenn es das wäre, fände das AGBG keine Anwendung. ***§ 24*** enthält demgegenüber nur Modifikationen der AGBG-Regelungen, die für Normalsterbliche gelten. Man kommt aber immerhin zu was. ***Relativ neu*** (vom 22.6.1998) ist die Änderung von ***§ 24a*** AGBG.

Hier wird nicht (alles) geprüft: §§ 23 und 24 AGBG.

Wir lesen jetzt ***§ 1 AGBG***, denn dieser sagt uns in Abs. 1, was AGB überhaupt sind. Wir sehen, daß es wichtig ist, daß eine Partei Bedingungen für eine Vielzahl (3-5 sollen reichen, vgl. aber auch § 24a Nr. 2 AGBG: ***einmalige*** Verwendung!) von Verträgen vorformuliert hat und diese der anderen Partei bei Abschluß des Vertrages stellt. Uninteressant dagegen, welche Form die AGB haben. Als Extrem könnten wir uns die katholischen AGB vorstellen, bei denen 10 knallhart formulierte Vertragsbedingungen der anderen Seite auf Steintafeln gestellt wurden.

Lesen: § 1 AGBG und § 24a AGBG.

Damit haben wir schon vier wichtige Kriterien: AGB sind Bedingungen,

1. für eine Vielzahl (vgl. aber auch § 24a Nr. 2 AGBG)
2. von Verträgen vorformuliert
3. bei Vertragsschluß
4. gestellt (vgl. auch § 24a Nr 1 AGBG!).

Gegenstück zu AGB: Individualabreden.

Die vierte Voraussetzung („gestellt“) grenzt die AGB von den Geschäftsbedingungen ab, die ausgehandelt wurden. Solche ***einzeln ausgehandelten Bedingungen*** (sog. Individualabreden, vgl. ***§ 1 II***) unterliegen nicht der Prüfung durch das AGBG, denn sie sind ***keine AGB***. Nicht verwechseln wollen wir das mit dem Fall, daß es zwar AGB gibt, aber zugleich noch zusätzlich Individualabreden, die dieselbe Materie regeln. Für diesen Fall einer ***Kollision*** sieht ***§ 4 AGBG*** vor, daß die Individualabrede den Vorrang hat.

Am Rande registrieren wir, daß es Fälle gibt, in denen jemand die Macht hat, uns seine Bedingungen zu diktieren. Bei der Wohnungsvermietung zum Beispiel ist die Chance, günstige Konditionen auszuhandeln, angesichts der Marktlage gleich Null. Das ist zunächst gar nicht so schlimm, wie es aussieht. Die meisten Vermieter sind rechtlich nicht sonderlich beschlagen und benutzen Vordrucke, wie man sie entweder im Schreibwarenhandel oder aber bei den Haus- und Grundbesitzervereinen enthält. Sie benutzen also AGB. Bei diesen AGB kann man dann mit den nötigen rechtlichen Kenntnissen eine Masse kaputtmachen.

Nicht blöd sein: Klappe halten und später zuschlagen.

Anders gesagt: die AGB sind gut für den Mieter, der sich auskennt, denn der kann sich den Schutz des AGBG heranziehen. Wenn jetzt aber einer so ehrgeizig ist, mit dem Vermieter groß herumzuhandeln, dann ist das nicht irgendwie clever. Im Ergebnis kommt ja eh heraus, was der Vermieter will. Nur - jetzt ist es eine ausgehandelte Individualabrede geworden. Und dafür gibt´s vom AGBG keinen Schutz mehr. Das Beste, was man bei solchen Verhandlungen machen kann, wenn man unzulässige AGB-Klauseln entdeckt, ist: schweigen.

Lesen: § 2 AGBG.

Allein dadurch, daß ein Verwender AGB stellt, wirken sie aber noch nicht. Sie müssen in den Vertrag ***einbezogen*** werden. Wie das zu geschehen hat, macht ***§ 2*** AGBG klar. Er stellt vier weitere Voraussetzungen auf:

1. Es muß durch den Verwender ein ***Hinweis*** auf die AGB stattgefunden haben und zwar entweder ausdrücklich oder aber - mindestens - durch einen deutlich sichtbaren Aushang am Ort des Vertragsschlusses.
2. Der Verwender muß dem anderen die ***Möglichkeit*** verschaffen, von den AGB ***Kenntnis zu nehmen***. (Der andere muß nicht wirklich Kenntnis nehmen, die Möglichkeit dazu reicht.)
3. Dies muß ***in zumutbarer Weise*** geschehen.
4. Der andere muß mit der Geltung der AGB ***einverstanden*** sein.

In vielen Kaufhäusern sind die AGB damit schon deshalb vom Tisch, weil am Ort des Vertragsschlusses (häufig die Kasse) nicht der geringste Hinweis zu finden. Sollte das wider Erwarten aber doch mal der Fall sein, dann verweist man gerne auf die in der Geschäftsführung zu den üblichen Zeiten einsehbaren Bedingungen. Hier fehlt es natürlich an der Zumutbarkeit. Nicht übersehen sollten wir an dieser Stelle, daß die Anforderungen des § 2 ***für einen bestimmten Personenkreis nicht*** gelten. Wir lesen dazu noch mal ***§ 24***.

Selbst wenn nun AGB vorliegen und die Voraussetzungen des § 2 eingehalten wurden, wird trotzdem nicht alles, was geschrieben steht, Vertragsbestandteil.

Überraschung!

Bsp.: Vermieter V benutzt eine leicht abgewandelte Form des vom Haus- und Grundbesitzervereines vertriebenen Sammelwerkes Allgemeiner Geschäftsbedingungen für Mietverhältnisse. In einem § 6 sehen diese AGB vor, daß insbesondere weibliche Mieter sich werktags zwischen 10.00 und 12.00 für V zur Verfügung zu halten haben, um ihm bei der Hausarbeit in seiner im gleichen Haus gelegenen Wohnung zur Hand zu gehen. Studentin S, der V die AGB vor Vertragsschluß ausgehändigt hatte, unterschreibt sie ungelesen.

Für Fälle dieser und ähnlicher Art gibt es ***§ 3 AGBG***. Kriterium ist nur, ob eine Klausel so ***ungewöhnlich*** ist, daß man nicht mit ihr rechnen mußte.

Lesen: § 3 AGBG.

§ 4 hatten wir schon. ***§ 5*** stellt klar, daß der, der die Vorteile aus den AGB haben würde - der Verwender - auch die Last hat, wenn etwas ***nicht ganz klar*** ist.

Lesen: § 5 AGBG.

§ 6 I schließlich enthält eine ganz ***zentrale Regelung***: Ein Vertrag bleibt in seiner Wirksamkeit völlig unberührt davon, ob AGB nun Vertragsbestandteil geworden sind oder nicht. Zur Unwirksamkeit werden wir gleich noch was sagen.

Lesen: § 6 AGBG.

b. Wichtige Aufbaufragen und ein typischer Fehler

Dieser § 6 gibt uns damit auch einen wichtigen Hinweis, wie AGB in den ***Klausuraufbau*** hineinzubringen sind. Besser gesagt: wie sie *nicht* hineinzubringen sind. Wenn nämlich die Einbeziehung der AGB für die Wirksamkeit des Vertrages unwichtig ist, dann muß man die AGB ***nicht bei der Frage*** berücksichtigen, ***ob ein Vertrag geschlossen wurde***. Der Vertrag wird so oder so geschlossen - mit oder ohne AGB.

AGB haben ***nichts*** damit zu tun, ob ein Vertrag zustande gekommen ist.

Dieser Aufbauaspekt verdient eine besondere Erwähnung. Ich habe schon eine ganze Masse von Klausuren und Hausarbeiten korrigieren müssen, in denen der (die) Bearbeiter(in) nach der Feststellung, daß zwei übereinstimmende Willenserklärungen

Das wird in vielen Klausuren falsch gemacht.

vorlägen, die mit Bezug aufeinander abgegeben worden seien, zur Erörterung einer Frage überging, die oft so eingeleitet wurde:

> ***Bsp.:*** Fraglich ist nunmehr aber weiter, ob auch die AGB des X Vertragsbestandteil geworden sind. Dies beurteilt sich nach dem AGBG. ...

Warum eigentlich?

Es folgen epische Erörterungen über Einbeziehungen von AGB. Das Schlimme (weil Fehlerhafte) an einem solchen Vorgehen war, daß die ***Prüfung durch nichts legitimiert*** war. Es ist - für sich genommen - völlig unwichtig, ob AGB Bestandteil irgendeines Vertrages geworden sind. Wir dürfen uns nur an den Stellen der Klausur zu AGB-Fragen äußern, an denen es auf die in der AGB-Klausel festgeschriebene Rechtsfolge ankommt.

> ***Bsp.:*** Eine AGB-Klausel sieht vor, daß eine Anfechtung ausgeschlossen ist.

Bei einer solchen Klausel müßte ich in dem Augenblick auf die AGB-Schiene kommen, in dem ich „eigentlich" alles für eine Anfechtung habe (Grund etc.), mich aber durch die Klausel gehindert sehe. Dann - und erst und nur dann - habe ich Veranlassung zu fragen, ob sich etwas ändert, weil hier eventuell vertraglich etwas Abweichendes vereinbart war. Oder:

> ***Bsp.:*** Eine AGB-Klausel sieht vor, daß der Höchstschadensersatz bei Beschädigungen von Wäsche in der Reinigung auf das Doppelte des Reinigungspreises beschränkt ist.

Hier komme ich in dem Moment zur AGB-Prüfung, in dem ich dem Grunde nach festgestellt habe, daß der Reiniger Schadensersatz zu leisten hat, in dem ich weiter festgestellt habe, daß der Schaden an sich eine Summe X ausmacht. Und danach kann ich fragen, ob der Ersatz vielleicht durch die AGB-Klausel der Höhe nach begrenzt worden ist.

Regel Nr. 1:

Als ***allgemeine Prüfungsregel Nr. 1*** für jede Art von AGB-Klausel halten wir damit fest:

> Jede AGB-Klausel wird ***nur dort*** geprüft, wo es auf die in ihr vorgesehene Rechtsfolge ankommt. Und keine Sekunde früher.

Wo es eine Nummer 1 gibt, folgt meistens eine Nummer 2. So auch hier. Regel Nr. 2 hat damit zu tun, daß ich die ganze Zeit nicht allgemein von AGB, sondern immer etwas spezieller von AGB-Klausel rede. AGB sind alle Bedingungen zusammen, Klausel ist eine einzelne Bedingung. Wenn wir im AGB-

Zusammenhang etwas zu prüfen haben, dann prüfen wir natürlich nicht immer alle Bedingungen durch. Wir prüfen nur die Bedingung, deren Rechtsfolge uns in der konkreten Rechtsfrage weiterhelfen könnte. Weiterhelfen meint damit, daß die Rechtsfolge Aspekte für eine Lösung der Frage enthält. Diese Aspekte können dabei durchaus auch dazu führen, daß irgendwelche Ansprüche nicht bestehen. Das ist schließlich auch eine Lösung.

Als ***allgemeine Prüfungsregel Nr. 2*** für jede Art von AGB-Prüfung halten wir damit fest: Regel Nr. 2:

Es werden ***nur solche*** AGB-Klauseln geprüft, auf deren Rechtsfolge es ankommt. Und keine andern.

c. Wirksamkeit und Unwirksamkeit von AGB

Steht fest, daß AGB Vertragsbestandteil geworden sind, ist es an der Zeit, die jeweilig im Fallzusammenhang relevant werdende Klausel (s.o. die Regeln) auf ihre Wirksamkeit hin zu überprüfen. Aber nur soweit in dieser Klausel von der gesetzlichen Regelung (normalerweise eine BGB-Regel) abgewichen oder diese ergänzt wird, kann der Inhalt der Klausel überprüft werden (sog. ***Inhaltskontrolle, § 8***). Klauseln, die lediglich Leistungsbeschreibungen (z.B. Preislisten) enthalten, sind der Inhaltskontrolle grundsätzlich entzogen. Lesen: § 8 - Inhaltskontrolle.

Der Rest ist reine Lesearbeit, wobei wir allein noch wissen müssen, daß das Lesen teilweise rückwärts läuft. Wir ***beginnen*** nämlich mit ***§ 11***. Die dort für unwirksam erklärten Klauseln haben keine Wertungsmöglichkeiten. Man muß also nicht lange rumrätseln, was ist und was nicht, sondern kann sofort subsumieren. Wir lesen mal § 11 Nr. 10 b). Angesichts dieser Vorschrift ist unsere ganz zu Beginn beispielhaft aufgeführte AGB-Klausel nicht zu halten. Sie ist unwirksam. Lesen: § 11.

Nach § 11 kommt in der Prüfungsreihenfolge ***§ 10***. Dieser ist etwas lauer formuliert und deshalb auch ein bißchen weicher und etwas unsicherer abzuklären. Es gibt dort ***Wertungsmöglichkeiten***. Typische Formulierungen des § 10: „unangemessen" und „zumutbar". Lesen: § 10.

Die Krönung ist dann schließlich ***§ 9***, in dem uns ***Treu & Glauben*** zujubeln. Wir wissen ja: Wenn gar nichts mehr geht, helfen nur noch Treu & Glauben. Lesen: § 11.

Manchmal sind sie allerdings wirklich das Einzige, was hilft. Wir lesen zum wiederholten Male ***§ 24***. Die §§ 10 und 11 gelten für die dort genannten Personen überhaupt nicht. Für die hilft damit nur § 9.

Offensichtlich reicht hier meistens schlichtes Lesen.

Wir können an dieser Stelle noch mal auf die zweite Regel von eben zurückkommen. Ihre Notwendigkeit erschließt sich nach der Lektüre der §§ 9-11 AGBG für jeden, der je einmal auf der Rückseite irgendwelcher Kaufverträge oder im Innern irgendeines Mietvertrages die AGB gelesen hat. Wollte man tatsächlich erst mal *alle* Klauseln auf ihre *Vertragseinbeziehung und ihre Wirksamkeit* hin durchprüfen, wäre die Klausurzeit bereits abgelaufen, bevor man zu den eigentlichen Fallfragen überhaupt was gesagt hat. Dies trifft in gleicher Weise die Höchstseitenzahl bei Hausarbeiten.

d. Folgen von Unwirksamkeit

Unwirksamkeit wird nicht über § 139, sondern über § 6 I AGBG geregelt.

Ist nun eine AGB-Klausel unwirksam, so fragt sich natürlich, was das für den Rest des Vertrages bedeutet. Immerhin gibt es im BGB so eine Vorschrift wie ***§ 139*** (lesen!). Das AGBG soll den Betroffenen schützen. Es wäre nun ein schlechter Schutz, wenn mit der unwirksamen Klausel auch der Vertrag unwirksam wäre. Aus diesem Grund regelt ***§ 6 I*** nicht nur die Folgen fehlerhafter Einbeziehung, sondern auch die Folgen teilweise Unwirksamkeit dahin, daß der Vertrag im übrigen wirksam bleibt. § 6 II stellt noch mal klar, daß dann (wieder) die ganz normalen gesetzlichen Regelungen gelten - wenn es welche gibt. Eine Ausnahme gilt bloß in den Fällen des § 6 III.

Es bleibt abschließend eine gern geprüfte Konstellation zu erwähnen. Sie sieht so aus:

> ***Bsp.:*** Eine AGB-Klausel bestimmt, daß **jegliche Haftung** des Verwenders für bestimmte Schäden ausgeschlossen sein soll. Mehr steht nicht drin. Der Verwender verursacht dann **leicht fahrlässig** einen Schaden.

Frage: Wenn zuviel Ausschluß nicht geht, ...

Ein solch umfassender Haftungsausschluß steht im Widerspruch zu ***§ 11 Nr. 7 AGBG***. Möglich gewesen wäre aber ein Haftungsausschluß für leichte und mittlere Fahrlässigkeit. Die AGB-Klausel hätte dann so aussehen müssen:

> ***Bsp.:*** Die Haftung des Verwenders für bestimmte (...) Schäden ist ausgeschlossen, es sei denn der Schaden beruht auf grober Fahrlässigkeit oder Vorsatz.

... kann man dann geltungserhaltend reduzieren?

Fraglich kann nun sein, ob man nicht den zu weiten, unwirksamen Haftungsausschluß auf einen engen, wirksamen Haftungsausschluß zurückführen kann, der dann (weiter) Geltung hätte. Man nennt derartiges Vorgehen ***geltungserhaltende Reduktion***. Bisweilen benutzt man statt des Begriffes Zurückführung (Reduktion) auch den Begriff der Einengung (Restriktion). Gemeint ist dabei aber dasselbe.

Die Möglichkeit einer geltungserhaltenden Reduktion wird ***allgemein abgelehnt***. Die Begründung hierfür liegt darin, daß es der Verwender selbst in der Hand hat, sich eindeutig gesetzesmäßig zu erklären. Dieses Risiko soll ihm nicht abgenommen werden. Im übrigen hätte die Möglichkeit der geltungserhaltenden Reduktion gewiß die folgende beliebig einsetzbare AGB-Klausel zur Folge:

Antwort: Nein.

„Ich gebe nichts und nie; ich bekomme alles und immer."

Die Totschlagsklausel.

Als Verwender könnte man diese Klausel dann im Bedarfsfall auf das gerade jeweils noch gültige Maß zurückführen lassen. - Wär schon ziemlich praktisch.

Der BGH hat allerdings jüngst ein wenig abweichend entschieden (BGHZ 130, 19, 36). Unter dem Deckmantel der Behauptung, keine geltungserhaltende Reduktion betreiben zu wollen, führt der BGH einige unwirksame AGBs auf den Teil zurück, den die Parteien doch gemeinsam hätten vereinbaren wollen.

e. Zusammenfassung

Eine AGB-Prüfung findet immer nur anhand *einer konkreten* AGB-Klausel statt, deren Rechtsfolge im gerade behandelten Klausurzusammenhang *an gerade dieser Stelle* des Aufbaus einen Sinn macht. Es gibt keine universelle AGB-Prüfung *aller* Bedingungen an *einem* Standort.

Die Prüfungsreihenfolge sieht wie folgt aus:

1. Anwendbarkeit des AGBG: § 23 (sachlicher Anwendungsbereich)
2. Konkrete Klausel als AGB: § 1
3. Vorrang von Individualabreden: § 4
4. Einbeziehung: § 2 (aber: § 24 - persönlicher Anwendungsbereich!
5. keine Überraschungsklausel: § 3 - zu ermitteln unter Berücksichtigung von § 5.

Nur, wenn Vertragsbestandteil geworden:

6. Abweichung / Ergänzung von gesetzlichen Regelungen: § 8 - zu ermitteln unter Berücksichtigung von § 5.
7. Unwirksamkeit gemäß §§ 11 und 10 (aber: § 24: persönlicher Anwendungsbereich!)

8. Unwirksamkeit gemäß § 9
9. Rechtsfolgen der Unwirksamkeit: § 6 I-III. - Keine geltungerhaltende Reduktion.

III. Der Dissens, §§ 154, 155

Wenn´s mal nicht aufeinanderpaßt: Dissens.

Das Bild, das wir uns die ganze Zeit vor Augen halten, wenn wir die Reihenfolge der Prüfungspunkte abgehen, sieht vor, daß die beiden Willenserklärungen ***übereinstimmen*** müssen. Das ist immer dann nicht der Fall, wenn ein Dissens besteht. Der Dissens zeichnet sich dadurch aus, daß ***zwei Willenserklärungen***, die jeweils für sich genommen in Ordnung sind (die also jeweils in ihrem inneren und äußeren Tatbestand hinreichend übereinstimmen), ***objektiv*** nicht in Einklang zu bringen sind.

Unterschied zur Anfechtungslage: die einzelnen WEs sind fit.

Der Dissens unterscheidet sich von der Anfechtungslage demnach grundsätzlich darin, daß bei der Anfechtung ***eine Willenserklärung*** nicht denselben ***objektiven*** wie ***subjektiven*** Inhalt hat.

Soweit es den Beteiligten bewußt ist, daß sie sich objektiv noch nicht geeinigt haben, ist auch im Zweifel noch kein Vertrag geschlossen worden: § 154, sog. ***offener Dissens***. Das Gesetz stellt eine an sich selbstverständliche Tatsache noch einmal klar. Der Zweifel ist normalerweise dann ausgeschlossen, wenn die Beteiligten schon mal mit dem Vollzug begonnen haben.

Versteckt, wenn man es nicht bemerkt hat.

Ein ***versteckter Dissens, § 155***, liegt dann vor, wenn die Beteiligten glauben, sich geeinigt zu haben, aber das stimmt nicht. Wenn der Fehler nicht besonders brutal ist, gilt das Vereinbarte, über das bis dahin schon Einigung erzielt wurde.

> ***Bsp.:*** V und K schließen einen Kaufvertrag, bei dem Gegenstand und Preis, Termin und Ort feststehen. Sie glauben, sich auch über die Länge einer zusätzlichen Garantiefrist geeinigt zu haben. Dies trifft nicht zu.

IV. Sonstige Nichtigkeitsgründe

Die im übrigen benannten 4 Nichtigkeitsgründe weisen gegenüber den schon bis hierhin erwähnten die Besonderheit auf, daß sie sich *in aller Regel* auf das ***Rechtsgeschäft als Ganzes*** und nicht nur auf eine Willenserklärung beziehen (vgl. aber auch die Ausnahmen in §§ 518 I und 766, die nur eine Willenserklärung betreffen).

Das ist auch der Grund, warum ich sie in der Aufbaureihenfolge erst an dieser Stelle bringe, nachdem ich die einzelnen Willenserklärungen komplett durchgeprüft habe. Wir bemerken, daß § 125 S. 1 sich mit ***Formfragen*** beschäftigt, während die §§ 134,

138 und 306 sich um den ***Inhalt*** des erstrebten Rechtsgeschäftes kümmern.

1. § 125 S. 1

Diese Vorschrift erklärt sich von selbst. Ich habe aber im Zusammenhang mit § 117 schon einmal formuliert, wie man sie einbaut (s. oben Seite 78).

Lesen: § 125 S. 1.

2. § 134

§ 134 setzt ein ***Verbotsgesetz*** voraus. Aber nicht eins, das irgend etwas verbietet, sondern ein solches, das gerade das Rechtsgeschäft im Auge hat, das wir bis hierhin durchgeprügelt haben.

Was ist ein Verbotsgesetz?

Als Beispiel diene hier das ***Ladenschlußgesetz***. Das verbietet den Verkauf nach einer bestimmten Uhrzeit. Wenn doch verkauft wird: Wäre der Verkauf unwirksam?

Das LadenschlußG hat den Schutz der arbeitenden Bevölkerung zum Ziel. Den kann man aber nicht dadurch erreichen, daß man die Leute zwingt, einen Vertrag, den man über § 134 für nichtig erklärt, auch noch rückabzuwickeln. (Das dauert ja noch länger.)

Das hängt vom Ziel des Gesetzes ab.

Welches Gesetz was verbietet, ist z.T. umstritten. Es gibt eine umfangreiche Kasuistik (Fallgestaltungssammlung). Wer will, kann sie im PALANDT unter § 134 nachlesen.

3. § 138

§ 138 schließlich gewinnt (klausurmäßig) seine Bedeutung erstaunlicherweise (gerade auch) im öffentlichen Recht, nämlich dann, wenn es um die Frage geht, inwieweit Grundrechte in das Bürgerliche Recht hineinwirken.

Bei Drittwirkung.

Außerdem wurde der BGH durch einige sehr klare Entscheidungen des BVerfG dazu motiviert, § 138 viel mehr als früher einzusetzen, um Bürgschaften mittelloser Angehöriger u.ä. für nichtig zu befinden (Überblick bei Palandt-Heinrichs, § 138 Rn. 37 ff).

Bei Bürgschaften.

Die Formel der Sittenwidrigkeit erspare ich mir. Offengestanden halte ich sie für herzlich überflüssig. Ich halte es da eher mit Medicus, BGB-AT, § 46, der sich an Fallgruppen orientiert. Man muß - abgesehen von der Kenntnis dieser Fallgruppen - mit der Zeit einfach ein Gespür dafür entwickeln, wann es an der Zeit ist, eine neue Fallgruppe aufzumachen.

4. § 306

§ 306 zuletzt steht im Schuldrecht. Da er aber hilft, einen Vertrag gar nicht erst zustande kommen zu lassen, habe ich ihn hier der Vollständigkeit halber erwähnt. Die Details gehören allerdings nicht hierhin (ich hab § 306 in meinem Skript zum Schuldrecht AT besprochen).

5. Teilnichtigkeit und Folgen, § 139

Es bleibt ein abschließender Hinweis auf das, was passiert, wenn nicht alles, sondern nur ein Teil eines Vertrages nichtig ist. Für AGB hatten wird dies schon oben unter Hinweis auf § 6 I AGBG beantwortet: die Teilnichtigkeit wirkt sich auf die Wirksamkeit des Vertrages im übrigen nicht aus (Ausnahme: § 6 III AGBG).

Im Zweifel ist hier alles nichtig.

Im BGB ist das anders. § 139 stellt eine Regel auf. Sie lautet: Teilnichtigkeit führt zur Vollnichtigkeit. Nur in Ausnahmefällen („wenn nicht anzunehmen ist ...") bleibt es bei der Teilnichtigkeit und das Rechtsgeschäft kann im übrigen durchgezogen werden.

Bsp.: V und K schließen einen Kaufvertrag ab, in dem vereinbart wird: V verkauft K einen Pkw zum Preis von 10.000,-. Dazu gehören soll u.a. eine Decke für den Rücksitz, die zwar normalerweise nicht im Pkw ist, die K dort aber gesehen hatte und die er gerne auch hätte. Die Decke hat einen Wert von 40,-. Was beide nicht wissen, ist, daß die Decke kurz vor Kaufabschluß im Wäschetrockner verbrannt ist.

Und wieder voll aus dem Leben. Die Leistung, die V an K zu erbringen hatte, war wegen der verbrannten Decke schon bei Vertragsschluß teilweise objektiv unmöglich. Insoweit kommt § 306 zur Anwendung. Der Vertrag ist damit teilweise nichtig. Es ist aber offenkundig anzunehmen, daß die Parteien das Rechtsgeschäft im übrigen doch vornehmen wollen.

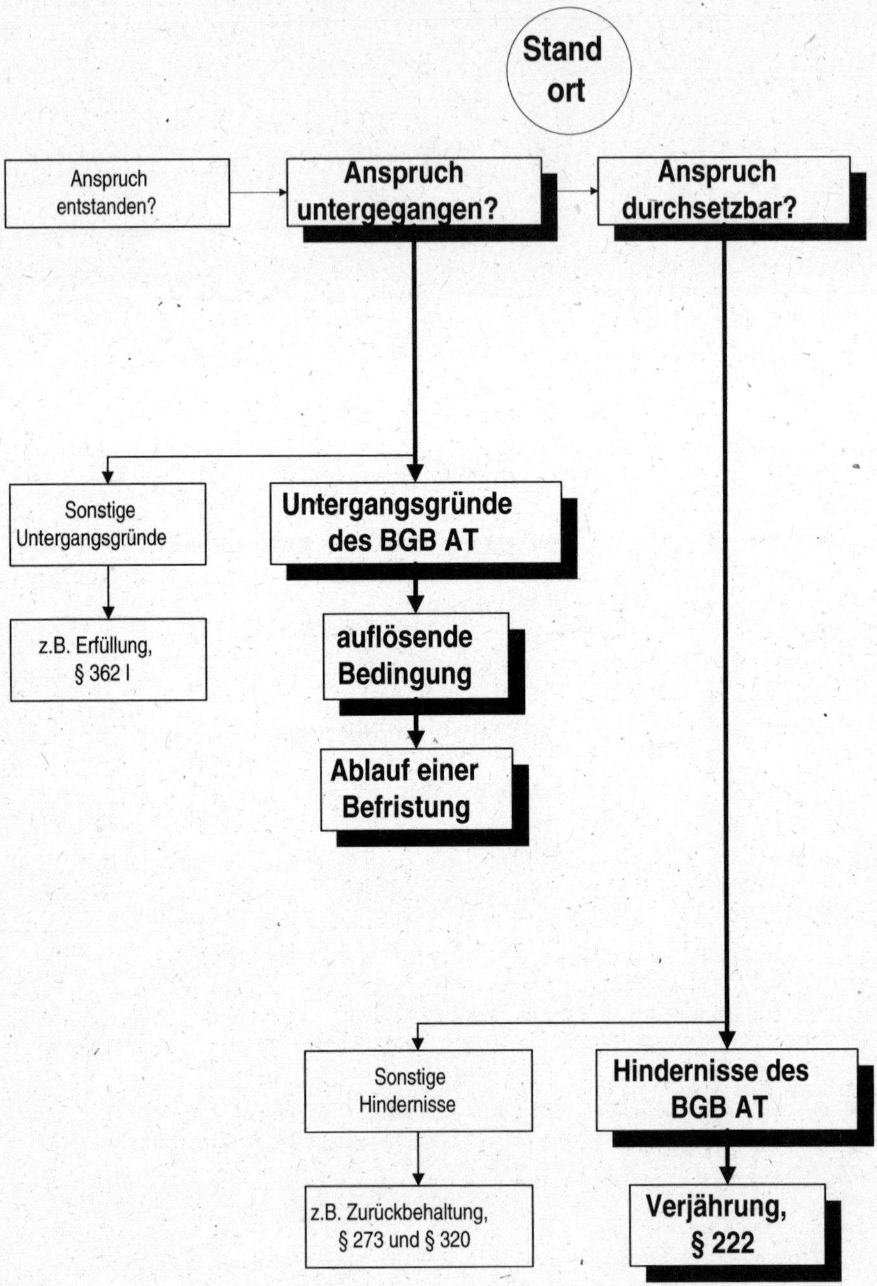
Stand ort
Anspruch entstanden?
Anspruch untergegangen?
Anspruch durchsetzbar?
Sonstige Untergangsgründe
Untergangsgründe des BGB AT
z.B. Erfüllung, § 362 I
auflösende Bedingung
Ablauf einer Befristung
Sonstige Hindernisse
Hindernisse des BGB AT
z.B. Zurückbehaltung, § 273 und § 320
Verjährung, § 222

3. Teil: Anspruch untergegangen / durchsetzbar?

Untergang eines Anspruchs

Das hatten wir ja bereits zu Beginn dieses Buches gesagt: Der BGB-AT enthält im Wesentlichen nur Normen, die anspruchsbegründend mitwirken.

Im Bereich des BGB AT tut sich hier nicht viel.

Zwei Ausnahmen haben wir aber eben erst von ihrer Kehrseite her kennengelernt. Es waren die Bedingung und die Befristung. Beide sorgen gleichsam „automatisch“ dafür, daß mit Eintritt der auflösenden Bedingung, § 158 II und mit Ende der Befristung, § 163 das Schuldverhältnis im weiten Sinne und damit auch alle Ansprüche (Schuldverhältnisse im engeren Sinne) erlöschen. Was es zu diesen beiden Instituten zu sagen gab, haben wir eben schon erörtert, ab S. 194).

Bedingung und Befristung wurden oben schon erörtert.

Wenn wir uns aber recht erinnern, hatten wir z.B. bei der beschränkten Geschäftsfähigkeit Kontakt mit einer Norm, die einen Anspruch untergehen lassen kann. Die Rede ist von ***§ 362***. Da zur Erfüllung auch ein Vertrag notwendig ist, kann auf diese Weise der AT natürlich auch beim Untergehen mitspielen. Aber § 362 mit seinen ganzen Feinheiten gehört in's Schuldrecht. Und wir sind beim AT. (Die ganzen Details, die man bei § 362 und seinen Kollegen braucht, habe ich in meinem Skript zum Schuldrecht AT erläutert.)

§ 362 kann mal am Rande berührt werden.

Durchsetzbarkeit eines Anspruchs

Also wie gesagt: Zum Untergehen ist wenig da. Und nur unwesentlich mehr zur Durchsetzbarkeit. Da steht ziemlich frustriert ***§ 222 I*** herum. Nach dieser Vorschrift ist der Verpflichtete berechtigt, die Leistung zu verweigern.

Bei der Durchsetzbarkeit müssen wir uns mit § 222 zufrieden geben.

> ***Bsp.:*** K kauft von Kaufmann V ein Radio zum Preis von DM 100,-. Er bekommt das Gerät sofort, man einigt sich aber auf spätere Zahlung. Wegen der chaotischen Buchhaltung des V vergißt dieser zunächst für einige Jahre, die Forderung geltend zu machen. K sieht keine Veranlassung, sich irgendwie einzubringen. Nach 15 Jahren meint V, daß es nunmehr an der Zeit sei, die Renten zu sichern. Er verlangt von K Bezahlung.
> K beruft sich auf die Einrede der Verjährung.

Das ist so ein Fall.

Daß V gegen K einen Anspruch hat, ist völlig klar. Dieser Anspruch ist auch in keiner Weise untergegangen. Er funkelt wie am ersten Tag. Er ist aber nicht mehr durchsetzbar, weil sich K auf die Verjährung beruft. Die einzige Schwierigkeit bei § 222

Hier muß man sorgfältig rechnen. Aber nur manchmal.

besteht dann darin, die Verjährungsfrist zu berechnen. Typische Klausur- und Hausarbeitsgestaltungen gehen daher auch immer nur knapp (1 Woche oder einen Tag) an der Verjährung vorbei.

Lesen: § 196.

Im vorliegenden Falle übrigens dürfte es sich um eine Verjährung nach § 196 I Ziffer 1 handeln (wir werfen aber schnell noch einen Blick auf § 196 II!).

Lesen: § 202.

Erwähnenswert ist zuletzt nur noch ***§ 202***. Nicht weil er selbst eine Einrede bietet, die die Durchsetzbarkeit hindern könnte. Wohl aber, weil er (insbesondere in Abs. 2) auf solche Einreden hinweist.

4. Teil - Klausuren

A. Übersicht

Klausuren sind anders als Lehrbücher und Vorlesungen.

Klausuren zeichnen sich durch einige Besonderheiten aus. Die eine ist die, daß das Wissen, das in Vorlesungen und Lehrbüchern vermittelt wird, in der Klausur abgefragt wird. Allerdings nicht so, wie es dort steht, sondern in einer ganz bestimmten Form. Diese Form ist charakterisiert durch den ***Gutachtenstil*** auf der einen Seite und die ***Reihenfolge*** der Darbietung auf der anderen Seite.

Zum Gutachtenstil steht im Kapitel D. das Nötige.

Oben habe ich eine ganze Reihe Ausführungen zum Gutachtenstil (ab Seite 35) gemacht. Deren Kenntnis setze ich jetzt hier voraus. Was die Reihenfolge des Stoffes angeht, ist dieses Skript genauso vorgegangen, wie es in einer Klausur gemacht werden kann (und in aller Regel auch muß).

Streß ist normal. Aber nur am Anfang, wenn man noch keine Übung hat. Das heißt:

Sie sollen üben!

Eine weitere Besonderheit von Klausuren läßt sich mit einem Buch nicht vermitteln. Der ***Streß***, der Zeitdruck, unter dem man steht. Dieses Problem kann man nur mit ***Training*** lösen. Das heißt, daß man - zumindest in den ersten vier, fünf Semestern des Studiums - soviel Klausuren schreiben sollte, wie man kann. Das heißt auch, daß man einen Schein ruhig zweimal machen kann (wegen des Aufwandes aber eher nur die Klausuren), selbst wenn man ihn schon bestanden hat.

Wer übt, bekommt Routine und den Blick für´s Wesentliche.

Auf diese Weise erlangt man in kurzer Zeit ***Routine und Gelassenheit***. Dann gewinnt man auch den ***Blick für´s Wesentliche***. Diesen Blick muß man haben, bevor man sich an die Reinschrift einer Klausur macht. Viele Klausuren kranken nämlich daran, daß der Anfang zwar gut aber wesentlich zu breit ist, während am Ende offensichtliche Zeitnot die Qualität der Arbeit mindert.

So nicht

Wer zu früh anfängt zu schreiben, wird nicht fertig.

Der Grund hierfür liegt daran, daß so schnell wie möglich losgeschrieben wird, in dem Gedanken, ansonsten nicht fertig zu werden. Aus psychologischer Sicht ist das zwar verständlich, klausurtechnisch ist es aber trotzdem falsch. Zumindest theoretisch leicht einzusehen ist, daß man *die* Probleme am ausführlichsten behandelt, die man kennt. Ebenfalls theoretisch leicht einzusehen ist, daß man daher einen Überblick über *die gesamte Klausur* haben muß, bevor man schreibt.

Praktisch sieht es aber so aus, daß in einer Fallkonstellation, die z.B. nach zwei Ansprüchen fragt, immer die am ausführlichsten geprüft werden, die am Anfang stehen. Typische Aktion ist dabei, für den ersten Anspruch eine Gliederung zu machen, sich daran zu erfreuen, dann zu denken: „Das mach´ ich jetzt schon mal.“, das auch wirklich zu tun, inklusive Ausformulierung, und den Rest dann - ohne Gliederung - hintendran zu hängen.

Es versteht sich von selbst, daß der Rest dann entsprechend schlecht ist.

Oder hat einen grottenschlechten Schluß.

Sondern so

Dabei könnte es doch auch so sein, daß man sich ***erst eine Gliederung*** für *alle* Ansprüche macht, dann ***gewichtet***, wo wirklich die Schwerpunkte sind, um danach dann ***loszuschreiben***. Bei dieser Vorgehensweise ist man in der Lage, manche Passagen in einem Satz im Urteilsstil einfach hinzuknallen, weil man ja nicht die Angst haben muß, seinen Gutachtenstil nicht demonstrieren zu können. Schließlich schreibt man dabei die ganze Zeit in der Kenntnis, *daß und wo* die Probleme noch kommen. Geht man so vor, wird man feststellen, daß man nicht später fertig wird als die, die früher losschreiben, sondern früher.

Muß nicht sein.

Ich werde jetzt im folgenden zunächst ein ganz simples Fällchen extrem ausführlich durchprüfen, um daran eine Übungsklausur anzuschließen, die komplexer ist. Bei dem ersten Fall werde ich mich auch ein wenig Dingen widmen, die nur am Rande von Bedeutung sind. Damit die Übersicht gewahrt bleibt, habe ich die Lösung aber am Ende noch einmal gebündelt dargestellt.

Bei der sich anschließenden Übungsklausur (Bearbeitungszeit etwa 2-3 Stunden) habe ich außer einer ***Lösungsskizze*** noch eine Liste möglicher Fehler angehangen. Ich habe diese Fehler im Laufe der Semester gesammelt, in denen ich diese Klausur verschiedenen Gruppen zur Bearbeitung gestellt habe. Man kann ohne weiteres sagen, daß es sich bei den in dieser ***Fehlerliste*** aufgezählten Fehlern um typische handelt.

B. Ein einfacher Fall

I. Ein Sachverhalt

V fragt K, ob K von ihm sein Rad für 100,- kaufen wolle. K nickt mit dem Kopf und sagt: „Gerne.“ Wie ist die Rechtslage?

II. Eine Lösung

Vorüberlegung: In Privatrechtsfällen geht es immer um Ansprüche, die die Parteien gegeneinander geltend machen oder machen wollen. Wenn daher nach der Rechtslage gefragt ist, muß man überlegen, welche Ansprüche den Parteien gegeneinander zuste-

Es geht um Ansprüche.

hen. Dazu muß man zunächst wissen, welche Parteien überhaupt da sind.

Parteien sind hier: V und K.

Wer spielt mit?

und:

Was wollen die?

Danach muß man sich überlegen, was die Parteien voneinander wollen. Man kann hier ruhig wirtschaftlich vorgehen und unterstellen, daß im kapitalistischen Westen jeder im Grunde nur das eine will: Geld. Sollte ausnahmsweise mal kein Geld gewollt sein, dann geht es um irgendeine Leistung. Als Leistung kommt quasi alles in Betracht: Waren, also Sachen, ebenso wie Dienste. Das Motto lautet also: Haben, haben, haben. Die Frage demnach: Was wollen die Parteien haben?

Die Partei V will hier: Geld (100,-).
Die Partei K will hier: Ware (Fahrrad).

Was ist die Anspruchsgrundlage?

Jetzt der schwierigste Teil. Zu suchen und zu finden ist eine Norm, die das Verlangte - das Vorliegen ihrer Voraussetzungen unterstellt - auch gewährt. Der Weg zu dieser Norm wurde bereits im 1. Teil dargestellt (Inhaltsverzeichnis, Sachregister).

Die Norm lautet hier: § 433.

III. Eine Regel

Niemals zusammen?

So. Nun aufgepaßt. Hier will jeder von jedem etwas. V will von K das Geld. K will von V die Ware. Das sind zwei Ansprüche. Also muß es auch zwei Prüfungen geben. Mit welcher man beginnt, ist hier egal. Wichtig ist aber, daß man sich folgendes merkt:

Grundsätzlich alle **Ansprüche getrennt** voneinander **prüfen**!

IV. Ein Exkurs und eine Begründung

Gehirn einschalten:

Warum niemals zusammen?

An dieser Stelle taucht hoffentlich die Frage auf, warum man denn getrennt prüfen muß. Nicht nur mitlesen, sondern auch überlegen. Auswendiglernen ist bei der Masse des Stoffes, den es selbst bei einer Beschränkung auf das systematisch Notwendige gibt, ein ziemlich hoffnungsloses Unterfangen, wenn man *alles* auswendig lernen will. Es ist so ziemlich das Schlechteste, wenn man *nur Teile* auswendig lernt. Sinnvoll ist allein, die Gründe zu bedenken. Wenn man weiß, ***warum*** etwas auf eine bestimmte Art gemacht wird, ist es wesentlich leichter reproduzierbar.

Beginnen wir also, die ***Gründe für eine getrennte Prüfung*** kurz aufzuzeigen. Bei § 433 liegt der erste Grund darin, daß er zwei Absätze enthält. Absatz 1 regelt die Rechte des Käufers (die Pflichten des Verkäufers), Absatz 2 die Rechte des Verkäufers (die Pflichten des Käufers).

§ 433 hat zwei Absätze.

Eine Prüfung, die sich mit dem Kaufpreis beschäftigt, hat folglich immer § 433 II zum Gegenstand, eine Prüfung im Hinblick auf den Kaufgegenstand § 433 I. Diese beiden Absätze sind unabhängig voneinander. Absatz 1 gibt für die Pflicht zur Zahlung des Kaufpreises nichts her, Absatz 2 nichts für die Pflicht zur Lieferung der Ware.

Mit unterschiedlichem Inhalt.

Das bedeutet, daß man bei einer gemeinsamen Prüfung schon ***unüberwindbare Schwierigkeiten mit dem Anspruchskopf*** hätte (Wer von wem was woraus). Welche Norm sollte man dort bringen? Nur „§ 433" geht nicht, weil genaue Zitierung nötig ist. Der Kaufpreisanspruch folgt eben nicht aus § 433, sondern aus § 433 II. Wir schauen zur Notwendigkeit einer genauen Zitierung einmal in § 1587a hinein (Überfliegen). Die Zitierung von § 433 I alleine ist aber für den Kaufpreisanspruch falsch, die Zitierung von § 433 II alleine ist für die Zitierung der Lieferungspflicht verfehlt.

Wie wollte man das zusammen prüfen?

Die Aufteilung des § 433 ist also bereits der erste Grund für eine getrennte Prüfung. Weitere Gründe seien nur kurz angedeutet: Die verschiedenen Ansprüche haben auch verschiedene Stoßrichtungen. Denkbar sind demnach auch ***unterschiedliche Verteidigungsmöglichkeiten*** (Anfechtung, Verjährungseinreden), die zu unterschiedlichen Ergebnissen führen können. Eine gemeinsame Prüfung wäre daher gezwungen, in der Mitte zu verzweigen. Dies ist sprachlich extrem schwer möglich und fordert sowohl den Schreiber als auch den Leser enorm.

Noch ein paar Gründe.

Und dies sollte klar sein: Die Leser von Klausuren sind nicht nur begeisterte Eltern und abschreibende Kommilitonen, sondern vor allem die Korrektoren. Und es gilt die Regel, daß ein Korrektor nicht gerne denkt, sondern am liebsten überall zustimmende Haken an den Rand malt. Da sollte man ihn nicht ärgern. Wenn aus dem eckigen Haken ein rundes Fragezeichen wird, dann kann aus der beglückenden Benotung ein bestürzendes Urteil werden.

V. Ein Obersatz

Genug und zurück zum Ausgangspunkt. Postuliert wurde, daß getrennt geprüft werden muß. Davor hatten wir festgestellt, daß in unserem Falle jeder von jedem etwas will: V will von K das Geld. K will von V die Ware. Geld bekommt man hier nur aus § 433 II, Ware nur aus § 433 I 1. Mit welchem Anspruch man die Prüfung beginnt, ist herzlich egal. Jedenfalls solange, wie ein

WWWW.

Fall keine Probleme aufweist. Aber das war ja eine Bedingung dieses Falles. Also fange ich einfach mal mit dem Geld an. Der Obersatz muß die „4 W" enthalten (Wer von wem was woraus?).

V kann gegen K einen Anspruch auf Zahlung von 100,- aus § 433 II haben.

Zumindest diesen Obersatz muß jeder hinbekommen, der bis hierhin aufmerksam gelesen hat. Schließlich hatten wir einen fast identischen bereits oben im 1. Teil und dann auch im 2. Teil beim Gutachtenstil.

VI. Schachtelungen ...

2. Schritt: Voraussetzungen aufzeigen.

Der Hinweis auf den Gutachtenstil zeigt auch, wie es weiter geht. Mit dem Obersatz haben wir eine Frage aufgeworfen, die wir jetzt beantworten müssen. Das geht nur, indem wir zunächst den 2. Schritt der Dreierschrittmethode vornehmen und die Voraussetzungen aufzeigen.

Dann muß zwischen V und K ein wirksamer Kaufvertrag über einen Kaufpreis von 100,- geschlossen worden sein.

Schachtelung I: 1. Schritt: Frage aufwerfen.

Jetzt kommt das, was weiter oben als Schachtelung bezeichnet worden war. Wir machen wieder einen 1. Schritt, werfen erneut eine Frage auf, nämlich die, ob ein solcher Kaufvertrag geschlossen wurde.

Fraglich ist, ob ein solcher Kaufvertrag vorliegt.

2. Schritt: Voraussetzungen aufzeigen.

Danach der 2. Schritt. Die Voraussetzungen eines Kaufvertrages werden dargestellt.

Ein Kaufvertrag besteht aus zwei übereinstimmenden Willenserklärungen, Angebot und Annahme.

Erneut eine Schachtelung, diesmal bereits eine Ebene tiefer. Das Wort *Willenserklärungen* tauchte gerade das erste Mal in der Prüfung auf. Damit läßt sich schon ein grober Anhaltspunkt dafür gewinnen, wo die Prüfung der Willenserklärung überhaupt hingehört: Ziemlich am Anfang, wenn es um die Frage geht, ob ein Vertrag zustandegekommen ist. Das ist deshalb so, weil ein Vertrag zunächst einmal (mindestens) zwei Willenserklärungen voraussetzt. Also müssen die auch als erstes vorliegen. Die Einzelheiten hierzu haben wir im 2. Teil ausführlich behandelt.

Wir schachteln jetzt eine Ebene tiefer und werfen mal wieder eine Frage auf (= 1. Schritt).

Schachtelung II: 1. Schritt: Frage aufwerfen.

> Fraglich ist zunächst, ob eine entsprechende Willenserklärung des V, ob ein Angebot vorliegt.

Zugegebenermaßen etwas stupide, schon wieder mit dem Wort fraglich anzufangen. Das soll aber nur der Verdeutlichung dienen. Wenn dieser Anfang geschafft ist, kümmern wir uns um elegantere Formulierungen. Den ersten Schritt hatten wir, jetzt der zweite: die Voraussetzungen der Willenserklärung des V müssen aufgezeigt werden.

Simpel aber wirkungsvoll.

> Eine Willenserklärung besteht aus einem äußeren und einem inneren Tatbestand.
> Der äußere Tatbestand liegt immer dann vor, wenn ein objektiver Dritter in der Rolle des Erklärungsempfängers aus dem Verhalten des Erklärenden den Schluß auf einen Geschäftswillen des Erklärenden ziehen kann.
> Der innere Tatbestand ist dann (vollständig) gegeben, wenn der Erklärende seine Erklärung mit Handlungswillen, Erklärungsbewußtsein und Geschäftswillen abgibt.

VII.... und Ergebnisse

Weitere Schachtelungen sind für diesen Beispielsfall nicht nötig. Man kann jetzt damit beginnen, die ganzen 3. Schritte, die noch ausstehen, vorzunehmen. Man beachte dabei aber folgendes: Zumindest theoretisch muß ***jedem*** 1. (und 2.) Schritt ein dritter zugeordnet werden. Das folgt daraus, daß mit jedem 1. Schritt eine Frage aufgeworfen wird. Und der Leser erwartet mit Recht, daß er auf jede aufgeworfene Frage auch eine Antwort erhält.

Wenn man eine Frage aufwirft, muß man sie auch beantworten.

Darauf hat der Leser ein Recht.

Im übrigen sei ***klausurtechnisch*** darauf hingewiesen, daß dies gerade für Korrekturassistenten gilt. Als solcher denkt man nicht gerne nach, sondern macht viel lieber einen Haken (s.o.). Den kann man aber nur dann machen, wenn auch was zum Abhaken da ist. Wenn das Ergebnis fehlt, ist das nicht der Fall. Dann muß man schreiben: „Wo ist das Ergebnis?“. Und das dauert erheblich länger als abzuhaken. Und weil man pro Stück bezahlt wird, hat man an dieser Klausur weniger verdient. Und dann hat natürlich auch der Autor weniger verdient. Punkte. Also: ***Ergebnis nicht vergessen***. Jetzt demnach rückwärts den 3. Schritt auf jeder Ebene.

> Ein objektiver Dritter in der Rolle des Erklärungsempfängers K kann aus dem Verhalten des V den Schluß ziehen, daß V den Willen hat, eine ganz bestimmte Rechtsfolge, nämlich Abschluß eines Kaufvertrages über das Rad des V gegen Zahlung von 100,-, herbeizuführen.

Der objektive Dritte kann also den Schluß auf einen Geschäftswillen ziehen. Der objektive Tatbestand einer Willenserklärung des V liegt daher vor.
V wollte handeln, er wollte nicht nur irgendetwas rechtlich Erhebliches bewirken, sondern etwas ganz konkretes: Er wollte einen Kaufvertrag über sein Rad gegen Zahlung von 100,- abschließen. Der innere Tatbestand einer Willenserklärung liegt damit auch vor.
Damit liegt im Ganzen eine Willenserklärung des V vor. Nachdem die hier untersuchte die zeitlich erste ist, bildet sie ein Angebot zum Abschluß eines Kaufvertrags über das Rad des V gegen Zahlung von 100,-.

Baukastenprinzip.

Eine ganze Reihe von Unterebenen haben wir damit abgehakt. Bevor wir aber wieder auf die Ausgangsebene zurückgehen, müssen wir noch einmal etwas tiefer gehen. Der Kaufvertrag besteht ja aus zwei Willenserklärungen; abgehandelt haben wir bisher nur die erste, die des V, das Angebot. Dieselbe Prüfung, die wir für V gemacht haben, müssen wir jetzt auch für K machen. Die Zwischenbemerkungen spare ich mir dabei, damit es kürzer wird. So sieht es aus:

Fraglich ist nun weiterhin, ob auch eine entsprechende Willenserklärung des K, ob auch eine Annahme vorliegt
Eine Willenserklärung besteht aus einem äußeren und einem inneren Tatbestand.
Der äußere Tatbestand liegt immer dann vor, wenn ein objektiver Dritter in der Rolle des Erklärungsempfängers aus dem Verhalten des Erklärenden den Schluß auf einen Geschäftswillen des Erklärenden ziehen kann.
Der innere Tatbestand ist dann (vollständig) gegeben, wenn der Erklärende seine Erklärung mit Handlungswillen, Erklärungsbewußtsein und Geschäftswillen abgibt.
Ein objektiver Dritter in der Rolle des Erklärungsempfängers V kann aus dem Verhalten des K den Schluß ziehen, daß K den Willen hat, das Angebot des V anzunehmen, daß auch K also eine ganz bestimmte Rechtsfolge, nämlich ebenfalls Abschluß eines Kaufvertrages über das Rad des V gegen Zahlung von 100,-, herbeiführen will. Der objektive Dritte kann also den Schluß auf einen Geschäftswillen ziehen. Der objektive Tatbestand einer Willenserklärung des K liegt daher vor.
K wollte handein, er wollte nicht nur irgendetwas rechtlich Erhebliches bewirken, sondern etwas ganz konkretes: Er wollte einen Kaufvertrag über das Rad des V gegen Zahlung von 100,- abschließen. Der innere Tatbestand einer Willenserklärung liegt damit auch vor.
Damit liegt im Ganzen eine Willenserklärung des K vor. Nachdem die hier untersuchte die zeitlich zweite ist, bildet sie eine Annahme des Angebotes von V zum Abschluß eines Kaufvertrags über das Rad des V gegen Zahlung von 100,-.

Jetzt kann man auf die Ebene, auf der verzweigt wurde, zurückgehen und feststellen:

Es liegen damit zwei übereinstimmenden Willenserklärungen, Angebot und Annahme, im Ganzen ein Kaufvertrag über einen Kaufpreis von 100,- vor.

Zuletzt wird die Einstiegsfrage, der Obersatz beantwortet:

V hat damit gegen K einen Anspruch auf Zahlung von 100,- aus § 433 II.

VIII. Fortsetzung folgt

Da fehlt noch was.

Wer allerdings meint, damit sei die Klausur zu Ende, der irrt. Die Fallfrage hieß nämlich nicht: „Hat V einen Kaufpreisanspruch?“, sondern: „Wie ist die Rechtslage?“. Und im Rahmen dieser Frage - so hatten wir festgestellt - müssen wir ***alle Ansprüche prüfen***, die gegeben sein können. Und hier könnte dies noch ein weiterer sein; der Gegenanspruch des K nämlich. Erster Schritt also wieder ein Obersatz.

K kann gegen V einen Anspruch auf Übereignung und Übergabe des Fahrrades aus § 433 I 1 haben.

Zweiter Schritt: Voraussetzungen aufzeigen:

Dann muß zwischen V und K ein wirksamer Kaufvertrag über das Fahrrad geschlossen worden sein.

Jetzt kommt wieder das, was weiter oben als Schachtelung bezeichnet worden war. Wir machen wieder einen 1. Schritt, werfen erneut eine Frage auf, nämlich die, ob ein solcher Kaufvertrag geschlossen wurde.

Fraglich ist, ob ein solcher Kaufvertrag vorliegt.

So. Und spätestens jetzt müßte eigentlich bei jedem der Groschen gefallen sein. Das ist genau dasselbe, was oben schon einmal durchgeprüft worden ist. Das muß auch so sein, weil es ja derselbe Kaufvertrag ist, der der einen Seite das Recht auf die Zahlung und der anderen Seite das Recht auf die Lieferung gibt. Wenn es aber derselbe Kaufvertrag ist, dann muß auch dasselbe Ergebnis herauskommen. Der Kaufvertrag besteht also. Der entsprechende Anspruch des K gegen V damit auch. Das brauchen wir hier gar nicht erst exzessiv durchzuprüfen, das haben wir oben schon getan.

IX. Gesamtüberblick

Ich werde die Fallösung noch einmal im Überblick darstellen, damit sie sich nicht auf gar so viele Seiten verteilt.

V kann gegen K einen Anspruch auf Zahlung von 100,- aus § 433 II haben.
Dann muß zwischen V und K ein wirksamer Kaufvertrag über einen Kaufpreis von 100,- geschlossen worden sein.
Fraglich ist, ob ein solcher Kaufvertrag vorliegt.
Ein Kaufvertrag besteht aus zwei übereinstimmenden Willenserklärungen, Angebot und Annahme.
Fraglich ist zunächst, ob eine entsprechende Willenserklärung des V, ob ein Angebot vorliegt.
Eine Willenserklärung besteht aus einem äußeren und einem inneren Tatbestand.
Der äußere Tatbestand liegt immer dann vor, wenn ein objektiver Dritter in der Rolle des Erklärungsempfängers aus dem Verhalten des Erklärenden den Schluß auf einen Geschäftswillen des Erklärenden ziehen kann.
Der innere Tatbestand ist dann (vollständig) gegeben, wenn der Erklärende seine Erklärung mit Handlungswillen, Erklärungsbewußtsein und Geschäftswillen abgibt.
Ein objektiver Dritter in der Rolle des Erklärungsempfängers K kann aus dem Verhalten des V den Schluß ziehen, daß V den Willen hat, eine ganz bestimmte Rechtsfolge, nämlich Abschluß eines Kaufvertrages über das Rad des V gegen Zahlung von 100,-, herbeizuführen. Der objektive Dritte kann also den Schluß auf einen Geschäftswillen ziehen. Der objektive Tatbestand einer Willenserklärung des V liegt daher vor.
V wollte handeln, er wollte nicht nur irgend etwas rechtlich Erhebliches bewirken, sondern etwas ganz konkretes: Er wollte einen Kaufvertrag über sein Rad gegen Zahlung von 100,- abschließen. Der innere Tatbestand einer Willenserklärung liegt damit auch vor.
Damit liegt im Ganzen eine Willenserklärung des V vor. Nachdem die hier untersuchte die zeitlich erste ist, bildet sie ein Angebot zum Abschluß eines Kaufvertrags über das Rad des V gegen Zahlung von 100,-
Fraglich ist nun weiterhin, ob auch eine entsprechende Willenserklärung des K, ob auch eine Annahme vorliegt
Eine Willenserklärung besteht aus einem äußeren und einem inneren Tatbestand.
Der äußere Tatbestand liegt immer dann vor, wenn ein objektiver Dritter in der Rolle des Erklärungsempfängers aus dem Verhalten des Erklärenden den Schluß auf einen Geschäftswillen des Erklärenden ziehen kann.
Der innere Tatbestand ist dann (vollständig) gegeben, wenn der Erklärende seine Erklärung mit Handlungswillen, Erklärungsbewußtsein und Geschäftswillen abgibt.
Ein objektiver Dritter in der Rolle des Erklärungsempfängers V kann aus dem Verhalten des K den Schluß ziehen, daß K den Willen hat, das Angebot des V anzunehmen, daß auch K also eine ganz bestimmte Rechtsfolge, nämlich ebenfalls Abschluß eines Kaufvertrages über das Rad des V gegen Zahlung von 100,-, herbeiführen will. Der objektive Dritte kann also den Schluß auf einen Geschäftswillen ziehen. Der objektive Tatbestand einer Willenserklärung des K liegt daher vor.

K wollte handeln, er wollte nicht nur irgend etwas rechtlich Erhebliches bewirken, sondern etwas ganz konkretes: Er wollte einen Kaufvertrag über das Rad des V gegen Zahlung von 100,- abschließen. Der innere Tatbestand einer Willenserklärung liegt damit auch vor.
Damit liegt im Ganzen eine Willenserklärung des K vor. Nachdem die hier untersuchte die zeitlich zweite ist, bildet sie eine Annahme des Angebotes von V zum Abschluß eines Kaufvertrags über das Rad des V gegen Zahlung von 100,-
Es liegen damit zwei übereinstimmenden Willenserklärungen, Angebot und Annahme, im Ganzen ein Kaufvertrag über einen Kaufpreis von 100,- vor.
V hat damit gegen K einen Anspruch auf Zahlung von 100,- aus § 433 II.

Daneben hat K gegen V einen Anspruch auf Übereignung und Übergabe des Fahrrades aus § 433 I 1.

Abschließender Hinweis: In einer Klausur bringt man natürlich nicht ernsthaft dieselben Definitionen mehrfach. Woraus eine Willenserklärung besteht, weiß der Korrektor schon nach der ersten Definition (wahrscheinlich schon vorher).

Man kann dann beim zweiten Auftreten schlicht verweisen oder noch besser: unter die früher gebrachte Definition direkt subsumieren.

C. Ein Übungsfall

I. Der Sachverhalt

Den Sachverhalt gründlich lesen.

Notizen machen.

Zeichnungen machen.

Zeitpläne machen.

etc. etc.

D sieht bei seinem Bekannten V eine auffallend schöne chinesische Porzellanvase. V erzählt ihm, daß sie ein Erbstück eines verstorbenen Großonkels sei, der sie kurz vor dem 1. Weltkrieg aus Shanghai mitgebracht habe. D sagt zu V: „Wenn die Vase aus der Zeit vor dem 1. Weltkrieg stammt, ist sie etwa 4.000,- wert! Ich kenne mich mit den Preisen recht gut aus, weil mein Chef chinesisches Porzellan sammelt. Ich werde ihm das mal erzählen!" D sagt das in´s Blaue hinein, obwohl er es ohne weiteres für möglich hält, daß die Vase älter und noch viel wertvoller ist.

Wenige Tage später erhält V einen Brief von K, in dem sich dieser als Chef des D vorstellt und für die Vase 4.000,- bietet. V antwortet mit folgender Postkarte: „Eigentlich will ich die Vase nicht verkaufen, weil sie ein Erinnerungsstück ist. Eine augenblickliche Geldknappheit zwingt mich leider dazu, Ihr Angebot anzunehmen. Mein Freund D hat zwar gesagt, daß die Vase 4.000,- wert ist. Mir wäre jedoch nur geholfen, wenn ich bis spätestens Samstagabend 6.000,- bekommen könnte."

Am Samstagmorgen kommt V überraschend zu Geld und ist seine finanziellen Sorgen los. Da er bis Samstagabend nichts mehr von K hört, hält er die Sache mit der Vase für erledigt.

Am Montagmorgen erhält V mit der eingehenden Post einen am Donnerstag gestempelten Brief des K mit dem leuchtendroten Aufkleber „Eilbrief - Exprès". Offensichtlich ist der Brief nicht durch Eilboten zugestellt worden, sondern aus Versehen unter die normalen Briefe geraten und am Wochenende auf dem Postamt liegengeblieben.

Da V kein Geld mehr braucht, ist ihm gleichgültig, was K geantwortet hat; er legt den Brief einstweilen auf seinen Schreibtisch, wo er ihn später vergißt. So erfährt er nicht, daß K in dem Brief den Preis von 6.000,- akzeptiert hat. Nach 14 Tagen verlangt K die Vase.

V weigert sich, die Vase an K zu übereignen. Er meint, K habe zu spät geantwortet. Außerdem habe er in der Zwischenzeit erfahren, daß die Vase mehrere hundert Jahre alt sei und einen Wert von 40.000,- habe. Er fühle sich von D getäuscht und empfinde es als unerhört, daß K diese Täuschung nunmehr zu seinem Vorteil ausnutzen wolle.

K weist die Argumente des V zurück. Er habe von D lediglich den Hinweis bekommen, daß bei V eine schöne Vase für 4.000,- stehe, die gut in seine Sammlung passe. Von einer Täuschung habe er nichts gewußt; sie könne ihm daher nicht angelastet werden. Ein Irrtum des V über den Preis sei rechtlich unerheblich.

Kann K die Vase verlangen?

Die Fallfrage kapieren: Nur das, was gefragt ist, prüfen. Und nicht mehr!

II. Lösungsvorschlag

Es versteht sich von selbst, daß dies nur eine Möglichkeit ist, diesen Fall zu lösen. Mit der entsprechenden Begründung kann man an bestimmten Schaltstellen auch anders weitermachen. Ich bringe diese Alternativen aber deshalb nicht, weil es sich dann nicht mehr um eine Lösungsskizze handelt, die auch nur im Ansatz nachempfunden werden könnte. Wenn ich als Student eine Lösungsskizze gesehen habe, bei der offenkundig war, daß man sie in der vorgegebenen Bearbeitungszeit noch nicht einmal *abschreiben* konnte, dann habe ich mich tödlich geärgert. Das muß ich heute nicht anderen antun.

Obersatz (WWWW)

K kann gegen V einen Anspruch auf Übereignung und Übergabe der Vase aus § 433 I 1 haben.

Rechtliche Voraussetzungen.

Voraussetzung hierfür ist, daß zwischen beiden ***ein wirksamer Kaufvertrag*** vorliegt. Ein ***Kaufvertrag*** besteht aus zwei übereinstimmenden Willenserklärungen, Angebot und Annahme.

Sachverhalt und rechtliche Würdigung für die WE des K.

Mit seinem Brief bietet K dem V 4.000,- für die Vase. Dies kann ein objektiver Dritter in der Rolle des Erklärungsempfängers V nur als ***Angebot*** zum Abschluß eines Kaufvertrages verstehen. Der angebotene Vertrag enthielte dabei die Vase als Kaufgegenstand und 4.000,- als Kaufpreis.

Sachverhalt und rechtliche Würdigung für die WE des V - Teil I.

Fraglich ist nun, ob V dieses Angebot ***angenommen*** hat. Er schreibt zwar zunächst, daß er das Angebot des K annehme, schreibt aber weiter, daß ihm nur geholfen wäre, wenn er bis zum Samstagabend 6.000,- bekommen könne. Er gibt folglich eine Willenserklärung ab, die auf einen Kaufvertrag zielt, in dem zwar die Vase Kaufgegenstand, der Kaufpreis aber 6.000,- wäre. Für die Beurteilung einer solchen Konstellation kann ***§ 150 II*** eine Regelung enthalten. Dann muß der Antrag des K von V mit einer Erweiterung, Einschränkung oder sonstigen Änderung verbunden sein. Die Abänderung des Preises kann man hier als Erweiterung ansehen, jedenfalls läge aber eine sonstige Änderung vor.

Sachverhalt und rechtliche Würdigung für die WE des V - Teil II.

Es folgt, daß die Annahme des V als ***ein neuer Antrag*** zu sehen ist, der nunmehr seinerseits einer Annahme durch K bedarf, damit ein Vertrag zustandekommt.

Sachverhalt und rechtliche Würdigung für die 2. WE des K.

Eine solche ***Annahme des K*** kann hier ***in dem Eilbrief*** des K zu sehen sein. Inhaltlich akzeptiert K die Bedingungen des V, nimmt also dessen Angebot an.

Das Fristproblem.

Zu prüfen ist allerdings, wie es sich auswirkt, daß der Brief nicht bereits am Samstag, wie es V in seinem Angebotsschreiben verlangt hat, sondern erst am Montag bei V eingetroffen ist. Es können die Regelungen der §§ 146, 148, 150 I eingreifen. Nach diesen Vorschriften erlischt der Antrag, wenn er nicht rechtzeitig angenommen wird, § 146. ***Rechtzeitigkeit*** liegt insbesondere dann nicht vor, wenn eine bestimmte Frist überschritten wird, § 148. Die ***verspätete Annahme*** gilt dann als ein neuer Antrag, § 150 I.

Vorliegend ist die von V gesetzte Frist überschritten worden, da der Brief des K erst am Montag eintraf.

Wann war Zugang?

Fraglich ist dabei aber, ob damit auch schon die entsprechende Willenserklärung des K dem V zugegangen war. V nahm nämlich keine Kenntnis vom Inhalt des Briefes. ***Zugegangen*** ist eine Willenserklärung immer dann, wenn sie so in den Machtbereich des Empfängers gelangt ist, daß mit der Möglichkeit der Kenntnisnahme gerechnet werden kann. In den Machtbereich des V gelangt ist der Brief und die in ihm enthaltene Annahmewillenserklärung des K spätestens, als dieser ihn auf seinem Schreibtisch liegen hat. Zu diesem Zeitpunkt bestand auch die Möglichkeit der Kenntnisnahme. Daß V tatsächlich keine Kenntnis genommen hat, ist insoweit unerheblich. Die Annahme ist damit am Montag zugegangen. Zu prüfen ist, ob die Fristüberschreitung i.S.d. oben genannten Vorschriften zu behandeln ist.

Die Auflösung des Fristproblems - bezogen auf K.

Es kann hier nämlich die ***Ausnahmeregelung des § 149 S. 2*** eingreifen, bei der eine an sich verspätete Annahme als nicht verspätet fingiert wird. Voraussetzung hierfür ist nach § 149 S. 1 zunächst, daß die verspätet zugegangene Annahmeerklärung so rechtzeitig abgesandt wurde, daß sie auch rechtzeitig zugegangen ist. K hat den Brief, der am Samstag spätestens zugehen sollte, am Donnerstag bei der Post aufgegeben. Er hat diesen Brief weiterhin als Eilbrief geschickt. Es liegen hier also 2 Beförderungstage zwischen der Absendung beim Postamt und dem erstrebten Zugang. Dies ist ausreichend, da schon ein nicht als Eilbrief beförderter Brief in aller Regel bereits am nächsten Tag den Empfänger erreicht.

Die Auflösung des Fristproblems - bezogen auf V.

Weiter hätte V dies aber auch erkennen müssen. Der Brief trug einen leuchtendroten Aufkleber, durch den deutlich auf den Charakter als Eilbrief hingewiesen wurde. Es war nach dem Sachverhalt zudem offensichtlich, daß der Brief wohl aus Versehen über´s Wochenende liegengeblieben war. V hätte also ohne weiteres erkennen können, daß der Brief rechtzeitig abgesandt worden war.

Zuletzt hätte V dies dem K mitteilen müssen. Wenn dies verzögert (oder gar nicht) geschehen ist, liegen die Voraussetzungen der Fiktion des § 149 S. 2 vor. V hat hier dem K überhaupt nichts mitgeteilt, er hat den Brief schlicht vergessen.

Ergebnis zu Frist und Kaufvertrag.

Folglich gilt die ***Annahme*** als ***nicht verspätet***. Damit liegen zwei übereinstimmende Willenserklärungen vor und ein ***Kaufvertrag ist geschlossen*** worden.

Das Irrtumsproblem - bezogen auf V.

Zu prüfen ist nunmehr, wie es sich auswirkt, daß V sich weigert, die Vase zu übereignen. V wendet ein, er fühle sich getäuscht und habe auch gar nicht gewußt, wieviel die Vase wert sei. Die entsprechende Willenserklärung des V kann durch eine ***Anfechtung nach § 142 I*** erloschen sein.

Voraussetzung hierfür ist zunächst das Vorliegen eines ***Anfechtungsgrundes***. In Betracht kommt ***§ 123 I***. Dann muß V durch eine arglistige Täuschung zur Abgabe seiner Willenserklärung bewegt worden sein. Unter einer Täuschung versteht man das Vorspiegeln eines Umstandes als wahr, der nicht der Wirklichkeit entspricht.

Liegt überhaupt eine Täuschung vor?

Als eine solche ***Täuschungshandlung*** kommt hier nur die Erklärung des D in Betracht, die Vase sei, wenn sie aus der Zeit vor dem 1. Weltkrieg stamme, etwa 4.000,- wert. Hierin kann zunächst eine Täuschung durch ***ausdrückliches Tun*** liegen. Zu berücksichtigen ist aber, daß D seine Bemerkung durch eine Bedingung eingeleitet hat. Er hat anknüpfend an die Angaben des V eine Wertdiagnose geäußert. Er hat nicht behauptet, die Vase sei eine bestimmte Summe wert, er hat dies kombiniert. Betrachtet man diese Zusammenhänge, findet sich, daß hierin eine Täuschung nicht liegen kann. Die insoweit aufgestellte Behauptung entspricht - mangels entgegenstehender Anhaltspunkte - wohl der Wirklichkeit.

Weiter kann aber ***konkludent*** die Behauptung aufgestellt worden sein, daß die Vase auch wirklich aus der angegebenen Zeit stammt. Die Umstände sprechen aber eher gegen eine solche Annahme. Zuletzt kann aber auch eine Täuschung durch Unterlassen in Frage kommen. D hielt es ja für möglich, daß die Vase sehr viel älter und damit wertvoller sein könne.

Eine Täuschung ***durch Unterlassung*** anzunehmen, setzt aber voraus, daß der Täuschende an sich eine Pflicht zur Aufklärung gehabt hat. Dies wird man bei einer bloßen freundschaftlichen Beziehung zwischen V und D nicht annehmen können.

Als Ergebnis bleibt festzuhalten, daß ***keine Täuschung*** durch D vorliegt. Nachdem weitere Täuschungen nicht ersichtlich sind, scheidet eine Anwendung des § 123 aus.

Liegt ein Eigenschaftsirrtum vor?

V kann eine Anfechtung aber möglicherweise auf ***§ 119 II*** stützen. Diese Vorschrift enthält den Fall eines ausnahmsweise beachtlichen Motivirrtums. V muß sich bei der Abgabe seiner Willenserklärung über eine verkehrswesentliche Eigenschaft der Sache geirrt haben. Außer Betracht zu bleiben hat dabei in jedem Fall ***der Preis***. Der Preis einer Sache ist nämlich selbst keine Eigenschaft, sondern lediglich die Folge aus den Eigenschaften. Unter Eigenschaft i.S.d. § 119 II versteht man alle wertbildenden Faktoren.

Preis: Nein.

Alter: Ja.

V hat sich vorliegend über ***das Alter*** der Sache geirrt. Nachdem bei chinesischem Porzellan das Alter einen wesentlichen Einfluß auf den Wert der Sache hat, handelt es sich dabei um einen Irrtum über eine Eigenschaft. Der Anfechtungsgrund des § 119 II liegt folglich vor.

Erklärung an den richtigen Empfänger in der richtigen Frist.

V hat die Anfechtung ***schlüssig erklärt, § 143 I,*** indem er sich weigert, die Vase zu übereignen und sich dabei auf seine Irrtümer beruft. Er hat dies auch dem richtigen ***Empfänger*** gegenüber getan, ***§ 143 II***, nachdem K sein Vertragspartner war. Er hat sich zuletzt auch im Rahmen der ***Frist*** des ***§ 121*** bewegt. Seine Kenntnis vom Anfechtungsgrund konnte erst in dem Augenblick sinnvoll verwertet werden, als er Kenntnis von der Existenz eines Vertrages erlangte. Dies war, als K die Vase verlangte.

Folgen für Anfechtung und Kaufvertrag.

Die Anfechtung war damit wirksam und hat die Willenserklärung des V beseitigt. Es fehlt folglich an einem wirksamen Kaufvertrag zwischen V und K, auf den K seinen Anspruch stützen kann.

Gesamtergebnis.

K kann Übereignung und Übergabe der Vase also nicht verlangen.

III. Fehlerliste

Standardfehler: unpräziser Obersatz.

1. Im ***Obersatz*** muß ***genau*** gesagt werden, was der Anspruchsteller (K) vom Anspruchsgegner (V) woraus (§ 433 Abs. 1 S. 1) verlangen kann. Wenn die Sachverhaltsfrage ungenau ist, muß sie dem Gesetz gemäß präzisiert werden. Das bedeutet, daß hier nicht danach zu fragen ist, ob K ***die Vase*** verlangen kann, sondern ob er ***Übereignung*** und ***Übergabe der Vase*** verlangen kann. Und das steht nicht einfach in § 433, sondern in § 433 I 1.

Standardfehler: falscher Sachverhaltsbezug.

2. Wenn man den ***Text in Bezug*** nimmt, muß man aufpassen, daß auch stimmt, was man sagt. V beruft sich vorliegend nicht nur auf die fehlerhafte Preiseinschätzung, sondern auch auf die fehlerhafte Altersbestimmung.
3. Wenn man ***nach einer Voraussetzung*** für die Anfechtung (Grund, Frist, Erklärung etc.) ***noch eine weitere*** prüfen will,

obwohl man die erste Voraussetzung eigentlich verneint, muß man die erste Voraussetzung offen lassen. Ansonsten besteht ja kein Bedürfnis mehr für die zweite Prüfung. (Formulierung: Es kann hier dahingestellt bleiben, ob wirklich eine verkehrswesentliche Eigenschaft vorliegt, wenn es jedenfalls auch an einer rechtzeitigen Erklärung fehlt.)

4. Man darf ein ***Ergebnis*** nicht ***zuerst als feststehend*** bringen und anschließend in Frage stellen, letztlich ***dann*** möglicherweise sogar ***das Gegenteil*** herausbekommen. Das Ergebnis steht am Ende. Man darf also bspw. nicht damit beginnen, daß V dem Angebot über 4.000,- zustimmte, dann aber doch eins über 6.000,- machte. Das geht jedenfalls nicht in einer (1) Willenserklärung. Man muß hier vielmehr zuerst auslegen, was V will und sich dann für ein Angebot entscheiden. Weiteres ***Bsp.:*** Die Täuschung durch D kann dem K zuzurechnen sein. ... Also liegt keine Täuschung durch D vor.

Übler Fehler: Inkonsequenz mit sich selbst.

5. ***Definitionen*** muß man nur einmal bringen. (Ein Kaufvertrag besteht aus zwei übereinstimmenden Willenserklärungen ...)

Formal: Einmal definieren reicht.

6. Vorschriften, die ***unzweifelhaft (nicht) vorliegen***, können - wenn man sie erwähnen will - mit einem Satz abgehakt werden. Indiz hierfür: Nach der Eingangsformulierung „muß vorliegen" kommt nicht eine Wendung wie „dies ist hier zweifelhaft", sondern nur „dies ist hier (nicht) der Fall".

Unproblematisches im Urteilsstil. Ohne Begründung.

7. ***Fragen***, die aufgeworfen werden, ***müssen*** unbedingt ***auch beantwortet werden***. Also nicht schreiben „kann so sein" und hinterher offen lassen, ob es so ist. Das hinterläßt ein unbefriedigendes Gefühl und es fehlt vor allem was zum Abhaken.

Formal: Fragen muß man beantworten.

8. ***Abkürzungen*** sind in einer Klausur in aller Regel nicht zulässig. WE = Willenserklärung, KV = Kaufvertrag etc. Ausnahme: Die Namen der beteiligten Personen dürfen mit dem Anfangsbuchstaben abgekürzt werden, wenn sie´s nicht ohnehin schon sind.

Formal: Abkürzungen grundsätzlich vermeiden.

9. Die ***Personen*** des Sachverhaltes sollten nicht durcheinandergekegelt werden. Man muß als Korrektor sonst nachdenken, was gemeint ist.

Sachverhalt: Personen beachten.

10. ***Nur die Fragen*** beantworten, ***die*** auch ***gestellt wurden***. Hier also nicht, ob K Ersatz seines Vertrauensschadens beanspruchen kann.

Aufgabenstellung: Frage(n) beachten.

11. Der ***Sachverhalt*** darf nur dann ***wiedergegeben*** werden, wenn es sich in den 3. Schritt des Gutachtenstils einfügt, zur Subsumtion also. Eine Ausnahme besteht nur dann, wenn man gleichsam eine Legitimation für die folgende Prüfung benötigt. Dann muß es aber schnell gehen: V kann dadurch, daß D den Kaufvertrag geschlossen hat ....; Fraglich ist, wie es sich auswirkt, daß D den Kaufvertrag geschlossen hat ...

Sachverhalt: Nur da, wo nötig.

Übler Fehler: Inkonsequenz mit sich selbst.

12. Die ***Argumentation*** darf an sich jede denkbare Linie verfolgen, nur eine nicht: vor und zurück. Damit ist gemeint, daß man ***konsequent*** bleiben muß. Eine einmal gefundene Argumentation muß man durchziehen: Wenn der Irrtum im § 119 II kausal auf einer Handlung des D beruht, dann natürlich auch im § 123. Umgekehrt: Wenn dort nicht, dann auch hier nicht.

Gutachtenstil verwenden.

13. Die Prüfung muß im ***Gutachtenstil*** erfolgen und darf sich nicht übermäßig stark im Urteilsstil aufhalten. Kennzeichen für den ***Urteilsstil*** sind ***Begründungswörter*** wie *weil, da, denn, indem* etc., mit denen ein vorher gebrachtes Ergebnis untermauert wird. Richtig ist, jedes Ergebnis zunächst nur als möglich zu kennzeichnen (Der erste Antrag kann der des K sein; Dieser Antrag kann von V abgelehnt worden sein; Die Annahme kann darin bestehen.) Der Gutachtenstil wirft erst eine Frage auf (1. Schritt), dann zeigt er die Voraussetzungen zur Beantwortung (2. Schritt), schließlich vergleicht er dies mit dem Sachverhalt und kommt zum Ergebnis (3. Schritt).

Formal: Arbeitsanleitung beachten.

14. Formaler Hinweis: Wenn als Arbeitsanweisung ***einseitige Beschriftung*** vorgeschrieben ist, muß man das beachten.

Formal: Personen nur mit Buchstaben.

15. Die ***Personen*** werden in aller Regel ***nur mit*** dem ***Buchstaben genannt***. Also: V hat .... Und nicht: *Der* V hat ... Ausnahme: Wenn zwei Personen direkt aufeinanderfolgen. Es ist fraglich, ob V *den* D beauftragt hat.

Formal: Die h.M. nicht als solche benennen.

16. Selbst wenn man irgendwo mal eine ***herrschende Meinung*** kennt, wird sie nicht als solche in Bezug genommen. Was an einer Meinung zählt, ist nicht der Umstand, daß sie herrschend ist, sondern ihre Argumente. Und nur die muß man dann auch bringen.

Übler Fehler: Sachverhaltsquetsche.

17. Unbedingt vermeiden: die ***Sachverhaltsquetsche***. D hat hier nicht gesagt, daß die Vase 4.000,- wert sei. Er hat gesagt, *wenn sie aus der genannten Zeit stamme,* sei sie 4.000,- wert. Das ist ein Riesenunterschied. Das erste stimmt nämlich nicht, das zweite aber - mangels entgegenstehender Anhaltspunkte - wohl.

Gutachtenstil: Einstieg über passende Rechtsfolge legitimieren.

18. Richtigen ***Einstieg*** wählen, der ***am Ergebnis orientiert*** ist. Hier geht es darum, ob V übereignen und übergeben muß. Diese Frage kann man nicht schon dann verneinen, wenn *die Möglichkeit* der Anfechtung besteht, sondern nur dann, wenn schon *angefochten ist*. Im übrigen mußte man hier ohnehin von einer (konkludenten) Anfechtungserklärung aus.

Sachverhalt/Gesetz: keine Vermischungen.

19. ***Bezugsfehler*** vermeiden. Wenn man den Gesetzeswortlaut in Anspruch nimmt, darf man dies nicht mit dem Sachverhalt vermischen. Also nicht etwa: Nach dem Gesetzeswortlaut hätte K die Täuschung kennen müssen. Das ist falsch. Im Ge-

setz steht nämlich nichts von K. Richtig ist: Nach dem Gesetz hätte der Vertragspartner, *hier der K*, die Täuschung kennen müssen.

20. Eine Prüfung sollte stets ***durch eine Norm legitimiert*** werden. Also nicht erst am Ende aller Ausführung zur Freude des Korrektors noch einen Paragraphen dranhängen, sondern damit beginnen. (Fraglich ist, wie es sich auswirkt, daß ... Es kann sich um einen Fall des § 149 S. 2 handeln. Dann muß ...)

Gutachtenstil: Einstieg über Norm legitimieren.

21. Der Anspruch auf Übereignung eines Gegenstandes folgt nicht aus ***§ 433 I 1 i.V.m § 929***, sondern nur aus § 433 I 1. Die Vorschrift des § 929 regelt allein, wie dieser Anspruch erfüllt wird. Um diese Modalitäten geht es aber gar nicht. Es geht hier nicht um das Wie, sondern nur um das Ob.

Gesetz: Richtig lesen, welche Norm was gewährt.

22. Für die ***Auslegung einer Willenserklärung*** ist ***nur der äußere Tatbestand*** entscheidend. Man schließt zwar auf den inneren zurück, aber es ist egal, was dann tatsächlich gewollt war. Die Aufgliederung in inneren / äußeren Tatbestand ist daher bei der Auslegung ebenso überflüssig, wie die weitere Aufspaltung Handlungswille / Erklärungsbewußtsein / Geschäftswille.

Auslegung: der äußere TB entscheidet.

23. Das ***Gesetz*** muß ***genau gelesen*** werden. Bei § 149 z.B. kommt es nicht darauf an, ob der Erklärende die Willenserklärung rechtzeitig abgegeben hat, sondern darauf, ob sie rechtzeitig zugegangen ist. Diese Vorschrift regelt nämlich einen Sonderfall des Zugangs.

Gesetz: Richtig lesen, welche Voraussetzungen nötig sind.

24. ***§ 123 II*** ist kein Anfechtungsgrund, sondern eine Ausnahmeregelung (Einschränkung) für § 123 I.

Gesetz: Rechtsfolgen richtig bestimmen.

25. Der ***Wert ist keine Eigenschaft*** einer Sache, da die Definition der Eigenschaft lautet: alle wertbildenden Faktoren. Der Wert kann sich aber nicht selber bilden.

Anfechtung: Wert ist keine Eigenschaft.

26. Für die Frage eines Irrtums ist es unerheblich, ob der Irrende ***den Irrtum*** hätte ***vermeiden*** können (Sachverständigengutachten etc.), jedenfalls hat er sich ja geirrt. Eine eventuelle grobe Fahrlässigkeit bei § 119 wird durch die Schadensersatzpflicht nach § 122 kompensiert, bei § 123 dadurch, daß der andere Teil noch schuldhafter (Arglist!) gehandelt hat.

Anfechtung: Vermeidbarkeit eines Irrtums ist uninteressant.

27. Allein der Umstand, daß V den Antrag des K dadurch ablehnt, daß er den Kaufpreis auf 6.000,- festsetzt, führt noch nicht dazu, daß K überhaupt keinen wirksamen Antrag abgegeben hat. Die Folge ist lediglich, daß der Antrag des K erlischt, §§ 146, 150 II.

Gesetz lesen: richtige Rechtsfolgen bestimmen.

Gutachtenstil: Wenn man eine Täuschung annehmen will, muß man das sorgfältig begründen.

28. Bei der arglistigen ***Täuschung*** muß man sorgfältig begründen, warum getäuscht sein soll. Immerhin ergibt sich bei Bejahung einer Täuschung für den Getäuschten ein Schadensersatzanspruch aus §§ 823 II BGB i.V.m. 263 StGB. Dies unabhängig davon, ob der Täuschende Dritter war oder nicht. Wenn man hier also eine arglistige Täuschung bejaht, muß man - zumindest gedanklich - auch eine Strafbarkeit des D in´s Auge fassen. Diese Sorgfalt setzt voraus, daß man - eng am Sachverhalt - deutlich macht, ***worüber*** getäuscht wurde. Weiter, wodurch (Tun/Unterlassen).

Anfechtung: Begründungen für Subsumtion liefern.

29. Wenn es um die Frage geht, ob das ***Alter ein wertbildender Faktor*** ist, sollte man kurz ein Wort darauf verlieren, daß sich der Preis bei diesen Kunstwerken danach richtet und erst dann feststellen, daß es sich deshalb um einen wertbildenden Faktor handelt. Die allgemeine Formulierung, daß das Alter „als wertbildender Faktor angesehen wird", ist etwas dürftig (Wer sieht an?)

5. Teil - Hausarbeiten

A. Anleitung zur Anfertigung von Hausarbeiten

Hektik bricht aus.

Alle Semester wieder dasselbe Spiel: Der Text des Sachverhaltes, auf schmuckem Umweltgrau, hat kaum den Weg zur Verteilung als Einzel- oder Kopierexemplar gefunden, da geschehen merkwürdige Dinge. Studenten, einen ebensolchen Text in der Hand, hetzen durch Bibliotheken, stürmen die Lesesäle, raffen alles, was wie ein Buch aussieht, an, mauern eine Literaturfestung um sich und sind ein Sinnbild fleißigen Schaffens gegen alle.

Und unnützer Fleiß.

Nichts gegen Fleiß. Wo er angebracht ist. Eine Menge dagegen, wo er sinnlos ist. Wie im Beispiel.

Panik bricht aus.

Blenden wir ein paar Tage aus und begeben uns in die Endphase einer Hausarbeit. Apotheker haben Hochkonjunktur: Aufputschmittel gehen wie selten. Der Kaffeekonsum steigt progressiv. Die Nerven von Müttern und Freundinnen, die das Pech haben, zu laut mit einem Schreibmaschinenkurs geprotzt zu haben, werden dünner. Nächte werden zu Tagen. Freunde zu Feinden. Blätter zu Papierkorbfutter. Mit einem Wort: Das Leben lohnt sich.

Und unnützer Streß.

Nichts gegen Streß. Wo er angebracht ist. Eine Menge dagegen, wo er sinnlos ist. Wie im Beispiel.

Das muß nicht sein.

Beide Beispiele sind gewiß kein Phantasieprodukt. Was ich hier geschildert habe, ist Realität. Es ist aber eine Realität, die es eigentlich nicht geben müßte.

Bei Anfängern verzeihlich.

Tauchen die beschriebenen Phänomene bei den Anfangssemestern, den ersten, „kleinen“ Hausarbeiten auf, ist das verständlich: Als Anfänger weiß man es eben nicht besser.

Bei Fortgeschrittenen Dummheit.

Zeigen dagegen auch Fortgeschrittene und sogar Examenshausarbeitler solche Anwandlungen, ist eine andere Vokabel angebracht: Das ist Dummheit.

Grundregel beachten!

Eine Hausarbeit muß nicht in Streß ausarten. Es gilt allerdings, einige elementare Regeln zu beachten. Grundregel jeder Arbeit muß sein:

Erst denken, dann handeln.

Da diese Regel gerade bei den Hausarbeiten auf's Sträflichste mißachtet wird, sollen im Folgenden einige grundsätzliche Tips zum Besten gegeben werden.

Jede Hausarbeit weist eine Reihe von Elementen auf, die immer wieder vorkommen.

Es ist immer dasselbe.

So kann man bei jeder Hausarbeit zwei Phasen unterscheiden, die hier mit ***Vorbereitungs- und Bearbeitungsphase*** gekennzeichnet werden sollen. Folgen wir dem chronologischen Ablauf, steht die Vorbereitungsphase an erster Stelle.

Vorbereitungen und Bearbeitung.

I. Die Vorbereitungsphase

Diese Phase beginnt etwa 1 Woche vor Ausgabe des Hausarbeitstextes und endet am Tag vor der Ausgabe. Ihre Aufgabe ist es, die Bearbeitungsphase von all den Kleinigkeiten zu entlasten, die nicht notwendig dazugehören. Diese Kleinigkeiten sind - mangels Kenntnis der konkreten Aufgabe - zwangsläufig nicht inhaltlicher, sondern formaler Natur.

Vorher daran denken entlastet.

1. Arbeitsmittel

Natürlich hat jeder seine eigenen Vorstellungen von Arbeitsmitteln. Der eine benutzt am liebsten gut durchgekaute Bleistifte, ein anderer nur Kugelschreiber. Daran hängt nichts. Wichtig ist hier nur, daß das, was man braucht, auch dann da ist, wenn man es braucht. Soll heißen:

Die Arbeitsmittel

- Schreibmaterialien

(Bleistifte, Kugelschreiber, Füllfederhalter inkl. Patronen etc.) müssen bereits vor Beginn der Arbeit in so ausreichender Menge vorhanden seien, daß während der Bearbeitung keine Nachbeschaffung erforderlich wird.

Vorher die Schreibgeräte.

- Kopierkleingeld / - karten

(1- und 10 Pf.-Stücke). Ein wohlbekanntes Erlebnis: Bettlergleich ziehen während jeder Hausarbeit Gestalten umher, die mitten in einer Kopierphase kein Münzgeld mehr haben. Vorzugsweise dann, wenn niemand mehr Wechselgeld hat. Also: ***Vorher*** (möglichst) 1,- und 0,10-Stücke besorgen.

Vorher die richtigen Zahlungsmittel.

Soweit die Benutzung von Kopierkarten möglich ist, ist vorher zu klären, wo man sie kaufen, wo, wie und wann man sie auffüllen kann (welche Geldstückelung?).

- Schreibpapier.

Je nach Gusto und Gewohnheit kariert, liniert oder blank. Tunlichst ein Format (DinA 4), gelocht. Ausreichende Menge: Je nach Hausarbeit zwischen 100 und 400 Blatt.

Vorher das Handschreibpapier.

- Schreibmaschinenpapier / Druckerpapier

Vorher das Papier für die Endfassung.

(mindestens 100 Blatt). Viele Hausarbeiten enden am Wochenende. Wer, wie die meisten Selbsttipper, erst dann daran denkt, wenn er zu tippen beginnt, sieht alt aus. Gleiches gilt für Farbbänder, Tipp-Ex, dünner schwarzer Stift zum Nachkorrigieren etc.

- Computer

Vorher den Computer checken.

Wer mit einem Computer arbeitet, sollte sich vorher vergewissern, daß dieser die Normalanforderungen auch erfüllen kann. Weiter ist bei den Programmen, die diese Funktionen eingebaut haben, vorher zu üben, wie die Fußnoten verwaltet werden, wie Gliederungen und alphabetisch sortierte Literaturverzeichnisse erstellt werden. Und schließlich - fast noch mit das Wichtigste - ist nach jeder relevanten Veränderung (spätestens jeden Abend) eine ***Sicherheitskopie*** auf einen weiteren Datenträger (Diskette) zu machen. Dabei nicht immer nur eine Diskette benutzen, sondern mehrere im Wechsel. Wenn es das gibt, die Optionen für automatisches Speichern einstellen (auf 10 Minuten). Optionen für Schnellspeicherungen auf jeden Fall ausschalten. Optionen für das Erstellen von Sicherheitskopien aktivieren.

- Aktenordner mit Register (A-Z).

Vorher die Aktenordner mit Register

Das beliebte Kopiermarathon versetzt nicht Berge, sondern schafft sie erst. Ein mit mehreren Lagen Kopien versehener Schreibtisch ist ineffizient: Bisweilen geht mehr Zeit für's Suchen als für's Arbeiten drauf. Am sinnvollsten ist es, mit mindestens 2 Aktenordnern (DinA 4), besser noch mit 3 Ordnern zu arbeiten. Einen für die Literatur (die alphabetisch nach Verfassername geordnet werden muß), einen für die Rechtsprechung (die zeitlich nach Entscheidungsdatum geordnet werden muß) und - bei Benutzung von 3 Ordnern - einen für das Selbstproduzierte.

Die Anzahl der Ordner hängt aber natürlich auch von der Art der Hausarbeit ab: Bei den ersten kleinen Hausarbeiten ist weniger, bei der Examensarbeit mehr Aufwand erforderlich.

- Karteikarten mit Kasten.

Vorher die Karteikästen mit den Karteikarten.

Zwei Größen sind anzuraten: DinA 7 = halbe Postkarte für die Fundstellen (Aufsätze/Bücher/Entscheidungen), DinA 5 = doppelte Postkarte für ein Stichwortverzeichnis. In jedem Fall: keine grellen Farben, sondern eher Pastelltöne wählen. Grund: Der Kontrast zur Tinte/zum Bleistift ist bei grellen Farbtönen zu gering, um entspannt lesen zu können. Verschiedene Farben für verschiedene Zwecke kaufen. Beispiel: weiß - Rechtsprechung;

gelb - Aufsätze; blau - Bücher. Ausreichende Anzahl (mindestens je 100).

- Sonstige Kleinigkeiten.

Schere, Klebstoff, Radiergummi, Bleistiftspitzer, Tesafilm, Locher (mit Schiene), Hefter (mit Klammern), Heftstreifen, Büroklammern etc.

Vorher den ganzen Rest.

Hat man all dieses, bevor die Hausarbeit ausgegeben wird, kann man den Dingen, die da kommen, schon gelassener entgegensehen. Jetzt ein weiteres.

2. Der Arbeitsplatz

a. Daheim

Jede Hausarbeit wird (teilweise) auch zu Hause geschrieben. Hier sollte man sich zunächst mal seinen ***Schreibtisch*** anschauen. Erkennt man die Tischplatte noch als solche, besteht eine gewisse Hoffnung. Der Schreibtisch dient natürlich als Ablage- und Schreibfläche. Dazu ist er da. Während einer Hausarbeit sollte sich aber der Großteil des darauf abgelegten Materials mit den Themen dieser Hausarbeit befassen. Mag es auch ab und an ganz amüsant sein, blind in einen Stapel Papier und Bücher zu greifen und mit einem Ruck ganze Berge zum Einsturz zu bringen: Das ist zeitraubend und kostet Nerven. Streß kann da gar nicht ausbleiben.

Wo ist mein Schreibtisch?

Das ist mein Schreibtisch?

Wichtig ist weiterhin, daß die hoffentlich benutzten Aktenordner und Karteikarten & Kästen in Griffweite stehen. Völlig witzlos ist es, jedesmal mit energischem Schritt beispielsweise in das Schlafzimmer der Eltern zu rennen. Das schränkt den Wert solcher Mittel doch nicht unerheblich ein.

Alles im Griff.

Schreibt man zu Hause, ist man stets Opfer zahlreicher Attacken. Seien es die Eltern, Freund/Freundin, Geschwister oder sonstwer: Jeder fühlt sich bemüßigt, kurz den Kopf durch die Tür zu stecken und mit einem herzlichen „Ich-störe-doch-nicht?" zu stören.

Störenfriede ...

Da hilft nur eines: ***Disziplin***. Wer zu Hause arbeitet, braucht feste Zeiten, in denen nicht telefoniert, nicht gegessen, nicht geplaudert wird.

... müssen rausfliegen.

b. Unterwegs

Daheim und unterwegs. Daheim hatten wir - jetzt unterwegs.

In den meisten Universitäten gibt es eine besonders zentrale, große Bibliothek, die meist auf den klangvollen Namen *Hauptseminar* hört. Dieses ***Hauptseminar*** als größte Bücherei ist Anlaufpunkt der überwiegenden Mehrheit aller Hausarbeitler. Ent-

Wo sind die wichtigen Bibliotheken?

sprechend gemütlich geht es dort zu. Keine 2 Schritte bleiben ungetan, ohne daß in irgendjemandes Auge der freudige Funke des Erkennens aufblitzt.

- Am Rande bemerkt: Vereinzelt blitzt noch mehr, man möcht' fast meinen, es funkt. Dem Verfasser dieser Zeilen sind eine ganze Reihe von Romanzen bekannt, die ihre Quelle in Hauptseminaren entspringen sehen. Zwar ist es Sinn von Hausarbeiten, Kenntnisse zu vertiefen, zugestanden. Aber mit den Kenntnissen, die durch eine Romanze erworben werden, läßt sich bestenfalls ein „Trau"-Schein erwerben. Conclusio aus dem Ganzen: Auch das Hauptseminar fordert. Und zwar Disziplin.

Was sind die denkbaren Alternativen?

Besser ist es, gleich die denkbaren ***Alternativen*** wahrzunehmen. Welche dies sind, hängt von dem jeweiligen Fachgebiet der Hausarbeit ab. So gibt es verschiedene Institute, die in jeweils einem Rechtsgebiet umfangreich sortiert sind. Die möglichen Alternativen aufzuzeigen, würde an dieser Stelle zu weit führen. Es ist ratsam, sich bei der jeweiligen Fachschaft (studentische Vertretung) zu erkundigen. Als Beispiel darf ich Köln anführen, wo es einen von der Fachschaft herausgegebenen ***Hauptseminarführer*** gibt, der alle Bibliotheken und ihre Öffnungszeiten enthält.

Wie sind Öffnungszeiten? Wie die Kopierzeiten?

Gleich, welches man nun bevorzugt: Bevor die Hausarbeit ausgegeben wird, sollten die ***Öffnungszeiten*** im fraglichen Zeitraum ausgekundschaftet werden. Insbesondere ist hier auf Feiertage zu achten. Abweichende ***Kopierzeiten*** (so in Hauptseminaren) müssen ebenfalls bekannt sein.

Wo steht der ganze Kram?

Alsdann: Die ***Standorte*** der wichtigsten Literaturquellen müssen lokalisiert sein; dies setzt natürlich voraus, daß man die Standardkommentare, die Rechtsprechungssammlungen, die großen Zeitschriften kennt.

Wie bedient man Computerprogramme?

Schließlich sollte man sich - so vorhanden - unbedingt noch mit der Bedienung der wichtigsten ***CD-ROM-Programme*** vertraut machen (NJW-Volltext, LSK, AP-Arbeitsrecht, JURIS-Data-Discs, bei den letzten gibt's für Studenten Sonderkonditionen auf Altauflagen).

Hat man auch dieses, steht der Prädikatshausarbeit eigentlich nichts mehr entgegen. Oder bestenfalls noch die Bearbeitungsphase.

II. Die Bearbeitungsphase

Alles liegt in Ihrer Hand.

Die Bearbeitungsphase beginnt mit der ***Ausgabe des Hausarbeitstextes***. Unmittelbar anschließend werden die ersten und mit die gröbsten Fehler gemacht. Der Bearbeiter verschwindet im Laufschritt im Seminar, je nach Sachgebiet vielleicht in einem

Ober-, Erd- oder Untergeschoß, und schlägt zu. Eine Fülle von Literatur wird angehäuft und abgearbeitet. Nun möchte man fragen, was denn daran fehlerhaft sein soll, schließlich ist ja gerade die Aufgabe einer Hausarbeit, den Bearbeiter mit Literatur und Rechtsprechung arbeiten zu lassen.

Wohl, aber arbeiten heißt nicht, einfach nur lesen. Es sollte ein sinnvolles Arbeiten sein. Und sinnvoll kann ein juristisches Arbeiten nur dann sein, wenn klar ist, warum man gerade das liest, was man da liest. Hier hilft auch nicht die allgemeine Bemerkung, man müsse sich erst einmal in ein Thema einlesen. Wer sagt denn, daß das, worüber man sich einzulesen gedenkt, gerade das Thema ist, um das es in der Hausarbeit geht? Diese Überlegungen zeigen, daß ***der direkte Weg*** vom Sachverhalt ***in das Seminar nicht der beste*** sein kann.

Lassen Sie´s erst mal da liegen.

1. Vorüberlegung

Im ersten Teil wurde bereits ein Satz aufgestellt, den man unbesehen als Zeichen maßloser Überheblichkeit werten könnte.

Erst denken, dann handeln.

lautete er. Das kann natürlich überheblich sein, muß es aber nicht. Der empörte Leser möge sich selber prüfen, ob er noch nie einen der vorstehend und nachfolgend beschriebenen Fehler begangen hat. Mit dieser Prämisse heißt es folglich zunächst zu überlegen. Zu überlegen nämlich, wie die Bearbeitungsphase jeder Hausarbeit abläuft. Folgende Elemente enthält jede Hausarbeit:

Denken Sie sich erst mal Ihren Teil.

- Lektüre
- Verständnis
- (Grob-)Gliederung
- Literaturverarbeitung
- Manuskripterstellung
- Typoskripterstellung

2. Lektüre und Verständnis

Zu Beginn steht die ***Lektüre*** des Sachverhaltes. Es folgt das ***Verständnis***. Man sieht: Hier ist zu differenzieren. Lesen heißt nicht immer direkt Verstehen. Insbesondere bei umfangreicheren Texten fällt beides regelmäßig auseinander. Lektüre und Verständnis erfordern ein gründliches Durcharbeiten des Textes. Es genügt nicht, den Sachverhalt einmal kurz überflogen zu haben. Am sinnvollsten ist es, man notiert sich die von den einzelnen Personen vorgenommenen Handlungen in der Reihenfolge ihrer Vornahme. Dies muß selbstverständlich für jeden Beteiligten ge-

Den Sachverhalt muß man lesen und verstehen.

Das ist zweierlei.

Hilfreich sind immer Zeichnungen.

trennt erfolgen. Anhand der dadurch entstehenden Liste kann man dann die rechtlichen Verhältnisse ausloten, also im Strafrecht etwa die Strafbarkeit der einzelnen Handlungen, im bürgerlichen Recht die Relevanz für die Anspruchsprüfung. Ebenfalls sinnvoll ist es in den meisten Fällen, eine (ggfls. mehrere) ***Zeichnung(en)*** anzufertigen, die die Rechtsbeziehungen der Beteiligten untereinander widerspiegelt.

Richtige Ausführungen zu einem falschen Sachverhalt sind falsche Ausführungen zu einem richtigen Sachverhalt.

Diese Arbeit zu Beginn darf nicht unterschätzt werden. Die besten rechtlichen Ausführungen nutzen nichts, wenn sie auf ***fehlerhaften tatsächlichen Umständen*** basieren. Es ist nicht nur sehr peinlich, sondern darüberhinaus auch mindestens ebenso ärgerlich, die Arbeit etlicher Stunden nur deshalb wegwerfen zu müssen, weil man „aus Versehen", besser: aus Schlampigkeit, beispielsweise den Falschen hat morden, den Falschen den Untergang einer Sache hat verschulden lassen.

Eigenkontrolle durch präzise Zergliederung.

Im übrigen hat die detaillierte Aufdröselung des Sachverhaltes einen weiteren Vorzug: Bekanntermaßen hat jeder Satz im Sachverhalt seine Bedeutung; Füllsätze kommen selten vor. Die detaillierte Auflistung der einzelnen Vorgänge garantiert eine ***Eigenkontrolle***, die ansonsten leicht untergeht. Man kann jederzeit überprüfen, ob auch alle Umstände verarbeitet wurden, es wird nichts übersehen. Bleibt nach dieser Prüfung etwas übrig, kann man ohne weiteres davon ausgehen, daß mit der eigenen Arbeit etwas nicht stimmt.

3. (Grob-) Gliederung

Auch wenn´s schwerfällt:

Hat man verstanden, worum es geht, macht man eine Lösung, eine vorläufige ***(Grob-)gliederung***. Diese Grobgliederung erstellt man tunlichst ***ohne jedes literarische Hilfsmittel***. Man verfeinert sie anschließend. Bei der Erstellung dieser Gliederungen kommt man über kurz oder lang todsicher an Punkte, die man ohne Literatur nicht lösen kann. Es sind in aller Regel Schaltpunkte, bei denen das weitere Vorgehen von der Entscheidung im konkreten Punkt abhängt. Hier - und erst hier - ist Literatur, sinnigerweise ein kleinerer Kommentar, zu Hilfe zu nehmen.

Erst mal ohne jede Literatur arbeiten.

Alle Fallfragen *von Anfang an* bearbeiten.

Diese Arbeit (Erstellung einer Gliederung) ist ***für alle in Betracht kommenden Fragen*** vorzunehmen. Hat eine Hausarbeit etwa 3 Fragen, dann muß, ***bevor*** irgendetwas anderes geschieht, die Gliederung auch für die letzte, die dritte Frage bereits stehen. Der Sinn dieser Arbeit ist folgender: Regelmäßig ist die Seitenzahl einer Hausarbeit, immer die Bearbeitungszeit begrenzt. Die Probleme einer Hausarbeit verteilen sich normalerweise auf die ganze Arbeit.

Sonst stimmt weder die Schwerpunktsetzung ...

Es ist nicht selten, daß die letzte Frage besonders knifflig ist. Hat man nun eine Gliederung zunächst nur für die ersten beiden Fragen erstellt, und handelt man folglich nach dem Motto „Alles zu seiner Zeit“, besteht die Gefahr, daß man die Probleme, die man durch das Erstellen der Gliederung kennt, sehr sorgfältig abhandelt, die anderen aber - mangels Kenntnis - nicht berücksichtigt.

Das wiederum führt dazu, daß die letzte Woche der Hausarbeit in absoluten Streß ausartet: Denn jetzt muß man die letzte Frage ja behandeln. Und jetzt stellt sich dann auf einmal heraus, daß hier noch ein dickes Problem liegt. Und jetzt merkt man, daß dieses Problem eigentlich viel mehr Zeit beansprucht, als man noch übrig hat. Und jetzt merkt man auch, daß man den anderen Problemen vielleicht zuviel Zeit gewidmet hat, jedenfalls mehr als ihnen in Relation zum nun aufgetauchten Problem zukommt. Zuletzt merkt man auch, daß wegen der Überbetonung der bekannten Probleme die ***Seitenzahlbegrenzung*** nicht mehr eingehalten werden kann.

... noch das Timing.

Die Erstellung einer Gliederung für die komplette Arbeit soll es dem Bearbeiter also ermöglichen, die Schwerpunkte richtig zu setzen, Zeit und Raum richtig zu verplanen.

4. Literaturverarbeitung

Unter Literaturverarbeitung im Sinne dieses Abschnitts wird die Verarbeitung von allem verstanden, was geschrieben ist, also auch von Gerichtsentscheidungen. Die Literaturverarbeitung besteht aus drei Phasen:

Umgang mit Literatur.

- Orten und Herausschreiben
- Überprüfen
- Beschaffen.

Die Gliederung bringt den Bearbeiter - wie bereits erwähnt - an Schaltpunkte. Diese ***Schaltpunkte beschäftigen sich*** in aller Regel ***mit einem Streit***. Verschiedene Ansichten führen zu verschiedenen Ergebnissen. Verschiedene Ansichten werden aber auch von verschiedenen Personen und/oder Gerichten mit verschiedenen Argumenten vertreten. Hier beginnt die eigentliche Arbeit mit der Literatur, also die eigentliche Arbeit im Hauptseminar oder anderen Büchereien.

Schaltpunkte finden sich normalerweise bei einem Streit.

In einer ersten Phase wird ***gesammelt***: Wer hat zur betrachteten Streitfrage überhaupt Stellung genommen? In dieser Phase wird anhand eines Kommentars (jetzt schon ein etwas größerer) ***herausgeschrieben***, wer wo etwas zur betrachteten Thematik gesagt hat. Hat man alle Namen, Gerichte und Fundstellen auf eine Liste, besser noch auf die im 1.Teil empfohlenen Karteikarten geschrieben, beginnt eine zweite Phase:

Von Jägern und Sammlern.

Auf Brauchbarkeit überprüfen führt zu massivem Schwund.

Im Hauptseminar oder einer sonstigen Bücherei werden die herausgesuchten Quellen ***überprüft***. Dazu sucht man das konkrete Werk heraus (Bsp.: JuS 1982, 332) und überfliegt es kurz anhand der Überschriften oder sonstiger markanter Punkte (Fettdruck etc.). In dieser Phase fällt ein lockeres Drittel bis knapp zur Hälfte der vorher notierten Quellen wieder heraus. Der Grund dafür ist simpel: Der Aufsatz/das Urteil beschäftigt sich zwar mit der betrachteten Thematik, aber unter einem anderen Blickwinkel.

Geht es um die Frage, ob AGB durch kaufmännische Bestätigungsschreiben Vertragsinhalt werden können, dann ist ein Aufsatz, der die Problematik sich kreuzender Bestätigungsschreiben behandelt, zwar thematisch (Bestätigungsschreiben) treffend, aber inhaltlich unergiebig.

Es genügt nicht, alles zu kopieren.

Man muß es auch lesen.

Und man muß es dann auch noch verstehen.

In der dritten Phase der Literaturbearbeitung wird die Literatur ***beschafft***. Das bedeutet für Hauptseminarbenutzer konkret, daß kopiert wird. Man beachte aber zweierlei: Erstens erfolgt dieses Kopieren erst, wenn man die unbrauchbare Literatur bereits ausgesiebt hat. Das erspart Zeit und Kosten. Zweitens bedeutet auch ***Kopieren*** noch nicht ***Kapieren***. Es nutzt nichts, wenn man stapelweise Kopien mit nach Hause schleppt und diese dann nicht liest. Die Folgerung aus dieser Erkenntnis: Lieber etwas weniger. Zum Thema Kopieren noch ein praktischer Tip: Man kann sich das lästige Sortieren sparen, wenn man die Vorlage von hinten nach vorne kopiert.

Grundsätzlich: Lieber einmal zuviel die Fundstelle notiert als einmal zu wenig.

Im übrigen ist es für eine bestimmte Sorte von Literatur ausgesprochen wichtig, die ***Fundstelle*** nach dem Kopieren ***auf der Kopie*** zu ***notieren***. Gemeint sind etwa die Entscheidungssammlungen des BGH, weiterhin alle Monographien, zum Teil auch Kommentare. Man sollte bereits in dieser Phase daran denken, daß aus der zitierten Literatur ja auch irgendwann einmal ein Literaturverzeichnis gebastelt werden muß. Verzichtet man bei BGH-Entscheidungssammlungen auf die Notiz in der Kopie, kann man schon das Zitieren vergessen:

Wo kam das gleich noch her?

Mangels Bandangabe wird man nicht mehr wissen, woher das Urteil kommt. Bei Kommentaren weiß man zwar noch, wer ihn geschrieben hat - das steht regelmäßig in der Kopfzeile -, aber die Auflagen und exakten Angaben aller Kommentare haben wohl nur die wenigsten im Kopf. Bei Monographien, Dissertationen und Festschriften ist es noch viel lustiger; da kann man sich dann am letzten Tag mit der im übrigen fertigen Arbeit und einer Reiseschreibmaschine in die Uni setzen und den Rest im Hauptseminar tippen.

Im Zweifel:

Erst mal selbst auf die heiße Herdplatte packen.

Hoffentlich gemerkt: Die Zeit, die man vorher hineinsteckt, um die Fundstelle exakt zu notieren, bekommt man hinterher vielfach wieder heraus. Wer´s nicht glaubt (zweifellos sehr viele), der wird es probieren und merken. Wer's gemerkt hat und trotzdem nicht ändert, dem ist nicht zu helfen.

5. Manuskripterstellung

Jedes Manuskript (lat.: handgeschrieben) enthält eine Reihe von strukturell immer gleichen Elementen (wobei heutzutage die meisten „Manuskripte" wohl direkt in den PC kommen):

- Deckblatt
- Sachverhalt
- Gliederung (Inhaltsverzeichnis)
- Literaturverzeichnis
- Text

a. Der Text

Jetzt wird's ernst. Hat man bis hierher alles gemacht, wie vorgeschlagen, kann man aber schnell wieder zum heiteren Teil übergehen.

Nehmen wir einmal an, wir haben eine Gliederung. Dann wissen wir im Idealfall auch genau, wo die Probleme liegen. Das bedeutet, wir wissen auch, bis wohin es problemlos ist. Diesen Teil kann man mal als erstes in Angriff nehmen. So etwas schreibt sich runter, wie eine ganz normale Klausur, eher noch: kürzer. Dann kommen ***die ersten Probleme***. Ein Streit beispielsweise.

Wenn man eine Gliederung hat, hat man auch Probleme.

aa. Stellungnahme zu juristischen Streitfragen

Jeder Streit hat immer ***dieselbe Struktur***: Entweder es gibt ***eine herrschende und eine Mindermeinung*** (manchmal auch ein paar völlig abartige dazu, die man direkt wieder vergessen kann), ***oder*** es gibt ***drei Meinungen***, zwei extreme (eine dafür, eine dagegen) und eine vermittelnde (plus die abartigen, s.o.). An dieser Stelle gibt es zwei Möglichkeiten; entweder es kommt auf den Streit nicht an, weil alle Ansichten zum selben Ergebnis führen (sog. „Glasmurmelspiel"). Dann kann man die Ansichten in aller Kürze darstellen und anschließend mit der Bemerkung „Im vorliegenden Fall bedarf es keiner Entscheidung, weil jede Ansicht ..." zur Tagesordnung, sprich: zur weiteren Lösung übergehen. Oder es kommt drauf an. Dann muß eine Entscheidung zugunsten einer Ansicht getroffen werden.

Die Struktur eines juristischen Meinungsstreites.

1+1
oder:
1+1+1

Nun verlangt niemand von einem Studenten, daß er sich einen eigenen neuen Grund ausdenkt, warum dieser oder jener Meinung zu folgen sei. Es empfiehlt sich, ein bestimmtes Raster auszuarbeiten und zu befolgen. Zwei Möglichkeiten möchte ich vorstellen. Möglichkeit 1 sieht so aus:

Kein Student kann sich noch eine neue Meinung dazudenken.

1. Darstellung der abgelehnten Ansicht

Antäuschen, ...

... antäuschen ...

2. Wenn mehrere verschiedene abgelehnt werden, wie Punkt 1.

... zuschlagen.

3. Darstellung der befürworteten Ansicht, mit einem Einführungssatz, der in etwa so aussehen sollte: „Richtigerweise ist hier der Ansicht des BGH zu folgen. Es wäre inkonsequent, eine Schadensverlagerung zu bejahen ..."

Taktischer Kniff.

Man beachte, daß die Argumente der befürworteten Ansicht erst ***nach*** dem Einführungssatz kommen und quasi die Stütze der eigenen Ansicht geworden sind.

Gern benutzter Trick mit Risiko.

Gewarnt werden soll an dieser Stelle noch kurz vor einer beliebten Methode, mit der man übel auf die Nase fallen kann. Man beginnt mit der Darstellung der abgelehnten Ansicht(en). Dann stellt ***man*** die befürwortete Ansicht dar (ohne Einführungssatz) und ***unterschlägt ein paar Argumente***. Anschließend bringt man diese Argumente, um die Befürwortung durch die eigene Ansicht zu begründen. Das ist unredlich. Und schlimmer noch: Korrekturassistenten sind nicht nur dumm. Am schlimmsten: Es gibt Leute, die sind ehrlich und schreiben der befürworteten Ansicht auch alle Argumente zu, die diese gebracht hat. Spätestens dann fliegt man auf. Also besser die Finger davon lassen.

Die Rechtsprechung hat in der Praxis eine überragende Bedeutung.

Möglichkeit 2 beginnt etwas anderes. Als Vorüberlegung spielt mit, daß wir als Juristen mit hoher Wahrscheinlichkeit früher oder später etwas mit Gerichten zu tun haben. Das bedeutet, daß die Rechtsprechung der Gerichte das ist, was wir als mindestes kennen müssen. Es wäre (später) in der Praxis ein Riesenfehler, sich um einige Literaturauffassungen zu kümmern, den BGH dabei aber zu vergessen.

Man beginnt damit mit der Darstellung ihrer Ansicht.

Der Rechtsprechung kommt daher eine herausragende Bedeutung zu, mit deren Betrachtung die Bearbeitung eines praktischen Falles stets zu beginnen ist. Das soll jetzt aber nicht so aussehen, als ob man es dabei dann belassen könnte. Ganz im Gegenteil. Anschließend zeigt man, was aus der Sicht der Literatur (oder auch abweichender Rechtsprechung) dagegen spricht. Also sieht es so aus:

Rechtsprechung ...

1. Darstellung der Rechtsprechung, möglichst höchstrichterlich, und der unterstützenden Auffassungen.

... Sonstige ...

2. Darstellung der sonstigen Ansichten.

... Stellungnahme.

3. Überschrift „Stellungnahme", Feststellung, daß die Argumente der Ansicht 1. oder 2. überzeugender sind.

Die Ausführungen zu Punkt 3. sind von einer Wertung getragen, die nicht vertieft begründet werden kann, wenn man bei 1. und 2. ausführlich genug war. Man kann dann wirklich nur noch formulieren:

Die Stellungnahme ist de facto nur noch ein Glaubensbekenntnis.

> „Die Auffassung des BGH ist überzeugend. Es ist aus Gründen der Rechtssicherheit davon auszugehen, daß es bei der Frage der Wegnahme im Rahmen des § 249 allein auf das äußere Erscheinungsbild ankommt."

Wer hier mehr verlangt, sollte mal darlegen, wie das aussehen soll.

Hat man auf diese Weise das Problem erledigt, hat man den ersten Schaltpunkt hinter sich gelassen. Es folgt regelmäßig ein kurzes unproblematisches Zwischenstück und anschließend der nächste Schaltpunkt. Verfahren dann genau, wie gerade beschrieben. So geht man die ganze Arbeit durch, bis man irgendwann nicht mehr weiter kann. Hat man alles richtig gemacht, ist die Arbeit genau dort am Ende. Alles, was wie ein Problem aussah, ist dann erschöpft. Damit sind wir hier natürlich noch lange nicht am Ende. Es gilt eine Fülle von scheinbaren „Formalien" zu beachten, die allesamt eigentlich nur ein Ziel haben: Zeit und Aufwand sparen. Nebenbei bringen sie aber noch den hübschen Nebeneffekt, daß die Arbeit überaus wissenschaftlich aussieht. Genau das wird Thema des nun folgenden Teiles sein.

Gefahr erkannt, Gefahr gebannt.

Noch´n Problem.

bb. Meinungsdarstellung und Fußnoten - Allgemeines und Fehler

Jede wissenschaftliche Auseinandersetzung mit einer Problematik verlangt, daß man sich mit den Veröffentlichungen auseinandersetzt, die zu dieser Problematik gemacht wurden. Natürlich nicht mit allen, das ist gar nicht möglich.

Wissenschaft bedeutet Auseinandersetzung mit anderen Ansichten.

Wenn man sich auseinandergesetzt hat, dann hat man die eine und die andere Ansicht dargestellt. Solche Darstellungen müssen im Text als solche gekennzeichnet sein. Man benutzt hierfür herkömmlicherweise Fußnoten, die an´s Ende der dargestellten Meinung kommen.[5] Die Darstellung der Ansicht erfolgt dabei fast immer in der ***indirekten Rede***, ***wörtliche Zitate*** sind nur dann erlaubt, wenn es genau auf die zitierte Formulierung ankommt. Dann allerdings gehören sie in „Anführungszeichen". Und dann ist auch keine Manipulation an der Form zulässig; soll heißen: Grammatikalische Korrekturen sind verboten.

Auseinandersetzung bedeutet jedenfalls auch Darstellung.

> ***Beispiel:*** Der Autor A hat zur Frage der Sittenwidrigkeit von Prostitutionsverträgen folgende Erkenntnis zum Besten gegeben: „Es handelt sich hierbei um eine allgemeine sittliche Anschauung, nach der der entgeltliche Verkehr zu mißbilligen ist."

[5] Der Fußnotentext steht dabei unten auf der Seite, auf der die Fußnote auftaucht.

Wörtliche Wiedergaben müssen exakt sein.

Solch eine Stellungnahme muß, wenn man sie schon wörtlich wiedergibt, genau so erscheinen und nicht etwa wie folgt:

> 'A vertritt die Ansicht, „es handle sich ...“' Dieses Zitat ist falsch. A hat nicht gesagt, es „handle“, sondern es „handelt“ sich.

Ein Klassiker: Das Sachverhaltszitat.

Ein weiterer häufig vorkommender Fehler ist das beliebte ***Sachverhaltszitat***. Der konkret zu untersuchende Sachverhalt wird mit einem Zitat belegt.

> ***Text:*** Damit ist das Verhalten des A strafbar. (Fn)
> ***Fn:*** Vgl. BGH aaO

Woran der BGH niemals dachte.

Eine derartige Zitierung ist unzulässig. Der BGH hat - das kann man sagen, ohne das BGH-Urteil zu kennen - mit Sicherheit nichts über das Verhalten des A gesagt. Er hatte vielleicht einen ähnlichen Fall zu entscheiden.

Zwei Korrekturmöglichkeiten.

Es gibt nun zwei Möglichkeiten, diesen Fehler zu korrigieren. Die eine ist eine Änderung des Textes:

> ***Text:*** Ein derartiges Verhalten ist strafbar. (Fn) A ist folglich zu bestrafen.
> ***Fn:*** Vgl. BGH aaO

Die andere besteht in einer Änderung der Fußnote:

> ***Text:*** Damit ist das Verhalten des A strafbar. (Fn)
> ***Fn:*** Vgl. zur Problematik derartiger Fallkonstellationen: BGH aaO

In Zeitnot: Juristisches Roulette.

Ein besonders in Zeitnot gespieltes Spiel ist das sog. „***Juristische Roulette***“. Eine Fußnote wird benötigt, man hat aber keine. Man hat darüberhinaus auch keine Zeit, im Hauptseminar eine herauszusuchen. Dann muß man eben eine basteln. Das geht ganz einfach. Man weiß ja, daß jeder Kommentar gleich aufgebaut ist. Alle Vorschriften werden der Reihe nach kommentiert, wobei die allgemeinen Aspekte jeder Vorschrift am Anfang, die besonderen eher auf das Ende zu behandelt werden. Benötigt man nun beispielsweise eine Definitionsfußnote für den Vorsatz im Strafrecht, peilt man zunächst die Norm (§ 15 StGB). Anschließend einen mittelgroßen Kommentar (Schönke-Schröder), dann eine Randnummer (am Anfang, sagen wir: 3). Fertig ist ein sauberes Zitat.

> ***Text:*** Vorsatz bedeutet Wissen und Wollen der Tat. (Fn)
> ***Fn:*** Vgl. Schönke-Schröder, § 15 Rn. 3

Sieht doch ganz prima aus, oder? Hat nur einen Nachteil: Die Wahrscheinlichkeit, daß es nicht stimmt, ist recht hoch. Entdeckt der Korrektor drei oder vier solcher ***Scheinzitate***, kann man die Arbeit vergessen. Auch wenn sie ansonsten inhaltlich o.k. ist, fehlt ihr doch die Wissenschaftlichkeit, um derentwillen sie u.a. geschrieben werden sollte.

Ergebnis: das Scheinzitat.

Neben den Scheinzitaten, gibt es aber noch die ***Blindzitate***. Ein solches liegt immer dann vor, wenn man dem Kommentar einfach vertraut und die dort zitierten Fundstellen blind übernimmt. Diese Fundstelle kann richtig sein, ist es auch meistens, aber nicht immer. Es ist keineswegs selten, daß der Kommentator selber falsch zitiert. Peinlich kann dies bei Sinnentstellung werden.

Einfach übernommen: das Blindzitat.

Bsp.: Wer eine Fundstelle mit dem Inhalt „Es handelt sich hierbei um eine allgemeine sittliche Anschauung, nach der der entgeltliche Verkehr zu mißbilligen ist." für die Ablehnung von Fahrpreiserhöhungen der Bundesbahn zitiert, läuft in Gefahr, in seiner Wissenschaftlichkeit nicht uneingeschränkt anerkannt zu werden.

cc. Fußnoten - Standort und Minimalformalien

Nach all dem stellt sich jetzt natürlich die Frage, ***wo*** denn nun Zitate hinkommen ***und wie*** zitiert wird. Die erste Frage ist ganz einfach zu beantworten. Zitate - Fußnoten stehen immer hinter Definitionen und Ansichten. Dabei kann man sagen, daß Definitionen in aller Regel mit Kommentarzitaten belegt werden, Ansichten mit Rechtsprechungs- und Aufsatz- oder Buchzitaten. Mehr gibt es dabei eigentlich nicht zu wissen.

Der Standort eines Zitates - wo gehört überhaupt eins hin?

Wer mit dem Umfang seines Literaturverzeichnisses nicht zu frieden ist, kann dabei diese Kenntnisse mit der sog. ***Ballontechnik*** zur Erweiterung umsetzen. Dabei wird das Literaturverzeichnis künstlich aufgeblasen (Ballon).

Die Ballontechnik.

Erster Schritt ist es, eine möglichst allgemeine, unstreitige Definition zu finden.

Im zweiten Schritt wird an diese Definition eine Fußnote an gehangen.

Der dritte Schritt besteht im systematischen Abgleich der gesamten Kommentarliteratur mit dieser Definition. Dabei kann man dann sicher sein, daß sich immer mindestens sechs oder sieben Kommentare finden. Bekanntlich ist einmal zitieren nicht nur notwendig, sondern auch ausreichend, um eine Quelle in´s Literaturverzeichnis zu hebeln.

Beispiel Strafrecht: (Diebstahl) Wegnahme bedeutet Bruch fremden und Begründung neuen Gewahrsams. Das sagt jeder. Na wunderbar, wenn es jeder sagt, kann man ja auch jeden zitieren.

Nicht besonders wissenschaftlich. Aber manchmal sehr wirkungsvoll.

Dies ist natürlich, das sei klar gesagt, nicht Sinn der Sache. Aber wenn mal Not am Mann ist, wird man die Zeitnot der Korrektoren einplanen können.

Minimalanforderungen an ein Zitat.

Die zweite Frage oben war, wie man zitieren soll, welche Minimalformalien Fußnoten erfüllen müssen. In dieser Frage herrscht im juristischen Bereich eine geradezu unglaubliche Schlamperei, die ihre Ursache in einer schlechten Ausbildung hat. Beginnen wir damit, daß wir zwei Kategorien von Fußnoten bilden: Diejenige, die sich mit der Zitierung von Urteilen beschäftigt. Und die, die den Rest ausmacht.

dd. Die Zitierung von Gerichtsentscheidungen

Identitätsangaben einer Gerichtsentscheidung.

Nachdem Gerichtsentscheidungen nicht in das Literaturverzeichnis aufgenommen werden, muß ***jede Entscheidung mit sämtlichen Identitätsangaben*** in der Fußnote wiedergegeben werden. Diese Identitätsangaben bestehen aus

Name — - dem Namen des Gerichts (BAG),

Datum — - dem Datum der Entscheidung (19.06.1967),

Aktenzeichen — - dem Aktenzeichen der Entscheidung (2 AZR 287/66),

Fundstelle — - der Fundstelle (BAGE 19)

Seiten — - mit Anfangsseite und zitierter Seite (351, 352).

zusammen also: BAG v. 19.06.1967 (2 AZR 287/66) BAGE 19, 351, 352.

Nachdem es üblich ist, eine Reihe von Elementen einfach wegzulassen (BAGE 19,352), möchte ich begründen, warum alle diese Merkmale erscheinen sollten. Vorweggeschickt sei, daß mit jedem abgedruckten Urteil die oben dargestellten Angaben mitabgedruckt werden.

Deshalb der Name.

Der ***Name des Gerichts*** dient zunächst schlicht der Identifizierung. Die Entscheidungssammlung „BAGE“ (Entscheidungen des Bundesarbeitsgerichtes) läßt diesen Schluß zwar auch schon zu, es soll aber vorkommen, daß Entscheidungen etwa in der NJW abgedruckt werden. Ein gleichnamiges Gericht gibt es bislang noch nicht.

Deshalb das Datum.

Das ***Datum der Entscheidung*** ist aus mehreren Gründen von Bedeutung. Für den Leser, der nicht alle Bände von BAGE kennt, der folglich eine Entscheidung im 19.Band ohne Angabe des Datums zeitlich gar nicht einordnen kann. Für den Bearbeiter, der - im Zusammenhang mit dem Aktenzeichen - unnütze Doppelkopien und -lektüren vermeiden kann. Daß eine Entscheidung in mehreren Zeitschriften gleichzeitig veröffentlicht wird, ist keine Seltenheit. Es ist daher leider auch sehr häufig, daß man nach einer rauschenden Kopiersession ernüchtert feststellen muß, daß man zumindest inhaltlich nur die Hälfte dessen bekommen, was man da kopiert hat. Derlei Unbill passiert bei einer Auswertung mit Datum und Aktenzeichen in aller Regel nicht mehr. Daneben versetzt die korrekte chronologische Erfassung den Bearbeiter in die Lage, eine Rechtsprechungskette historisch korrekt zu verfolgen.

Deshalb das Aktenzeichen.

Das ***Aktenzeichen*** hat neben seiner Ordnungsfunktion in Verbindung mit dem Datum auch erhebliche inhaltliche Bedeutung. Es gestattet eine zusätzliche Bewertung. Die Zahl am Anfang gibt den Spruchkörper an. Im oben angeführten Beispiel (2 AZR 287/66) bedeutet die „2", daß die Entscheidung vom 2.Senat des BAG gefällt wurde. Das kann wertvolle Hinweise auf die Qualität der Entscheidung geben. Findet sich beispielsweise ein nicht erklärbares Taumeln der Rechtsprechung des BAG, dergestalt, daß mal so, mal anders entschieden wurde, kann der Blick auf's Aktenzeichen ergeben, daß sich unterschiedliche Senate der Sache angenommen hatten.

Wird ein Senat immer wieder hart kritisiert, hat man möglicherweise den Querulantensenat des BAG erwischt. Die Bedeutung der Buchstaben hinter der Spruchkörperbezeichnung ist im Anhang 1 des Schönfelders nachzulesen. Man kann daraus u.a. ersehen, ob es sich um ein Urteil oder einen Beschluß handelt, teilweise auch, welches Sachgebiet behandelt wurde. Die Zahlenkette am Ende, schließlich, ist die laufende Geschäftsnummer. Die Zahl hinter dem Schrägstrich gibt das Jahr an, in dem der Prozeß bei dem entscheidenden Gericht begann, die Zahl davor, der wievielte Vorgang in diesem Jahr es war. Auch hier kann man einiges herausholen. Eine BGH-Entscheidung aus dem Jahre 1980, die eine Geschäftsnummer 12/77 trägt, sollte stutzen lassen. Mehr als 3 Jahre sind eine ungewöhnlich lange Zeit für eine Instanz, es könnte sich um eine Problematik handeln, die schwieriger ist, als sie aussieht.

Deshalb die Fundstelle.

Die Angabe der ***Fundstelle*** erklärt sich ohne weiteres. Irgendwo muß man ja nachlesen können, was da zitiert wurde.

Deshalb die verschiedenen Seitenzahlen.

Die verschiedenen Seitenzahlen haben Orientierungsfunktion. Sie ermöglichen es, auf eine Entscheidung verschiedenartig zuzugreifen und erleichtern so die beschleunigte Lektüre. Man stelle sich eine 40-Seiten-Entscheidung des BVerfG zum Thema „Strafbarkeit der Homosexualität bei Männern" vor. Abgesehen vom Inhalt (amüsant bis nur-peinlich) genügt die Angabe der Anfangsseite nicht im entferntesten, wenn die zitierte Stelle auf der dreißigsten Seite liegt. Bis dahin hat der suchende Korrektor längst aufgegeben und einen dicken Kringel um die Fußnote gemacht. Ähnlich ist es mit der ausschließlichen Angabe der zitierten Seite. Hier ist es ärgerlich, wenn man 30 Seiten suchend zurückblättern muß, um den Anfang zu finden, den man möglicherweise des eigenen Verständnisses wegen braucht.

Diese Gründe mögen verständlich gemacht haben, warum eine Rechtsprechungsfußnote vollständig sein sollte. Sie sollte nicht so aussehen:

Und deshalb nicht so ...

BAGE 19, 352

sondern so:

sondern so.

BAG v. 19.06.1967 (2 AZR 287/66) BAGE 19, 351, 352.

Wenn der Schein den Schein macht (Teil I).

Abgesehen von den praktischen Vorteilen hat diese Zitierweise noch einen weiteren: Sie sieht in jedem Fall viel beeindruckender aus, als die kurze. Und da darf man sich nichts vormachen: Es geht nicht nur um den Schein, den man bekommen will, sondern auch um den, den man selber setzt. Fußnoten dieser Art bezeugen, daß sich der Verfasser mit den Quellen auseinandergesetzt hat. Jedenfalls dann, wenn eine Arbeit auf der Kippe zwischen zwei Noten steht, werden derartige Umstände den Ausschlag geben.

ee. Die Zitierung von Literatur

Literatur wird kurz zitiert, weil sich das Zitat auf das Literaturverzeichnis beziehen kann.

Nach den Ausführungen zur Zitierung von Rechtsprechung nun zur Literatur. Die Zitierung von Literatur unterscheidet sich durch einen wesentlichen Faktor von der Zitierung der Rechtsprechung. Während die Rechtsprechung nämlich alleine in den Fußnoten auftaucht, gibt es für die Literatur noch ein Literaturverzeichnis. Die ordnungsgemäße Anfertigung dieses Verzeichnisses unterstellt, muß die Fußnote ***nicht mehr komplett*** alle bibliographischen Angaben enthalten, sondern kann sich auf das Verzeichnis beziehen. Aus diesem Grund nennt man die hier vorgeschlagene Zitierweise auch ***„literaturverzeichnisbezogene Kurzzitierweise“***. Die Elemente, die eine Literaturfußnote danach noch haben muß, können allerdings nicht für jede Art von Literatur einheitlich genannt werden. Man muß - nur für die Zitierung - unterscheiden zwischen Kommentaren, Lehrbüchern und Aufsätzen. Es ergibt sich dabei folgendes:

Für ***Kommentare***:

- Namen des Autors (Lackner)
- Stichwort aus dem Titel + Jahreszahl (StGB, 2000)
- bearbeiteter Paragraph (§ 15)
- Randnummer (Rn. 3)

Für ***Lehrbücher***:

- Namen des Autors (Brox)
- Stichwort aus dem Titel + Jahreszahl (BGB AT, 1994)
- Seite (110) oder Randnummer (Rn. 210)

Für ***Aufsätze***:

- Name des Autors (Stark)
- Stichwort aus dem Titel, Jahr (Arbeitsvertrag, 1903)
- Fundstelle (JW 1903)
- mit Anfangsseite und zitierter Seite (230, 235)

Die ***vollständigen Zitate*** in den Fußnoten sähen dann so aus:

1) Lackner - StGB, 2000 - § 15 Rn. 3
2) Brox - BGB AT, 1994 - S. 110 (oder: Rn. 210)
3) Stark - Arbeitsvertrag, 1903 - JW 1903, 230, 235

Man beachte dabei folgendes: Vom ***Namen des Autors*** muß man nur den ***Nachnamen*** nennen. Wer sich dafür interessiert, wie bspw. Stark mit ***Vornamen*** heißt, kann ja im Literaturverzeichnis nachschlagen (Ralf). Der zweite Punkt - ***Stichwort und Jahreszahl*** - sichert, daß immer einheitlich zitiert wird. Als Stichwort aus dem Titel sollte man immer das erste selbständige Ordnungswort, das erste Hauptwort wählen. Lautet der Titel daher: „Der Arbeitsvertrag - eine Antikritik“, dann hieße das Stichwort: „Arbeitsvertrag“.

Soviel gehört in die Fußnote (in das Zitat)

Die Unterschiede im übrigen (bearbeiteter Paragraph und Randnummer einerseits, nur die Seite oder Randnummer andererseits, Fundstelle und Seite dritterseits) resultieren aus den unterschiedlichen Funktionen der einzelnen Literaturgattungen. Während Kommentare in der Reihenfolge der Paragraphen alles Wissenswerte bringen (sollten), stellen Lehrbücher den Stoff paragraphenunabhängig dar. Aufsätze haben ohnehin eher punktuellen Charakter. Die Zitierung von Kommentaren nach Paragraph und ***Randnummer*** hat darüberhinaus den Vorteil, daß sie einen hohen Grad von ***Auflagenunabhängigkeit*** erreicht. Wenn auch neu kommentiert wird - und sich die Seitenzahlen des Kommentars nahezu immer ändern -, bleibt doch der Standort meistens gleich.

Besser nach Randnummern zitieren.

Auf ***Zitiervorschläge*** in den einzelnen Werken muß man sich nicht nur nicht, man sollte sich auch nicht darauf einlassen. Es dient der eigenen Sicherheit und Kontrolle, wenn man stets davon ausgehen kann und muß, daß man jedes Werk in derselben Art zitiert hat.

Zitiervorschläge in einzelnen Werken lieber nicht beachten.

Offen geblieben ist jetzt vielleicht die Frage, warum dem Stichwort noch die ***Jahreszahl der Veröffentlichung*** hintenan gestellt

Deshalb die Jahreszahl der Veröffentlichung.

wird. Dies ist einfach zu beantworten. Es gibt nicht wenige Autoren, die scheinen im Schlaf ein Diktiergerät neben sich stehen zu haben, so viele Veröffentlichungen bringen sie auf den Markt. Wenn man eine derartige Veröffentlichung benutzt, ist es für den Leser vorteilhaft zu wissen, aus welcher Periode des Autors sie stammt (z.B. die blaue). Da sich darüberhinaus viele Autoren auch noch auf ein paar Spezialthemen eingeschossen haben, bringt die Angabe des Stichwortes aus dem Titel alleine nichts mehr.

Das gibt es auch in renommierten Werken:

Verweis innerhalb der Fußnote.

Von a.a.O. ... ... über l.c. ... ... über op. cit. ... ... über ebenda ... ... über ibid ... ... bis zu passim.

Noch nicht behandelt wurde eine beliebte Unsitte. Die Rede ist vom ***Verweis innerhalb der Fußnote***. Gerade in umfangreichen Aufsätzen von 10 oder mehr Seiten, die mit 200 oder mehr Fußnoten protzen können, findet man häufig das aus Kindestagen bekannte Spiel „***Schnitzeljagd***". Die aufgemotzte Version spielt sich im - für's Nachschlagen wichtigen - Fußnotenbereich ab. Das ganze beginnt, wenn man sich für die in Fn. 178 genannte Quelle interessiert, sie kopieren, womöglich gar nachlesen will. Fn. 178 nennt „Witzel a.a.O." Das bedeutet im Klartext: Witzel (der Autor), am angegebenen Ort. Nun beginnt der lustige Teil. Man muß suchen, wo denn der Ort angegeben ist. Dazu fährt das Auge die vorstehenden Fußnoten aufwärts und - Stunden später - rastet bei Fn. 120 wieder ein. Fn. 120 lautet: „Witzel l.c." Das ist zwar etwas vornehmer als eben, heißt aber nichts anderes (l.c. = loco citato = an der zitierten Stelle). Es geht suchend weiter über Fn. 98 („Witzel op.cit." = opere citato) zu Fn. 70 („Witzel ebenda S.10") nach Fn. 34 („Witzel ibid S.9" - ibid = ebenda) bis Fn. 3. Dort findet sich als krönender Höhepunkt „Witzel passim". Das nun wiederum ist der Gipfel. Passim heißt „hier und dort" - eine der unbrauchbarsten Angaben, die man sich denken kann. Ist der zitierte Witzel Autor eines Standardwerkes zur Kommentierung von Fußballspielen, und umfaßt dieses Werk mehrere hundert Seiten, dann wäre man ja gezwungen, *alles* zu lesen. Das ist nicht Sinn einer Fußnote. Eine Aussage, die im Text wiedergegeben wird, soll belegt werden. Nicht nötig ist es, dem Leser allgemeine Literaturtips an die Hand zu geben.

Damit 1 Blick genügt.

Von daher sollte jede Fußnote alle Angaben enthalten, die erforderlich sind, die genannte Quelle auch zu finden. Über den Bezug zum Literaturverzeichnis und die sich (nur) hieraus ergebenden Abkürzungsmöglichkeiten wurde bereits geredet.

ff. Text in Fußnoten

Fußnoten sind nicht der Text!

Abschließend soll zu den Fußnoten aber noch eines gesagt werden: Sie sollen im wesentlichen ***nur die Quellenangaben*** beinhalten. Belehrende Hinweise („Instruktiv auch: ...", „Lesenswert: ...") sind ebenso entbehrlich, wie undifferenzierte Kritik („Völlig planlos: ...", „Wie immer neben der Sache liegend: ...") und wohlwollende Bemerkungen („Diesmal ganz ordentlich: ..."). Wenn man schon Text in Fußnoten hinein bringen will, dann muß man sorgfältig darauf achten, daß dieser nicht zum Verständnis der eigentlichen Arbeit erforderlich ist. Die Fußnoten sind Belege, sonst nichts. Jegliche Ausweitung oder Weiterführung sollte einer Doktorarbeit oder vergleichbaren Veröffentlichungen vorbehalten bleiben. Wer mal sehen möchte, wie man es nicht machen darf, aber kann, wenn der Korrektor pennt, möge sich die Fußnoten der Musterhausarbeit anschauen. Ich habe dort einige Sachen hineingemischt, die so niemals hätten durchgehen dürfen (insbesondere die letzte Fußnote!).

gg. Überschriften

Der Text des Manuskriptes ist damit nahezu vollständig abgehandelt. Was noch fehlt (Überschriften als Gliederungspunkte), werde ich des Sachzusammenhanges wegen bei der Gliederung erörtern (ab Seite 263). Eine Arbeit - und damit auch das Manuskript - besteht aber, wie eingangs schon gesagt, aus mehreren Teilen. Es waren dies:

Überschriften werden weiter unten erörtert.

1. Deckblatt
2. Sachverhalt
3. Gliederung (Inhaltsverzeichnis)
4. Literaturverzeichnis
5. Text

Sind wir vorhin rückwärts gegangen, indem wir mit dem Text angefangen haben, setzen wir dies nun fort.

b. Das Literaturverzeichnis

Vorweg bemerkt sei festgestellt, daß es eine seltsame Marotte allein der Juristen ist, das Literaturverzeichnis ***vor*** die eigentliche Bearbeitung des Falles zu stellen. In jeder „normalen" wissenschaftlichen Arbeit steht es ***dahinter***. Dies erscheint auch folgerichtiger: Vor der Lektüre der Arbeit ist das Verzeichnis ziemlich unsinnig; die Arbeit verweist ja erst darauf. Also bleibt nur ein Grund, es trotzdem vorher zu bringen: ***schlichte Protzerei.*** Der Leser soll bereits vor der Lektüre der Arbeit geblendet werden mit dem Wissen, das der Autor durch die Verarbeitung der angegebenen Literatur zu haben scheint. Gleichwohl, es ist so (Un-) Sitte, folglich müssen wir uns danach ausrichten.

Voll die Protzerei: Literaturverzeichnis *vor* der eigentlichen Bearbeitung.

Das Literaturverzeichnis beginnt mit einer ***Überschrift***. Sinnigerweise sollte sie „Literaturverzeichnis" lauten. Es folgen in ***alphabetischer Reihenfolge*** (des Autorennachnamens) alle jemals irgendwo im Text zitierten Werke. Wichtig ist, daß es wirklich *alle* sind. Fast noch wichtiger ist aber, daß es nicht *mehr* sind.

Alles einfach nach dem Alphabet.

Die zitierten Quellen legen sowohl die Ober- als auch die Untergrenze fest. Eine früher übliche ***Unterteilung nach Kommentaren, Lehrbüchern, Monographien und Aufsätzen*** oder ähnliches sollte unterbleiben. Sie ***ist sinnlos***.

Die meisten Juristen beherrschen das Alphabet.

Abgesehen davon, daß man als Leser ja nicht immer weiß, um welche Art von Literatur es sich bei der zitierten Quelle handelt, daß man weiter nicht weiß, ob der Autor das auch weiß, gibt es - zumindest im deutschsprachigen Raum - keine schnellere Zugriffsmöglichkeit als die über das Alphabet. Die Literaturgattung bleibt dann dem genauen Titel der jeweils zitierten und im Literaturverzeichnis aufgenommenen Quelle vorbehalten.

Bibliographische Daten ...

Mit welchen Angaben die Quellen im Literaturverzeichnis erscheinen (sog. ***bibliographische Daten***), hängt von der Art der Arbeit ab. Man kann hier unterteilen zwischen Werken, die alleine stehen (***Einzelwerke***) und solchen, die in ***Sammelwerken*** erschienen sind.

... von Einzelwerken und von Sammelwerken.

In die erste Gattung gehören zum einen Bücher mit einem Autor und zum zweiten Zeitschriftenaufsätze. Sammelwerke sind solche, in denen mehrere Werke von mehreren Autoren stehen, wie etwa die meisten Kommentare, Festschriften usw. Da Bücher, Aufsätze und Kommentare unterschiedliche Merkmale aufweisen (vgl. bereits oben bei der Zitierung), muß man auch ihre Daten unterschiedlich erfassen. Zunächst einige Beispiele.

z.B. Kommentare.

Kommentare (= in der Regel Sammelwerke) benötigen mindestens zwei Nachweise im Literaturverzeichnis: Einen unter dem des Werkes, einen unter dem des Autors.

Beispiel:
Palandt, Otto
Bürgerliches Gesetzbuch
59., neubearbeitete Auflage
2000 München

Heinrichs, Helmut (BGB, 2000)
in: Palandt, Otto
Bürgerliches Gesetzbuch
59., neubearbeitete Auflage
2000 München

Noch mehr Einträge.

Wenn ein Kommentar mehrere Namen im Titel führt, sollte man auch diese vollständig ins Literaturverzeichnis aufnehmen. Dabei gibt es dann einen Eintrag für den Titel selbst, einen für den Bearbeiter und für den (oder die) Übriggebliebenen einen Verweis.

Beispiel:
Tröndle, Herbert / Fischer, Thomas
Strafgesetzbuch und Nebengesetze
49., neubearbeitete Auflage

1999 München

Fischer, Thomas (StGB, 1999)
in: Tröndle, Herbert / Fischer, Thomas
Strafgesetzbuch und Nebengesetze
49., neubearbeitete Auflage
1999 München

Tröndle, Herbert
s. Tröndle, Herbert / Fischer, Thomas

Das kann man ausdehnen auf Werke mit bis zu vier Namen im Titel. Mehr als vier Namen werden nicht aufgenommen. Hat ein Werk aber mehr, schreibt man nur den ersten und für die übrigen ein „u.a.".

Ab 5 ist Schluß.

Ähnlich wie mit Kommentaren verhält es sich auch mit Festschriften. Auch diese werden von bestimmten Personen herausgegeben und von (zusätzlichen) anderen mit Inhalt gefüllt.

Festschriften.

Für das Literaturverzeichnis ergibt sich dann eine Erfassung unter dem Namen des Gefeierten, unter dem Namen des Herausgebers und unter dem des zitierten Autors, im Ganzen folglich wieder drei Eintragungen.

3 Eintragungen.

Betrachtet man die obigen Beispiele und beginnt man dann zu abstrahieren, ergibt sich folgendes ***Raster***:

Ein Raster für Sammelwerke.

1. Notwendig sind die allgemeinen Daten eines Sammelwerkes.
2. Der konkrete Autor wird dann nur noch mit seinem Namen aufgenommen, es folgen ein „in: „ und die allgemeinen Daten des Sammelwerkes (gerade unter 1.)

Die Arbeit, die man sich (mehr) machen muß, wenn man das Literaturverzeichnis vollständig haben will, ist also nur geringfügig. Abstrakt sehen die entsprechenden bibliographischen Daten so aus:

Autorenname, -vorname	Tröndle, Herbert / Fischer, Thomas
Titel	Strafgesetzbuch und Nebengesetze
Auflagenzahl, -art	49., neubearbeitete Auflage
Jahr, Erscheinungsort	1999 München

für das ***Sammelwerk***, und:

Autorenname, -vorname	Tröndle, Herbert
in: Autorenname, -vorname	in: Tröndle, Herbert / Fischer, Thomas
Titel	Strafgesetzbuch und Nebengesetze
Auflagenzahl, -art	49., neubearbeitete Auflage
Jahr, Erscheinungsort	1999 München

für den ***einzelnen Autor*** des Sammelwerkes.

Einzelwerke.

Bei Einzelwerken verändert sich dieses Bild. Nehmen wir zunächst einmal die - zumindest in Anfängerarbeiten häufigen - Aufsätze. Die sehen etwa so aus:

> ***Beispiel:***
> Roxin, Claus
> Die Mittäterschaft im Strafrecht
> JA 1979, 519

1 Eintrag genügt.

Hier genügt natürlich ein Eintrag. Allerdings müßte er etwas vollständiger sein. Wir haben oben von einer ***literaturverzeichnisbezogenen Kurzzitierweise*** gesprochen. Auf das Literaturverzeichnis kann man sich aber nur dann beziehen, wenn man dort die Grundlagen für den Bezug geschaffen hat. Deshalb muß es im Literaturverzeichnis etwas ausführlicher zugehen. Anders formuliert: Man muß dort angeben, ***wie man zitiert*** hat. Das geschieht am sinnvollsten ***in einer Klammer*** direkt hinter dem Autorennamen. Elemente sind (vgl. oben) das erste selbständige Ordnungswort (= Hauptwort) aus dem Titel und die Jahreszahl.

> ***Beispiel:***
> Roxin, Claus (Mittäterschaft, 1979)
> Die Mittäterschaft im Strafrecht
> JA 1979, 519

Gilt für alle: der Zitierhinweis im Literaturverzeichnis.

Genauso geht es dann mit allen anderen Einträgen. Zu beachten ist dabei aber, daß bei Sammelwerken nur an den Namen ein Zitierhinweis hinkommt, der auch tatsächlich zitiert wurde. Im Beispiel oben (Tröndle/Fischer) käme der Zitierhinweis also nur an den einsamen Fischer.

Arbeitserleichterung: Karteikarten.

Ist man nun soweit, wird auch die ***technische Arbeit*** mit Quellen ein Kinderspiel. Man kann sie darüberhinaus aber noch weiter vereinfachen. Bereits im ersten Teil dieser Abhandlung (Vorbereitungsphase) war die Rede von ***Karteikarten und -kästchen***. Darauf möchte ich nun zurückkommen.

Quellenangaben auf Karteikarten ...

Bevor man Literatur oder Rechtsprechung kopiert, muß man irgendwo etwas darüber gelesen haben, sonst wüßte man ja gar nicht, was man kopieren soll. Dieses „irgendwo" wird im Zweifel in einem Kommentar sein. An dieser Stelle setzt die Arbeit mit den Karteikarten ein. Jede Quelle, aus der man schöpfen möchte, sollte eine eigene kleine Karteikarte bekommen. Und das, bevor man sie kopiert.

... haben Sortiervorteile ...

Dieses Verfahren - Arbeiten mit Karteikarten - hat mehrere entscheidende Vorteile. Der wichtigste ist der ***Sortiervorteil***. Nehmen wir an, wir haben 20 verschiedene Quellen verschiedener Autoren. Dann kann man für das Kopieren nach Fundstellen sortieren (alle JuS, alle NJW usw.). Man kann die Fundstellen intern auch weiter untersortieren, nach Jahreszahl, Seite und Band, Seite etwa. Hat man diese Sortierung vorgenommen, geht das Heraussuchen des zu kopierenden Materials schon erheblich schneller vor sich.

Hinzu kommt folgendes: Bekanntermaßen ist es in Büchereien verboten, die Bücher geöffnet übereinander zu stapeln und/oder auf diese Weise zu transportieren. Die Verluste durch ausreißende Bindungen sind nämlich bei derartigem Verfahren enorm. Benutzt man Karteikarten, stellt sich die Frage nach einer solchen Transportart gar nicht. Man nimmt schlicht das jeweilige Karteikärtchen und steckt es an der passenden Stelle in das Buch hinein. Am Kopierer öffnet man mit dieser Karte nach Art eines ***Lesezeichens***.

... haben Kopiervorteile ...

Zuletzt dieses: Wer nicht gerade mit einem Computer arbeitet, steht am Ende einer Hausarbeit bei der Erstellung des Literaturverzeichnisses vor dem Problem, daß die einzelnen Autoren alphabetisch genannt werden müssen. Bei einer Anfängerarbeit mit nur etwa ein bis zwei Seiten ***Literaturverzeichnis*** ist das noch handhabbar, ohne Nachmittage hineinzustecken. Spätestens im Examen aber kann man ohne weiteres mit ca. 100 verschiedenen Quellen rechnen, die das Verzeichnis füllen werden. Diese auf Karteikarten lassen eine unproblematische Sortierung zu. Dieselben auf normalem Papier (möglichst auch noch Vorder- und Rückseite) verschiedener Blätter verteilt, erfordern starke Nerven. Und an denen wiederum fehlt es gegen Ende einer Hausarbeit regelmäßig.

... erleichtern Literaturverzeichniserstellung.

c. Die Gliederung

Bevor über das Aussehen der Gliederung etwas gesagt wird, ein Wort zur ihrer Aufgabe. Die Gliederung ist ***ein Wegweiser*** durch die folgende Arbeit. Ein Wegweiser ist nur dann sinnvoll, wenn es am Ende des Weges den Ort auch gibt, zu dem hingeführt werden soll. Daraus folgt zunächst dreierlei.

Die Gliederung ist ein Wegweiser, ...

Zum einen muß die Gliederung *alle* Überschriften (= Gliederungspunkte) enthalten, die in der Arbeit auftauchen. Zum anderen dürfen es auch *nicht mehr* sein. Zum dritten müssen die Überschriften in der Arbeit und die Punkte der Gliederung absolut *inhaltsgleich* sein.

... der so aussehen muß.

- Zur ersten Forderung: Wenn die Überschrift nicht in der Gliederung auftaucht, muß sie auch nicht im Text erscheinen. ***Überschriften*** dienen nur der Übersicht, wenn etwas neues beginnt. Sie ***sind*** insoweit eine ***Miniaturgliederung*** auf jeder Seite. Hält man dagegen einen Gliederungspunkt für so unwichtig, daß man ihn nicht in die Gliederung der Gesamtarbeit

Entweder wichtig oder nicht.

aufnehmen will, dann ist nicht einzusehen, welche Bedeutung er für die konkrete Seite noch hat.

Wo nichts ist, muß man nicht hinweisen.

- Zur zweiten Forderung: Wegweiser sollen auf etwas weisen, was es gibt. Gibt es den in der Gliederung ausgewiesenen Punkt im Text nicht, ist der Punkt in der Gliederung ebenfalls überflüssig.

Wo etwas anders ist, geht der Hinweis fehl.

- Zur dritten Forderung: Wenn die Überschrift im Text anders ist als der Punkt in der Gliederung, verhält es sich ähnlich wie mit einer ganz fehlenden Überschrift. Der Gliederungspunkt hat seinen Job als Wegweiser dann verfehlt. Er verweist nur noch - notwendig - auf etwas, was (so) gar nicht besteht. Das aber ist witzlos.

Daraus folgt: Zu jedem Gliederungspunkt gehört eine Seitenzahl.

Eine.

Aus der Wegweiserfunktion folgt ein weiteres: ***Jedem Gliederungspunkt*** muß ***eine Seitenzahl*** folgen. Und zwar nur eine. Es ist völlig überflüssig zu sagen, wie lang der Gliederungspunkt ist (S. 10-15); das kann der Leser ohne Schwierigkeit selbst herausfinden. Er muß ja nur nachschauen, wo der nächste systematisch gleichwertige Gliederungspunkt beginnt.

Wer A sagt, muß auch B sagen.

Die ***systematische Gleichwertigkeit*** gibt das nächste Stichwort. Es gilt für jeden Gliederungspunkt die Regel: „Wer A sagt, muß auch B sagen." Folglich darf

kein „A." ohne ein „B.",
kein „I." ohne ein „II.",
kein „1." ohne ein „2.",
kein „a." ohne ein „b.",
kein „aa." ohne ein „bb." stehen.

Nicht tiefer als 5.

Wenn schon mehr als 5, dann höher.

Damit sind zugleich die denkbaren Gliederungspunkte in ihrer üblichen Reihenfolge vorgestellt. ***Tiefer*** als bis hierher sollte man ***nicht*** untergliedern. Wenn 5 Ebenen nicht reichen, dann stimmt irgendwas nicht. Kann man es trotzdem nicht vermeiden, dann nicht tiefer untergliedern („aaa."), sondern die Ebenen nach oben erweitern: „1. Abschnitt", „1. Kapitel". Zumindest psychologisch wirkt das nicht so entsetzlich kleinkariert.

Gliederung hat was mit Argumentation zu tun.

Hinzuweisen ist darauf, daß ***jede Gliederungsebene*** auch ***eine Argumentationsebene*** darstellen muß. Und dann, daß gleiches auf vergleichbaren Ebenen liegt. Also nicht:

A. Strafbarkeit des A gemäß § 212 Abs. 1 StGB
I. Objektiver Tatbestand
II. Subjektiver Tatbestand
III. Rechtswidrigkeit
IV. Schuld

B. Strafbarkeit des B gemäß § 212 Abs. 1 StGB

Das stimmt deshalb nicht, weil die Elemente objektiver und subjektiver Tatbestand nicht jeweils für sich, sondern nur zusammen als Tatbestand auf einer Ebene mit Rechtswidrigkeit und Schuld liegen. Deshalb muß es so aussehen:

Wertigkeiten müssen beachtet werden.

A. Strafbarkeit des A gemäß § 212 Abs. 1 StGB
    I. Tatbestand
        1. Objektiver Tatbestand
        2. Subjektiver Tatbestand
    III. Rechtswidrigkeit
    IV. Schuld

B. Strafbarkeit des B gemäß § 212 Abs. 1 StGB

Theoretisch denkbar ist es auch, für die Gliederungspunkte statt des hier vorgeschlagenen Systems Ziffernfolgen zu nehmen. Dies wird in der Tat (auf der Basis einer DIN) von einigen Autoren auch genauso gehandhabt.

Ein paar kleine Zahlenspielereien ...

Nehmen wir das gerade gebrachte Beispiel und erweitern es etwas, zeigen sich die Nachteile dieser Möglichkeit sofort.

1. Strafbarkeit des A gemäß § 212 Abs.1 StGB
    1.1. Tatbestand
        1.1.1. Objektiver Tatbestand
        1.1.2. Subjektiver Tatbestand
            1.1.2.1. Das Wissenselement
                1.1.2.1.1. Der error in persona
                1.1.2.1.2. Die aberratio ictus
            1.1.2.2. Das Wollenselement
    1.2. Rechtswidrigkeit
    1.3. Schuld

2. Strafbarkeit des B gemäß § 212 Abs.1 StGB

Das gesamte Bild wirkt sehr unübersichtlich. Aus gutem Grund. Es *ist* sehr unübersichtlich. Man sollte es bei dem Buchstaben-Zahlen-Kombinationssystem belassen.

... führen schnell zur Unübersichtlichkeit.

Vielleicht aufgefallen ist, daß ich innerhalb der Gliederung Einrückungen vorgenommen habe. Diese bewirken eine zusätzliche optische Auflockerung, die die Übersichtlichkeit fördert. Die Einrückungen sollten allerdings nicht zu tief sein, da die Auflokkerung dann sehr schnell in eine Zerrissenheit kippen kann. Das Gegenstück zur Einrückung ist die linksbündige Schreibweise. Beides hintereinander sähe so aus:

Immer locker bleiben,

aber nicht auseinanderfallen.

A. Strafbarkeit des A gemäß § 212 Abs.1 StGB

I. Tatbestand
1. Objektiver Tatbestand
2. Subjektiver Tatbestand
a. Das Wissenselement
b. Das Wollenselement
II. Rechtswidrigkeit
III. Schuld

B. Strafbarkeit des B gemäß § 212 Abs.1 StGB

A. Strafbarkeit des A gemäß § 212 Abs.1 StGB
    I. Tatbestand
        1. Objektiver Tatbestand
        2. Subjektiver Tatbestand
            a. Das Wissenselement
            b. Das Wollenselement
    II. Rechtswidrigkeit
    III. Schuld

B. Strafbarkeit des B gemäß § 212 Abs.1 StGB

Kommen zuletzt noch die Seitenzahlen hinzu und verbindet man diese optisch mit den Gliederungspunkten ergibt sich die fertige Gliederung:

A. Strafbarkeit des A gemäß § 212 Abs.1 StGB 1
    I. Tatbestand 1
        1. Objektiver Tatbestand 1
        2. Subjektiver Tatbestand 2
            a. Das Wissenselement 2
                aa. Der error in persona 3
                bb. Die aberratio ictus 6
            b. Das Wollenselement 7
    II. Rechtswidrigkeit 8
    III. Schuld 8

B. Strafbarkeit des B gemäß § 212 Abs.1 StGB 9

Jede Gliederung ein kleines Drama?

Abschließend zur Gliederung noch zwei Bemerkungen: Die eine über den Inhalt von Gliederungspunkten (und damit auch über den Inhalt von Überschriften). Es sollten ***keine ganzen Sätze*** und ***keine Fragen*** darin auftauchen. So sehr eine geschickt gestellt Frage auch die Dramatik einer Bearbeitung erhöht, so sehr auch ein gut formulierter Satz auf grammatikalische Grundkenntnisse schließen läßt: Um beides geht es nicht. Es geht in der Gliederung allein um Hinweise. Und ein Hinweisschild muß knapp sein, damit man es bei rasender Vorbeifahrt (s.o. zur Zeitnot von Korrekturassistenten) noch mitbekommt.

Reine Formsache: Arabisches und Römisches.

Die zweite über die sich nicht auf den Text beziehenden Gliederungspunkte: Neben dem Text enthält die Hausarbeit ja noch den Sachverhalt, die Gliederung selbst, das Literaturverzeichnis. Auch diese müssen in der Gliederung auftauchen. Man schreibt sie in der Reihenfolge ihres Auftretens hinein. Bemerkenswert: Bis auf den ***Text*** (***arabische Zahlen***) werden alle Seiten mit ***römischen Zahlen*** durchnumeriert. Das sieht dann so aus:

- II -

GLIEDERUNG

Sachverhalt I
Gliederung II
Literaturverzeichnis IV

A. Strafbarkeit des A gemäß § 212 Abs.1 StGB 1
I. Tatbestand 1
1. Objektiver Tatbestand 1

usw.

d. Der Sachverhalt / Das Deckblatt

Der Sachverhalt heißt Sachverhalt.

Was jetzt vom Manuskript noch übrigbleibt, ist der Sachverhalt und das Deckblatt. Zum Sachverhalt ist hier nicht viel zu sagen. Er ist ja vorgegeben. Der Sachverhalt bekommt die Überschrift „SACHVERHALT" und die Seitenzahl - I -.

Das Deckblatt ermöglicht die Zuordnung der Arbeit.

Das Deckblatt enthält oben links (wie ein Absender) Name, Vorname, Anschrift, Matrikelnummer und Semesterzahl des Verfassers. Etwas weiter unten folgt (eventuell zentriert) der Name der Übung, der Name des Dozenten, die Art der Arbeit und das Semester. Das Deckblatt bekommt weder Überschrift noch Seitenzahl.

Mit diesen Elementen ist das Manuskript dann abgeschlossen. Es beginnt der letzte Teil der Bearbeitungsphase: die Typoskripterstellung. Auf deutsch: Das Prachtwerk muß noch abgetippt werden. Das gilt natürlich nur für die, die nicht mit einem PC oder ähnlichem arbeiten.

6. Typoskripterstellung

a. So wie früher

Ohne PC muß gerechnet werden.

Auch dieser Teil bedarf einer gewissen Überlegung. Insbesondere, wenn man nicht mit einer rechnerunterstützten Textverarbeitung basteln darf, muß man vorher einiges ausrechnen.

Man muß wissen, wie der ***Umrechnungsfaktor*** von ***Handschrift*** auf ***Druckschrift*** ist. Man muß dabei berücksichtigen, daß nur 2/3 der Seite beschrieben werden dürfen (linker Rand auf 27, rechter Rand auf 79), daß eine durchschnittliche Seite nur 66 Zeilen Text enthält (die Seitennumerierung ausgenommen), daß dieser Platz noch dadurch reduziert wird, daß in der Regel ein 1

1/2-zeiliger Abstand zu halten ist, wodurch nur noch 44 beschreibbare Zeilen/Seite verbleiben. Dann kann man rechnen.

Auf eine Seite passen höchstens 2.000 Zeichen.

Dazu zählt man erst einige repräsentativ aussehende Zeilen seines Manuskriptes nach Buchstaben aus (Leerstellen nicht vergessen!). Dann zählt man aus, wieviele Zeilen man handgeschrieben hat (DinA-4 Blätter normalerweise ca. 30). Beide Werte multipliziert man miteinander. Anschließend weiß man, wieviele Zeichen (Buchstaben, Kommata, Leerzeichen etc.) in etwa auf jeder Seite stehen. Wenn man nun dasselbe für die getippten Seiten überschlägt (44 Zeilen multipliziert mit ca. 53 Zeichen/Zeile = 2.332 Zeichen), sieht man auch, wieviel auf eine getippte Seite paßt. (Nachdem man aber im Normalfall nicht jede Zeile bis zur letzten Stelle volltippen kann, bleiben etwa 2.000 Zeichen pro Seite übrig.) Zwischen den so erhaltenen Werten bildet man das Verhältnis und hat damit den Umrechnungsfaktor.

Mollig kommt besser.

Der Schein macht den Schein (Teil II).

Den Sachverhalt sollte man ebenfalls abtippen. Dies ist zwar keine Vorschrift, gibt der ganzen Arbeit aber ein einheitliches Aussehen. Für die Optik kann man ein weiteres tun, indem man ein ordentlich ***dickes Papier*** wählt. Mindestens 80 g/qm sind vonnöten, besser noch 90 g/qm. Das ist zwar etwas teurer, sieht aber entschieden besser aus. Und da darf man sich nichts vormachen: Manchmal bringt der Schein eher den Schein als das Sein.

b. Schöner, schneller, aufreibender

Es könnte alles so viel leichter gehen ...

Wer einen Computer hat, ist in vielen Dingen fein raus. Unterstellt, man hat es geübt, kann man sich an schwierigen, zeitaufwendigen Stellen eine Masse helfen lassen. Jedes Programm, das einigermaßen was auf sich hält, ist heute in der Lage, automatisch die Fußnoten zu verwalten (wenn auch nicht immer auf jeder Seite neu von 1 an zu numerieren), Inhaltsverzeichnisse zu erstellen und Literaturverzeichnisse alphabetisch zu ordnen.

... wenn man nur wüßte, wie.

Leider setzt dies aber voraus, daß man das geübt hat, als man noch Zeit dafür hatte. Also nicht am letzten Tag vor der Abgabe.

Schönheit hat ihren Preis (Geschwindigkeit).

WINDOWS-Programme sind natürlich schöner, weil man mehr davon sieht, wie´s später rauskommt. DOS-Programme sind in der Regel schneller und (nach meinen langjährigen und leidigen Erfahrungen mit WINDOWS-Programmen) auch absturzsicherer. Eine neue Oberfläche (wie etwa WINDOWS 98) verdient in der Regel mindestens ein Jahr Mißtrauen, bevor man ihr seine wichtigen Hausarbeiten anvertraut. Vergleichsweise ausgereift ist inzwischen WINDOWS 95, empfehlenswerter, weil stabiler, ist WINDOWS NT4 (aber leider auch teurer).

Nach meiner Kenntnis existieren auf dem Buchmarkt derzeit mindestens vier Titel, die sich gezielt mit der ***Anfertigung juristischer Hausarbeiten auf dem Computer*** beschäftigen. Wir dürfen allerdings vermuten, daß sich diese Zahl noch erhöhen wird. Interessant ist es, sich im Internet umzutun, insbesondere die Computerzeitung ct (www.heise.de/ct) hat Wissenswertes über die Schwierigkeit von Uniarbeiten mit WinWord veröffentlicht.

Einen Nachteil der Computerarbeiten sollten wir nicht verschweigen. Wer die Möglichkeit hat, formal schöne Arbeiten herzustellen (Blocksatz, ***Fettkursivdruck,*** kleinere Schrift für Fußnoten etc.), der sollte diese Möglichkeiten nutzen und wird dies in der Regel auch tun. Und das führt nach einer Weile zu perfektionistischen Anwandlungen, die einen für Stunden vor dem Monitor fesseln, um hier und da eine Zeile noch etwas schöner zu gestalten.

Die schöne neue Welt hält einen oft länger bei der Arbeit.

Wir merken daher:

- Die Möglichkeiten nutzen - ja! (Um Gottes willen kein understatement, indem man z.B. auf den Blocksatz verzichtet. Wer was zu bieten hat, soll´s auch zeigen.)
- Sich für die Perfektion totarbeiten - nein!

7. Unterschreiben, Kopieren und Tschüß.

Nun nehmen wir noch einen Stift und ***unterschreiben*** die Arbeit. Und jetzt nehmen wir an, der letzte Tag der Hausarbeit sei gekommen, die Arbeit liegt fertig getippt (und unterschrieben) auf dem Tisch (im Idealfall natürlich schon seit Tagen), Abgabe in der Vorlesung in wenigen Stunden. Irgendwas fehlt. Was? Nachdenken: Was passiert, wenn zwischen Abgabe und Wegschaffen durch die Assistenten ein böser Kommilitone Diebesgelüste verspürt und erste und letzte Seite gegen neue mit seinem Namen austauscht? Was passiert, wenn widrige Umstände zum Verlust der Arbeit irgendwo auf dem Weg zwischen Abgabe und Rückgabe führen. Nichts passiert. Es sei denn, man hat ***vorsichtshalber eine Kopie*** angefertigt. Nur dann nämlich kann man etwas reklamieren. Und eine Kopie sollte man schon deshalb machen, damit man auch nach der Rückgabe ein nicht durch unbotmäßige Bemerkungen des Korrekturassistenten verunglimpftes Werk daheim hat.

Mit der Unterschrift übernimmt man die Verantwortung für den Inhalt.

Mit einer Kopie übernimmt man die Verantwortung für die Arbeit.

Für die Abgabe der Arbeit gibt es eine ***Ausschlußfrist***, die unbedingt eingehalten werden muß. Typischerweise genügt es hier, die Arbeit am entsprechenden Tag bei der Post ***aufzugeben*** (Einschreiben ***mit Rückschein!),*** wenn der Poststempel stimmt. Dazu der Hinweis, daß in manchen Städten die Haupt- oder Bahnhofspost von 22.00 Uhr bis nach Mitternacht geöffnet hat. Das muß man natürlich vorher geklärt haben! In letzter Zeit findet sich aber auch verstärkt die Anweisung, daß die Arbeit in der Frist

Fristgerecht abgeben!

Hinweise auf dem ausgegebenen Sachverhalt beachten!

eingegangen sein muß. Dann ist auf jeden Fall die persönliche Abgabe in der Übung oder beim Institut anzuraten.

Eingangsbestätigungen sollten dem Personal keine Mühe machen.

Für diesen Fall sollte man sich die Abgabe der Arbeit auf einer Kopie des Deckblattes kurz bestätigen lassen. Um dem Personal keine unnötige Mühe zu machen (die werden sich bedanken, wenn sie mehrere hundert Bestätigungen schreiben sollen), werden wir die Empfangsbestätigung auf dem Deckblatt schon mal vorschreiben. („Der Eingang einer Hausarbeit in der Übung ... am .... um .... Uhr wird hiermit bestätigt.") Aktuelles Datum und die Uhrzeit der Abgabe können wir vor der Tür noch schnell einfügen. Für das Institut bleibt dann nur noch, einen Stempel draufzusetzen.

III. Die Nachbearbeitungsphase - Beschwerden

Wenn's nicht so benotet wurde, wie erhofft, muß man sich eben beschweren.

Die ersten beiden Phasen einer Hausarbeit (***Vorbereitung*** - bis zur Ausgabe - und ***Bearbeitung*** - ab der Ausgabe-) wurden in den vergangenen Teilen dieser Anleitung abgehandelt. Jetzt ist eine Phase an der Reihe, die dann an Bedeutung gewinnt, wenn die Arbeit nach der Korrektur nicht so bewertet ist, wie der Verfasser sich das vorgestellt hat. Ich nenne diese Phase die ***Nachbearbeitungsphase***. Wie man eine Bewertung bewertet und wie man sich beschwert, das soll Gegenstand dieses Teils sein.

1. Übersicht - Der Beschwerdeansatz

Eine Benotung ist ein Werturteil auf Tatsachenbasis.

Damit man sich beschweren kann, muß man erst einmal wissen, worüber man sich beschweren will. Sicher als erstes über die Note. Aber die Note ist nur ein ***Wert***urteil, das allenfalls sehr eingeschränkt überprüfbar ist. Nur: Die Note steht ja auf einer ***tatsächlichen*** Grundlage. Eine Beschwerde macht daher nur (aber auch immer) dann einen Sinn, wenn man die ***tatsächliche Grundlage*** der Benotung erschüttern kann. Die Grundlage der Benotung wiederum kann man den ***Randbemerkungen*** und der ***Schlußbemerkung*** des Korrektors entnehmen.

Also: Tatsachen erfassen.

Der erste Schritt zur erfolgreichen Beschwerde besteht also darin, jede einzelne Randbemerkung des Korrektors auf ihre Plausibilität hin zu untersuchen. - Die Schlußbemerkung ist dann im Regelfall nur noch eine Zusammenfassung der ohnehin schon gemachten Anmerkungen. -

Vorarbeiten leisten.

Dabei kann man von ihrem Inhalt her verschiedene Arten von Randbemerkungen unterscheiden: Manche nehmen zu ***Formalien*** Stellung („Hinter jede Fußnote gehört ein Punkt!"), manche gehen auf ***Aufbaufragen*** ein („Hier hätten Sie zunächst vertragliche Ansprüche prüfen müssen."), manche lassen den ***Stilisten*** raushängen („A"); manche bemängeln das ***Ergebnis*** („Nicht vertretbar"), manche die ***Argumentation*** („Nicht nachvollziehbar", „Nicht überzeugend"), manche den ***Ansatz*** („Abwegig").

Einige vertreten die reine Lehre („Das ist kein ***Gutachtenstil.***"), andere arbeiten lieber mit Piktogrammen (2 Seiten Schlängellinie mit Fragezeichen, am Ende ein „?!?"), wiederum andere üben sich in Drittverweisen („Vgl. Besprechung").

All dies gibt es pur, aber auch in Kombination.

Wenn man sich nun beschweren will, muß man erst einmal überprüfen, was an den Randbemerkungen dran ist. Einige setzen dabei voraus, daß man über einen Duden verfügt (Stilfragen, Grammatik, Rechtschreibung und Zeichensetzung), andere, daß man an der Besprechung teilgenommen hat („Vgl. Besprechung").

Absolutes Muß: An der Besprechung teilnehmen!

2. Korrekturfehler bei Formalien

Am einfachsten sind ***die formalen Dinge*** zu überprüfen. Ob dort ein Punkt hingehört oder nicht, kann man ja nachschlagen. Das sind allerdings (bis zu einem gewissen Umfang) auch die unwichtigsten Korrekturfehler. Im Normalfall wird man niemandem schon deshalb eine schlechtere Note geben, weil hier und dort einige - vermeintliche - formale Fehler gemacht wurden. Die Bemängelung einer fehlerhaften Korrektur in diesem Bereich dient daher lediglich der Schaffung eines günstigen Beschwerdeklimas.

Formalien sind einfach, aber in der Regel nicht besonders wichtig.

3. Formelle Korrekturfehler

Weit wichtiger sind die übrigen Umstände. Beginnen wir mit Korrekturen der ***Schlängellinienkategorie***, so können wir festhalten, daß derartiges alleine eine Abwertung nicht tragen kann. Als Verfasser einer Arbeit darf man erwarten, daß Mängel auch als solche gekennzeichnet werden; das ist schließlich der Job eines Korrekturassistenten, dafür wird er bezahlt. Zu beachten ist aber, daß dies nur dann gilt, wenn solche Kunstwerke für sich alleine stehen. Stehen sie mit einem Kommentar oder folgt ein solcher, richtet sich die Beschwerde natürlich nach diesem Kommentar.

Schlängellinien sind noch keine Korrektur. Sie sind auch noch keine qualifizierte Mängelrüge.

Man sollte bei der gedanklichen Vorarbeit zur Beschwerde dabei zwei Gruppen auseinanderhalten: Die eine, die von der konkreten Arbeit unabhängig ist (Gutachtenstil), und die andere, die nur an der Arbeit hängt (Aufbau, Ansatz, Argumentation, Ergebnis).

4. Korrekturfehler bei fallunabhängigen Kriterien

Bei der Bemängelung, daß ***kein anständiger Gutachtenstil*** vorliege, werden wiederum zwei typische Korrektur-Fehler gemacht.

Typische Korrekturfehler.

Gutachtenstil verkannt.

Einmal werden bestimmte Formulierungen als Gutachtenstil erkannt („Möglicherweise“) und andere nicht („Zweifel bestehen, ob ...“). Hier sollte man sich selber überprüfen und schauen, ob man den charakteristischen Dreiertakt eingehalten hat (1. Frage aufwerfen, 2. Voraussetzungen aufzeigen, 3. Vergleich Sachverhalt - Voraussetzungen und Frage beantworten). Wenn dies der Fall ist, ist die Korrektur fehlerhaft.

Zu berücksichtigen ist dabei, daß sich diese drei Schritte bei komplexen Fragestellungen durchaus mehrfach geschachtelt über mehrere Seiten erstrecken können. Da kann es leicht vorkommen, daß man als Korrektor einmal etwas übersieht. Aber - und das muß hier auch gesagt werden - es kann genausogut vorkommen, daß man als Bearbeiter einen Schritt übersehen hat. Und dann hat der Korrektor Recht!

Gutachtenstil zu Unrecht gefordert.

Der andere typische Korrektur-Fehler besteht darin, daß der Korrektor zwar zutreffend erkannt hat, daß kein Gutachtenstil benutzt wurde, daß er aber nicht erkannt hat, daß dies gar nicht nötig war. Es gibt ja bekanntlich Dinge, die nicht im Gutachtenstil geschrieben werden sollten, weil sie etwa evident sind. Dazu gehören auch schlichte Wiedergaben des Sachverhaltes, die zwar an sich nicht erlaubt, manchmal aber unumgänglich sind.

Aber Vorsicht: Der Korrektor hat meistens recht.

Auch hier gilt natürlich, daß sorgfältig geprüft werden muß, ob der Korrektor nicht zu Recht gerügt hat. Ein auf Bearbeiterseite beliebter Mißgriff besteht nämlich darin, Unsicherheiten in der Argumentation, die durch Verwendung des Gutachtenstils zu Tage treten würden, mit dem Urteilsstil zuzudecken. Indizien auf dieser Seite liefert die Existenz der Wörter „zweifellos“, „natürlich“, „fraglos“ etc.

5. Korrekturfehler bei fallabhängigen Kriterien

Es bleiben die Mängel, die in Aufbau, Ansatz, Argumentation und Ergebnis gefunden sein sollen. Beginnt man hinten und stellt nur am (jeweiligen) ***Ergebnis*** einen Korrekturvermerk fest, kann man schon konstatieren, daß diese Korrektur fehlerhaft ist.

Lösungsskizzen-orientierte Korrekturen.

Entscheidend ist bekanntermaßen nicht so sehr das Ergebnis, sondern wie ein Ergebnis begründet wird. Steht daher nur am Ergebnis ein „Nicht-Vertretbar“ und keine Bemerkung neben der Argumentation liegt eine typische ***lösungsskizzenorientierte Korrektur*** vor. Ein Beschwerdegrund liegt dann alleine schon in dieser Form der Korrektur: Dem Korrektor ist offensichtlich nichts gegen die Argumentation eingefallen - wenn diese aber nicht widerlegbar ist, dann kann auch das resultierende Ergebnis nur „Vertretbar“ sein.

Einwände gegen Argumentationen.

Wenn Einwände gegen die ***Argumentation*** vorgebracht werden, sollte man bedenken, daß es sich in erster Linie um die Wiedergabe von Ansichten aus Rechtsprechung und Literatur handelt. Formale Argumentationseinwände bezögen sich dann darauf, daß man nur jeweils gesagt hat, daß die Rechtsprechung diese und die Literatur jene Ansicht vertrete, daß man aber nicht gesagt hat, aus welchen Gründen die das machen. Das ist dann natürlich auch gar keine richtige Argumentation (der Korrektor hätte folglich Recht).

Einwände gegen Inhalte.

Inhaltliche Einwände könnten sich auf das Fehlen bestimmter, wichtiger Meinungen oder die fehlerhafte Wiedergabe beziehen. Hier muß man dann die Angaben des Korrektors mit der eigenen Darstellung und den angeführten Meinungen vergleichen. Und das diesmal direkt, also nicht über ein Blindzitat aus einem Kommentar, der es auch nicht verstanden hat.

Einwände gegen Ansätze.

Ein fehlerhafter ***Ansatz*** ist möglicherweise dann keiner, wenn er nur darauf beruht, daß man irgendwo von der Musterlösung abgewichen ist. Dann ist nur noch entscheidend, ob man ***konsequent*** geblieben ist. Kann man dies nachweisen und ist die Abweichung von der Musterlösung darüberhinaus vertretbar, sind Rügen im Hinblick auf den Ansatz unbegründet.

Einwände gegen den Aufbau.

Aufbaufragen sind, sofern sie nicht durch die Aufgabenstellung vorgegeben sind („Hat die Klage Aussicht auf Erfolg?" bedeutet eben die Reihenfolge: 1. Zulässigkeit und 2. Begründetheit), weitestgehend von ***Zweckmäßigkeitserwägungen*** bestimmt. Das gilt allerdings nur in begrenztem Umfang. Nämlich solange, wie sich die aufzubauenden Elemente auf ***einer logischen Ebene*** befinden. So ist zum Beispiel die Prüfungsreihenfolge von objektiven Tatbestandsmerkmalen im Strafrecht nicht zwingend vorgegeben. Wohl vorgegeben ist aber die Reihenfolge „Tatbestand, Rechtswidrigkeit, Schuld". Ähnliches gilt im BGB, bei § 823 Abs. 1 etwa.

6. Zusammenfassung zur Vorgehensweise

Alles sorgfältig und umfassend untersuchen lohnt sich auch, wenn man dann keine Beschwerde schreibt.

Jede Randbemerkung ist also auf ihre formale und inhaltliche Richtigkeit hin zu untersuchen. Findet sich danach, daß der Korrektor zu viele Fehler gemacht hat, lohnt sich eine Beschwerde. Aber Vorsicht: Das ist mit Sicherheit nur selten der Fall. Gelohnt hat sich der Überprüfungsaufwand aber auch dann, wenn man anschließend von einer Beschwerde absieht. Denn um davon absehen zu können, muß man ja verstanden haben, daß der Korrektor Recht gehabt hat. Und um das zu verstehen, muß man auch die Arbeit selbst (nunmehr doch) verstanden haben.

Kommt man aber zu dem Ergebnis, daß eine Beschwerde fällig ist, ist folgendes zu beachten.

7. Formalien einer Beschwerde

Beschwerdefrist beachten!

1. Üblicherweise besteht eine ***Ausschlußfrist***, die (z.B. in Köln) in der Regel ***eine Woche*** beträgt. (Wenn eine Arbeit montags zurückgegeben wird, muß die Beschwerde spätestens am Montag der kommenden Woche eingegangen sein.)

Alles aufschreiben!

2. Beschwerden sind ***grundsätzlich schriftlich*** abzufassen. Eine fundierte Beschwerde enthält eine differenzierte Auseinandersetzung mit dem Beschwerdegegenstand, dazu ist ein mündlicher Vortrag komplett ungeeignet. Außerdem zwingt die schriftliche Abfassung zur Präzision der eigenen Kritik. („Find ich alles nicht gut" klingt schon blöd, wenn man`s mündlich bringt, schriftlich macht es gar nichts her.)

Von der äußeren Form her sieht eine Beschwerde so aus:

Wer an Wen. Warum und wann.

Oben links der Absender mit Matrikelnummer und Fachsemester. Darunter der Adressat. Dann ein Betreff-Vermerk („Korrektur der 1. Hausarbeit / Beschwerde"). Danach das Datum, dann die Anrede. Anschließend ein kurzer Hinweis über die Vorgehensweise, dann die eigentliche Beschwerde. Zum Schluß eine Zusammenfassung, die mit der Feststellung schließt, daß die Benotung zu schlecht war, verbunden mit der Bitte um sachgerechte Neubenotung. Hochachtungsvoll. Amen.

Wie es aussehen könnte, zeigt das folgende Beispiel.

Als Schlußbemerkung noch dies: Auch ein guter Jurist kann nicht immer gewinnen. Aber er kann es versuchen.

8. Beschwerdemuster

Mike Motz
Punkte 3
1818 Ungerecht
Matr.-Nr.: 4711
2. Fachsemester

Herrn
Prof. Dr. Milde
Gnadenweg 1

50939 Köln

Betr.: Bewertung meiner Hausarbeit / Beschwerde

01.05.2000

Sehr geehrter Herr Prof. Dr. Milde,

ich erlaube mir, die von Ihnen eingeräumte Möglichkeit zu nutzen und mich gegen die Bewertung meiner Hausarbeit zu beschweren.

Diese Einstiegssätze kann man zwar einfach übernehmen, es wäre aber für den Empfänger der Beschwerde etwas abwechslungsreicher, sich hier eine eigene Formulierung auszudenken.

Ich halte die Korrektur für in der Sache und die Benotung für in der Stufe verfehlt. Ich möchte die bemängelten Passagen meiner Arbeit derart verteidigen, daß ich zunächst die Korrekturbemerkung und dann die Gründe, warum ich diese für unzutreffend halte, vortrage.

Seite 1

Es beginnt auf S. 1 damit, daß der Korrektor schreibt: ***m.E. fehlt hier die Subsumtion unter eine konkrete Norm.*** Dies ist jedenfalls insoweit richtig, als daß in den ersten Zeilen der Arbeit in der Tat noch keine abgeschlossene Subsumtion vorgenommen wird. Dies ist allerdings an dieser Stelle der Arbeit auch noch gar nicht möglich. Zunächst einmal muß ja für eine Subsumtion eine Norm gefunden werden, unter die alsdann subsumiert werden kann. Wenn der Korrektor dann weiter noch eine konkrete Norm vermißt, hat er wohl übersehen, daß die für die Zuständigkeit maßgebliche Vorschrift des § 12 ZPO genannt, in ihren Voraussetzungen aufgezeigt und danach unter sie subsumiert wurde. Konkreteres ist hier wohl kaum denkbar.

.

.

Rückseite

Das gilt in gleicher Weise für die Zusammenfassung und für die Bitte um bessere Benotung.

Zusammenfassende Bewertung auf der Rückseite: Nachdem dort nur die im Text bereits gemachten angeblichen Fehler noch einmal unter bestimmten Gesichtspunkten aufgelistet werden, verzichte ich darauf, zu den Punkten im Einzelnen Stellung zu nehmen.

Zur Bewertung „mangelhaft" möchte ich aber feststellen, daß ich sie für ungerecht halte. Meine Arbeit ist zweifellos nicht frei von Schwächen; ich denke, daß man dies im 2. Semester aber auch noch nicht erwarten darf. Die in der Besprechung auftauchenden, dort als wesentlich gekennzeichneten Probleme der Aufgabe habe ich in der Bearbeitung erkannt und behandelt. Daß man an der einen oder anderen Stelle auch ein anderes Ergebnis vertreten kann, will ich damit nicht in Frage stellen. Subsumtionsfehler vermag ich trotz der gegenteiligen Anmerkungen nicht zu entdecken.

Aus all diesen Gründen meine ich, daß ein „mangelhaft" eine verfehlte Bewertung darstellt, deren Korrektur ich mir von Ihnen erhoffe.

Hochachtungsvoll

Mike Motz

B. Eine Musterhausarbeit

Nachfolgend jetzt eine Musterhausarbeit. Der Sachverhalt wurde tatsächlich im Sommersemester 1987 zur Bearbeitung ausgegeben. Die Bearbeitungszeit betrug etwas über 3 Wochen; die Seitenzahl war auf maximal 20 begrenzt. Die Arbeit selbst ist damals vom Dozenten persönlich mit „gut" bewertet worden. Sie kann als Muster gelten. Allerdings ist hier - wie immer bei Mustern - Vorsicht angebracht: Die Lösung, wie sie dort steht, ist natürlich wieder nur *eine* Möglichkeit, dem Sachverhalt gerecht zu werden. Man kann mit anderen Schwerpunkten und anderen Begründungen auch zu anderen Ergebnissen kommen. Zu berücksichtigen ist dabei aber, daß eine Lösung, die mit „gut" bewertet wurde, schon einige Vorzüge hat. Wenn man also eine andere Lösung vertreten will, muß man an den Gründen basteln.

Die Arbeit enthält daneben noch zwei Besonderheiten, auf die ich nur kurz hinweisen will.

1. So enthält das Literaturverzeichnis nicht die Vornamen der Bearbeiter. Das wäre zwar sinnvoll, es ist aber in keinem Fall *zwingend.* Wenn man allerdings einmal mit Vornamen beginnt, dann sollte man es bei allen Autoren so machen. Desweiteren ist die Bearbeitung - anders als die Anleitung - so vorgegangen, daß bei Kommentaren nur ein Verzeichnisnachweis erfolgte.

Noch schöner wär's, wenn die Vornamen der Verfasser im Literaturverzeichnis ständen.

2. In die wirkliche Hausarbeit gehört natürlich noch eine ***Unterschrift*** auf die letzte Seite. Auf deren Abdruck habe ich hier verzichtet.

In's Original gehört eine Unterschrift.

- I -

Schami Yaldai
Heinering 2
50000 Köln
Matr.-Nr.: 1234567
2. Fachsemester

Grundkurs Schuldrecht II
mit integrierter
Übung für Anfänger L - Z

Professor Dr. R. Hepting
Professor Dr. A. Lüderitz

2. Hausarbeit
SS 1987

- II -

Sachverhalt:

Der bekannte Rocksänger Blacky ist auf Tournee. Eines Nachts, als Blacky ermüdet ist, streift sein Fahrzeug im Westerwald einen Baum und ist fahruntüchtig. Es regnet stark bei Temperaturen um fünf Grad Blacky begibt sich zum nächsten, etwa zwei Kilometer entfernt liegenden Ort. Der öffentliche Münzfernsprecher ist außer Betrieb. Ihm gegenüber liegt das Haus der W, einer alleinstehenden Sechzigjährigen. Blacky schildert ihr an der Tür, die sie nur einen Spalt öffnet, den Sachverhalt und fragt, ob er bei ihr telefonieren dürfe. W fürchtet sich vor ihm, als er mit seiner unordentlichen Kleidung zotteligen Haaren und obendrein durchnäßt vor ihr steht. Sie erklärt wahrheitswidrig, sie habe kein Telefon.

Blacky sucht weiter im Ort nach einem Fernsprecher. Nach etwa dreißig Minuten entdeckt er die Gaststätte des G „mit Fremdenzimmer“. G erlaubt ihm zu telefonieren. Blacky erreicht seinen Freund F nicht, der kurz zuvor zu Bett gegangen und fest eingeschlafen ist. Die nächstgelegene Autohilfe antwortet nicht. Blacky bittet G (nach Schilderung seiner Lage) um ein Zimmer. G lehnt ab mit der (unwahren) Begründung, er habe nur zwei Zimmer, die besetzt seien. Das nächste Hotel ist 20 Kilometer entfernt.

Blacky „übernachtet“ daraufhin in seinem Fahrzeug, zieht sich eine Lungenentzündung zu und kann drei Wochen nicht auftreten. Er erleidet einen Einnahmeausfall von DM 10.000 - seine Heilungskosten betragen DM 5.000.

Blacky verlangt von W und G als Gesamtschuldner Zahlung von DM 15.000.

Vermerk für den Bearbeiter: Es ist zu unterstellen, daß F bereit und in der Lage gewesen wäre, Blacky alsbald abzuholen.

- III -

- IV -

- V -

Literaturverzeichnis:

Alternativkommentar: Bürgerliches Gesetzbuch
Besonderes Schuldrecht
3. Band: §§ 433-853
1. Auflage
Darmstadt 1979
(zit.: Alternativkommentar-Bearbeiter)

Brox:
Allgemeines Schuldrecht
15. Auflage
München 1987
(zit.: Brox, Schuldrecht AT)

Brox:
Besonderes Schuldrecht
13. Auflage
München 1987
(zit.: Brox, Schuldrecht BT)

Bydlinski:
Zu den Grundfragen des Kontrahierungszwanges
AcP 180 (1980), 1
(zit.: Bydlinski, Kontrahierungszwang)

Canaris:
Schutzgesetze - Verkehrspflichten Schutzpflichten
Festschrift für Karl Larenz, S. 31 München 1983
(zit.: Canaris, Schutzgesetze)

- VI -

Deutsch:

Haftungsrecht I
1. Auflage
Berlin - Bonn - München 1976
(zit.: Deutsch, Haftungsrecht)

Deutsch:

Unerlaubte Handlung und Schadensrecht
1. Auflage
Köln - Berlin - Bonn - München 1987
(zit.: Deutsch, Unerlaubte Handlung)

Dütz:

Zur privatrechtlichen Bedeutung Unterlassener Hilfeleistung (§ 330c)
NJW 1970, 1822
(zit.: Dütz, Unterlassene Hilfeleistung)

Erman:

Kommentar zum Bürgerlichen Gesetzbuch
l. Band (§§ 1-853)
7. Auflage
Münster 1981
(zit.: Erman-Bearbeiter)

Esser/Schmidt:

Schuldrecht
Allgemeiner Teil
6. Auflage
Heidelberg 1984
(zit.: Esser, Schuldrecht AT)

Esser/Weyer:
Schuldrecht
Besonderer Teil
6. Auflage
Heidelberg 1984
(zit.: Esser, Schuldrecht BT)

Fikentscher:
Schuldrecht
7. Auflage
Berlin - New York 1985
(zit.: Fikentscher, Schuldrecht)

Flume:
Allgemeiner Teil des Bürgerlichen Rechts
2. Band: Das Rechtsgeschäft
2. Auflage
Berlin - Heidelberg - New York 1975
(zit.: Flume, Rechtsgeschäft)

Gallas:
Zur Revision des § 330c StGB
JZ 1952, 396
(zit.: Gallas, § 330c StGB)

Haft:
Strafrecht
Besonderer Teil
2. Auflage
München 1985
(zit.: Haft, Strafrecht BT)

- VIII -

Honsel:

Der Verstoß gegen Schutzgesetze im
Sinne des § 823 Abs. 2 BGB
JA 1983, 101
(zit.: Honsel, Schutzgesetze)

Jauernig u. a.:

Bürgerliches Gesetzbuch
mit Erläuterungen
4., neubearbeitete Auflage
München 1987
(zit.: Jauernig-Bearbeiter)

Mertens:

Deliktsrecht und Sonderprivatrecht - Zur Rechtsfortbildung des deliktischen Schutzes von Vermögensinteressen
AcP 178 (1978), 227
(zit.: Mertens, Vermögensinteressen)

Münchener Kommentar zum Bürgerlichen Gesetzbuch

Band 1: Allgemeiner Teil
(§§ 1-240)
2. Auflage
München 1984

Band 2: Schuldrecht, Allgemeiner Teil
(§§ 241-432)
2. Auflage
München 1985

Band 3: Schuldrecht, Besonderer Teil
2. Halbband (§§ 657-853)
2. Auflage
München 1986
(zit.: MüKo-Bearbeiter)

- IX -

Palandt:

Kommentar zum Bürgerlichen Gesetzbuch
46. Auflage
München 1987
(zit.: Palandt-Bearbeiter)

Staudinger:

Kommentar zum Bürgerlichen Gesetzbuch
12. Auflage
Berlin 1986
(zit.: Staudinger-Bearbeiter)

Tilmann:

Zur Rechtsstellung des Verbrauchers bei Wettbewerbsdelikten
ZHR 141, 32
(zit.: Tilmann, Wettbewerbsdelikte)

Weimar:

Schadensersatzpflicht bei Schädigungen durch Unterlassen
DR 1937, 77
(zit.: Weimar, Unterlassen)

Besteht eine Schadensersatzpflicht eines Krankenhauses bei Abweisung Schwerverletzter?
JR 1975, 145
(zit.: Weimar, Schadensersatzpflicht)

Welzel:

Zur Dogmatik der echten Unterlassungsdelikte,
insbesondere des § 330c StGB
NJW 1953, 327
(zit.: Welzel, Unterlassungsdelikte)

Wessels:

Strafrecht AT
16. Auflage
Heidelberg 1986
(zit.: Wessels, Strafrecht AT)

- 1 -

1. Teil - Ansprüche des Blacky gegen W

A. Blacky gegen W aus § 823 Abs. 1 BGB

Blacky kann gegen W einen Anspruch auf Schadensersatz in Höhe von DM 15.000 gemäß § 823 Abs. 1, 2/3 Alt. BGB haben.

I. Rechtsgutverletzung

Blacky hat eine Lungenentzündung. Es liegt eine Körper- und Gesundheitsverletzung vor.

- Handlung

a. Abgrenzung - positives Tun / Unterlassung

Die Rechtsgutverletzung muß durch eine der W zurechenbare Handlung erfolgt sein. Handeln ist jedes menschliche Verhalten.[6] Als Handeln der W kommt positives Tun (Abweisen des Blacky) oder Unterlassen (Nicht-zur-Verfügung-Stellen ihres Telefons) in Betracht. Verhalten, das die Gefahr der Tatbestandsverwirklichung vergrößert, gilt als positives Tun. Unterlassen ist hingegen ein Verhalten, das die Gefahr der Tatbestandsverwirklichung nicht erhöht.[7]

W ist nicht bereit, Blacky ihr Telefon zur Verfügung zu stellen. Daher ist Blacky gezwungen, weiterhin mit seinen durchnäßten Kleidern in der Kälte zu verweilen. Ihr Verhalten trägt also nicht dazu bei, die Gefahr der Gesundheitsverletzung des Blacky durch ihr Tun selbst zu erhöhen. Vielmehr liegt der Schwerpunkt ihres Verhaltens darin, daß sie das bestehende Risiko der Gesundheitsverletzung des Blacky nicht abwendet. Demnach handelt die W durch Unterlassen.

b. Garantenstellung

Ein Unterlassen steht nur dann dem positiven Tun gleich, wenn eine Rechtspflicht zum Handeln besteht. [8] Eine Rechtspflicht wird durch eine Garantenstellung begründet. [9]

Eine Garantenstellung ergibt sich hier weder aus Ingerenz noch aus Vertrag. Möglicherweise ergibt sich aber eine Garantenstellung aus Gesetz. In Betracht kommt hier

---

6 Fikentscher, Schuldrecht, § 102 IV 1; Brox, Schuldrecht BT, Rdn. 438; Jauernig-Teichmann, § 823, Anm. II B 1 a

7 Deutsch, Unerlaubte Handlung, Rdn. 40; Fikentscher, Schuldrecht, § 102 IV 7 b.

8 Larenz Schuldrecht AT, § 27 III c; Larenz Schuldrecht BT, § 71 I a; Esser, Schuldrecht BT, § 55 II 2; Fikentscher, Schuldrecht, § 102 IV 7 b dd; Deutsch, Haftungsrecht I, S. 125.

9 Esser, Schuldrecht BT, § 55 II 2.

- 2 -

§ 323c StGB. Dann muß § 323c StGB eine Garantenhaftung begründen. Dies ist jedoch nicht unumstritten.

c. Meinungsstreit

Nach älterer Ansicht wird befürwortet, daß sich aus § 323c StGB eine Garantenstellung ergibt. [10] Diese Ansicht bezieht sich jedoch auf die alte Fassung des § 323c StGB, die bis zur Gesetzesänderung von 1953 bestand. Danach wurde auf das gesunde Volksempfinden abgestellt, das dem einzelnen Bürger eine moralische und sittliche Handlungspflicht auferlegte. Die Handlungspflicht zur Gewährleistung der Nothilfe begründete die Garantenstellung des Täters. Diese Ansicht ist jedoch überholt.

Nach heute herrschender Meinung erwächst dem Täter keine Garantenstellung aus der Hilfepflicht. [11] § 323c StGB gehört zu den schlichten Untätigkeitsdelikten (echte Unterlassungsdelikte) und fordert nicht die Erfolgsabwendung als solche, sondern lediglich eine auf Hilfe abzielende Tätigkeit. [12] Die Tätigkeit muß vom Standpunkt ex ante dazu geeignet sein, den drohenden Schaden abzuwenden. [13] Die allgemeine Hilfeleistungspflicht des § 323c StGB ergibt also nicht, daß der Täter für die Erfolgsabwendung einzustehen hat, und somit ist er auch kein Garant dafür. Demnach ergibt sich keine Garantenstellung für W aus § 323c StGB. Somit ist der Tatbestand das § 823 Abs. 1 BGB nicht erfüllt.

II. Ergebnis

Blacky hat gegen W keinen Anspruch auf Schadensersatz gemäß § 823 Abs. 1 BGB.

B. Blacky gegen W aus § 823 Abs. 2 BGB

Blacky kann gegen W einen Anspruch auf Schadensersatz in Höhe von DM 15.000 gemäß § 823 Abs. 2 BGB i.V.m. §§ 230, 13; § 323c StGB haben.

I. Schutzgesetzverletzung

Es muß ein Schutzgesetz verletzt worden sein.

---

[10] Weimar, Unterlassen, S. 77, RGZ 71, 198.

[11] BGH JR 1956, 348; OLG Koblenz NJW 48, 489; Staudinger-Schäfer, § 823, Rdn. 298, §826, Rdn. 51; Dütz, Unterlassene Hilfeleistung, S. 1823; Gallas, § 330c StGB, S. 397; Weimar, Schadensersatz, S. 146; Welzel, Unterlassungsdelikte, S. 328; Haft, Strafrecht BT, S. 281; Wessels, Strafrecht AT, § 16 II 4.

[12] BGH JR 1956, 347; Dütz, Unterlassene Hilfeleistung, S 1823; Welzel, Unterlassungsdelikte, S. 328; Haft, Strafrecht BT, S. 281; Wessels, Strafrecht AT, § 16 II 4.

[13] Welzel, Unterlassungsdelikte, S. 328.

1. §§ 230, 13 StGB

Als Schutzgesetz kommen zunächst §§ 230, 13 StGB - fahrlässige Körperverletzung durch Unterlassen - in Betracht. § 230 StGB ist Schutzgesetz im Sinne des § 823 Abs 2 BGB. [14]

Weiterhin muß der Tatbestand der §§ 230, 13 StGB erfüllt sein. §§ 230, 13 StGB sind ein unechtes Unterlassungsdelikt, das nur von Garanten begangen werden kann. Die Garantenstellung ergibt sich im Strafrecht nach den gleichen Kriterien wie im Zivilrecht. Wie unter A I 1 c dargelegt ist W kein Garant. Somit ist der Tatbestand der §§ 230, 13 StGB nicht erfüllt.

2. § 323c StGB

Als weiteres Schutzgesetz kommt § 323c StGB - unterlassene Hilfeleistung - in Betracht. Es muß dann § 323c StGB ein Schutzgesetz im Sinne des § 823 Abs. 2 BGB darstellen. Voraussetzungen dafür sind: [15]

a. Gesetzesqualität

§ 323c StGB ist ein Gesetz.

b. Befehlsqualität

Die Bezugsnorm muß Befehlsqualität haben, das heißt, sie muß ein Gebot oder ein Verbot aussprechen. § 323c gebietet Hilfeleistung und hat somit Befehlsqualität.

c. Persönlicher und sachlicher Schutzbereich

Die Bezugsnorm muß „den Schutz eines anderen bezwecken", das heißt, es muß das Gesetz für seinen persönlichen und sachlichen Schutzbereich eine Ersatzpflicht vorsehen.

Ob eine Rechtsnorm dem Schutz eines anderen bezweckt, bestimmt sich nicht nach der Wirkung des Gesetzes, sondern danach, ob dessen Inhalt nach dem Willen des Gesetzgebers zumindest neben anderen Zwecken, auch einen gezielten Individualschutz dient. [16] Die Schaffung eines individuellen Schadensersatzanspruches muß erkennbar vom Gesetz erstrebt sein oder zumindest im haftungsrechtlichen Gesamtsystem tragbar erscheinen. [17]

---

14 Alternativkommentar-Reich, § 823 Abs. 2, Rdn. 6.

15 Staudinger-Schäfer, § 823, Rdn. 594; Honsell, Schutzgesetze, S. 101-103; Medicus, Schuldrecht BT, 5 142 II 1, 2.

16 Palandt-Thomas, § 823, Anm. 9 b; Jauernig-Teichmann, § 823, III 2 b; Larenz, Schuldrecht BT, § 72 II; Medicus, Bürgerliches Recht, Rdn. 621.

17 Knöpfle, Schutzgesetze, S. 699; Palandt-Thomas, § 823, Anm. 9b; Medicus, Schuldrecht BT, § 142 II 1.

d. Meinungsstreit

Nach einer Meinung ist § 323c StGB kein Schutzgesetz im Sinne des § 823 Abs. 2 BGB. Die Vorschrift diene nur zum Schutze der Allgemeinheit und es sei nur eine Reflexwirkung, daß die Strafvorschrift objektiv auch dem Betroffenen nütze. Es sei nicht Zweck des Gesetzes, daß derjenige, der bei einem fremdverschuldeten Unfall dem Opfer nicht Hilfe leiste, den gleichen Schadensersatz leisten müsse, wie derjenige, der den Unfall verschuldet habe. [18] Außerdem würde durch die zunehmende Tendenz, Ansprüche eher auf § 823 Abs. 2 BGB zu stützen, die Entscheidung des Gesetzgebers gegen eine allgemeine Haftung für Vermögensschäden unterlaufen. [19]

Gleicher Ansicht ist auch Welzel. Schutzobjekt des § 323c StGB sei nur die öffentliche Sicherheit, während der gefährdete Einzelne nur als Teil des Publikums, aber nicht als individuell Berechtigter geschützt werde. [20]

Dütz verneint die Anwendbarkeit des § 323c StGB als Schutzgesetz im Sinne des § 823 Abs. 2 im wesentlichen deshalb, weil § 323c StGB ein echtes Unterlassungsdelikt sei, und den Täter daher keine Erfolgsabwendungspflicht treffe. Vom geschützten Rechtsgut her gesehen, bestehe der Unrechtsgehalt des Unterlassens der Hilfeleistung nicht wie beim unechten Unterlassungsdelikt darin, daß der Unterlassende den konkreten Schadenseintritt nicht verhindert habe, sondern darin, daß die Rettungschance nicht wahrgenommen sei. [21] Außerdem sei der Schutzzweck des § 323c StGB nicht die Sicherung der Individualinteressen, sondern die öffentliche Sicherheit. [22]

Dem hält Tilmann entgegen, daß es nichts Individualnützlicheres gebe, als das Gebot, einem anderen in Not zu helfen. Auch das Argument der fehlenden Erfolgsabwendungspflicht sei nicht zwingend. Denn selbst wenn der Täter nicht strafrechtlich dafür einzustehen brauche, daß er den Erfolg nicht abgewendet habe, könne er doch zivilrechtlich rechtswidrig handeln und mitverantwortlich für dem Schaden sein, den das Opfer erleide. [23] Letzteres Argument wird auch von Canaris vertreten. [24]

Auch Weimar erkennt § 323c StGB als Schutzgesetz an. Allerdings geht er davon aus, die Schadensersatzpflicht könne nicht weiter gehen als der Schutz einer Strafvorschrift. Demnach sei auf den Strafschutz des § 323c StGB abzustellen, der, selbst wenn er nur den Schutz der Allgemeinheit bezwecke, in jedem Fall den Schutz des Einzelnen mit einbeziehe. [25]

---

18 Staudinger-Schäfer, § 823, Rdn. 580

19 Staudinger-Schäfer, § 823, Rdn. 589.

20 Welzel, Unterlassungsdelikte, S. 328.

21 Dütz, Unterlassene Hilfeleistung, S. 1824.

22 Dütz, Unterlassene Hilfeleistung, S. 1825.

23 Tilmann, Wettbewerbsdelikte, S. 77.

24 Canaris, Schutzgesetze, S. 57.

25 Weimar, Schadensersatzpflicht, S. 146.

- 5 -

Mertens begründet die Anerkennung des § 323c StGB als Schutzgesetz damit, daß sich aus der Machtposition des Eingreifers und der Angewiesenheitssituation des Betroffenen ein haftungsrelevanter Gesichtspunkt für den deliktischen Vermögensschutz ergebe. [26]

Nach der Auffassung, die § 323c StGB als Schutzgesetz bejaht, wird der einzelne unmittelbar aus § 323c StGB geschützt.

Die andere Meinung besagt, daß es nur eine Nebenerscheinung sei, daß § 323c StGB auch dem einzelnen nütze. Dieser mittelbare Schutz des einzelnen sei jedoch nicht ausreichend, um § 323c StGB als Schutzgesetz anzuerkennen. Vielmehr müsse der Schutz des einzelnen vom Gesetzgeber gewollt oder zumindest mitgewollt sein.

Zusammenfassend läßt sich sagen, daß diese Meinung zu einem gerechteren Ergebnis führt. Denn sie stellt weiterhin darauf ab, ob es angemessen ist, an die Verletzung des § 323c StGB privatrechtliche Schadensersatzansprüche zu knüpfen. [27] Unter diesem Aspekt läßt sich sagen, daß es ungerecht ist, denjenigen, der es unterläßt zu helfen, gleichermaßen haften zu lassen wie denjenigen, der den Unfall verursacht hat. [28]

Demnach sind die Voraussetzungen des § 823 Abs. 2 BGB nicht erfüllt.

II. Ergebnis

Blacky hat gegen W keinen Anspruch auf Schadensersatz aus § 823 Abs. 2 BGB.

C. Blacky gegen W aus § 826 BGB

Blacky kann gegen W einen Anspruch auf Schadensersatz in Höhe von DM 15.000 aus § 826 BGB haben.

I. Schaden

Aus der Körper- und Gesundheitsverletzung des Blacky ist ein Vermögensschaden entstanden.

II. Handlung

Wie oben erläutert, handelt W durch Unterlassen. Unbestritten kann ein Sittenverstoß nicht nur durch ein Tun, sondern auch durch ein Unterlassen verwirklicht werden. [29]

---

26 Mertens, Vermögensinteressen, S. 247.

27 Knöpfle, Schutzgesetze, S. 699.

28 Staudinger-Schäfer, § 823, Rdn. 580.

29 Palandt-Thomas, § 826, Anm. 2 f; Erman-Sirp, § 249, Rdn. 29.

Das Erfordernis einer Rechtspflicht zum Handeln ist hier überflüssig, da ohnehin der Verstoß gegen eine Sittenpflicht vorliegen muß. [30]

1. Kausalität

Das Unterlassen der W muß für den Schaden des Blacky kausal gewesen sein. Ein Unterlassen ist nie im naturwissenschaftlichen Sinne kausal für einen Erfolg wie ein positives Tun.[31] Die „Quasi-Kausalität“ des Unterlassens kann mit folgender Formel bestimmt werden, die der conditio-sine-qua-non-Formel für ein positives Tun entspricht: Ein Unterlassen ist dann „kausal“ , wenn die gebotene Handlung nicht hinzu gedacht werden kann, ohne daß der Erfolg mit an Sicherheit grenzender Wahrscheinlichkeit entfiele (conditio cum qua non). [32]

Hätte W Blacky gestattet, bei ihr zu telephonieren, hätte F Blacky alsbald abgeholt, Blacky hätte sich keine Lungenentzündung zugezogen und somit keinen Schaden erlitten. Ihr Unterlassen war daher „kausal“.

2. Adäquanz

Weiterhin muß das Verhalten der W auch adäquat kausal gewesen sein. Ein Kausalzusammenhang ist adäquat, wenn eine Unterlassung im allgemeinen und nicht nur unter ganz besonders eigenartigen, ganz unwahrscheinlichen und nach dem regelmäßigen Verlauf der Dinge außer Betracht zu lassenden Umständen zur Herbeiführung des eingetretenen Erfolges geeignet gewesen ist. [33]

Der öffentliche Münzfernsprecher ist außer Betrieb. Die Gaststätte des G ist „besetzt“ und es ist dem Blacky nicht möglich, das nächste Hotel, das in 20 Kilometer Entfernung liegt, zu erreichen. Daher ist Blacky gezwungen, im Auto zu schlafen. Bei Temperaturen von 5 Grad ist es auch gut möglich, daß Blacky sich eine Gesundheitsverletzung zuzieht. Für einen erfahrenen Betrachter ist es nicht ganz unwahrscheinlich, daß Blacky keine andere Ausweichmöglichkeit hat. Folglich ist das Verhalten der W auch adäquat kausal.

3. Sittenwidrigkeit

W muß diesen Schaden in einer gegen die guten Sitten verstoßenden Weise herbeigeführt haben. Sittenwidrig sind Handlungen, die gegen das Anstandsgefühl aller billig und gerecht Denkenden verstoßen. [34] Hierbei ist nicht erforderlich, daß der Schädiger

---

30 Staudinger-Schäfer, § 826, Rdn. 50; Dütz, Unterlassene Hilfeleistung, S. 1825.

31 Larenz, Schuldrecht AT, § 27 III c

32 Esser, Schuldrecht AT, § 94 IV; Erman-Sirp, § 249 Rdn. 29.

33 Larenz, Schuldrecht AT, § 27 IIIb; Medicus, Schuldrecht AT, § 54 II 2; Esser, Schuldrecht AT, § 33 I 2.

34 Palandt-Thomas, § 826, Anm. 2 a; Erman-Drees, § 826, Rdn. 6; Brox, Schuldrecht BT, Rdn. 470.

das Bewußtsein der Sittenwidrigkeit hat. [35] Erforderlich ist nur, daß der Handelnde diejenigen Umstände gekannt hat, die im konkreten Fall den Vorwurf der Sittenwidrigkeit begründen. [36]

Als sittenwidriges Handeln der W kommt die Hilfeverweigerung im Sinne des § 323c StGB in Betracht. Für die Sittenwidrigkeit genügt es allerdings nicht, daß der allgemeinen sittlichen Pflicht zur Nächstenhilfe zuwidergehandelt wird. [37] Voraussetzung ist vielmehr, daß zugleich weitere besondere Umstände vorliegen aus denen sich eine besondere sittliche Verantwortlichkeit des Handelnden gegenüber dem Gefährdeten ergibt. [38] Zu den besonderen Umstände gehören zum Beispiel das Bestehen einer Lebens- oder schweren Leibesgefahr, oder, wenn es sich um die Bewahrung vor einem gefährlichen Verkehrsunfall handelt, falls dies ohne besondere Schwierigkeit und ohne Beeinträchtigung eigener beachtlicher Interessen möglich ist. [39] Wenn jemand ohne Verletzung eigener Interessen nicht bereit ist, Hilfe zu leisten, ist dies ein Zeichen für eine niedrige Gesinnung des Täters.

W ist eine alleinstehende sechzigjährige Frau. Es ist davon auszugehen, daß sie es nicht gewöhnt ist, nachts Besuche zu erhalten. Um so verständlicher ist die Angst der W, als eines Nachts plötzlich unerwartet ein fremder Mann vor der Tür steht und um ihre Hilfe bittet. W ist überrascht und daher überfordert, in dieser Situation spontan richtig zu reagieren. Außerdem kann W davon ausgegangen sein, falls Blacky wirklich hilfsbedürftig sei, werde er sicherlich noch eine andere Möglichkeit finden, um Hilfe zu erhalten (z.B. die Gaststätte des G). Die wahrheitswidrige Erklärung der W, sie habe kein Telefon, ist daher nicht als niedrige Gesinnung zu werten. Daher liegen keine besonderen Umstände vor, welche die Sittenwidrigkeit begründen,

Es kann dahingestellt bleiben, ob der Tatbestand des § 323c StGB erfüllt ist, da keine „besonderen Umstände“ vorliegen. Somit ist das Handeln der W nicht sittenwidrig. Der Tatbestand des § 826 BGB ist folglich nicht erfüllt.

IV. Ergebnis

Blacky hat gegen W keinen Anspruch auf Schadensersatz aus § 826 BGB.

D. Zwischenergebnis

Blacky hat gegen W weder einen Anspruch auf Ersatz der Heilungskosten, noch auf Ersatz des Verdienstausfalls.

---

35 MüKo-Mertens, § 826, Rdn. 42; Palandt-Thomas, § 826, Anm. 3 b; Brox, Schuldrecht BT, Rdn. 472.

36 Larenz, Schuldrecht BT, § 72 IV; Medicus, Bürgerliches Recht, Rdn. 624; Brox Schuldrecht BT Rdn 472.

37 Dütz Unterlassene Hilfeleistung, S. 1826.

38 Staudinger-Schäfer, § 826, Rdn. 51; Dütz, Unterlassene Hilfeleistung, S. 1826.

39 Staudinger-Schäfer, § 826, Rdn. 51.

2. Teil - Ansprüche den Blacky gegen G

A. Blacky gegen G analog culpa in contrahendo

Blacky kann gegen G einen Schadensersatzanspruch analog culpa in contrahendo haben.

I. Vorvertragliches Schuldverhältnis

Ein vorvertragliches Schuldverhältnis ist beim Kontrahierungszwang nicht erforderlich. [40]

II. Pflichtverletzung

Weiterhin muß G eine ihm obliegende Pflicht verletzt haben. Dazu muß zunächst eine Pflicht bestehen. In Betracht kommt die Pflicht, den Vertrag abzuschließen. Fraglich ist aber, ob ein Kontrahierungszwang vorliegt. Er kann sich aus einer Monopolstellung ergeben. [41] Der Kontrahierungszwang des Monopolisten ist unumstritten. Streitig ist hingegen, wie dieser zu begründen ist.

III. Meinungsstreit

Nach heute herrschender Meinung handelt es sich um einen mittelbaren Kontrahierungszwang, der sich aus der Schadensersatzpflicht bei sittenwidriger Verweigerung des Vertragsschlusses gemäß §§ 826, 249 BGB ergibt. [42]

Nach anderer Ansicht wird der Kontrahierungszwang für den Monopolisten aus Analogie der gesetzlichen Vorschriften hergeleitet, die ausdrücklich einen Kontrahierungszwang für gewisse gesetzliche Monopole anordnen, wie zum Beispiel für die Bundesbahn, die Bundespost, Gas- und Elektrizitätswerke usw. [43] In diesen Fällen wird der Schadensersatz bei Verweigerung des Vertragsschlusses aus culpa in contrahendo gefolgert. [44]

Nur nach letzter Ansicht kann der zu prüfende Anspruch durchgreifen. Dieser Ansicht ist jedoch nicht zu folgen. Analogie kommt nur bei einer planwidrigen Regelungslücke in Betracht. [45]

---

40 BGH NJW, 1974,1904; Müko-Kramer, Vor. § 145, Rdn. 12.

41 Flume, Rechtsgeschäft, § 33 6 d; Fikentscher, Schuldrecht, § 21 IV 2.

42 Flume, Rechtsgeschäft, § 33 6 d; Fikentscher, Schuldrecht, § 21 V 2 a; Palandt-Heinrichs, vor. § 145, Anm. 3; Jauernig, Vor. § 145, Anm. 4 a cc.

43 Fikentscher, Schuldrecht, § 21 V 2a; Palandt-Heinrichs Vor. § 145, Anm. 3 b aa; Jauernig, Vor. § 45, 4 aaa.

44 Palandt-Heinrichs, Vor. § 145 Anm. 3 b dd.

45 Larenz, Methodenlehre, S. 387.

Eine Regelungslücke liegt zwar vor, aber sie ist nicht planwidrig. Der Gesetzgeber wollte nur für bestimmte Monopole einen Kontrahierungszwang vorsehen. [46] Daher liegt keine Pflicht vor, deren Verletzung einen Anspruch aus culpa in contrahendo begründen kann. Folglich ist der Tatbestand der culpa in contrahendo nicht erfüllt.

IV. Ergebnis

Blacky hat gegen G keinen Anspruch auf Schadensersatz aus culpa in contrahendo.

B. Blacky gegen G aus § 823 Abs. 1, 2/3. Alt. BGB

Blacky kann gegen G einen Anspruch auf Schadensersatz in Höhe von 15.000 gemäß § 823 Abs. 1, 2/3. Alt. BGB haben.

I. Rechtsgutverletzung

Die Lungenentzündung des Blacky ist eine Körper- und Gesundheitsverletzung.

II. Handlung

1. Abgrenzung - positives Tun/Unterlassen

Die Rechtsgutverletzung muß durch ein dem G zurechenbares Handeln erfolgt sein. Als Handeln des G kommt positives Tun (Abweisen des Blacky) oder Unterlassen (Nicht-Vermieten des Zimmers) in Betracht. Ein gefährliches Vorgehen gilt als positives Tun. Das Nichtstun (Nicht-etwas-Tun) oder das nicht gefährdende Tun ist Unterlassung. [47]

G ist nicht bereit, Blacky ein Zimmer zu vermieten, obwohl er noch ein freies Zimmer gehabt hätte. Sein Verhalten trägt nicht direkt dazu bei, die Gefahr der Körper- und Gesundheitsverletzung des Blacky zu erhöhen. Es liegt also kein positives Tun vor. Das Verhalten des Blacky trägt vielmehr dazu bei, das bestehende Risiko der Gesundheitsverletzung des Blacky nicht abzuwenden. Folglich handelt G durch Unterlassen.

2. Garantenstellung

Ein Unterlassen steht dem positiven unmittelbaren Handeln nur dann gleich, wenn dem Unterlassenden gegenüber dem Geschädigten eine Pflicht zur Abwendung den drohenden Schadens hat. [48]

---

[46] BGH NJW 1974, 1904.

[47] Deutsch, Unerlaubte Handlung, § 4 Rdn, 40; Fikentscher, Schuldrecht, § 102 IV 7.

[48] Jauernig-Teichmann, § 823 I Anm. II B 3 a; Larenz, Schuldrecht AT, 5 27 III c; Esser, Schuldrecht AT, § 9 I 1; Deutsch, Haftungsrecht, S. 125.

Diese Rechtspflicht wird durch eine Garantenstellung begründet.[49]

Eine Garantenstellung aus Ingerenz kommt hier nicht in Betracht.

Fraglich ist, ob sich in diesem Fall eine Garantenstellung aus Gesetz ergibt. In Betracht kommt hier § 323c StGB. Wie bereits unter A I 1 c erläutert, begründet § 323c StGB keine Garantenstellung.

Möglicherweise ergibt sich aber eine Garantenstellung aus Vertrag. Zwischen Blacky und G ist kein Vertrag zustande gekommen. Fraglich ist aber, ob Blacky durch einen Kontrahierungszwang des G so gestellt wird, als wenn der Vertrag zustande gekommen wäre. Es ist unbillig, die Pflichten, die aus Vertrag entstehen, auch über einen mittelbaren Kontrahierungszwang zu begründen. Da der Vertrag selbst nicht entstanden ist, kann Blacky auch nicht darauf vertrauen, daß eine tatsächliche Gewährübernahme erfolgt ist. Außerdem würde eine solche Haftung zu weit gehen. Somit kommt auch keine Garantenstellung aus Vertrag in Frage.

Der Tatbestand des § 823 Abs. 1 2/3. Alt ist daher nicht erfüllt.

III. Ergebnis

Blacky hat gegen G keinen Anspruch auf Schadensersatz aus § 823 Abs. 1 BGB.

C. Blacky gegen G aus § 823 Abs. 2 BGB

Blacky kann gegen G einen Anspruch auf Schadensersatz in Höhe von DM 15.000 gemäß § 823 Abs. 2 i.V.m. §§ 230, 13; § 323c StGB haben.

I. Schutzgesetzverletzung

Wie bereits unter B I 1 geschildert, greift eine Haftung aus § 823 Abs. 2 BGB i.V.m. §§ 230, 13 StGB nicht durch, da auch eine Garantenstellung des G nicht vorhanden ist, und somit der Tatbestand der §§ 230, 13 StGB nicht erfüllt ist.

Ein Anspruch aus § 823 Abs. 2 BGB i.V.m. § 323c StGB ist ebenso nicht gegeben, da § 323c StGB kein Schutzgesetz ist.

Daher ist der Tatbestand des § 823 Abs. 2 BGB nicht erfüllt.

II. Ergebnis

Blacky hat gegen G keinen Anspruch auf Schadensersatz aus § 823 Abs. 2 BGB.

---

49 Medicus, Schuldrecht BT, § 136 II 1.

D. Blacky gegen G aus § 826 BGB

Blacky kann gegen G einen Schadensersatzanspruch in Höhe von DM 15.000 gemäß § 826 BGB haben.

I. Schaden

Ein Vermögensschaden ist aus der Körper- und Gesundheitsverletzung des Blacky entstanden.

II. Handlung

G handelt durch Unterlassen.

1. Kausalität

Das Unterlassen des G muß für den Schaden des Blacky kausal gewesen sein. Hätte G dem Blacky ein Zimmer vermietet, dann hätte Blacky nicht im Auto übernachten müssen, und er hätte sich keine Lungenentzündung zugezogen.

Somit ist das Unterlassen des G kausal für die Rechtsgutverletzung.

2. Adäquanz

Außerdem muß das Verhalten des Blacky auch adäquat kausal gewesen sein. Es ist nicht ganz unwahrscheinlich, daß Blacky keine andere Unterkunft mehr findet und gezwungen ist, im Auto zu übernachten. Bei Temperaturen von 5 Grad ist es in durchnäßter Kleidung auch nicht ungewöhnlich, daß Blacky eine Gesundheitsverletzung erleidet.

Eine erfahrener Dritter hätte diesen Verlauf der Dinge auch absehen können.

Das Verhalten des G war mithin adäquat kausal.

III. Sittenwidrigkeit

Das Verhalten des G muß sittenwidrig sein.

Ein sittenwidriges Verhalten des G kann zunächst wie bei W in der unterlassenen Hilfeleistung gemäß § 323c StGB bei gleichzeitigem Vorliegen besonderer Umstände zu sehen sein. Auch hier kann es dahingestellt bleiben, ob der Tatbestand des § 323c StGB erfüllt ist, da keine besonderen Umstände vorliegen.

Ein sittenwidriges Verhalten kann sich aber auch aus der Verweigerung des Vertragsschlusses ergeben.[50] Die Ablehnung des Angebotes ist dann sittenwidrig, wenn der Mißbrauch einer rechtlichen oder tatsächlichen Monopolstellung vorliegt. [51]

Fraglich ist jedoch, ob hier überhaupt eine Monopolstellung vorliegt. Es wird zwischen „rechtlichen" und „faktischen" Monopolen unterschieden.[52]

Die „rechtlichen" Monopole beruhen unmittelbar auf Gesetz.[53] Für einen Gastwirt gibt es keinen gesetzlich vorgeschriebenen (unmittelbaren) Kontrahierungszwang. Möglicherweise kann aber ein (mittelbarer) Kontrahierungszwang aus einem „faktischen" Monopol gegeben sein. Dies hängt von der Marktposition ab.[54] Es wird eine besondere Machtstellung des Überlegenen gegenüber einzelnen Interessenten gefordert.[55] Es kommt darauf an, inwieweit der Monopolist willkürlich und mißbräuchlich ohne sachliche Begründung die Bedienung bestimmter Interessenten zu angemessenen Bedingungen verweigert.[56]

Weiterhin wird eine erhebliche Schädigung des Kunden vorausgesetzt. Diese liege dann vor, wenn der Kunde nicht in zumutbarer Weise auf andere Anbieter ausweichen könne, um seine menschlichen Bedürfnisse zu befriedigen.[57] Als Maßstab für diese Bedürfnisse nimmt man den „Normalbedarf" eines Durchschnittsmenschen.[58]

Zum „Normalbedarf" gehört erst Recht der Notbedarf. Dazu zählen solche Leistungen, die zur Verhütung eines erkennbar bevorstehenden Schadens notwendig sind, die normalerweise rechtsgeschäftlich erlangt werden können, und deren Entgelt im Verhältnis zur Größe des drohenden Schadens sehr gering ist. [59]

Die Gaststätte des G im Westerwald ist im Umkreis von 20 Kilometern die einzige Übernachtungsmöglichkeit für einen Fremden. G weigert sich trotz Kenntnis der Sachlage, Blacky ein Zimmer zu vermieten, mit der unwahren Begründung, er habe kein freies Zimmer. Demnach liegt eine Machtstellung des G vor, die er willkürlich ausnützt. Das Auto des Blacky ist fahruntüchtig und es ist Blacky unzumutbar, mit durchnäßten Kleidern nachts bei 5 Grad 20 Kilometer zu Fuß zu gehen. Es ist Blacky somit nicht möglich, auf andere Anbieter auszuweichen, um seine Bedürfnisse zu decken. In Anbetracht dessen bleibt Blacky nichts anderes übrig, als die Nacht im

---

50 Brox, Schuldrecht AT, Rdn. 36; Larenz, Schuldrecht AT, § 4 I; Fikentscher, Schuldrecht, § 105 III 4 b.

51 Flume, Rechtsgeschäft, § 33, 6; Larenz, Schuldrecht AT, § 4 I.

52 Kilian, Kontrahierungszwang, S. 56.

53 Kilian, Kontrahierungszwang, S. 56.

54 Kilian, Kontrahierungszwang, S. 56.

55 Bydlinski, Kontrahierungszwang, S. 35.

56 Bydlinski, Kontrahierungszwang, S. 30.

57 Esser Schuldrecht AT , § 10 II 4 a; Bydlinski, Kontrahierungszwang, S. 35.

58 Bydlinski, Kontrahierungszwang, S. 37.

59 Larenz, Schuldrecht AT , § 4 I, 4 a; Bydlinski, Kontrahierungszwang, S. 37.

Auto zu verbringen. Die Lungenentzündung, die er sich daraufhin zuzieht, ist ein Schaden, der nicht eingetreten wäre, wenn G den Vertrag mit Blacky geschlossen hätte. Das Entgelt für die Vermietung steht in keinem Verhältnis zu dem Schaden, der eingetreten ist.

Folglich liegt eine mißbräuchliche Ausnutzung der Monopolstellung des G vor. Diese ist i.S.v. § 826 BGB sittenwidrig.

IV. Vorsatz

Letzte Voraussetzung ist ein vorsätzliches Handeln des G. Der Vorsatz muß sich auf den Schaden beziehen.[60] Der Handelnde muß wissen, daß ein Schaden eintritt, und er muß diesen wollen. Es genügt bedingter Vorsatz (dolus eventualis).[61] Bedingt vorsätzlich handelt, wer den als möglich erkannten, rechtswidrigen Erfolg billigend in Kauf nimmt.[62] Problematisch ist die Abgrenzung zur bewußten Fahrlässigkeit. Bewußte Fahrlässigkeit liegt vor, wenn der Handelnde darauf vertraut, der Schaden werde nicht eintreten.[63] Zunächst ist für beide Schuldformen das Bewußtsein der Möglichkeit des Schadenseintrittes notwendig.

Nachdem Blacky dem G seine Lage geschildert hatte, wußte G, daß Blacky keine andere Wahl hat, als im Auto zu übernachten. Unter den geschilderten Umständen mußte G wissen, daß Blacky sich eine Gesundheitsverletzung zuziehen wird. G wußte, daß ein Schaden eintreten wird.

Fraglich ist hingegen, ob G den Schaden billigend in Kauf genommen hat oder darauf vertraut hat, er würde nicht eintreten. G konnte nicht darauf vertrauen, daß Blacky noch eine Unterkunft finden würde. Er nahm in Kauf, daß Blacky im Auto oder im Freien übernachtet und sich dadurch in die Gefahr begibt, Schaden an seiner Gesundheit zu nehmen. G nahm also den Schaden billigend in Kauf und handelt mit bedingtem Vorsatz.

Mithin sind die Voraussetzungen des § 826 BGB erfüllt.

V. Schadenshöhe

Die Heilungskosten in Höhe von DM 5.000 müssen nach § 249 S. 2 BGB ersetzt werden.

---

60 Medicus, Bürgerliches Recht, Rdn. 623; Brox, Schuldrecht BT, Rdn. 472; Fikentscher, Schuldrecht, § 105 II 4.

61 Staudinger-Schäfer, § 826, Rdn. 61.

62 Palandt-Heinrichs § 276, Anm. 3 a a. E.

63 Palandt-Heinrichs § 276, Anm. 3 a a. E.

Der Ersatzanspruch für einen vorübergehenden Verdienstausfall ergibt sich aus §§ 252 S. 1, 842 BGB.[64] Blacky kann seinen Einnahmeausfall von DM 10.000 ersetzt verlangen.

VI. Mitverschulden

Dem Anspruch kann aber die Einwendung des § 254 BGB entgegenstehen.[65]

1. Schuldhafte Sorgfaltsverletzung

Gemäß § 254 Abs. 1 BGB kann der Schadensersatzanspruch durch ein Mitverschulden gemindert werden. Dann muß Blacky den Schaden schuldhaft mit herbeigeführt haben. Ein Mitverschulden bei der Schadensentstehung liegt dann vor, wenn der Geschädigte für seine Rechtsgüter eine vermeidbare Gefahrenquelle geschaffen hat.[66] Erforderlich ist, daß der Geschädigte die Sorgfalt außer acht gelassen hat, die ein verständiger Mensch aufwendet, um sich vor Schaden zu bewahren.[67]

Wer sich selbst vor einem Schaden bewahren will, fährt nicht ermüdet mit dem Auto. Wenn er es trotzdem tut, hat er den entstandenen Schaden zumindest fahrlässig mit herbeigeführt. Handelt der Schädiger nur mit bedingtem Vorsatz, reicht, anders als beim direkten Vorsatz, leichte Fahrlässigkeit für ein Mitverschulden aus.[68] Demnach reicht hier fahrlässiges Handeln des Blacky aus.

Die Sorgfaltsverletzung muß nach herrschender Meinung für die Schadensherbeiführung adäquat kausal geworden sein.[69]

2. Kausalität

Wäre Blacky nicht ermüdet Auto gefahren, so wäre es nicht zu dem Unfall gekommen und Blacky hätte die Nacht nicht im Auto verbringen müssen. Also ist sein Handeln für die Lungenentzündung kausal.

3. Adäquanz

Außerdem dürfte es nicht ganz unwahrscheinlich sein, daß durch das Handeln die Gesundheitsverletzung eingetreten ist. Es ist zwar nicht ganz unwahrscheinlich, daß ein ermüdeter Autofahrer unkonzentriert ist und daher einen Unfall verursacht. Allerdings kann selbst ein erfahrener Beobachter nicht absehen, daß es nicht möglich ist, Hilfe herbei zu holen oder eine Unterkunft zu finden.

---

64 Palandt-Heinrichs, § 252, Anm. 1 a/c; Larenz, Schuldrecht AT, § 29 II e.

65 Brox, Schuldrecht AT, Rdn. 357.

66 Müko-Grunsky, § 254, Rdn. 19.

67 Brox, Schuldrecht AT, Rdn. 358; MüKo-Grunsky, § 254, Rdn. 19.

68 MüKo-Mertens § 826 Rdn. 80.

69 MüKo-Grunsky, § 254 Rdn. 20.

Folglich ist das Handeln des Blacky nicht adäquat für die Rechtsgutverletzung.

Also liegt kein Mitverschulden vor.

Der Schadensersatz wird nicht gemäß § 254 BGB gemindert.

VII. Ergebnis

Blacky hat gegen G einen Anspruch auf Schadensersatz in Höhe von DM 15.000 gemäß § 826 BGB.

Gesamtergebnis

Blacky kann nur von G Schadensersatz fordern. Daher kommt keine Gesamtschuldnerschaft von G und W in Betracht.

6. Teil - Aufbauschemata

Einige Aufbauschemata sollen das Ganze abrunden. Wenn im folgenden einige Schemata des BGB AT vermißt werden, könnte ein Blick in das Inhaltsverzeichnis Abhilfe bringen. Soweit möglich, habe ich im jeweiligen Zusammenhang auch ein Schema vorgestellt.

Im übrigen habe ich aber auch in meinem Skript zum Schuldrecht AT eine Unmenge an Schemata zu allen Gebieten zusammengestellt (zu Unmöglichkeit, Verzug, Leistungsstörungen, Sachenrecht etc.). Die nachfolgenden Schemata sind aus Gründen der Übersichtlichkeit und weil ihre Voraussetzungen hier nicht im einzelnen besprochen werden können z.T. verkürzt.

A. Aufbau c.i.c. / p.V.V.

Aufnahme von Vertragsverhandlungen

I. c.i.c.:

I. Tatbestand

1. Vorvertragliches Schuldverhältnis
   a. Aufnahme ernsthafter Vertragsverhandlungen
   b. Betreten der Geschäftsräume mit dem Ziel, einen Vertrag abzuschließen (= Anbahnung geschäftlicher Kontakte)
2. Subsidiarität (Gewährleistung, §§ 463, 638)
3. Verletzung einer aus diesem Schuldverhältnis resultierenden Pflicht
   a. Schutz- und Sorgfaltspflicht
   b. Mitteilungs- und Aufklärungspflicht
   c. Pflicht, das Zustandekommen des Vertrages nicht zu verhindern
   d. Pflicht, den Vertragspartner über Vertragsbestandteile und den Abschlußwillen nicht zu täuschen.

II. Rechtswidrigkeit

III. Schuld (§§ 276-278)

IV. Schaden (Vertrauensschaden), der kausal auf der Pflichtverletzung beruht.

Abschluß eines Vertrages

II. p.V.V.

I. Tatbestand

1. Vorliegen eines Schuldverhältnisses
   a. entweder vertraglich
   b. oder gesetzlich (z.B.: Verlierer-Finder-Verhältnis, §§ 965 ff)
2. Subsidiarität (Gewährleistung, §§ 459 ff, 633 ff)
3. Verletzung einer aus diesem Schuldverhältnis resultierenden Pflicht
   a. Schutz- und Sorgfaltspflicht
   b. Mitteilungs- und Aufklärungspflicht
   c. Pflicht, die Abwicklung des Vertrages nicht zu verhindern (Leistungstreuepflicht)
   d. Pflicht, die Voraussetzungen für die Durchführung zu schaffen.

II. Rechtswidrigkeit

III. Schuld (§§ 276-278)

IV. Schaden, der kausal auf der Pflichtverletzung beruht.

Erfüllung des Vertrages

p.V.V. auch *nach* Erfüllung möglich (auch genannt: **culpa post pactum finitum**).

B. Aufbau Verzug

I. Schuldnerverzug

A. Allgemeine Voraussetzungen

1. § 284
   a. Anspruch
   b. fällig
   c. einredefrei
   d. Mahnung oder Mahnungssurrogat (§§ 284 I S. 2, II)
2. § 285 Verschulden: (Beweislast beim Schuldner, Maßstab: §§ 276-279)

B. Rechtsfolgen

1. Welcher Schaden soll ersetzt werden?
   a. Verzögerungsschaden: immer § 286 I (Anspruchsgrundlage)
   b. Schadensersatz wegen Nichterfüllung: Schuldner ist mit einer Leistung im Verzug, die zu einer anderen im Gegenseitigkeitsverhältnis steht:
   aa. ja: § 326 (Anspruchsgrundlage)
   bb. nein: § 286 II (Anspruchsgrundlage)
2. In jedem Fall gelten: §§ 287 (Haftungsverschärfung, klausurtechnisch einzubauen als Abweichung von §§ 276-278 bei z.B. p.V.V., § 325, § 280 etc.) und § 288 (Zinsen = Anspruchsgrundlage))

II. Gläubigerverzug

A. Allgemeine Voraussetzungen

1. Die Leistung muß bewirkbar sein (im Zweifel: sofort, § 271 I)
2. Der Schuldner muß die Leistung angeboten haben
   a. tatsächlich: § 294 oder
   b. wörtlich: § 295 oder
   c. Angebot ist überflüssig: § 296 (Parallele zu § 284 II)
3. Der Schuldner muß in der Lage sein zu leisten: § 297
4. Der Gläubiger muß die Annahme verweigern: § 293
   a. bei Zug-um-Zug-Leistungen genügt die Eigenleistungsverweigerung, auch wenn Annahmebereitschaft besteht
   b. wenn § 271 II greift, ist Ankündigung erforderlich: § 299

B. Rechtsfolgen

1. Haftungsbeschränkung: § 300 I (klausurtechnisch einzubauen als Abweichung von §§ 276-278 bei z.B. p.V.V., § 325, § 280 etc.)
2. Übergang der Leistungsgefahr bei Gattungssachen: § 300 II (klausurtechnisch einzubauen - in der Regel bei der Prüfung des § 275 - als besondere Form der Beschränkung eines Schuldverhältnisses auf eine Sache ohne Konkretisierung)
3. Wegfall einer Verzinsung: § 301
4. Nutzungsherausgabebeschränkung auf tatsächlich gezogene: § 302
5. Besitzaufgaberecht
6. Mehraufwendungsersatz

C. Besonderheiten

Es besteht für den Schuldner grundsätzlich eine Nachleistungspflicht; der Anspruch besteht ja weiter (Ausnahme: § 615).

C. Aufbau Anfechtung*

A. Allgemeine Voraussetzungen

1. Anfechtungsgrund: §§ 119 I, 119 II, 120, 123
2. Anfechtungsfrist: §§ 121, 124
3. Kein Ausschluß durch Bestätigung: § 144 I
4. Anfechtungserklärung: § 143 I
5. Anfechtungsgegner: §§ 143 II-IV

B. Rechtsfolgen

1. für das angefochtene Rechtsgeschäft: § 142 I
2. für Dritte: § 142 II

D. Aufbau Stellvertretung*

A. Allgemeine Voraussetzungen

1. Abgabe einer eigenen WE (Abgrenzung zum Boten)
2. Handeln in fremden Namen (Offenkundigkeitsprinzip)
3. Handeln mit Vertretungsmacht

B. Rechtsfolgen

Der Vertretende wird behandelt, als habe er selber die WE des Vertreters abgegeben.

---

* s. dazu oben im 2. Teil ausführlich bei der Anfechtung
* s. dazu oben im 2. Teil ausführlich bei der Stellvertretung

E. Aufbau Unmöglichkeit

I. Der Weg zur richtigen Vorschrift bei Unmöglichkeit

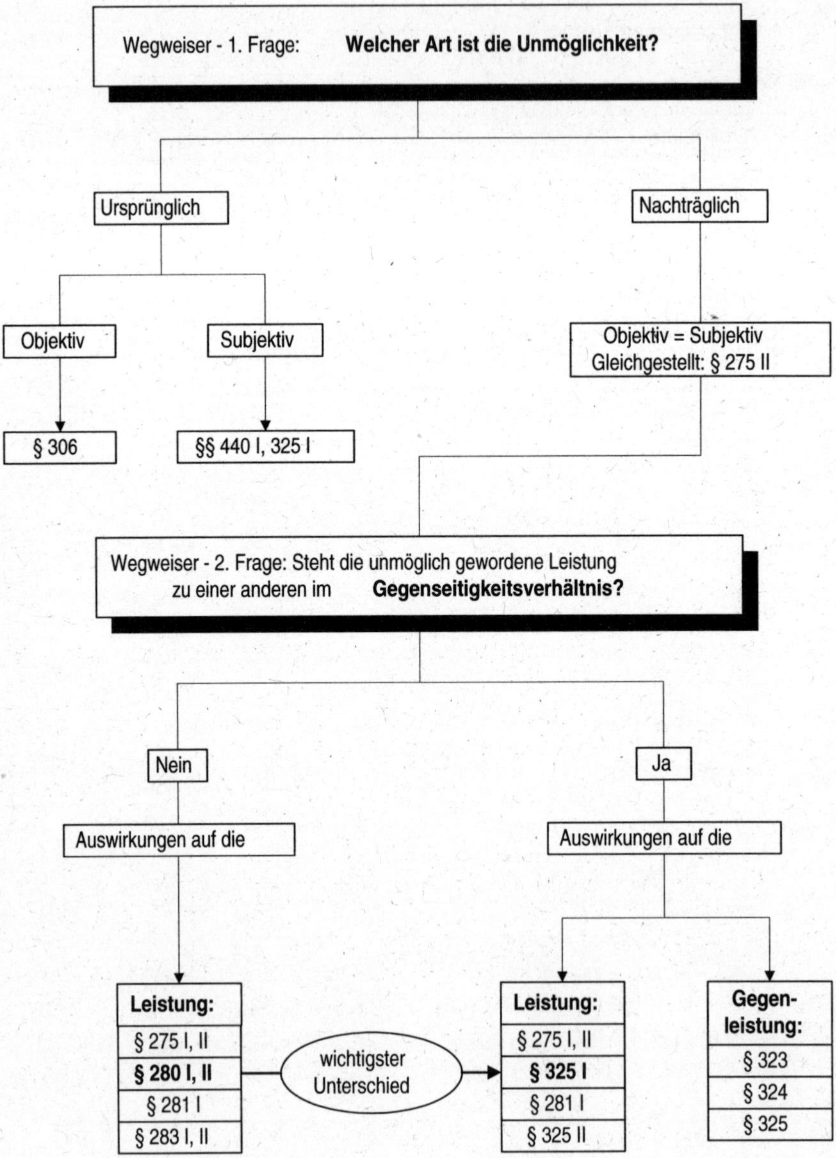

II. Der Zusammenhang von § 275 und § 279

§ 275

I. Abs. 1

1. wirksames Schuldverhältnis
2. Liegt ***Unmöglichkeit*** vor? (Kann niemand mehr?)
   a. Bei Stückschuld nur denkbar, wenn die Sache „weg" ist.
   b. Bei Gattungsschuld, wenn
      aa. eine konkretisierte Gattungsschuld (= Einzelstückschuld)
      bb. eine begrenzte Gattungsschuld (Lager-, Vorratsschuld)
      cc. die ganze Gattung
      „weg" ist.
3. War die Unmöglichkeit ***nachträglich***?
4. Hat der Schuldner die n.U. zu ***vertreten***? (§§ 276-278)
   Rechtsfolge a. *Wenn nein: Schuld (ersatzlos) erloschen*
   Rechtsfolge b. *Wenn ja: Was nicht mehr da ist, muß auch nicht mehr geleistet werden (Rechtsgedanke aus § 275). Auch hier erlischt die Schuld daher (wegen des Rechtsgedankens), aber: nicht ersatzlos. - Schadensersatz gemäß § 280 I / § 325.*

II. Abs. 2

1. wirksames Schuldverhältnis
2. Liegt ***Unvermögen*** vor? (Kann irgendjemand anderes?)
   a. Bei Stückschuld, wenn die Sache woanders ist.
   b. Bei Gattungsschuld, wenn die Gattung noch existiert.
3. War das Unvermögen ***nachträglich***?
4. Hat der Schuldner das n.U. zu ***vertreten***?
   Rechtsfolge a. *Bei Stückschuld: §§ 276-278*
      aa. Wenn nein: Schuld (ersatzlos) erloschen
      bb. Wenn ja: Was nicht mehr da ist, muß auch nicht mehr geleistet werden (Rechtsgedanke aus § 275). Auch hier erlischt die Schuld daher (wegen des Rechtsgedankens), aber: nicht ersatzlos. - Schadensersatz gemäß § 280/ § 325
   Rechtsfolge b*. Bei Gattungsschuld:* **§ 279** *(Schuld bleibt bestehen.) Bei Gattungsschulden übernimmt der Schuldner eine Garantie dafür, daß er in der Lage sein werde, sich den Leistungsgegenstand zu beschaffen, wobei er für seine finanzielle Leistungsfähigkeit uneingeschränkt einzustehen hat. Er muß aber nicht jedes Unvermögen vertreten (Beschlagnahme der ganzen Gattung / Krankheit).*

Bei genauer Betrachtung können wir also festhalten, daß § 279 die Funktion hat, in einem bestimmten Fall die Verpflichtung des Schuldners zur weiteren Leistung aufrechtzuerhalten. Von vorneherein kommt nur ein Fall des § 275 II in Betracht, denn nur bei Unvermögen ist eine Leistung noch möglich, wie es § 279 verlangt.

III. Der Aufbau der übrigen Unmöglichkeitsnormen

1. § 280

I. Abs. 1

1. wirksames Schuldverhältnis
2. Unmöglichkeit/Unvermögen mit einer Leistung, die zu keiner anderen im Gegenseitigkeitsverhältnis steht
3. nachträglich
4. Vertretenmüssen

   Rechtsfolge: *Schadensersatz (§ 281 II beachten!)*

II. Abs. 2

1. wirksames Schuldverhältnis
2. teilweise U.
3. nachträglich
4. Vertretenmüssen
5. Rest-Erfüllung hat keinen Wert (ansonsten nur TeilSchErsatz)

   Rechtsfolge: *Schadensersatz wg. Nichterfüllung der ganzen Verbindlichkeit (§ 281 II beachten!)*

2. § 281

I. Abs. 1

1. wirksames SchV
2. Nichterfüllung der Leistungspflicht infolge nachträglicher U.
3. Hat der Schuldner infolge des Umstandes, der die Leistung unmöglich gemacht hat, adäquat einen Ersatz oder Ersatzanspruch erlangt?

   Rechtsfolge: Herausgabe (Abtretung) des Erlangten (§ 323 II S. 1, 1.HS nicht vergessen!)

II. Abs. 2

1. Wie Absatz 1, aber:
2. Schuldner hat neben § 281 I noch einen Anspruch aus §§ 280/325 auf Schadensersatz. Will er beides, mindert sich der SchE-Anspruch um den Wert des Surrogats.

3. § 282

I. Charakter: Beweislastregel

II. Klausurtechnischer Anwendungsbereich:

1. Zivilprozessuale Problematiken (Parteien streiten sich, ob eine Unmöglichkeit vom Schuldner zu vertreten ist.)
2. Sachverhaltsungenauigkeiten: Gibt der Sachverhalt nicht genau Auskunft, ob der Schuldner die Unmöglichkeit zu vertreten hat, ist dies im Zweifel zu Lasten des Schuldners unter Berufung auf § 282 anzunehmen. (Im Auge behalten: Die Parallelproblematik beim Verzug, § 285.)

4. § 325

I. Gegenseitiger Vertrag

II. ***Nachträgliche Unmöglichkeit*** *mit einer Pflicht, die zu einer anderen im Gegenseitigkeitsverhältnis steht.*

III. Vertretenmüssen (§§ 276-278)

IV. Rechtsfolgen:

1. ***Schadensersatz*** (§ 325 I 1)
   a. *Differenztheorie (Saldierung der Werte von Leistung und Gegenleistung)*
   b. *Surrogationstheorie (Hingabe der Gläubiger-Leistung gegen Zahlung des Wertes der Schuldnerleistung)*
2. ***Rücktritt*** vom Vertrag (§ 325 I 1)
   a. *Interessant, wenn kein Schaden da ist und der Gläubiger seine Leistung bereits erbracht hat.*
   b. *Über § 327 S. 1 kommen §§ 346 ff entsprechend zur Anwendung.*
3. Die ***Rechte aus § 323 I*** (§ 325 I 3)
   Interessant, wenn kein Schaden da ist und der Gläubiger seine Leistung noch nicht erbracht hat.
4. Herausgabe des ***Surrogates*** (§ 325 I 3)
   a. *Interessant, wenn der Schuldner einen Ersatz bekommen hat, der mehr bringt, als Schadensersatz.*
   b. *Folge allerdings: Gläubiger bleibt zur Gegenleistung verpflichtet: § 323 II S. 1 1.HS.*

V. Wahlrecht

1. Der Gläubiger kann jederzeit vom Schadensersatzanspruch auf den Rücktritt wechseln.
2. Hat der Gläubiger einmal den Rücktritt gewählt, kann er nicht mehr wechseln, weil dann ein Rückgewährschuldverhältnis entstanden ist.

VI. Sonstiges

1. Bei teilweiser Unmöglichkeit verweist § 325 I S. 2 auf § 280 II (s.dazu oben), soweit es Schadensersatz angeht, im übrigen gewährt er ein Rücktrittsrecht. Voraussetzung jeweils, daß die teilweise Erfüllung für den (Sach-)Gläubiger uninteressant ist.
2. § 325 II enthält eine Sondervorschrift für vorangegangene Herausgabe-(Leistungs-) Prozesse

Für die Gegenleistung (Geld - außer beim Tausch)

5. § 323

I. Abs. 1

1. Gegenseitiger Vertrag
2. Eine Leistung, die im Gegenseitigkeitsverhältnis zu einer anderen steht, ist nachträglich (teilweise) unmöglich geworden.
3. Dies hat keine der beiden Vertragsparteien zu vertreten (§§ 276-278)
   Rechtsfolge: *Der Anspruch auf die Gegenleistung erlischt (teilweise).*
4. Ausnahmevorschriften: §§ 324 II, 446, 447, 552, 616 I, 644, 2380. Diese Vorschriften regeln eine Abweichung von der normalen Verteilung der Preisgefahr = Gegenleistungsgefahr. (Nicht zu verwechseln mit § 300 II. Dieser regelt eine Abweichung von der normalen Verteilung der Leistungsgefahr.)

II. Abs. 2

1. wie Abs. 1, aber:
2. Der (Sach-)Gläubiger verlangt vom (Sach-)Schuldner ein dem Wert der Leistung mindestens entsprechendes Surrogat nach § 281 I heraus. (§ 323 II S. 1, 1.HS)
   Rechtsfolge: *Der (Sach-)Gläubiger bleibt zur Gegenleistung verpflichtet.*
3. Der (Sach-)Gläubiger verlangt vom (Sach-)Schuldner ein dem Wert der Leistung nicht entsprechendes Surrogat nach § 281 I heraus. (§ 323 II S. 1, 2.HS)
   Rechtsfolge: *Der (Sach-)Gläubiger bleibt zur Gegenleistung verpflichtet, diese mindert sich aber entsprechend dem Minderwert des Surrogates.*

III. Abs. 3

1. wie Abs. 1, aber:
2. Der (Sach-)Gläubiger = (Geld-)Schuldner hat bereits bezahlt. Er kann das Geld nach §§ 818 ff. herausverlangen (RechtsFOLGENverweisung).

6. § 324

I. Abs. 1

1. Gegenseitiger Vertrag
2. Eine Leistung, die im Gegenseitigkeitsverhältnis zu einer anderen steht, ist nachträglich unmöglich geworden.
3. Dies hat der (Sach-)Gläubiger zu vertreten (§§ 276-278 gelten nicht!) nach folgenden Grundsätzen (Palandt § 324 Rn.2c:)
   a. *Verletzung einer Erhaltungs- oder Obhutspflicht*
   b. *Verletzung einer Obliegenheit*
   c. *vertraglich übernommenes Risiko (Risikoverteilung)*
      Rechtsfolge: Der Anspruch auf die Gegenleistung bleibt bestehen. Erspartes ist nach § 324 I S. 2 anzurechnen.

II. Abs. 2

wie Abs. 1, aber: Niemand hat es zu vertreten, aber der (Sach-)Gläubiger war im Annahmeverzug.

7. § 325

- Wie sich das Verschulden des Schuldners auf die Gegenleistung auswirkt, hängt davon ab, welches Recht der Gläubiger wählt (s.o. zur Anwendung auf die Leistungspflicht). Wählt der Gläubiger

1. Schadensersatz nach der
   a. Differenztheorie, erlischt die Gegenleistungspflicht.
   b. Surrogationstheorie, bleibt die Gegenleistungspflicht bestehen.
2. den Rücktritt, erlischt die Gegenleistungspflicht.
3. die Rechte aus § 323 I, erlischt die Gegenleistungspflicht.
4. Herausgabe des Surrogates, bleibt die Gegenleistungspflicht - eventuell vermindert - bestehen.

F. Aufbau des § 823 I

I. Tatbestandsmäßigkeit

1. Rechts(gut)verletzung (Leben, Körper, Gesundheit, Freiheit, Eigentum, sonstige absolute Rechte, insb.: Persönlichkeitsrecht, Gewerbebetrieb, Besitz)
2. Handlung
   a. Tun
   b. Unterlassen (Garantenstellung erforderlich)
3. Verbindung zwischen Handlung und Rechtsgutverletzung (auch „haftungsbegründende Kausalität" genannt)
   a. Äquivalenzkausalität (c.s.q.n.)
   b. Adäquanzkausalität
   c. Schutzzweck der Norm / psychische Kausalität / Herausforderungen

II. Rechtswidrigkeit

(ist indiziert, wenn keine Rechtfertigungsgründe vorliegen; Ausnahmen: Persönlichkeitsrecht und Gewerbebetrieb, bei Unterlassen: kurz ein Wort zur nicht erfüllten Garantenpflicht.)

III. Schuld

1. Schuldfähigkeit: §§ 827, 828
2. Schuldform: Vorsatz oder Fahrlässigkeit
3. Keine Entschuldigungsgründe

IV. Schaden

1. Die Ermittlung der ersatzfähigen Nachteile
2. Verbindung zwischen Rechtsgutverletzung und Nachteilen (auch „haftungsausfüllende Kausalität" genannt)
   a. Äquivalenzkausalität (c.s.q.n.)
   b. Adäquanzkausalität
   c. Schutzzweck der Norm
3. Die Ermittlung der anrechnungspflichtigen Vorteile
   a. Vorteile aus eigenem Handeln des Geschädigten
   b. Vorteile durch ersparte Aufwendungen
   c. Sonstige Vorteile
4. Die Ermittlung der Differenz zwischen anrechnungspflichtigen Vorteilen und ersatzfähigen Nachteilen = Schaden.

V. Mitverursachung / Mitverschulden, § 254

7. Teil – Sachregister

- A -

- B -

- C -

- D -

- E -

- F -

- G -

- Q -

- R -

- S -

- T -

U

- V -

- W -

- Z -

8. Teil - Werbung

Die Werbung *an dieser Stelle* kann heuer kurz ausfallen.

Ein Buch bietet heutzutage nicht mehr im Ansatz die Möglichkeiten, die wir Ihnen im **Internet** bieten können.

Sie finden dort neben der ***Übersicht*** aller von uns vertriebenen Titel auch ***Leseproben***, die Sie sich frei herunterladen können. Darin enthalten sind natürlich auch die kompletten Inhaltsverzeichnisse.

Sie können innerhalb dieser Proben eine ***Volltextsuche*** vornehmen und alles ***nach Belieben ausdrucken***. Nach dem Motto „try and buy" haben Sie damit die Gelegenheit zu prüfen, ob Sie das, was wir Ihnen anbieten, auch haben wollen.

Unsere Adresse lautet: **www.achso.de.**